Front cover:

1 Textile pattern from a pre-Columbian carving—a common abstract design that represents a meandering river or a slithering snake

2 Gazebo in a plaza in Acapulco, Mexico, a gathering place for town meetings and community celebrations

Back cover:

Two young men in the typical dress of gauchos, cowboys of the pampas who represent the spirit of Argentina

Holt Spanish Level 3

¡Ven conmigo!®

With Integrated Multimedia

Nancy A. Humbach
Oscar Ozete

HOLT, RINEHART AND WINSTON
Harcourt Brace & Company

Austin • New York • Orlando • Atlanta • San Francisco • Boston • Dallas • Toronto • London

DIRECTOR
Lawrence Haley

EXECUTIVE EDITOR
Richard Lindley

SENIOR EDITORS
Janet Welsh Crossley
Douglas Ward
Paul Provence
Dana Slawsky

MANAGING EDITOR
Chris Hiltenbrand

EDITORIAL STAFF
Virginia Ballato
Lynda Cortez
Rebecca Cuningham
Catherine Gavin
Kathy Hoyt
Martha Lozano
Jean Miller
Donald Mueller
Mildred Price
Marcia Tugendhat
Todd Wolf
J. Elisabeth Wright
Mark Eells
  Department Secretary

EDITORIAL PERMISSIONS
Ann B. Farrar
  Permissions Editor
Yuri Muñoz
  Interpreter-Translator

BOOK DESIGN
Richard Metzger
  Art Director
Lori Male
Marta Kimball
Bob Prestwood
Stephanie Smith
Sharon Cozad
Alicia Sullivan

IMAGE SERVICES
Debra Schorn
  Image Services Director
Linda Wilbourn
Elaine Tate
  Art Buyer Supervisor
Michelle Rumpf

PHOTO RESEARCH
Peggy Cooper
  Photo Research Manager
Cindy Verheyden
Diana Suthard
Gloria R. Garner

DESIGN NEW MEDIA
Susan Michael
  Art Director
Edwin Blake
Czeslaw Sornat
Grant Davidson
Michael Rinella

MEDIA DESIGN
Joe Melomo
  Design Manager
Neel Heisel

PRODUCTION
Donna Lewis
  Production Manager
Amber Martin
  Production Coordinator

MANUFACTURING
Michael Roche
  Manufacturing Coordinator

MEDIA PRODUCTION
Kim Anderson
Adriana Bardin
Nancy Hargis
Susan Mussey

NEW MEDIA
Jim Bruno
Virgil McCullough
Jeanne Payne
Peter Leighton
Mary McDowell
Jessica A. Bega
Jamie Lane
Armin Gutzmer
Cathy Kuhles
Rozlyn Degollado

VIDEO PRODUCTION
Video materials produced by
Edge Productions, Inc.,
Aiken, S.C.

Requests for permission to make copies of any part of the work should be mailed to the following address: Permissions Department, Holt, Rinehart and Winston, 1120 South Capital of Texas Highway, Austin, TX 78746-6487.

COVER PHOTOGRAPHY CREDITS

FRONT COVER: (group of teens) Stephen Simpson/FPG International; (Gazebo-Acapulco) Superstock, Inc.

BACK COVER: (Gauchos-Argentina) Claudia Parks/The Stock Market

Acknowledgments appear on page R138, which is an extension of the copyright page.

¡VEN CONMIGO! is a registered trademark licensed to Holt, Rinehart and Winston.

Printed in the United States of America

ISBN 0-03-052078-9

6 7 061 02

AUTHORS

Nancy A. Humbach
Miami University
Oxford, Ohio
Ms. Humbach collaborated in the development of the scope and sequence and created activities.

Dr. Oscar Ozete
University of Southern Indiana
Evansville, Indiana
Dr. Ozete collaborated in the development of the scope and sequence and wrote grammar explanations.

CONTRIBUTING WRITERS

Kristin Boyer
McPherson, KS
Ms. Boyer wrote activities for several chapters.

Jean R. Miller
The University of Texas at Austin
Ms. Miller wrote activities for several chapters.

Abby Kanter
Dwight Englewood High School
Englewood, NJ
Ms. Kanter wrote the material for **De antemano** and **¡Adelante!** for several chapters.

Corliss Figueroa
Orlando, FL
Ms. Figueroa wrote activities for several chapters.

Susan Peterson
The Ohio State University
Columbus, OH
Mrs. Peterson was responsible for developing reading activities.

Barbara Sawhill
Noble and Greenough School
Dedham, MA
Ms. Sawhill wrote activities for several chapters.

CONSULTANTS

John DeMado
John DeMado Language Seminars, Inc.
Washington, CT

Dr. Ingeborg R. McCoy
Southwest Texas State University
San Marcos, TX

Jo Anne S. Wilson
J. Wilson Associates
Glen Arbor, MI

REVIEWERS

These educators reviewed one or more chapters of the Pupil's Edition.

Silvia Alemany
Native speaker reviewer
Austin, TX

O. Lynn Bolton
Nathan Hale High School
West Allis, WI

Juanita Carfora
Central Regional High School
Bayville, NJ

Renato Cervantes
Pacific High School
San Bernadino, CA

Dr. Lynn Cortina
North Miami High School
North Miami, FL

Dr. Rodolfo Cortina
Florida International University
Miami, FL

Lucila Dorsett
Native speaker reviewer
Round Rock, TX

Dr. Barbara González-Pino
The University of Texas at San Antonio

Dr. C. Gail Guntermann
Arizona State University
Tempe, AZ

Dr. Audrey Heining-Boynton
The University of North Carolina at Chapel Hill

Dr. Dianne Hobbs
Virginia Polytechnic Institute and State University
Blacksburg, VA

Rose Kent
Finneytown High School
Cincinnati, OH

Stephen Levy
Roslyn Public Schools
Roslyn, NY

Miranda Manners
Jordan High School
Los Angeles, CA

Dr. Cristóbal Pera
The University of Texas at Austin

Dr. Francisco Perea
Native speaker reviewer
Austin, TX

John Piermani
Carlisle High School
Carlisle, PA

Edward Quijada
Native speaker reviewer

Carmen Reyes
Jonesboro High School
Jonesboro, GA

Dr. Yolanda Russinovich Solé
The University of Texas at Austin

Carol A. Villalobos
Hazelwood Central High School
St. Louis, MO

Dora Villani
John F. Kennedy High School
New York City, NY

Isabel de Weil
Native speaker reviewer
Miami, FL

FIELD TEST PARTICIPANTS AND REVIEWERS

We express our appreciation to the teachers and students who participated in the field test.

Bill Braden
South Junior High School
Boise, ID

Paula Critchlow
Indian Hills Middle School
Sandy, UT

Frances Cutter
Convent of the Visitation School
St. Paul, MN

Carlos Fernández
Sandy Creek High School
Tyrone, GA

Jan Holland
Lovejoy High School
Lovejoy, GA

Gloria Holmstrom
Emerson Junior High School
Yonkers, NY

Nancy Holmes
Marian Catholic High School
Chicago Heights, IL

K. A. Lagana
Ponus Ridge Middle School
Norwalk, CT

Michelle Mistric
Iowa High School
Iowa, LA

Rubén Moreno
Aycock Middle School
Greensboro, NC

Maureen Nelligan
Marian Catholic High School
Chicago Heights, IL

Fred Pratt
San Marcos High School
San Marcos, TX

Regina Salvi
Museum Junior High School
Yonkers, NY

Lorraine Walsh
Lincoln Southeast High School
Lincoln, NE

To the Student

Some people have the opportunity to learn a new language by living in another country. Most of us, however, begin learning another language and getting acquainted with a foreign culture in a classroom with the help of a teacher, classmates, and a book. To use your book effectively, you need to know how it works.

¡Ven conmigo! *(Come along!)* is organized to help you learn Spanish and become familiar with the cultures of people who speak Spanish. There are six Location Openers and twelve chapters.

Location Opener You'll find six four-page photo essays called Location Openers which introduce different Spanish-speaking places. You can also see these locations on video and on CD-ROM.

Chapter Opener The Chapter Opener pages tell you the chapter theme and goals, and outline what you learn to do in each section of the chapter.

De antemano *(Getting started)* and **¡Adelante!** *(Moving ahead)* show you Spanish-speaking people in real-life situations, as well as stories and legends from the Spanish-speaking world. These features model the language you'll learn in the chapter.

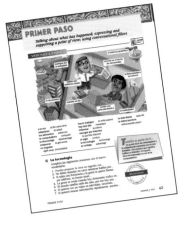

Primer and **Segundo paso** *(First and Second part)* The chapter is divided into two sections called **pasos**. At the beginning of each **paso**, there is a reminder of the goals for this part of the chapter. Within the **paso** are **Así se dice** *(Here's how you say it)* boxes that contain the Spanish expressions you'll need to communicate and **Vocabulario** and **Gramática/Nota gramatical** boxes that give you the Spanish words and grammatical structures you'll need to know. Activities in each **paso** enable you to practice the new expressions, vocabulary, and structures and thereby develop your skills in listening, reading, speaking, and writing.

Panorama cultural *(Cultural panorama)* On this page are interviews with Spanish-speaking people from around the world. They talk about themselves and their lives, and you can compare their cultures to yours. You can watch these interviews on video or listen to them on audio CD. You can also watch them by using the CD-ROM program; then check to see how well you understood by answering some questions about what the people say.

Encuentro cultural *(Cultural encounter)* This section, found in six of the chapters, gives you a firsthand encounter with some aspect of a Spanish-speaking culture.

Nota cultural *(Culture note)* In each chapter, there are notes with more information about the cultures of Spanish-speaking people. These notes tell you interesting facts, describe common customs, or offer other information that will help you learn more about the Spanish-speaking world.

Vamos a leer *(Let's read)* The reading section follows the two **pasos.** The selections are related to the chapter themes and will help you develop your reading skills in Spanish. The **Estrategia** boxes in this section are strategies to help you improve your reading comprehension.

Vamos a escribir *(Let's write)* will develop your writing skills. Each chapter will guide you to write a composition related to the themes of the chapter. The **Estrategia** box will help you develop a specific writing strategy.

Repaso *(Review)* The activities on these pages practice what you've learned in the chapter and help you improve your listening, reading, and communication skills. You'll also review what you've learned about culture.

A ver si puedo... *(Let's see if I can . . .)* This page at the end of each chapter contains a series of questions and short activities to help you see if you've achieved the chapter goals. Page numbers beside each section will tell you where to go for help if you need it.

v

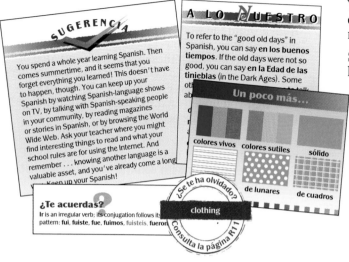

You'll also find special features in each chapter that provide extra tips and reminders.

Sugerencia *(Suggestion)* offers study hints to help you succeed in a foreign language class. **¿Te acuerdas?** *(Do you remember?)* reminds you of expressions, grammar, and vocabulary you may have forgotten. **A lo nuestro** *(Our way)* gives you additional expressions to add more color to your speech. **Un poco más** *(A little extra)* lists extra words you might find helpful. These words will not appear on the quizzes and tests unless your teacher chooses to include them. **¿Se te ha olvidado?** *(Have you forgotten?)* tells you where you can look up grammar or vocabulary you may have forgotten.

Vocabulario *(Vocabulary)* In the Spanish-English vocabulary list on the last page of the chapter, the words are grouped by **paso**. These words and expressions will be on the quizzes and tests.

You'll also find Spanish-English and English-Spanish vocabulary lists at the end of the book. The words you'll need to know for the quizzes and tests are in boldface type.

At the end of your book, you'll find more helpful material, such as:
- a summary of the expressions you'll learn in the **Así se dice** boxes
- additional vocabulary words you might want to use
- a summary of the grammar you'll study
- a section of additional activities to practice the structures you'll learn
- a grammar index to help you find where structures are presented.

¡Ven conmigo! Come along on an exciting trip to new cultures and a new language!

Explanation of icons in *¡Ven conmigo!*

Throughout *¡Ven conmigo!* you'll see these symbols, or icons, next to activities. They'll tell you what you'll probably do with that activity. Here's a key to help you understand the icons.

Listening Activities This icon indicates that this is a listening activity. You'll need to listen to the CD or your teacher in order to complete the activity.

CD-ROM Activities Whenever this icon appears, you know that there's a related activity on the *¡Ven conmigo! Interactive CD-ROM Program*.

Writing Activities You'll see this icon next to writing activities. The directions may ask you to write words, sentences, paragraphs, or a whole composition.

Pair Work Activities Activities with this icon are to be done with a partner. Both you and your partner are responsible for completing the activity.

Group Work Activities If an activity has this icon next to it, you'll complete it with a small group of classmates. Each person in the group is responsible for a share of the work.

¡Ven conmigo! Contents

Come along—to a world of new experiences!

¡Ven conmigo! offers you the opportunity to learn the language spoken by millions of people in the many Spanish-speaking countries around the world. Let's find out about the countries, the people, and the Spanish language.

¡Ven conmigo a
La Coruña!

**VISIT THE BEAUTIFUL PORT CITY OF
LA CORUÑA, SPAIN, AND—**

Express your reactions to various sports and
hobbies • **CAPÍTULO 1**

Talk about taking care of yourself • **CAPÍTULO 2**

CAPÍTULO 1
¡Qué bien lo pasé este verano! 4

CAPÍTULO 2
Por una vida sana............28

¡Ven conmigo a Caracas!

VISIT THE MODERN AND COSMOPOLITAN CITY OF CARACAS, VENEZUELA, AND—

Express and support your point of view • **CAPÍTULO 3**

Talk about how food tastes • **CAPÍTULO 4**

CAPÍTULO 3
El ayer y el mañana *58*

CAPÍTULO 4
Alrededor de la mesa 84

¡Ven conmigo a Guadalajara!

VISIT THE CULTURALLY RICH CITY OF GUADALAJARA, MEXICO, AND—

Talk about hopes and wishes • **CAPÍTULO 5**

Make suggestions and recommendations • **CAPÍTULO 6**

CAPÍTULO 5
Nuestras leyendas *112*

CAPÍTULO 10
La riqueza cultural.......**244**

¡Ven conmigo a
Costa Rica!

LOCATION FOR CAPÍTULOS 11, 12.......**270**

VISIT THE COLORFUL CITY OF SAN JOSÉ,
COSTA RICA, AND —

Talk about how you would solve a problem • CAPÍTULO 11

Talk about your future career plans • CAPÍTULO 12

CAPÍTULO 12

Mis planes para el futuro 298

CULTURAL REFERENCES

La Península Ibérica

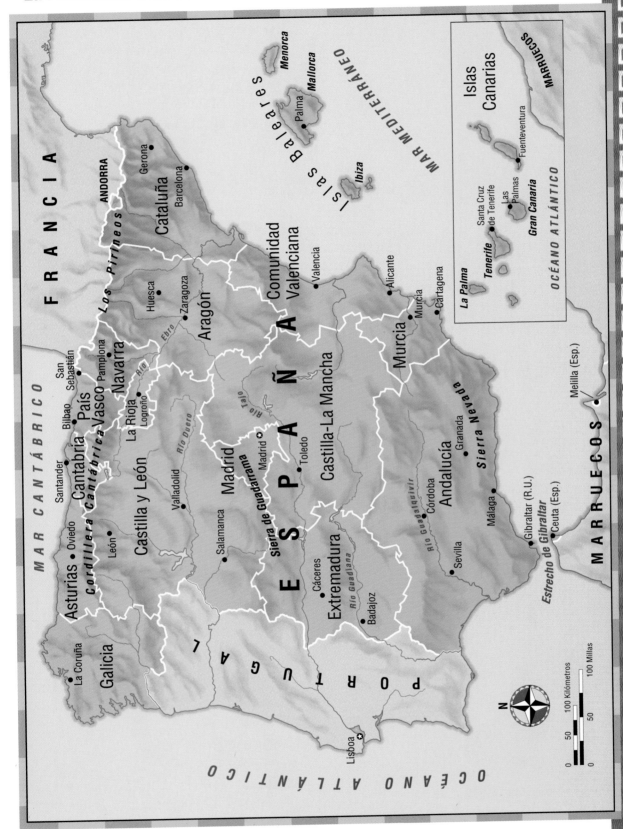

América Central y las Antillas

ESTADOS UNIDOS DE AMÉRICA

Houston

Corpus Christi

Mobile • Nueva Orleáns

Orlando

Tallahassee

Miami

Golfo de México

Trópico de Cáncer

Veracruz

MÉXICO

OCÉANO ATLÁNTICO

BAHAMAS

Nassau

Estrecho de La Florida

La Habana

CUBA

Isla de la Juventud (Cuba)

Camagüey

Santiago

Guantánamo (EE.UU.)

JAMAICA

Kingston

HAITÍ

Puerto Príncipe

Santo Domingo

REPÚBLICA DOMINICANA

PUERTO RICO (EE.UU.)

San Juan

Mayagüez Ponce

Islas Vírgenes (R.U. y EE.UU.)

SAN CRISTÓBAL-NEVIS

GUADALUPE (Fr.)

ANTIGUA Y BARBUDA

DOMINICA

SANTA LUCÍA

SAN VICENTE

BARBADOS

GRANADA

TRINIDAD Y TOBAGO

Isla Margarita (Ven.)

Maracay

ANTILLAS MENORES

Puerto España

VENEZUELA

BONAIRE (Hol.)

CURAZAO (Hol.)

ARUBA (Hol.)

Maracaibo

Lago de Maracaibo

COLOMBIA

Barranquilla

Cartagena

MAR CARIBE

ANTILLAS MAYORES

Golfo de Honduras

Belmopan

BELICE

HONDURAS

Tegucigalpa

GUATEMALA

Guatemala

San Salvador

EL SALVADOR

NICARAGUA

Managua

Lago de Nicaragua

San José

COSTA RICA

PANAMÁ

Panamá

Canal de Panamá

OCÉANO PACÍFICO

N

0 250 500 Kilómetros

0 250 500 Millas

México

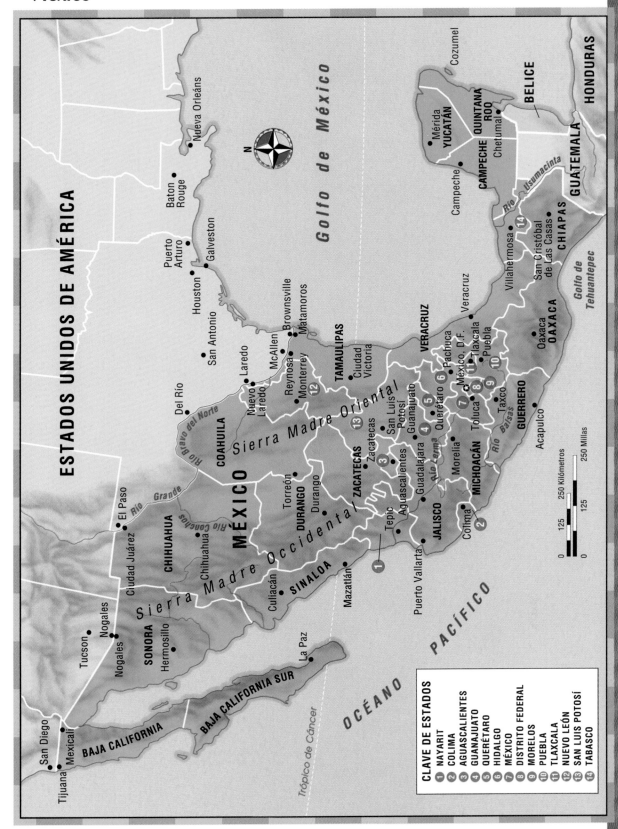

ESTADOS UNIDOS DE AMÉRICA

San Diego
Tijuana
Mexicali
BAJA CALIFORNIA
BAJA CALIFORNIA SUR
La Paz
Tucson
Nogales
Nogales
SONORA
Hermosillo
Ciudad Juárez
El Paso
CHIHUAHUA
Chihuahua
Río Conchos
Río Grande
Sierra Madre Occidental
Sierra Madre Oriental
COAHUILA
Torreón
DURANGO
Durango
Río Bravo del Norte
Del Río
Nuevo Laredo
Laredo
SINALOA
Culiacán
Mazatlán
Puerto Vallarta
Tepic
ZACATECAS
Zacatecas
Aguascalientes
JALISCO
Guadalajara
Río Lerma
Colima
MICHOACÁN
Morelia
Acapulco
GUERRERO
Río Balsas
Taxco
Toluca
México, D.F.
Querétaro
Guanajuato
San Luis Potosí
Pachuca
Puebla
Tlaxcala
OAXACA
Oaxaca
Golfo de Tehuantepec
Veracruz
VERACRUZ
Villahermosa
San Cristóbal de Las Casas
CHIAPAS
Río Usumacinta
TAMAULIPAS
Ciudad Victoria
Reynosa
Monterrey
Matamoros
Brownsville
McAllen
San Antonio
Houston
Galveston
Puerto Arturo
Baton Rouge
Nueva Orleáns
Golfo de México
Mérida
YUCATÁN
CAMPECHE
Campeche
Cozumel
QUINTANA ROO
Chetumal
BELICE
GUATEMALA
HONDURAS

MÉXICO

OCÉANO PACÍFICO
Trópico de Cáncer

N

CLAVE DE ESTADOS

1. NAYARIT
2. COLIMA
3. AGUASCALIENTES
4. GUANAJUATO
5. QUERÉTARO
6. HIDALGO
7. MÉXICO
8. DISTRITO FEDERAL
9. MORELOS
10. PUEBLA
11. TLAXCALA
12. NUEVO LEÓN
13. SAN LUIS POTOSÍ
14. TABASCO

250 Kilómetros
250 Millas
0   125   250
0   125   250

América del Sur

MAR DE LAS ANTILLAS

OCÉANO ATLÁNTICO

América Central

Cartagena
Maracaibo
Caracas
VENEZUELA
GUYANA
SURINAM
Río Orinoco
Ciudad Bolívar
Medellín
Georgetown
Cayena
Paramaribo
COLOMBIA
GUYANA FRANCESA
• Bogotá

Islas Galápagos (Ecuador)

Quito
Río Putumayo
Ecuador
ECUADOR
Manaus
Río Amazonas
Belén
Guayaquil
Cuenca

PERÚ
B R A S I L
Recife

Andes
Lima
Cuzco
Salvador

Lago Titicaca
La Paz
Brasilia
BOLIVIA
Sucre

Cordillera de los Andes
PARAGUAY
Río Paraná
Río de Janeiro

OCÉANO
Asunción
San Pablo

Trópico de Capricornio
CHILE
Tucumán

PACÍFICO
ARGENTINA

Córdoba
URUGUAY
Valparaíso
Mendoza
Montevideo
Santiago
Buenos Aires
Río de la Plata

OCÉANO

Bariloche
ATLÁNTICO

N

Cordillera de los Andes

0   500   1.000 Kilómetros
0   500   1.000 Millas

Estrecho de Magallanes
Islas Malvinas (R.U.)

Punta Arenas
Tierra del Fuego

Cabo de Hornos

Estados Unidos de América

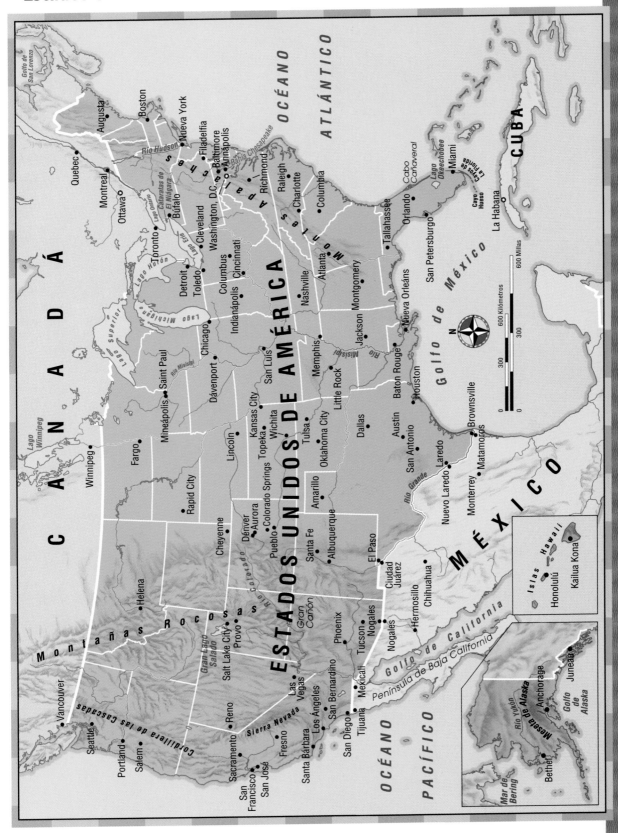

El mundo

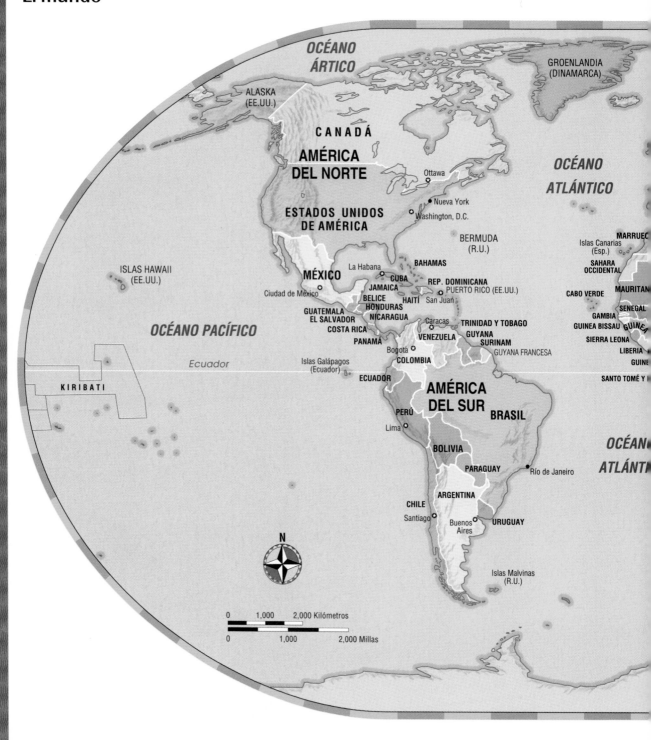

América — El mundo

OCÉANO ÁRTICO

GROENLANDIA (DINAMARCA)

ALASKA (EE.UU.)

CANADÁ

AMÉRICA DEL NORTE

Ottawa

OCÉANO ATLÁNTICO

ESTADOS UNIDOS DE AMÉRICA

Nueva York

Washington, D.C.

BERMUDA (R.U.)

Islas Canarias (Esp.)

MARRUEC

ISLAS HAWAII (EE.UU.)

La Habana

BAHAMAS

MÉXICO

CUBA

REP. DOMINICANA

SAHARA OCCIDENTAL

CABO VERDE

MAURITAN

Ciudad de México

JAMAICA

PUERTO RICO (EE.UU.)

BELICE

HAITÍ

San Juan

SENEGAL

GUATEMALA

HONDURAS

GAMBIA

EL SALVADOR

NICARAGUA

Caracas

TRINIDAD Y TOBAGO

GUINEA BISSAU

GUINEA

COSTA RICA

VENEZUELA

GUYANA

SIERRA LEONA

OCÉANO PACÍFICO

PANAMÁ

SURINAM

LIBERIA

Bogotá

GUYANA FRANCESA

GUINE

Islas Galápagos (Ecuador)

COLOMBIA

SANTO TOMÉ Y

Ecuador

ECUADOR

AMÉRICA DEL SUR

KIRIBATI

PERÚ

BRASIL

Lima

OCÉAN

BOLIVIA

PARAGUAY

Río de Janeiro

ATLÁNTI

ARGENTINA

CHILE

Santiago

URUGUAY

Buenos Aires

N

Islas Malvinas (R.U.)

0   1,000   2,000 Kilómetros

0   1,000   2,000 Millas

xxviii

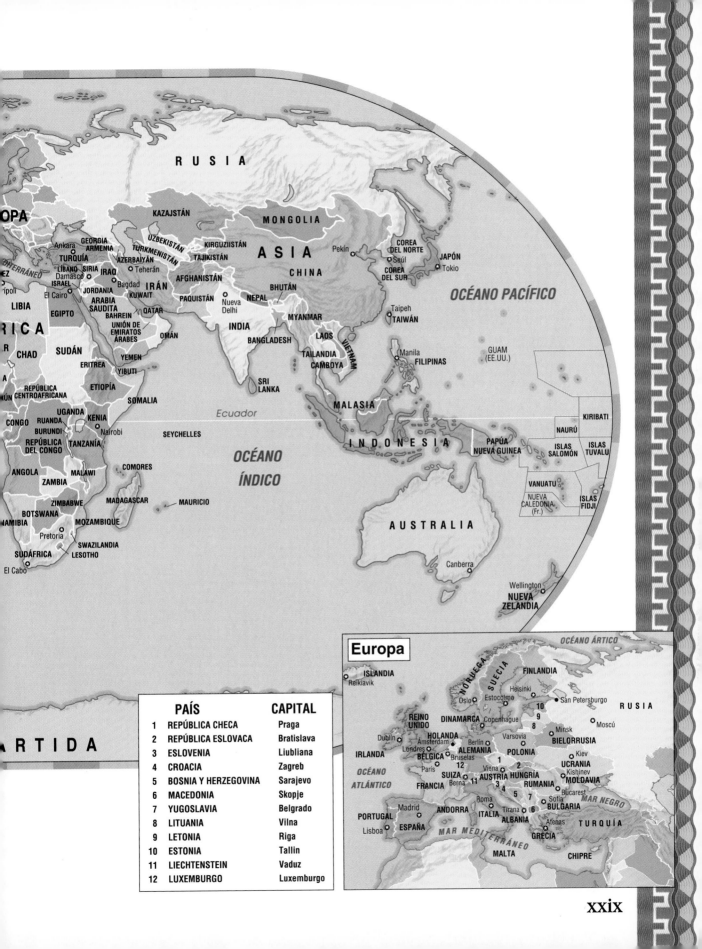

RUSIA

KAZAJSTÁN

MONGOLIA

GEORGIA
ARMENIA
TURQUÍA
Ankara
UZBEKISTÁN
TURKMENISTÁN
KIRGUZIISTÁN
TAJIKISTÁN
ASIA
COREA
DEL NORTE
Pekín
Seúl
JAPÓN
Tokio
COREA
DEL SUR

LÍBANO SIRIA
Damasco
ISRAEL
IRAQ
Teherán
CHINA
OCÉANO PACÍFICO

El Cairo
JORDANIA
Bagdad
KUWAIT
IRÁN
AFGHANISTÁN
BHUTÁN

LIBIA
EGIPTO
ARABIA
SAUDITA
BAHREIN
QATAR
PAQUISTÁN
Nueva
Delhi
NEPAL
Taipeh
TAIWÁN

UNIÓN DE
EMIRATOS
ÁRABES
OMÁN
INDIA
MYANMAR
GUAM
(EE.UU.)

CHAD
SUDÁN
YEMEN
BANGLADESH
LAOS
Manila
FILIPINAS

REPÚBLICA
CENTROAFRICANA
ERITREA
YIBUTI
ETIOPÍA
SRI
LANKA
TAILANDIA
CAMBOYA
VIETNAM

SOMALIA
Ecuador
MALASIA
KIRIBATI

UGANDA
KENIA
SEYCHELLES
INDONESIA
NAURÚ

CONGO
RUANDA
BURUNDI
Nairobi
OCÉANO
ÍNDICO
PAPÚA
NUEVA GUINEA
ISLAS
SALOMÓN
ISLAS
TUVALU

REPÚBLICA
DEL CONGO
TANZANÍA

ANGOLA
MALAWI
COMORES
VANUATU

ZAMBIA
MADAGASCAR
MAURICIO
NUEVA
CALEDONIA
(Fr.)
ISLAS
FIDJI

ZIMBABWE
BOTSWANA
MOZAMBIQUE

NAMIBIA
Pretoria
SWAZILANDIA
LESOTHO
AUSTRALIA

SUDÁFRICA
El Cabo
Canberra

Wellington
NUEVA
ZELANDIA

ARTIDA

	PAÍS	CAPITAL
1	REPÚBLICA CHECA	Praga
2	REPÚBLICA ESLOVACA	Bratislava
3	ESLOVENIA	Liubliana
4	CROACIA	Zagreb
5	BOSNIA Y HERZEGOVINA	Sarajevo
6	MACEDONIA	Skopje
7	YUGOSLAVIA	Belgrado
8	LITUANIA	Vilna
9	LETONIA	Riga
10	ESTONIA	Tallin
11	LIECHTENSTEIN	Vaduz
12	LUXEMBURGO	Luxemburgo

Europa

OCÉANO ÁRTICO

ISLANDIA
Reíkiavik

NORUEGA
SUECIA
FINLANDIA

Oslo
Estocolmo
Helsinki
San Petersburgo
RUSIA

REINO
UNIDO
DINAMARCA
Copenhague
10
Moscú

Dublín
HOLANDA
Amsterdam
Berlín
Varsovia
9
Minsk

IRLANDA
Londres
BÉLGICA
Bruselas
ALEMANIA
POLONIA
BIELORRUSIA
8

OCÉANO
ATLÁNTICO
12
Viena
1
Kiev
UCRANIA
Kishinev
MOLDAVIA

FRANCIA
SUIZA
París
Berna
11
AUSTRIA
HUNGRÍA
2
RUMANIA

3
4
5
7
Bucarest

Madrid
Roma
Tirana
6
Sofía
BULGARIA
MAR NEGRO

PORTUGAL
ANDORRA
ITALIA
ALBANIA
Atenas
TURQUÍA

Lisboa
ESPAÑA
GRECIA

MAR MEDITERRÁNEO
MALTA
CHIPRE

¡Ven conmigo a La Coruña!

La Coruña, en la región de Galicia, es llamada La Ciudad
Cristal por los balcones de vidrio o *galerías*.

Galicia

Población: 2.800.000

Área: 29.575 km²; un poco más grande que Maryland

Clima: 96,5 cm de lluvia al año; Temperatura promedio: 8°C (46°F) en enero, 18°C (64°F) en julio

Ciudades principales: La Coruña, Vigo, Lugo, Santiago de Compostela, Orense

Productos agrícolas: leche, carne, vino, queso, miel, patatas

Industrias: pesca, textiles, autos, joyas, madera, barcos, electrónica

Personajes famosos: Gregorio Fernández (1576–1636), escultor; Rosalía de Castro (1837–1885), escritora; Luis Seoane (1910–1979), pintor

Platos típicos: caldo gallego, empanada de sardinas, calamares en su tinta, merluza a la marinera

go.hrw.com

HRW

WVO LA CORUNA

Mapa de España:
Océano Atlántico del Norte
La Coruña
Gijón
GALICIA
Cordillera Cantábrica
León
Bilbao
Pirineos
FRANCIA
ANDORRA
Barcelona
ESPAÑA
Madrid
Valencia
Islas Baleares
PORTUGAL
Sevilla
Jerez
Gibraltar (Br.)
Ceuta (Esp.)
Melilla (Esp.)
Mar Mediterráneo
ARGELIA
MARRUECOS
Islas Canarias
N
200 Kilómetros
100 Millas

23734

GALICIA

CD-ROM
Disc 1

Con sus bonitas bahías y playas y la verdura de su paisaje montañoso, Galicia es una de las regiones más preciosas de toda España. Los romanos llamaron a Galicia Finis Terrae, el fin del mundo, porque era el punto más occidental de su imperio. Galicia le ofrece al visitante un fuerte contraste entre lo antiguo y lo moderno. Presenta al mismo tiempo un pasado céltico y romano y un amplio panorama de industrias y tecnologías modernas. Es un centro artístico de primera categoría. Galicia tiene algo para todos.

(2) Galicia tiene 386 kilómetros de costa. Las rías de Galicia son como los fiordos *(fjords)* de Noruega. Su belleza es extraordinaria.

(1) El faro *(lighthouse)* de La Coruña, la Torre de Hércules, es el único faro romano en el mundo que todavía se usa. Hay tres leyendas sobre quién lo construyó: el Hércules de los mitos de Grecia y de Roma, el legendario jefe céltico Breogán o los romanos.

(3) Se dice que el Apóstol Santiago está enterrado en Santiago de Compostela. Durante la Edad Media muchos peregrinos *(religious pilgrims)* de todas partes de Europa hacían el viaje a Santiago de Compostela a pie cada año. La catedral de Santiago existe desde el siglo XI, y hoy en día llegan muchos turistas para verla.

En los dos capítulos siguientes, vas a conocer a unas personas de Galicia. La larga historia de Galicia se refleja en su arquitectura, música, danza, literatura y en su lengua propia. Además del español, muchos gallegos también hablan el gallego, otro idioma derivado del latín. Aunque son de una región fuertemente tradicional, vas a ver que los gallegos tal vez no son tan distintos de ti en sus maneras de pasar el tiempo y en sus actitudes hacia la salud.

(4) La Plaza de María Pita en La Coruña es un hermoso ejemplo de cómo La Coruña combina elementos de lo antiguo y lo moderno.

(5) El instrumento tradicional de Galicia es la gaita (*bagpipes*) y el baile tradicional es la muñeira. Estas dos tradiciones muestran la influencia céltica. Los celtas poblaron esta región hace muchos siglos, mucho antes que los romanos.

(6) El mar, que es tan importante para la economía de Galicia, también ofrece muchas oportunidades para el recreo. Galicia tiene algunos de los lugares más bonitos para los deportes acuáticos como, por ejemplo, el buceo (*diving*) y la vela ligera (*sailing*).

1

¡Qué bien lo pasé este verano!

1 ¿Cuándo aprendiste a bucear?

La vida de los jóvenes españoles de tu edad no es tan distinta de la tuya. Les gusta visitar a sus amigos, jugar a los deportes, y explorar lugares y paisajes hermosos en su país. Si conoces a alguien de España, ¿sobre qué cosas van a hablar ustedes? ¿Qué debes decir para descubrir qué intereses tienen ustedes en común?

In this chapter you will review and practice

- expressing interest, indifference, and displeasure
- asking for information; describing yourself and others

And you will

- listen to teenagers in La Coruña talk about their favorite hobbies and sports
- read a biography of Chilean poet Pablo Neruda and a poem written by him
- write a letter about your favorite hobby
- find out about the city of La Coruña

② Soy una aficionada a la fotografía.

③ ¿Cómo es mi mejor amigo? Es buena gente y tiene un buen sentido del humor.

cinco 5

DE ANTEMANO

Una carta a Amparo

Miguel Pereira es un muchacho de La Coruña. Le escribió una carta a Amparo Pedregal, una nueva amiga en la ciudad de Gijón. En su carta le dice cómo es, qué hizo de vacaciones este verano y qué deportes y pasatiempos le gustan.

CURSOS DE VELA LIGERA

El Club de Vela
ofrece cursos de vela ligera para jóvenes de 9 a 18 años durante los meses de junio, julio y agosto. Cada curso dura tres semanas.
Horario:
11.00 a 15.00 horas.

El mes de julio tomé cursos de vela en el Club de Vela. También tomé clases de tenis y jugué mucho.

27 de agosto

GALICIA

Me encanta la música de Ana Torroja. La vi cuando estaba con el grupo Mecano.

Querida Amparo,

¡Hola! Encantado de conocerte, aunque sea por carta. Me llamo Miguel y tengo dieciséis años. Soy alto, moreno y atlético. Vivo en La Coruña con mis padres y mi hermano menor, Jorge, que tiene diez años.

Soy un gran aficionado a los deportes, sobre todo al remo, a la vela y al tenis. Me encanta el baloncesto y me gusta mucho bucear. Realmente me interesa casi todo menos ver televisión —¡eso me parece un rollo! Me gustan las tiras cómicas y los videojuegos.

Yo pasé un verano estupendo. Normalmente mi familia viaja durante el verano. El año pasado fuimos a Barcelona y mi madre insistió

puntos cardi

Me la paso coleccionando adhesivos y leyendo tiras cómicas.

¡AAAOEAAAH!

O ♥ ESPAÑA!

en visitar todos los museos. Puedo apreciar la cultura, pero ¡qué paliza! Estaba harto de tantos museos. Este año decidimos quedarnos aquí en La Coruña. Me da igual si no viajamos. Es más, prefiero estar aquí porque hay tanto que hacer, ¡sobre todo los deportes!

Un amigo mío de Nueva York, Josh, pasó el mes de agosto con mi familia. Lo pasamos super bien. Escuchamos música, jugamos al baloncesto y salimos con amigos.

Trato de imaginarme cómo eres. ¿Cuántos años tienes? ¿Eres alta o baja? ¿Rubia o morena? ¿Tienes hermanos? ¿Cómo pasaste el verano? ¿Tocas algún instrumento? (Yo no). Espero recibir una carta tuya dentro de poco. ¡Escríbeme pronto!

Saludos,

Miguel

Mi amigo Josh—es un poco tímido pero muy divertido. Fuimos varias veces a la playa Riazor para nadar. Le enseñé a bucear y pasear en velero.

El verano que viene voy a dar una vuelta ciclista rumbo a Francia. Vamos a pasar un día en Gijón y podemos conocernos. ¡Qué suerte!

1 ¿Cierto o falso?

Indica si cada frase es **cierta** o **falsa**. Si es falsa, corrígela.

1. Miguel es alto y rubio. ~~es alto~~ es falsa — *Miguel es alto y moreno*
2. A Miguel le encantan los deportes. *Sí es cierto*
3. Miguel tenía ganas de visitar más museos.
4. Amparo pasó el mes de agosto con Miguel. *Es falsa — Josh pasó el mes de agost*
5. Ana Torroja es la cantante favorita de su amigo de Nueva York. *Es falsa — es la cantante favorita de Miguel*
6. La Coruña está al lado del mar. *Sí es cierto*
7. A Miguel le gusta mucho ver televisión. *_ es cierto*
8. Miguel sabe bucear.
9. Miguel le enseñó a Josh a remar. *es falsa le enseñó a Josh a bucear*

2 Busca la expresión

¿Qué expresiones usa Miguel para...?

1. preguntarle a Amparo qué edad tiene — *¿Cuántos años tienes?*
2. describirse a sí mismo físicamente; describir a Josh — *Soy alto y moreno*
3. expresar su entusiasmo por los deportes y sus pasatiempos *Soy un gran aficionado a los deportes*
4. decir que algo no le importa *¡Qué paliza!*
5. decir que algo no le gusta

3 Ponlo en orden

Con un(a) compañero(a), pon en orden estas oraciones según lo que escribió Miguel.

1. Miguel toma cursos de vela en el Club de Vela.
2. Miguel da una vuelta ciclista rumbo a Francia.
3. Josh, el amigo de Miguel, viene a visitarlo.
4. Miguel va a Barcelona con su familia.

4 ¿Comprendiste?

Contesta las siguientes preguntas en español.

1. ¿Dónde pasó Miguel el verano este año?
2. ¿Dónde lo pasó Miguel el año pasado?
3. ¿Qué tipo de vacaciones prefiere él?
4. ¿Por qué quiere quedarse en La Coruña?
5. ¿Quién vino _(came)_ a visitar a Miguel?
6. ¿Qué deportes acuáticos se pueden practicar en La Coruña?
7. ¿Cuándo van a tener la oportunidad de verse Miguel y Amparo?

5 Ahora te toca a ti

Mira otra vez las fotos que le manda Miguel a Amparo. ¿Qué deporte o pasatiempo te interesa más a ti? ¿Crees que te gustaría visitar La Coruña? ¿Por qué o por qué no?

Expressing interest, indifference, and displeasure

ASÍ SE DICE — Expressing interest, indifference, and displeasure

Cuando algo te interesa puedes decir:

Soy un(a) gran aficionado(a) a los deportes.
Soy un(a) fanático(a) de...
Estoy loco(a) por...
Me la paso coleccionando adhesivos.   *I spend my time . . .*

Cuando algo no te importa puedes decir:

Me da igual. } *It's all the same to me.*
Me da lo mismo.

No me importa.   *It doesn't matter to me.*
Como quieras.   *Whatever (you want).*

Para decir que algo no te gusta puedes decir:

Ver televisión **me parece un rollo.**
A mí **no me interesa para nada** ver televisión.
¡Qué paliza! Estoy harto(a) de tantos museos.
What a drag! I'm fed up with . . .

© Billiken

6 Como quieras

En una hoja de papel, escribe **interés, indiferencia** y **aversión** *(dislike)* en tres columnas. Escucha las siguientes conversaciones. Luego, escribe en la categoría apropiada el nombre de la persona que expresa cada emoción.

7 ¿Qué dicen ellos?

¿Qué crees que están pensando las personas en estos dibujos? ¿Les gusta el deporte o pasatiempo? Usa las frases de **Así se dice** para expresar sus pensamientos.

¿Quieres ver una película o ir a un concierto?

Adriana   Beto   Ken   Marcos   Charo   Gonzalo

VOCABULARIO

la escalada deportiva

la vela

pasear en velero

la equitación

montar a caballo

practicar ciclismo

patinar en línea

¿Qué deporte practicas?
el montañismo (escalar montañas)
el esquí acuático (hacer esquí acuático)
el patinaje (patinar sobre ruedas/hielo)
el remo (remar)
el buceo (bucear)

¿Qué pasatiempo te gusta más?
escuchar música
leer tiras cómicas/revistas
ir a la playa
coleccionar adhesivos/sellos
tocar un instrumento (la flauta/la batería/
    el clarinete/el saxofón)
la fotografía (sacar fotos)
jugar (ue) a los videojuegos/las cartas

---

8 Una entrevista

Una periodista está entrevistando a varios jóvenes sobre qué pasatiempos y deportes les gustan. Vas a escuchar seis frases. ¿Qué deporte o pasatiempo le gusta a cada persona?

¿Se te ha olvidado?
sports and hobbies
Ver páginas R111–113

También se puede decir...
Puedes decir **alpinismo** por **montañismo**. En Latinoamérica también se usa **andinismo**. Puedes usar **submarinismo** por **buceo**, **tomar fotos** por **sacar fotos** y **calcomanías** por **adhesivos**.

9 ¡Estoy harto del fútbol!

Escribe oraciones que expresen interés, indiferencia o aversión con el deporte o pasatiempo indicado. Usa expresiones de **Así se dice** en la página 9.

1. la escalada deportiva
2. la fotografía
3. la natación
4. el patinaje
5. dibujar
6. leer tiras cómicas
7. el montañismo
8. el esquí acuático
9. escuchar música

10 Es tu turno

Trabaja con un(a) compañero(a). Usen expresiones de **Así se dice** para comparar sus reacciones a los deportes y pasatiempos en la Actividad 9. ¿Qué deporte o pasatiempo les gusta a los (las) dos?

CAPÍTULO 1   ¡Qué bien lo pasé este verano!

CD-ROM
Disc 1

GRAMÁTICA de repaso Present tense of stem-changing verbs

Here is a review of stem-changing verbs in the present tense. Notice that the endings are regular.

	e > ie	**o > ue**	**e > i**
yo	emp**ie**zo	p**ue**do	p**i**do
tú	emp**ie**zas	p**ue**des	p**i**des
él, ella, Ud.	emp**ie**za	p**ue**de	p**i**de
nosotros	emp**e**zamos	p**o**demos	p**e**dimos
vosotros	emp**e**záis	p**o**déis	p**e**dís
ellos, ellas, Uds.	emp**ie**zan	p**ue**den	p**i**den

11 No hay tiempo para nada

El horario de Rafael está muy completo. Completa las oraciones con las formas correctas del presente de los verbos.

¿Se te ha olvidado?
present tense
Ver la página R26

Mi día ══1══ (comenzar) a las seis de la mañana. Siempre ══2══ (empezar) con un buen desayuno. Mis padres nunca ══3══ (querer) que salga de la casa sin comer. Aprovecho una hora por la mañana para practicar ciclismo antes de las 7:30, cuando ══4══ (comenzar) las clases. Después de las clases, mis amigos me ══5══ (pedir) que vaya a pasar el rato con ellos o a remar en el río. Pero, no ══6══ (poder) porque ══7══ (empezar) a trabajar a las dos. Le pido a Dios que ponga más horas en el día.

12 ¿Qué pasatiempo te gusta?

Prepara un cuestionario para investigar los deportes y pasatiempos que prefieren cinco compañeros de clase. Después, decide cuál de los amigos por correspondencia es más apropiado para cada estudiante.

Nombre: Liliana Aguilar
Edad: 15 años
Pasatiempos: Practicar deportes, ir a la playa, coleccionar estampillas de distintos países, escuchar música y leer.

Nombre: Laura Espinoza
Edad: 16 años
Pasatiempos: Patinar en línea, hablar por teléfono con mis amigos, coleccionar carteles de mis artistas favoritos, bailar, escuchar música, leer revistas.

Nombre: Antonio Villa
Edad: 16 años
Pasatiempos: Montar en bicicleta, ir al cine, sacar fotos, pintar, escribir poemas, tocar la guitarra.

Nombre: Francisco Andrade
Edad: 17 años
Pasatiempos: ir a conciertos, practicar deportes, coleccionar postales, tocar la batería, ver televisión, jugar videojuegos.

CD-ROM Disc 1

GRAMÁTICA de repaso   The preterite tense

The preterite is used to talk about what happened on a particular occasion or within a certain period of time in the past. The **yo** forms of verbs ending in **-car**, **-gar**, and **-zar** have spelling changes: **toqué, jugué, comencé.**

PASAR	COMER	ESCRIBIR
pasé	comí	escribí
pasaste	comiste	escribiste
pasó	comió	escribió
pasamos	comimos	escribimos
pasasteis	comisteis	escribisteis
pasaron	comieron	escribieron

13 ¿Cómo lo pasaste?

Vas a escuchar a Luisita conversar por teléfono con Miguel. Para cada verbo que sigue, indica si están hablando del **presente** o del **pasado**.

1. escuchar la radio
2. ir a la playa
3. nadar en el mar
4. practicar el esquí acuático
5. pasear en velero
6. jugar a las cartas
7. leer el periódico
8. ir al concierto

14 En mi diario

Con un(a) compañero(a), haz un resumen de lo que escribió Josefina. Luego digan dónde y cuándo conocieron Uds. a su mejor amigo(a). ¿De qué hablaron la primera vez que se conocieron?

¿Se te ha olvidado?

irregular preterite

Ver la página R27

---

2 de septiembre

Querido diario,

Hoy conocí a un tipo increíble. Fui a la playa Riazor esta tarde y vi al chico de mis sueños pero estaba segura de que él no me vio a mí. Bueno, esta noche hubo una fiesta en casa de Teresa. De veras no quería ir, pero fui... y ¿sabes qué? ¡El chico de la playa estaba allí! Resulta que es amigo de Teresa. Pues ella me lo presentó y empezamos a hablar. Se llama Joaquín y es de La Coruña. Hablamos tres horas sin parar y nos dimos cuenta de que tenemos mucho en común. Y no puedo creer lo que me dijo... ¡que me reconoció de la playa! Quiero hablar más con él pero mañana vuelvo a Madrid. ¡Qué lata que no puedo quedarme!

SUGERENCIA

Do you feel you've forgotten all your Spanish? Here are some tips:

· Familiarize yourself with the reference pages at the back of the book, starting on page R1. These have lists of vocabulary, grammar, and functions, much of which you've already learned. You'll probably recognize and remember a lot.

· Don't be too worried about making mistakes in class. They're an opportunity to learn more about Spanish.

15 Una cita

Imagina que pasaste un fin de semana fenomenal con un grupo de amigos. ¿Qué hicieron? ¿Adónde fueron? Escribe un párrafo con los siguientes verbos u otros. También puedes usar palabras como **primero, luego, después** y **por fin.**

regresar
pasar
ir
montar
esquiar
jugar
hacer

 NOTA CULTURAL

¿Acaso come tu familia percebes *(barnacles)* en casa? Pues, la gente de Galicia y de Asturias come muchos pescados y mariscos. Por ejemplo, comen el bacalao *(cod)*, los mejillones, las vieiras *(scallops)*, las sardinas *(sardines)*, los calamares, las anguilas, el centollo y las almejas. Hasta se come el pulpo *(octopus)*, que se cocina en ollas *(pots)* grandes en las fiestas. ¿Te gustan los mariscos?

la anguila

el calamar

el centollo

el mejillón

la almeja

16 ¿Qué tal las vacaciones?

 Pregúntale a un(a) compañero(a) qué hizo en sus vacaciones de verano. Escribe después un párrafo sobre sus experiencias y preséntalo a la clase.

¡ADELANTE!

Una carta a Miguel

Amparo recibió la carta de Miguel y le respondió. Ella es de Gijón, una ciudad en la región de Asturias. Amparo le cuenta cuáles son sus pasatiempos y deportes favoritos. Lee su carta para saber más de ella.

Querido Miguel,

3 de septiembre

¡Gracias por tu carta! Yo también tengo 16 años. Soy baja y rubia, y mis amigas dicen que soy simpática aunque Isabel, mi hermana menor, piensa que soy la persona más pesada del mundo. Ella tiene 10 años y es muy traviesa.

Me gustan también los deportes, pero prefiero los deportes individuales, y no de equipo. Practico el montañismo en los Picos de Europa y sé montar a caballo. También me gusta mucho esquiar. Una vez mi familia y yo fuimos a Valgrande-Pajares a esquiar, un lugar de esquí fenomenal en Asturias. Además, también me interesan la fotografía y las películas.

Yo también lo pasé muy bien este verano. Hice camping con mi familia en Covadonga, un parque nacional. ¡Me gustaría conocerte el próximo año! Quiero saber más de ti. ¿Te llevas bien con tu hermanito, o a veces es tan pesado como mi hermana? ¿Cómo sabes practicar tantos deportes? ¿Cuándo aprendiste a bucear? ¿Dónde conociste a tu amigo de Nueva York?

Bueno, es todo por ahora.

Saludos,

Amparo

Lo mejor del verano fue el concierto de Hombres en la Luna. Fui al concierto con mis amigos.

Hice una excursión a caballo en junio. En julio mi familia y yo hicimos camping en el Parque Nacional de Covadonga. ¡Qué belleza!

17 ¿Cómo es Amparo?

Completa las siguientes oraciones según la carta de Amparo.

1. Según sus amigas, Amparo es una persona...
2. Según su hermana menor, Amparo es...
3. A ella le gustan los deportes pero prefiere los...
4. Practica el montañismo en...
5. Una vez esquió en...
6. A ella le gustan...
7. Amparo fue al concierto de...
8. Ella hizo camping en...
9. Amparo piensa que su hermana es...

18 ¿Qué palabras se usan?

¿Qué palabras usa Amparo para...?

1. describirse a sí misma
2. hacerle preguntas a Miguel sobre los deportes
3. hablar de lo que hizo de vacaciones
4. hablar de lo que le interesa

19 ¿Comprendiste?

Contesta las siguientes preguntas.

1. ¿Qué tienen en común Miguel y Amparo?
2. ¿Qué tipo de deportes prefiere Amparo? ¿Cuáles son?
3. ¿Cuáles son sus pasatiempos?
4. Según Amparo, ¿cuál fue la mejor experiencia del verano?
5. ¿Qué hizo ella en junio?
6. ¿Adónde fue Amparo con su familia en julio? ¿Qué hicieron allí?
7. ¿Crees que Miguel y Amparo son compatibles como amigos? ¿Por qué o por qué no?

20 ¿Qué tienen en común?

Vas a escuchar a seis compañeros de Amparo hablar de lo que hicieron durante el verano. Después de escuchar las frases, indica si tienen más en común con Amparo o con Miguel.

21 Ahora te toca a ti

Lee la carta y mira las fotos de Amparo otra vez. ¿Qué tienes en común con Amparo? ¿Qué deporte o pasatiempo te interesa más? ¿Crees que te gustaría visitar Asturias? ¿Por qué o por qué no?

FESTIVAL INTERNACIONAL DE CINE DE GIJON

SEGUNDO PASO

Asking for information; describing yourself and others

ASÍ SE DICE   Asking for information

Para hacer una pregunta en español puedes usar palabras interrogativas como **¿Quién?**, **¿Por qué?** y **¿De dónde?** Mira los ejemplos:

¿Cuántos años tienes?

¿Qué te gusta hacer en tus ratos libres?

¿Cómo sabes practicar tantos deportes?

¿Cuándo aprendiste a bucear?

¿Dónde conociste a tu amigo de Nueva York?

22 ¿Me oíste?

Amparo está hablando con varios amigos en una fiesta. No responde bien a las preguntas porque la música está muy alta y no oye bien. Escucha las siguientes conversaciones e indica si las respuestas son **lógicas** o **ilógicas**.

¿Te acuerdas?

Sometimes questions are formed by reversing the word order of the subject and verb in a sentence: **¿Escala montañas Pedro?** You can also add a word like **¿no?** or **¿verdad?**, as in **Susana toca la flauta, ¿verdad?**

23 ¿Cuál es la pregunta?

Mira otra vez la información cultural en las páginas 1, 2 y 3. Con un(a) compañero(a), escribe preguntas apropiadas para las siguientes respuestas. Puede haber *(There can be)* más de una pregunta.

1. Galicia es una región muy verde y fresca.
2. Muchos peregrinos cristianos iban a Santiago de Compostela durante la Edad Media.
3. Galicia tiene un área de 29.575 kilómetros cuadrados *(square)*.
4. La Coruña se llama La Ciudad Cristal porque tiene galerías o balcones de vidrio.
5. Rosalía de Castro fue *(was)* una escritora famosa de Galicia.
6. Galicia tiene unos 2.800.000 de habitantes.
7. Los celtas poblaron Galicia mucho antes que los romanos.
8. La gaita es un instrumento tradicional de Galicia.
9. El único faro romano que todavía se usa es la Torre de Hércules.
10. Galicia tiene 386 kilómetros de costa.

ASÍ SE DICE Describing yourself and others

Si quieres describir el aspecto físico de una persona, puedes decir:

El Sr. Montálvez **tiene bigote y barba,** y es calvo.
. . . has a moustache and a beard . . .

Mi prima Julia **es pelirroja y tiene el pelo rizado.**

Patricio **es de estatura mediana y lleva gafas.**

Si quieres describir la personalidad de una persona también, puedes decir:

La profesora Minguillón **es seria pero es muy buena gente.**

Florencio **es pesado;** ¡no hay quien lo aguante!

Esteban es **un tío estupendo.**
. . . a great guy.

Mi novio es muy **abierto y tiene un buen sentido del humor.**

Noor es muy **simpática e inteligente. Es alta, morena** y muy **guapa,** ¿no crees?

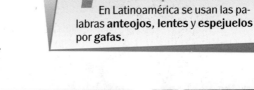

También se puede decir...
En Latinoamérica se usan las palabras **anteojos, lentes** y **espejuelos** por **gafas.**

24 Amigos nuevos

Escribe descripciones de las siguientes personas. Usa expresiones de **Así se dice.**

a.

b.

c.

d.

VOCABULARIO

abierto(a) *open*
buena gente *nice*
fenomenal *great*
una gran persona *a great person*

un gran tipo *a great guy*
majo(a) *nice* (Spain)
no hay quien lo (la) aguante *nobody can stand him (her)*
pesado(a) *annoying*

25 ¿En quién piensas?

Turnando con dos compañeros de clase, describe a cuatro personas famosas para ver si pueden adivinar quiénes son.

¿Se te ha olvidado?
adjectives
Ver páginas R111-131

GRAMÁTICA de repaso   saber vs. conocer

Both **saber** and **conocer** mean *to know*.

1. **Conocer** means *to know, to meet* or *to be familiar with* a person or a place. Remember to use the "personal **a**" when referring to a person.

    ¿Dónde conociste a tu amigo de Nueva York?
    ¿Conoces las playas de Galicia?

2. **Saber** means *to know* a fact or *to have information about* something or someone. It also means *to know how* to do something when used with an infinitive.

    Quiero saber más de ti.
    Amparo sabe hablar francés.

26   ¿Lo sabes o lo conoces?

Con un(a) compañero(a), decide entre **sabes** o **conoces** para las siguientes preguntas. Si pueden, contesten la pregunta.

1. ¿———— a una persona muy inteligente?
2. ¿———— el nombre del rey de España?
3. ¿———— tocar un instrumento?
4. ¿———— al presidente de Estados Unidos?
5. ¿———— remar?
6. ¿———— cuál es la flor oficial de tu estado?
7. ¿———— a alguien que practique ciclismo?

27   ¿Sabes patinar?

Con unos compañeros, lee las siguientes oraciones e indica si son **ciertas** o **falsas**. Luego cambien las oraciones falsas para reflejar *(reflect)* la realidad de su grupo.

MODELO   Todos sabemos patinar.
         Falso. Dos personas saben patinar pero una no.

1. Nadie en nuestro grupo conoce a ninguna persona de otro país.
2. Dos personas en nuestro grupo saben hacer el esquí acuático.
3. Todos sabemos tres idiomas.
4. Todos conocemos a un adulto pesado.
5. Una persona en nuestro grupo sabe bucear.
6. Todos conocemos Escocia e Inglaterra.
7. ¿?

NOTA GRAMATICAL

In Spanish, **o** *(or)* changes to **u** before a word that begins with **o-** or **ho-**.
El viaje a La Coruña es de siete u ocho horas.
In the same way, **y** changes to **e** before a word that begins with **i-** or **hi-**.
Sergio e Hilaria van a bucear.

28   En mi cuaderno

Imagina que quieres ser estudiante de intercambio en España. Antes de admitirte a un programa de intercambio, la directora del programa te entrevista. Te hace preguntas sobre tus datos personales (edad, dónde vives, etc.), los deportes y pasatiempos que te gustan o no te gustan y tus amigos y familiares. Escribe tu conversación con la directora.

¿Qué hiciste en las últimas vacaciones?

¿Qué piensas que hacen de vacaciones los muchachos hispanohablantes? ¿Tienes algo en común con estos tres jóvenes?

Yoni Antonio

Barba de Heredia, Costa Rica

"Bueno, me quedé ayudándole a mi padre a hacer trabajos allí en la casa y por ratillos ir a practicar deporte: la montañera *(mountain bike)* o jugar basquetbol".

Begonia

Madrid, España

"Fui a Cataluña. Me lo pasé muy bien y me bañé, visité monumentos... fui de compras... compré cosas para la playa".

Vivian

Miami, Florida

"Estuve en Nueva York con mi mamá y con mi hermana y con una amiga mejor allí. Fuimos a pasear, ... de compras".

Para pensar y hablar...

A. Escribe en una hoja de papel qué hiciste durante las últimas vacaciones. Compara tu respuesta con las de las personas entrevistadas.

B. Barba de Heredia is a small town. Imagine that Yoni Antonio went to Madrid for vacation. What kinds of activities could he do in Madrid that he probably couldn't do in his hometown? If Begonia were to travel to Barba de Heredia, what could she do there that she probably couldn't do in Madrid?

Pablo Neruda

Vas a leer un poema de Pablo Neruda, seguido por una biografía del poeta chileno.

Estrategia

Use background knowledge as you read the poem and the poet's biography. Think about what you already know about the topic of the poem. Look for the poem's symbolic meaning by considering other ideas or experiences that might be represented by the topic. When reading about the poet, think about what information is usually conveyed in a biography. This will help you to predict the content.

¡A comenzar!

A. Read the title of the poem. Make a list of what you already know about turtles. What are they like? Where do they live? What do they do?

B. Take a look at the biography on page 22. Think about the types of information that usually go into a biography. List three things that you expect to find in this reading.

C. Get together with a partner and go over your lists about turtles. Think about the different symbolic meanings of a turtle. Besides what you normally think of, what else can a turtle represent?

La tortuga

Pablo Neruda

La tortuga que
anduvo
tanto tiempo
y tanto vio
con
sus
antiguos
ojos,
la tortuga
que comió
aceitunas
del más profundo
mar,
la tortuga que nadó
siete siglos
y conoció
siete
mil
primaveras,
la tortuga
blindada
contra
el calor
y el frío,
contra
los rayos y las olas,
la tortuga
amarilla
y plateada,
con severos
lunares
ambarinos
y pies de rapiña,
la tortuga
se quedó
aquí
durmiendo,
y no lo sabe.
De tan vieja
se fue
poniendo dura,
dejó
de amar las olas
y fue rígida
como una plancha de
planchar.
Cerró
los ojos que
tanto
mar, cielo, tiempo y
tierra
desafiaron,
y se durmió
entre las otras
piedras.

¿Te acuerdas?

Use context to guess the meaning of unknown words. Make logical guesses by using the words and phrases that surround the unknown word.

Al grano

D. Scan the poem and try to understand how the poet describes the turtle. What images or ideas come to mind? Read the following sentences and indicate whether each one is **cierto** o **falso**.

1. La tortuga vive por muchos años.
2. A la tortuga le afecta mucho el clima.
3. La tortuga tiene mucha energía.
4. La tortuga ha visto *(has seen)* mucho.
5. Está durmiendo la tortuga.

E. Now read the following questions. Read the poem again more carefully. Keep these questions in mind as you read.

1. What does "**...dejó de amar las olas**" mean?
2. What is the poet referring to with the following simile: "**...y fue rígida como una plancha de planchar**"? A simile is a phrase that compares one thing to another to create an image. For example, "The stars were like jewels in the night sky."
3. Neruda ends the poem with "**...y se durmió entre las otras piedras.**" What is the metaphor in this phrase? What does it stand for? Remember that a metaphor refers to a thing or idea as something else. For example, "The jewels of the night sky shone brightly." In this case, the word "jewels" is a metaphor for "stars".

Pablo Neruda (1904–1973)

F. Read the biography of Pablo Neruda. Then look at the following groups of sentences and, for each group, decide which sentence best summarizes the narrative.

1. **a.** Neruda began writing and publishing poems in his later years.
   b. Pablo Neruda first experimented with writing poetry during his teenage years and published his first book before he was twenty.
   c. Neruda began to write poetry after his experiences in the Spanish Civil War.

2. **a.** After spending a long and productive life in Chile, Neruda won the Nobel Prize for Literature.
   b. The hardships he experienced from spending his whole life in the frontier town of Temuco were the only factor that affected his poetry.
   c. Neruda's writing was deeply affected by political events and by his life in other countries.

G. Now get together with a partner and discuss **La tortuga** again based on what you know about the poet's life. What experiences do you think motivated him to write this poem? Why?

Pablo Neruda, cuyo nombre verdadero fue Neftalí Reyes, nació en Parral, Chile, y es considerado uno de los poetas latinoamericanos más importantes del siglo veinte. Cuando tenía tres años se fue con su familia a Temuco, un pueblito fronterizo en el sur. Las duras condiciones de la región más tarde tendrían una gran influencia en su poesía. A los trece años Neruda publicó un artículo en un periódico local donde, poco después, lo pusieron a cargo de la página literaria.

En 1920 se fue a Santiago a estudiar en la Universidad de Chile. Cuando uno de sus poemas ganó el primer premio en un concurso literario, los patrocinadores le publicaron su primera colección de versos, *La canción de la fiesta* (1921). Ese volumen y el próximo, *Crepusculario* (1923), son de tema romántico y de estructura tradicional.

La publicación de *Veinte poemas de amor y una canción desesperada* (1924) lo consagró como un importante poeta nacional.

Neruda entró en el terreno político cuando lo nombraron cónsul honorario en Rangún, Birmania, y poco después en Ceilán y Java. Neruda se sentía frustrado en el Lejano Oriente cuando comenzó a componer *Residencia en la tierra*.

La vida y obra de Neruda se vieron profundamente afectadas por la Guerra Civil Española que estalló en 1936. Neruda empezó a escribir poesía y prosa a favor de un cambio social. Uno de sus mayores logros literarios, *Canto general de Chile* (1946), es una obra épica sobre la historia cultural y política de Chile, al mismo tiempo que una exploración de la lucha por la justicia en las Américas.

Neruda huyó de Chile en 1949 tras haber criticado severamente al presidente de la nación. En 1953 se le permitió regresar. Durante los veinte años siguientes escribió con un estilo simple y claro y volvió a temas más introspectivos y personales. En su poesía sobre el amor y la naturaleza, Neruda examina las cosas cotidianas con cuidado y atención. En 1971 ganó el Premio Nóbel de Literatura.

*H*ave you ever tried to explain one of your pastimes to someone? To explain a hobby to someone who doesn't know much about it, you have to choose your words carefully. In this activity, you'll write to a friend about a hobby he or she is interested in learning about and you'll learn a way to plan ahead for the writing task.

Tu pasatiempo favorito

Imagina que tienes un(a) amigo(a) que quiere saber más sobre tu pasatiempo o deporte favorito. Escríbele una carta para describirlo, cómo se practica, qué equipo se necesita, las precauciones necesarias, etc. Toma en cuenta lo que tu amigo(a) ya sabe de tu pasatiempo.

A. Preparación

Antes de escribir tu descripción, considera las siguientes preguntas.

1. ¿Por qué escribes esta carta?
2. ¿Para quién escribes? ¿Es niño(a) o adulto(a)? ¿Debes usar **tú** o **usted**?
3. ¿Cuánto ya sabe esta persona de tu pasatiempo o deporte?
4. ¿Qué detalles necesitas incluir para describirlo bien?
5. ¿Necesitas incluir fotos o dibujos para hacer una buena descripción?

ESTRATEGIA

Know your audience Before you write, think about who you're writing to and the reason you're writing. Write using words your reader could be expected to understand, and use an appropriate tone. For example, you'd describe a hobby differently depending on whether you were writing to your grandmother or to a child.

B. Redacción

1. Escribe tu carta. Pon la fecha y una introducción para preguntar cómo está tu amigo(a), qué pasa donde vive, etc.
2. Escribe otros párrafos para describir tu pasatiempo o deporte. Usa el vocabulario y los detalles apropiados. Si la persona que va a leer esta carta es de tu edad, usa las formas de **tú**.
3. Escribe una conclusión apropiada. Si quieres, puedes resumir *(sum up)* los detalles más importantes de tu descripción.
4. Incluye fotos o dibujos si son apropiados.

C. Evaluación

1. ¿Usaste un tono apropiado? Si no, puedes hacerlo más formal o más informal.
2. Mira bien las palabras que usaste. ¿Crees que tu amigo(a) puede comprenderlas? Si no, usa otras.
3. ¿Escribiste bien todas las palabras? Si no, corrige las palabras incorrectas.
4. Si usaste fotos o dibujos, ¿qué piensas de ellos? Si no apoyan la presentación, omítelos o busca otros.

CD-ROM Disc 1

1 Amparo está invitando a varios amigos a acompañarla a la playa, ¡pero todos ya tienen planes! Escucha las siguientes conversaciones e indica qué dibujo corresponde a cada conversación. Una de las conversaciones no corresponde a ningún dibujo.

a.

b.

c.

d.

2 Imagina que un(a) amigo(a) volvió ayer de unas vacaciones en La Coruña. Escribe una lista de preguntas que puedes hacerle sobre sus vacaciones. Usa algunas de estas palabras.

leer

montar a caballo

tener

sacar fotos

bucear

conocer

ir

venir

remar

jugar

3 Imagine that you spent a summer in Galicia. Using the cultural information you have learned about Galicia in this chapter, write a short paragraph describing what you did, what foods you ate, what sports and activities you participated in, and what places you visited.

4 Con un(a) compañero(a), compara estos deportes o pasatiempos. Indiquen si a Uds. les interesan, si no les interesan tanto o si no les gustan para nada.

5 Imagina que eres la persona que entrevistó a la joven alpinista del artículo. ¿Qué preguntas le hiciste para descubrir la siguiente información?
1. su nombre
2. su edad
3. el monte que escaló
4. el nombre de la persona que la entrenó
5. su edad cuando aprendió a esquiar
6. la ubicación *(location)* del monte

SUPERNIÑA ALPINISTA

L a alpinista más joven que haya escalado el Monte Blanco es la genovesa Valerie Schwartz, de siete años. La niña hizo la ascensión con sus padres y un guía. Su papá la entrenó durante dos años. Valerie esquía desde los dos años y está acostumbrada a caminar en terrenos difíciles. El Monte Blanco, de 4.810 metros, es el más alto de Europa. Está en los Alpes.

6 Escoge a un(a) amigo(a) por correspondencia de la **Actividad 12** en la página 11 y escríbele una carta para presentarte a él o a ella. Descríbele cómo eres (físicamente y tu personalidad) y pregúntale de su personalidad, de sus pasatiempos y de deportes favoritos.

7  S I T U A C I Ó N

A. Imagina que conoces a un(a) estudiante hispanohablante en una fiesta de tu colegio. Uds. hablan de los deportes y pasatiempos que les interesan.

B. El (La) director(a) de tu colegio quiere honrar al mejor estudiante del colegio. Piensas que tu mejor amigo(a) merece *(deserves)* este honor. Escribe una carta en que describes a tu amigo(a). Indica por qué él o ella merece este honor y menciona las cosas importantes que hizo este año.

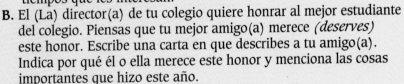

Can you express interest, indifference, and displeasure? p. 9

1 Tu mejor amigo(a) te sugiere cosas que Uds. pueden hacer este fin de semana. Responde a cada una de las ideas de tu amigo(a).

1. ¿Por qué no jugamos videojuegos?
2. ¿Qué te parece si jugamos a las cartas en mi casa?
3. ¡Vamos a escalar la Montaña Encantada!
4. Va a hacer buen tiempo. Podemos montar en bicicleta.
5. ¿Qué te parece si vamos a la playa?
6. Podemos tomar una clase de patinaje.

Can you ask for information? p. 16

2 Un amigo te presenta a Mónica, una estudiante nueva. ¿Qué preguntas le haces para descubrir la siguiente información?

1. su lugar de origen
2. la fecha cuando llegó
3. el número de hermanos y hermanas que tiene
4. lo que le gusta hacer
5. el modo de transporte que usa para llegar al colegio
6. sus motivos para estudiar en los Estados Unidos

3 ¿Cómo le preguntarías a un(a) compañero(a) lo que hizo ayer después de clases? Usa las sugerencias a la derecha.

por qué

a qué hora

qué

cuándo

qué tal   adónde   con quién

(algún deporte)   (algún pasatiempo)

Can you describe yourself and others? p. 17

4 Indica si conoces a las siguientes personas y qué sabes de cada una.

MODELO   mi prima Julia
—Sí, la conozco y sé que es pelirroja y tiene el pelo rizado.

1. el (la) gobernador(a) de tu estado
2. el padre o la madre de tu mejor amigo(a)
3. tus primos(as)
4. el alcalde o la alcaldesa *(mayor)* de tu ciudad
5. el (la) profesor(a) de español
6. el (la) entrenador(a) del equipo de baloncesto

PRIMER PASO

Expressing interest

Estoy loco(a) por...   *I'm crazy about . . .*
Me la paso...   *I spend my time . . .*
Soy un(a) fanático(a) de...
   I'm a big fan of . . .
Soy un(a) gran aficionado(a) a...
   I'm a big fan of . . .

Expressing indifference

Como quieras.   *Whatever (you want).*
Me da igual.   *It's all the same to me.*
Me da lo mismo.   *It's all the same to me.*
No me importa.   *It doesn't matter to me.*

Expressing displeasure

Estoy harto(a) de...   *I am fed up with . . .*
Me parece un rollo.
   It seems really boring to me.
No me interesa para nada.
   It doesn't interest me at all.
¡Qué paliza!   *What a drag!*

Sports

bucear   *to go scuba diving*
el buceo   *scuba diving*
la equitación   *horseback riding*
la escalada deportiva   *rock climbing*
escalar montañas   *to go mountain climbing*
el esquí acuático   *water skiing*

hacer esquí acuático   *to water-ski*
el montañismo   *mountain climbing*
montar a caballo   *to go horseback riding*
pasear en velero   *to go sailing*
el patinaje   *skating*
patinar en línea   *to go inline skating*
patinar sobre hielo   *to ice-skate*
patinar sobre ruedas   *to roller-skate*
practicar ciclismo   *to be a cyclist*
remar   *to row*
el remo   *rowing*
la vela   *sailing*

Hobbies

coleccionar adhesivos/sellos
   to collect stickers/stamps
escuchar música   *to listen to music*
la fotografía   *photography*
ir a la playa   *to go to the beach*
jugar (ue) a las cartas   *to play cards*
jugar (ue) a los videojuegos   *to play video games*
leer tiras cómicas   *to read comics*
sacar fotos   *to take pictures*
tocar un instrumento   *to play an instrument*

Musical instruments

la batería   *the drums*
el clarinete   *the clarinet*
la flauta   *the flute*
el saxofón   *the saxophone*

SEGUNDO PASO

Asking for information
See p. 16.

Describing yourself and others

abierto(a)   *open*
alto(a)   *tall*
la barba   *beard*
el bigote   *moustache*
buena gente   *nice*
de estatura mediana   *of medium height*
fenomenal   *great*
las gafas   *glasses*
una gran persona   *a great person*

un gran tipo   *a great guy*
guapo(a)   *good-looking*
llevar gafas   *to wear glasses*
majo(a)   *nice (Spain)*
moreno(a)   *dark-haired, dark-skinned*
No hay quien lo (la) aguante.
   Nobody can stand him (her).
pelirrojo(a)   *red-headed*
pesado(a)   *annoying*
rizado(a)   *curly*
serio(a)   *serious*
tener un buen sentido del humor
   to have a good sense of humor
un(a) tío(a) estupendo(a)   *a great guy/girl*

travieso - mischeavious

Por una
vida sana

① **¿Puedes darme algún consejo?**
Estoy preocupada por mis notas.

Muchas personas quieren llevar una
vida sana. Hacer ejercicio, comer bien, y
controlar el estrés de todos los días—todas
estas cosas pueden ayudarnos a vivir más
y mejor. ¿Qué hacen los jóvenes españoles
para cuidarse? ¿Crees que los jóvenes
españoles tengan distintas ideas sobre qué
es una vida sana?

In this chapter you will learn

- to ask for and give advice
- to talk about taking care of yourself

And you will

- listen to part of a call-in show
- read an article about managing stress
- write a letter to a friend who has
  moved away
- find out how Spanish-speaking teens
  take care of themselves

② Te aconsejo reírte más y tomar las cosas con calma, hombre.

③ Aliméntate bien, que la salud va primero.

DE ANTEMANO

Una vida equilibrada

Los amigos, la familia, los estudios, las fiestas, el trabajo... la vida está llena de actividades y diversiones y a veces, estrés. ¡No te preocupes!
Este "test" te va a ayudar a entender cómo organizas tu tiempo.

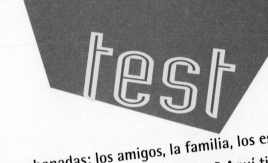

¿Equilibrado o descontrolado?

La vida es un gran pastel con muchas rebanadas: los amigos, la familia, los estudios, las fiestas, el trabajo. ¿Qué tal andas tú en distribuir tu tiempo? Aquí tienes una prueba para saberlo. Tómala y sin trampas.

1 Los sábados en la mañana estás:
a. en casa de tu mejor amigo(a).
b. haciendo las compras o cualquier otra tarea doméstica.
c. esperando la llamada de tu novio(a).
d. trabajando para ganar dinero.
e. en la cama, durmiendo.

2 Si despiertas a medianoche y no puedes dormir, estás pensando en:
a. buscar otro(a) novio(a).
b. ganar dinero.
c. cómo sacar buenas notas en los exámenes.
d. un problema familiar.
e. lo que te vas a poner para la fiesta del viernes.

3 Cuando tienes tiempo para hacer lo que te gusta:
a. sales con tu novio(a).
b. vas a un concierto de rock o a un evento deportivo.
c. descansas.
d. practicas tu deporte o actividad favorita.
e. te cortas el pelo o te haces la permanente.

4 Cuando te sientes cansado(a), es porque:
a. pasaste toda la noche de fiesta.
b. hablaste toda la noche con tus papás.
c. estudiaste toda la noche.
d. fuiste de compras todo el día.
e. trabajaste demasiadas horas extra.

5 Tu mejor amigo(a) te describe como:
a. un "trabajo-hólico(a)".
b. un cerebro.
c. divertido(a).
d. muy unido(a) a tu familia.
e. victima de la moda.

6 Tu peor enemigo(a) dice que eres:
a. super-engreido(a).
b. antipatiquísimo(a).
c. solitario(a).
d. codicioso(a).
e. enamoradizo(a).

7 Para relajarte:
a. compartes una pizza con tus amigos(as).
b. prefieres ir al parque para mirar a los (las) chicos(as).
c. escuchas música tranquila o lees en tu cuarto.
d. hablas con tu mamá.
e. haces ejercicio.

8 Tus fantasías del futuro son:
   a. casarte con tu chico(a).
   b. conseguir un buen trabajo.
   c. ir a la universidad.
   d. tener una fiesta de graduación enorme.
   e. ser actor o actriz.

9 A veces sufres del estrés cuando:
   a. no tienes tiempo para descansar.
   b. no tienes tiempo para estudiar lo suficiente.
   c. no estás con tu familia.

   d. no estás con tus amigos(as).
   e. no tienes ni trabajo ni dinero.

10 El trabajo que te gusta es:
   a. maestro(a) o vendedor(a).
   b. escritor(a) o investigador(a).
   c. trabajador(a) social, consejero(a) o ministro(a).
   d. profesor(a) de universidad, artista, atleta profesional.
   e. diseñador(a) de moda o estilista de cabello.

amor · familia · ejercicio · estudios · diversión · amigos

Puntuación

¡Ahora te llegó el momento de la verdad! Compara tus respuestas con las de abajo. ¿Cómo pasas el tiempo?

Amigos, diversión: 1a, 3b, 4a, 5c, 7a, 8d, 9d, 10a

Los (Las) chicos(as), tu novio(a): 1c, 2a, 3a, 6e, 7b, 8a

Estudios o proyectos especiales: 2c, 3d, 4c, 5b, 6b, 8c, 9b, 10d

La casa, la familia: 1b, 2d, 4b, 5d, 7d, 9c, 10c

El trabajo: 1d, 2b, 4e, 5a, 6d, 8b, 9e

Pasatiempos o relajamiento: 1e, 3c, 6c, 7c, 9a, 10b

La moda y tu apariencia física: 2e, 3e, 4d, 5e, 6a, 7e, 8e, 10e

1 Los problemas de "Ansioso"

Indica si cada idea de la carta es **cierta** o **falsa**. Si es falsa, corrígela.

1. El problema más grande de "Ansioso" es que no tiene nada que hacer.
2. "Ansioso" sale mucho con sus amigos.
3. Le escribe a Consuelo para pedirle consejos y resolver sus problemas.
4. Según ella, "Ansioso" debe dedicar tiempo a las actividades interesantes.
5. Consuelo le aconseja trabajar más.

2 ¿Cómo los describes?

Escucha las siguientes descripciones e indica cuál de los consejos corresponde mejor a cada situación.

a. Debe ser más optimista.
b. Debe pasar más tiempo con menos chicos(as).
c. Debe ser más honesto(a) con sus amigos y también con sí mismo(a).
d. Debe ser menos egoísta.
e. Debe tratar de ser más extrovertido(a).

3 Personalidades

Con un(a) compañero(a), escribe descripciones de siete personas imaginarias. Sigan el modelo.

MODELO A Elisa le encantan los estudios de moda y quiere ser profesora.

familia

moda o apariencia física

amor

amigos

estudios

diversión o relajamiento

trabajo

4 ¿Qué palabras se usan?

1. ¿Qué expresión usa "Ansioso" para decir que tiene muchas presiones?
2. ¿Cómo le pide consejos a Consuelo?
3. Busca por lo menos tres expresiones que usa Consuelo para darle consejos.

5 ¿Cuáles son tus prioridades?

Compara los resultados de la prueba con los de un(a) compañero(a). ¿Cuáles son las prioridades de cada persona?

 NOTA CULTURAL

Aunque el idioma nacional de España es el español, algunas regiones de España tienen sus propias lenguas. En Cataluña se habla **catalán**, por ejemplo, y los vascos hablan una lengua llamada **euskera**, que no es similar a ningún idioma conocido. En Galicia se habla el **gallego**. El gallego es similar al portugués y al español. Por ejemplo **tienda** es *tenda* en gallego, **primero(a)** es *primeiro(a)*, **mujer** es *muller*, y **llorar** es *chorar*. ¿Qué idiomas se hablan en los Estados Unidos además del inglés?

PRIMER PASO

Asking for and giving advice

ASÍ SE DICE   Asking for and giving advice

Aquí tienes algunas frases que puedes usar para pedir y dar consejos a otra persona.

¿Qué me aconsejas hacer?   **Te aconsejo** comer bien.

¿Qué me recomiendas hacer?   **Te recomiendo** hacer más ejercicio.

¿Puedes darme algún consejo?   **Sería bueno** expresar tus emociones.

¿Qué debo hacer?   **Deberías** descansar más.

     No debes preocuparte tanto.

6   ¿Qué me aconsejas?

Con un(a) compañero(a) de clase, indica qué consejo es el mejor para cada problema que sigue.

"Me encanta la comida italiana, sobre todo si tiene ajo. Y cuando cocino, cocino con mucho ajo. El problema es que a mi novia no le gusta para nada y no me quiere hablar si lo como. ¿Puedes darme algún consejo?"

"Tengo 16 años y soy muy independiente para mi edad pero mis papás no me permiten hacer nada después de las nueve de la noche. Si llego tarde, no me permiten salir con amigos, ir a fiestas ni hablar por teléfono por una semana. ¡No es justo! ¿Qué me aconsejas?"

A. ¡Deberías comer lo que te gusta! Si tu novia te quiere, te va a aceptar tal como eres.

B. Sería bueno dejar de comer ajo por completo. Tu novia tiene razón, el ajo es horrible. No debes hacerla sufrir.

C. ¡Hay una solución! Puedes cocinar con ajo pero sólo una vez por semana.

A. Deberías buscar un apartamento y vivir sola. Tus padres no son razonables.

B. Te recomiendo hablar con tus padres para buscar una solución. Tal vez te permitan salir hasta las diez o las once sólo los sábados. Y si no, pues dentro de unos años puedes hacerlo.

C. Te aconsejo seguir las reglas de tus padres totalmente. Eres muy joven para salir de noche.

GRAMÁTICA de repaso   Informal commands

1. Affirmative informal commands have the same form as the **él/ella/usted** present indicative form of the verb.

   ¡Come las verduras!   **Duerme** bien.   **Descansa** más.

2. In the negative, start with the **yo** form of the verb in the present indicative and drop the **-o**. Then add **-es** for **-ar** verbs, and **-as** for **-er** and **-ir** verbs.

   mirar → miro → **no mires**
   No mires el sol.

   comer → como → **no comas**
   No comas tantos dulces.

   escribir → escribo → **no escribas**
   No escribas en la pared.

3. For a more complete review of the **tú** commands, see page R30.

---

7 ¿Buen consejo?

Escucha los siguientes problemas y consejos. Si te parece bueno el consejo, escribe **buen consejo** en una hoja de papel. Si te parece malo, escribe **mal consejo**.

8 Problemas entre amigos

Imagina que tu mejor amigo(a) se peleó *(fought)* con otro(a) amigo(a) y ahora necesita tus consejos. Usa los siguientes verbos o frases en forma positiva o negativa para darle consejos: **perdonar, ser abierto(a), hablar, ser impaciente, decirle cómo te sientes, preocuparte.**

9 ¡Ayuda a Pablo!

Pablo necesita tu ayuda. Se despertó tarde hoy y tiene un examen en su primera clase. Con un(a) compañero(a) de clase, dale cinco consejos sobre lo que debe hacer para no llegar demasiado tarde al colegio y cinco consejos sobre lo que no debe hacer.

¿Te acuerdas?

Here are some informal commands that have irregular forms:

decir	**di**	salir	**sal**
hacer	**haz**	ser	**sé**
ir	**ve**	tener	**ten**
poner	**pon**	venir	**ven**

VOCABULARIO

¿Cómo estás hoy?

agotada

histérico

agobiado

ansiosa

¿Qué causa el estrés?

estar rendido(a) — *to be worn out*
llevar una vida agitada — *to lead a hectic life*
ponerse nervioso(a) — *to get nervous*
sufrir de presiones — *to be under pressure*
sufrir de tensiones — *to suffer from tension*

¿Qué alivia el estrés?

cuidarse — *to take care of oneself*
reírse (i, i) — *to laugh*
relajarse — *to relax*
resolver (ue) un problema — *to solve a problem*
tomar las cosas con calma — *to take things calmly*

10 ¡No lo aguanto más!

Mira el dibujo e indica de qué tensiones sufre Yolanda y qué puede hacer para aliviar el estrés. ¿Alguna vez estuviste tan ocupado(a) como ella? ¿Por qué?

¿Te acuerdas?

One way to talk about what's happening right now is to use the present progressive. It's formed with **estar + -ando/-iendo**. It corresponds to the English -ing form in sentences like: **Estamos esperando a Marta.** *(We're waiting for Marta.)*

11 ¿Cómo te sientes cuando…?

¿Cómo te sientes o cómo reaccionas en las siguientes situaciones?

1. Hablas con el presidente del país.
2. Un amigo te cuenta un chiste.
3. Corres diez kilómetros.
4. Pasas un fin de semana en la playa.
5. Tienes muchísima tarea.
6. Es el primer día de clases en un nuevo colegio.
7. Escuchas tu canción favorita.
8. Tienes cuatro exámenes en un día.

12 ¿Cómo alivio el estrés?

Con unos(as) compañeros(as), comparen sus respuestas de la Actividad 11. Dales consejos a tus compañeros(as) sobre las cosas que les causan estrés. Luego piensa en los consejos que te dieron tus compañeros(as). ¿Cuáles van a ser difíciles de seguir? ¿Por qué?

Un poco más…

abrumado(a) — *overwhelmed*
desvelarse — *to stay up late*
estar hecho(a) polvo — *to be worn out*
madrugar — *to get up early*
enojarse — *to become angry*

13 Consejero en la radio

Imagina que trabajas para una emisora *(radio station)*. Recibes llamadas de gente que necesita tu ayuda. Escucha la siguiente llamada y toma apuntes *(notes)* sobre el problema. Escucha otra vez y luego escribe una respuesta que le da consejos. Menciona por lo menos tres consejos.

14 Mi escape favorito

En grupos de tres o cuatro estudiantes, lean el artículo sobre los escapes favoritos de Susy, Beto y Patricia. ¿Qué hacen ellos para aliviar el estrés? Escriban un párrafo sobre los "escapes" favoritos de cada miembro de su grupo.

MI "ESCAPE" FAVORITO...

¿Abrumado con las presiones del día a día? ¿Echas humo de la tensión? ¡No estalles! Tres lectores comparten contigo su "escape" predilecto:

✳ **Susy**, 17 años: "La playa me serena. Me gusta sentarme frente al mar y concentrarme en el ir y venir de las olas. Me basta con media hora para sentirme como nueva. Si por algún motivo no puedo ir a la playa, contemplo un rato las nubes. Es que a mí me relaja mucho la naturaleza..."

✳ **Beto**, 18 años: "Para poner mi mente en piloto automático, me gustan los crucigramas y los juegos de palabras. La concentración me hace olvidar los otros problemas. Además, mejoro mi vocabulario..."

✳ **Patricia**, 15 años: "A mí me relaja la actividad física. Nadar, correr, hacer ejercicios aeróbicos... Todo eso me saca de mis problemas en un 'tilín'..."

CD-ROM Disc 1

¿Cómo te cuidas?

¿Crees que los jóvenes de España y los países de Latinoamérica se cuidan de la misma manera que tú? ¿Sufren ellos del estrés también? Entrevistamos a varios jóvenes para preguntarles qué hacen. ¿Qué tienes en común con ellos?

PANORAMA CULTURAL

● Gloriela

San Antonio, Texas

"Yo me cuido la salud por comer bien, no como tanto, no como tanto también en la noche y como cosas como verduras, frutas y no tanto dulce".

● Érica

San José, Costa Rica

"Bueno, yo hago ejercicios, voy a La Sabana, corro, juego un rato con mi esposo, con mi familia, eso es lo que hago".

● Alberto

Caracas, Venezuela

"Para mantener la salud hago deporte, hago una rutina diaria de físicocul-turismo y trato de estar al día en todo lo que se respecta al estado de la forma".

Para pensar y hablar...

A. ¿Qué haces tú para mantener la buena salud? Lee con atención las respuestas de Alberto y Érica y compáralas. ¿Cuál de los dos prefiere hacer ejercicios en el parque y en grupo y quién lo hace individualmente?

B. En tu opinión, ¿por qué es importante hacer ejercicio y tener una dieta balanceada? ¿Cómo te afecta la inactividad? ¿Cómo te afecta comer demasiado?

¡ADELANTE!

¡Nos cuidamos mucho!

Pilar, Carlos y Elena hablan de los buenos hábitos.
¿Tienes algo en común con ellos?

Pilar

Normalmente los padres les enseñan a los hijos los buenos hábitos de alimentación y salud. Pero en mi familia no es así. Cuando mi madre era niña, la gente no sabía mucho sobre los peligros por los que nos preocupamos hoy en día. Por ejemplo, mi madre siempre se bronceaba sin crema protectora y a veces se quemaba. Le hablé del peligro y ahora ella se pone crema protectora. También, ella siempre le echaba mucha sal y aceite a la comida. Ahora sabemos que el uso excesivo de sal y aceite contribuye a los problemas de salud. ¡Nos cuidamos mucho!

Antes tenía problemas en hacer amigos porque era bastante reservado. Muchas veces me quedaba en casa, no salía con amigos y no hablaba mucho con mis papás ni con mis amigos. Francamente, me interesaban más las cosas que las personas. Nunca compartía mis problemas con nadie y me sentía muy solo. Un día decidí que tenía que cambiar mi modo de ser. Ahora sé que las personas son más importantes que las cosas. Cuando algo me molesta o si estoy agobiado por las tensiones de la vida, trato de compartirlo con alguien, por ejemplo, con mi familia o con amigos. Comparto las buenas cosas también. Así las cosas negativas no parecen tan graves y ¡las cosas positivas son mejores!

Carlos

Elena

Mi amiga Marianela siempre estaba a dieta para bajar de peso. Quería ser tan delgada como las modelos de las revistas. Está bien cuidarse el peso, pero al mismo tiempo yo me preocupaba por ella: no comía lo suficiente, estaba delgadísima y se pesaba dos veces al día. Estaba tan delgada que se cansaba fácilmente. Afortunadamente, sus padres se dieron cuenta del problema y la llevaron a ver a un doctor. Ahora ella está mejorando y subiendo de peso poco a poco. Estoy muy contenta ahora pues es mi mejor amiga y me importa mucho.

15 Correcciones

Indica si la frase es **cierta** o **falsa**. Si es falsa, corrígela.

1. En el pasado, Carlos hablaba con sus papás o amigos cuando tenía estrés en su vida.
2. La mamá de Carlos nunca se ponía crema protectora cuando salía al sol.
3. Pilar y su familia ahora se cuidan mucho.
4. Ahora Elena se preocupa por su amiga porque todavía quiere bajar de peso.
5. La amiga de Elena está mejor ahora.

16 Un resumen

Con un(a) compañero(a), haz un resumen de cada párrafo que leyeron en la página 38. ¿Cuál era el problema de cada persona? ¿Cómo resolvió cada persona su problema o el problema de otro?

17 ¿Quién lo dijo?

Identifica cuál de los tres estudiantes habló de cada problema.

1. Su amiga se pesaba dos veces al día.
2. Su familia le echaba mucha sal y aceite a la comida.
3. Nunca compartía sus problemas con nadie.
4. Su mamá se bronceaba sin crema protectora.
5. No hablaba mucho con sus papás ni con sus amigos.
6. Una amiga suya estaba tan delgada que se cansaba fácilmente.

18 Entre amigos

Las siguientes personas tienen malos hábitos de salud. Con un(a) compañero(a), dales buenos consejos. Usa frases como **Deberías** o **No deberías** y vocabulario de las páginas 34 y 35.

1. Anita no habla de sus problemas con nadie.
2. Armando va a la playa mucho y no usa crema protectora.
3. Ignacio sólo come carne y pollo frito.
4. Yusef trabaja 20 horas al día.
5. Florencia toma refrescos todo el día.
6. Andrés se siente muy solo pero no habla con nadie.

19 Ahora te toca a ti

Describe tus hábitos de salud: lo que comes, si hablas con tus amigos y familiares cuando sufres de tensiones y si haces ejercicio.

LA SALUD ES TODO

Por una vida más sana come sólo lo mejor

"La nutrición es nuestra especialidad"

COMESTIBLES NUTRITEC S.A.

Talking about taking care of yourself

ASÍ SE DICE Talking about taking care of yourself

CD-ROM
Disc 1

Para decir que no te cuidas mucho, puedes decir:

Siempre **le echo mucha sal a la comida.** Casi nunca **hago ejercicio. Me quedo frente a la tele** por horas.

Nunca **duermo lo suficiente.**

Siempre **estoy a dieta. Me peso** dos veces al día.

Nunca **comparto** mis problemas **con nadie** y me siento **muy solo(a).**

Para decir que te cuidas mucho, puedes decir:

Tengo buenos hábitos de alimentación.

Como comida sana con poca **grasa.**

Para no broncearme, me pongo crema protectora.

Me mantengo en forma. Hago ejercicio aeróbico tres veces por semana.

También se puede decir...
Algunas personas dicen **estar a régimen** por estar a dieta.

20 ¡Suerte, Li!

Lee este artículo y luego contesta las preguntas que siguen.

1. ¿De dónde es Li Fapin?
2. ¿Por qué se entrena?
3. ¿Qué tiene de especial el caso de Li?
4. ¿Cómo piensa Li que va a resultar el maratón?
5. ¿Cómo se siente Li ahora?
6. ¿Cómo se mantiene en forma?

¿Se te ha olvidado?
parts of the body
Ver páginas R111–131

"MARATÓN A LOS 80"

● Li Fapin sueña con convertirse en un chino famoso. ¿Cómo? ¡Corriendo! Li se entrena todos los días para participar en un maratón internacional de 10.000 metros. Y, por supuesto, piensa llevarse los laureles. Lo sorprendente del caso es que tiene 80 años, una salud excelente y energía para cien años más. Mantiene una estricta disciplina. Se acuesta temprano y es un gran madrugador; su dieta es vegetariana y toma vino en raras ocasiones. ¡Suerte, Li!

CD-ROM Disc 1

GRAMÁTICA de repaso   Reflexive verbs

1. To conjugate a reflexive verb like **levantarse** *(to get up)*, remember to use the appropriate reflexive pronoun with the verb:

me levanto	nos levantamos
te levantas	os levantáis
se levanta	se levantan

2. When using a reflexive verb in the infinitive form with another conjugated verb, the reflexive pronoun may be attached to the infinitive or placed in front of the conjugated verb:

Voy a **acostarme** a las diez y media.   **Me** voy a **acostar** a las diez y media.

3. Attach the reflexive pronoun to the end of an affirmative command and place it before a negative command.

¡Cuíd**ate** mucho!   No **te** acuestes muy tarde.

21 ¿Buenos hábitos?

Escucha lo que dicen las siguientes personas. Luego indica si cada persona tiene hábitos saludables o no.

22 Una familia ocupada

La familia Suárez siempre está muy ocupada. La señora trabaja durante el día pero su esposo trabaja de noche. Describe lo que cada persona está haciendo.

MODELO   El señor Suárez se quita *(takes off)* los zapatos.

¿Te acuerdas?

acostarse	levantarse
bañarse	ponerse
despertarse	quitarse
lavarse	vestirse

alimentarse bien/mal   **ducharse**   **pesarse**   **ponerse crema protectora**

la alimentación   *nutrition*
broncearse   *to suntan*
contribuir   *to contribute*
cuidarse el peso   *to watch one's weight*
darse cuenta de   *to realize*

dormirse (ue, u)   *to fall asleep*
el peligro   *danger*
la piel   *skin*
quemarse   *to get a sunburn*
subir de peso   *to gain weight*

23 ¡Qué lío!

Escucha las descripciones e indica a qué dibujos corresponden.

a.

b.

c.

d.

> **NOTA CULTURAL**
>
> Los españoles tienen buenos hábitos de salud por lo general. Por ejemplo, comen más fruta y vegetales frescos que el estadounidense típico. También caminan mucho más que los estadounidenses. Esto se debe a que las ciudades españolas fueron construidas cuando no había coches. Por eso no es tan necesario usar el coche. Las personas pueden ir de compras o ir al trabajo a pie porque todo les queda más cerca. ¿Caminas mucho tú?

24 ¿Se cuidan?

Compara tus hábitos de salud con los de unos(as) compañeros(as). ¿Se cuidan Uds. o no? ¿A qué hora se levantan? ¿Qué comen normalmente para el desayuno? Hagan una lista de los buenos y malos hábitos que comparten. ¿Qué consejos puede dar el uno al otro?

25 ¡Tantos errores!

Carlos se despierta muy cansado todas las mañanas. Por eso, comete *(makes)* varios errores durante el día. Lee el párrafo que describe lo que le pasó hoy. Corrige las oraciones ilógicas. Luego con un(a) compañero(a) de clase, escribe un párrafo tan ilógico como éste. ¡Usen sus imaginaciones! Intercambien su párrafo con otro equipo de compañeros(as) y escriban una versión lógica.

Carlos se levantó a las seis de la mañana, muy cansado. Fue al baño y se lavó los dientes con el peine. Después, se duchó y se lavó el pelo con pasta de dientes. Después se vistió: se puso un traje de baño, sandalias y un abrigo. Salió de la casa y fue al colegio con su mochila. Regresó a casa, vio la radio unas horas y luego se acostó en el baño a las nueve.

GRAMÁTICA de repaso   The imperfect

The imperfect tense is used to talk about actions in progress in the past and about what happened in the past on a regular or habitual basis. These are the endings for -**ar**, -**er**, and -**ir** verbs as well as the irregular verbs **ver**, **ser**, and **ir**.

-**ar** verbs	-**er** verbs	-**ir** verbs	ver	ser	ir
llev**aba**	corr**ía**	dorm**ía**	ve**ía**	era	iba
llev**abas**	corr**ías**	dorm**ías**	ve**ías**	eras	ibas
llev**aba**	corr**ía**	dorm**ía**	ve**ía**	era	iba
llev**ábamos**	corr**íamos**	dorm**íamos**	ve**íamos**	éramos	íbamos
llev**abais**	corr**íais**	dorm**íais**	ve**íais**	erais	ibais
llev**aban**	corr**ían**	dorm**ían**	ve**ían**	eran	iban

26 En el colegio

Ricardo, estudiante en la Universidad Central, habla de sus años en el colegio. Escucha cada frase e indica si habla de **acciones habituales** o **no habituales**.

¿Se te ha olvidado?
uses of the imperfect
Ver la página R27

 NOTA CULTURAL

A muchos jóvenes españoles les gusta salir por la noche para caminar y ver a sus amigos en las calles y en los cafés. Cuando una persona sale con sus amigos en España, hay mucha flexibilidad social. No es obligatorio asociarte sólo con el grupo con el que saliste. Es común andar con gente de varios grupos durante una noche. ¿Ocurre lo mismo en los Estados Unidos?

27 En aquel entonces

Carolina quiere hablar con su abuelo sobre su vida cuando era niño. Lee su conversación y contesta las siguientes preguntas.

1. ¿De qué tipo de presiones sufría el abuelo?
2. ¿Cómo se divertían el abuelo y su familia?
3. En tu opinión, ¿cómo era la niñez del abuelo?
4. ¿Cómo se compara la niñez del abuelo con tu niñez?

CAROLINA Abuelo, ¿cómo era tu niñez? ¿Era muy diferente de la mía?

ABUELO Bueno, en algunas cosas sí, en otras no. Por ejemplo, de niño yo me levantaba a las cuatro y media de la mañana, porque vivíamos en el campo y tenía que ayudar con las labores de la finca *(farm)*. Tú no te levantas hasta las siete.

CAROLINA ¿Sufrías de muchas presiones?

ABUELO No sufría del estrés de la vida urbana como ahora pero sí había presiones. Nos preocupábamos por el clima, por ejemplo. Si no llovía, la finca no producía lo suficiente. Y claro, asistía a la escuela como tú, y a veces me sentía rendido por los estudios.

CAROLINA Y entre familia, ¿se divertían ustedes bastante?

ABUELO Ah, ¡pues claro! Dedicábamos mucho tiempo a las actividades para toda la familia, hablábamos y leíamos por la tarde y nos reíamos mucho. En general, yo fui muy feliz de niño.

28 ¡Vaya diferencia!

Mira los dibujos de Francisco. La primera serie de dibujos muestra *(shows)* la vida de Francisco cuando tenía seis años. La segunda muestra su vida ahora. Describe las diferencias entre la primera y la segunda serie de dibujos.

En aquel entonces

Hoy en día

29 ¿Qué está mal en este dibujo?

Mira el dibujo de Ana Patricia cuando era joven. Luego escucha lo que dice sobre su vida en la escuela secundaria. Hay tres errores en el dibujo. ¿Cuáles son?

30 ¿Qué hacían Uds.?

En grupos de tres o cuatro, hablen de su vida hace diez años y su vida ahora. ¿Tienen mucho en común con Ana Patricia? ¿Cómo se cuidaban? ¿Sufrían mucho del estrés? ¿Por qué? ¿Cómo eran sus horarios? ¿Cómo son sus vidas ahora? Hagan una lista de cinco recomendaciones para mejorar la vida actual (*present*) de cada compañero(a).

31 A la hora de cenar

Lee la tira cómica de Calvin. Después, haz una de las siguientes actividades.

1. Escribe un diálogo entre Calvin y su mamá en el que cada uno defiende sus opiniones. La mamá explica por qué es importante comer bien y Calvin explica por qué no quiere comer verduras.

2. Escribe un párrafo que compare tu niñez con la de Calvin. ¿En qué eran diferentes? ¿Qué tenían en común? ¿Cómo eran tus padres en comparación con los de Calvin?

32 En mi cuaderno

Ahora escoge una de las siguientes actividades.

(a) Entrevista a una persona mayor en tu familia, de tu colegio o en tu barrio y pregúntale cómo era la vida cuando él/ella era joven. Escribe un diálogo o párrafo como el de Carolina y su abuelo en la Actividad 27.

(b) Imagina que ya tienes 75 años y estás hablando con tus nietos. Escribe un diálogo o párrafo y describe cómo era la escuela cuando eras joven.

Una vida balanceada

*D*o you ever feel so busy that some activities in your life, like just relaxing and having fun, are crowded out? These articles are about achieving a balance and managing stress.

Estrategia

Pause and think about the topic. What comes to mind when you read the titles? What do the pictures remind you of? What do you think the articles might be about? Thinking about your background knowledge activates pertinent vocabulary and ideas in your mind.

¡A comenzar!

A. Lee el título del primer artículo. ("Cómo aliviar el estrés..."). Reflexiona sobre las preguntas. ¿En qué áreas sientes más estrés? ¿Qué puedes hacer para controlarlo? Anota tus respuestas.

B. Lee el título del segundo artículo. ("Cómo lograr el balance..."). Piensa en las preguntas y después escribe tus respuestas: ¿Cuáles son las áreas más importantes de tu vida? ¿Qué tipo de balance puedes establecer entre estas áreas?

C. Júntate con un(a) compañero(a) para comparar lo que escribieron en las Actividades A y B.

Cómo aliviar el estrés: 10 cosas esenciales

1 Piensa bien en lo que comes. Una dieta balanceada es importante para una buena salud y te protege contra el estrés. Evita la grasa, sal y azúcar. Come alimentos ricos en vitamina B: granos germinados, huevos y nueces. Y en vitamina C: frutas y vegetales verdes, que ayudan a evitar el estrés.

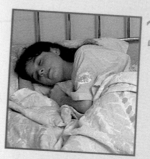

2 Duerme lo suficiente, de 7 a 8 horas cada noche. Si duermes bastante y si te acuestas y te levantas a la misma hora, puedes alargar tu vida y controlar el estrés.

3 Haz ejercicio, porque el ejercicio consistente fortalece el corazón, mejora la circulación, disminuye el colesterol, controla el peso, reduce la hipertensión y ayuda a controlar el estrés.

4 Busca buenas amistades. Una persona de confianza es un apoyo y una ayuda. Conversa con esta persona, cuéntale tus alegrías y tristezas. Un(a) buen(a) amigo(a) puede aliviar el estrés con sólo estar presente.

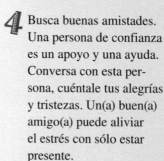

5 Analiza las emociones de furia, malgenio, ansiedad y depresión porque llevan al agotamiento. Reprimirlas puede disminuir la resistencia al estrés. Expresa estas emociones. Sé positivo(a) y comunica tus sentimientos a otros.

6 Resuelve los conflictos familiares cada día, no los aplaces. El equipo familiar hace la vida más fácil. Habla con los tuyos con claridad, abiertamente y con respeto.

7 Organiza bien tu tiempo. "El tiempo es como un trozo de oro, pero con todo el oro del mundo no puede comprarse un trozo de tiempo" (proverbio chino). Identifica, entonces, qué es para ti lo fundamental.

8 Conserva tu peso a un nivel saludable. Si tienes exceso de peso disminuye la grasa, el dulce y come alimentos saludables.

9 Expresa el cariño: las personas alegres y cariñosas viven más y mejor. Expresa el amor con un abrazo y un beso y con palabras tiernas. Demuestra que es mejor dar que recibir.

10 Cultiva el optimismo para evitar complicaciones mentales y síquicas. Las personas optimistas poseen personalidades más fuertes.

Al grano

¿Te acuerdas?

An excellent way to understand and remember what you read is to make an outline of the structure of what you're reading.

D. Completa los siguientes esquemas que resumen los dos artículos. Puedes hacerlo al leer la lectura o después.

1. Cómo aliviar el estrés: 10 cosas esenciales

1. Piensa bien en lo que comes.
2. _____
3. Haz ejercicio consistente.
4. _____
5. _____
6. Resuelve los conflictos con tu familia.
7. _____
8. _____
9. Expresa el cariño y amor. Sé generoso(a).
10. _____

2. Cómo lograr el balance en tu vida

a. _____
b. Pásalo bien con o sin novio(a).
c. No seas víctima de la moda.
d. _____
e. No te encierres en tu familia.
f. Ten prioridades acerca del dinero y el trabajo.
g. _____

E. En el primer artículo, cada sección tiene un consejo y las razones que explican por qué seguir el consejo. Haz una lista de las razones para cada sección.

¿Te acuerdas?

Scan to find specific information. Locate specific information quickly by searching for key words.

Cómo lograr el balance en tu vida

F. Imagina que un(a) amigo(a) te pide estos consejos de cómo lograr el balance en su vida. Contesta sus preguntas según la información en el segundo artículo.

1. ¿Qué hay de malo en la presión del grupo?
2. ¿Cómo me ayuda tener un trabajo?
3. Si tengo problemas con la familia, ¿adónde puedo ir por ayuda?
4. Si estoy desesperado(a) por no tener novio(a), ¿qué tiene que ver con mi autoestima?
5. Aparte de mi "look" ¿qué más debo cuidar?
6. ¿Qué pasa si no presto atención a mis estudios?

G. Do you agree or disagree with the advice given in these two articles? Get together with two or three classmates and discuss the following questions. (Use as much Spanish as possible!)

1. In the first article, which suggestions do you agree with most?
2. Do you think any of the advice was unwise or not very important?
3. What other suggestions would you include?
4. In the second article, which ideas or suggestions were most useful?
5. Would you change anything if you were to rewrite the article?
6. Which article did you like better and why?

LOS AMIGOS, LA DIVERSIÓN Te encanta la gente. ¡Tu debilidad es compartir con tus amigos! Claro, todo con medida. Quizás usas las salidas para escapar de tus problemas. Podrías ser muy susceptible a la presión del grupo, lo cual te metería en muchos problemas. Recomendación: cultiva tu mundo interior.

LOS CHICOS/LAS CHICAS Si tu vida se reduce a la búsqueda y captura del sexo opuesto, es señal de que tu nivel de autoestima está muy bajo. Es que sientes que no eres nadie sin un(a) chico(a) a tu lado. Busca otras amistades, envuélvete en diferentes actividades. De esa forma, con o sin novio(a), lo pasarás súper.

TU "LOOK" Vives para la apariencia física. Eres lo que se dice una "víctima" de la moda. Esmerarse en el físico no es malo, si no se convierte en una obsesión o llegas a pensar que lo único que cuenta es la fachada. Nutre tu mente, tu espíritu; busca la compañía de gente interesante. Comparte ideas, gustos y actividades. Es bien importante ser lindo por dentro.

ESTUDIOS Definitivamente, estudiar está muy bien, pero si es tu obsesión... ¿Es que sientes que las buenas calificaciones son lo único que tienes que ofrecer? No te limites a nutrir tu cabecita: llena tu vida de gente y cosas lindas.

LA FAMILIA Si la familia es la base de tu vida, es bueno que mejores las relaciones, pero ¡no te encierres en ella! Si existen problemas, busca ayuda de un(a) consejero(a) o un(a) adulto(a) de confianza. Fíjate: mami, papi y tus hermanos no pueden ser la suma de tu vida social.

EL TRABAJO No hay dudas, trabajar es bueno, porque te enseña a ser responsable, a tener disciplina y a concentrarte. Pero... ¡OJO! ¿Vives para hacer plata? Eso está mal. Tienes que tener prioridades: ¿trabajas para ahorrar dinero para los estudios... o para coleccionar toneladas de discos compactos? Hum. Sé muy cauteloso(a).

EL "RELAX" Relajarte y dedicarte a tus pasatiempos es tan importante como cumplir con tus deberes, porque si no... ¡te quemas! Pero si descuidas tus estudios, el trabajo o tus relaciones por pasarla bien, estás creando un desbalance peligroso en tu vida. ¡Equilíbrate!

If someone you cared about wrote you for advice on an important topic, would you know what to say? Before you wrote your reply, you'd think about what you already know about the topic and how you'd organize that information.

¡No lo aguanto más!

Imagina que tu mejor amiga Lucía se ha mudado *(moved)* a otra ciudad. Te escribe para decirte que está sufriendo de mucho estrés. Lee su carta, escríbele y dale unos consejos sobre cómo controlar su estrés.

A. Preparación

1. Pon las ideas de tu lista en un orden lógico con diagramas.
2. Haz una lista de detalles que puedes mencionar bajo cada idea en tu lista.
3. Decide qué conceptos y detalles son más importantes. Vas a mencionar estos detalles en tu carta.

ESTRATEGIA

Listing and clustering

Before writing, put your ideas about the topic on paper. First, list everything you know about a topic as quickly as you can. Then draw diagrams using circles and lines to help you visualize how those ideas are related.

B. Redacción

1. Escribe una introducción. Pregúntale a tu amiga cómo está, qué pasa en su vida, etcétera.
2. Menciona las presiones de que tu amiga está sufriendo. Luego, escríbele sobre tus consejos. Escribe un párrafo por cada idea básica.
3. Termina la carta con conclusiones generales.

C. Evaluación

1. Lee bien la carta. ¿Contiene toda la información que quieres mencionar? Si no, incluye más información de tu lista de temas. Puedes agregar *(add)* más ideas a tu lista si quieres.
2. ¿Está bien organizada? Puedes usar tus diagramas para organizarla mejor. Si es necesario, haz diagramas nuevos.

Hola,

Parece imposible pero aquí estoy en mi nueva ciudad. Y tengo que decirte la verdad... ¡no quiero vivir aquí! La gente parece simpática pero no lo es conmigo. Nadie me invita a fiestas ni a actividades de la escuela. No sé si es que no me están haciendo caso o que no me quieren. Estoy frustradísima. Mi vida no es más que clases y tarea. No quiero salir porque no conozco a nadie. Me la paso mirando la tele y comiendo. Estoy cansada todo el tiempo y a veces lloro hasta que me duermo. ¿Qué debo hacer? Las cosas van de mal en peor. Escríbeme lo más pronto que puedas.

Un abrazo de tu amiga
Lucía

1 Escucha la descripción del día de Gloria. En una hoja de papel, escribe las letras de las fotos en el orden en que ocurrieron.

2 ¿Sufres mucho del estrés? ¿Tienes dificultades académicas, familiares o de salud? Con un(a) compañero(a), habla de tus problemas y de cómo se pueden resolver.

3 Usa las frases que siguen para decir cómo eras de niño(a). Escribe por lo menos ocho oraciones usando el tiempo imperfecto. Luego escribe ocho oraciones más en las que dices cómo eres hoy en día.

comer dulces	ver a mis abuelos	hablar con amigos
montar en bicicleta	reírse mucho	cuidarse el peso
jugar en casa	mirar la televisión	llevar una vida agitada

4 Completa las frases con información cultural de este capítulo.
1. El descanso tradicional durante el día de trabajo se llama ▬▬▬ .
2. España tiene cada día más contacto con Europa porque participa ahora en ▬▬▬ .
3. La dieta de los españoles es generalmente más rica en ▬▬▬ que la dieta de los estadounidenses.
4. Los españoles por lo general pueden caminar al trabajo porque ▬▬▬ .
5. Muchos creen que los horarios de trabajo en España deben cambiar para ▬▬▬ .

5 Lee los consejos de los dos artículos. ¿Estás de acuerdo con lo que dicen? ¿Qué más debes hacer para tener una vida sana? Con un(a) compañero(a), explica por qué sí o por qué no estás de acuerdo y qué más se debe hacer.

UNA VIDA SALUDABLE

El ejercicio, los alimentos, el agua, son necesarios para tener una vida saludable. Además, ésa es la imagen actual. Fortalece tu figura haciendo gimnasia un par de horas al día, tres veces por semana. Toma agua por barriles y balancea tu alimentación. Duerme, descansa, ejercítate y relájate.

REÍR ES BUENO

Si usted ríe fácilmente con cualquier chiste o frecuentemente y toma la vida con humor, no sólo será una persona más feliz sino más sana. Nuevos hallazgos en la materia han demostrado las capacidades curativas de la risa. Por ejemplo, 20 segundos de carcajadas equivalen a 3 minutos de extenuante ejercicio. Reír acelera el ritmo cardíaco y el respiratorio y hace trabajar los músculos del estómago; además, refuerza el sistema inmunitario.

6 Lee los dos párrafos y escríbele algunos consejos a cada persona.

Fernanda
¿Puedes darme algún consejo? Hay un chico en mi clase que me gusta. Pero él no se siente igual. No me habla, no trata de conocerme. Estoy muy nerviosa en su presencia y él cree que soy una esnob. Pero es que no me puedo relajar. Me preocupo mucho porque no sé cómo resolver esta situación.

Ramón
¿Qué me aconsejas hacer? Hay una chica en mi clase y quiero conocerla mejor. Pero me pongo muy nervioso cuando trato de hablarle. Me siento muy ansioso y casi no puedo hablar. Ella no se da cuenta de que me cae bien y cree que soy muy tímido. Por eso nunca me habla.

7 S I T U A C I Ó N

Lee lo que dicen Pilar, Carlos y Elena en **¡Adelante!** en la página 38. Luego tú y un(a) compañero(a) toman los papeles *(roles)* de Pilar y su madre, Carlos y un amigo, o Elena y Marianela. Una persona empieza la conversación mencionando de una forma diplomática el problema que la otra persona tiene. La otra persona defiende sus acciones o hábitos. La primera persona le da consejos y la otra al fin acepta los consejos y describe cómo va a cambiar sus acciones o hábitos.

Can you ask for and give advice? p. 33

1 Imagina que tienes los siguientes problemas. Pídeles consejos a las personas indicadas. Explica el problema y cómo te sientes.
1. tienes tres exámenes el mismo día / tus profesores
2. quieres bajar de peso / tu amigo o amiga
3. estás agobiado(a) por las presiones / tus padres
4. sufres de muchísimo estrés en la escuela / un(a) consejero(a)

2 Ahora llevas una vida mucho más agitada que la de hace cinco años. Imagina que hablas con un(a) amigo(a). ¿Puedes contarle cómo era tu vida hace cinco años y cómo es ahora? ¿Puedes pedirle consejos?

3 Tus amigos y tu familia siempre te piden consejos. Lee sus problemas y dales consejos a todos.
1. Tu amiga Cristina siempre está aburrida y nunca sabe qué hacer.
2. Tu amigo Jorge, un chico inteligente, saca malas notas porque no dedica suficiente tiempo a los estudios.
3. Tu mamá sufre mucho del estrés en su trabajo.
4. Tu hermanita tiene miedo de decirles a sus padres que sacó una mala nota en su último examen.

QUEMATE AHORA, PAGA DESPUES.

AMERICAN CANCER SOCIETY

Can you talk about taking care of yourself? p. 40

4 ¿Qué buenos o malos hábitos de salud tienen las siguientes personas? Si son malos hábitos de salud, ¿qué pueden hacer para mejorarlos?

5 ¿Qué haces para cuidarte? Contesta las preguntas.
1. ¿Qué haces para aliviar el estrés todos los días?
2. ¿Qué haces todos los días para no enfermarte?
3. ¿Qué es lo más importante que haces todos los días para cuidarte?

PRIMER PASO
Asking for and giving advice

Deberías + inf.　*You should . . .*
No debes + inf.　*You shouldn't . . .*
¿Puedes darme algún consejo?
　Can you give me any advice?
¿Qué debo hacer?　*What should I do?*
¿Qué me aconsejas hacer?
　What do you advise me to do?
¿Qué me recomiendas hacer?
　What do you recommend that I do?
Sería bueno + inf.
　It would be a good idea for you to . . .
Te aconsejo + inf.
　I advise you to . . .
Te recomiendo + inf.
　I recommend that you . . .

Talking about stress

agobiado(a)　*worn out, overwhelmed*
agotado(a)　*exhausted*
aliviar el estrés　*to relieve stress*
ansioso(a)　*anxious*
causar el estrés　*to cause stress*
cuidarse　*to take care of oneself*
estar rendido(a)　*to be worn out*
histérico(a)　*stressed out*
llevar una vida agitada　*to lead a hectic life*
ponerse nervioso(a)　*to get nervous*
reírse (i, i)　*to laugh*
relajarse　*to relax*
resolver (ue) un problema　*to solve a problem*
sufrir de presiones　*to be under pressure*
sufrir de tensiones　*to suffer from tension*
tomar las cosas con calma　*to take things calmly*

SEGUNDO PASO
Talking about taking care of yourself

la alimentación　*nutrition*
alimentarse bien　*to eat well*
alimentarse mal　*to eat poorly*
broncearse　*to suntan*
comer comida sana　*to eat healthy food*
compartir con alguien　*to share with someone*
contribuir　*to contribute*
cuidarse el peso　*to watch one's weight*
darse cuenta de　*to realize*
dormir (ue, u) lo suficiente　*to get enough sleep*
dormirse (ue, u)　*to fall asleep*
ducharse　*to take a shower*
echarle mucha sal a la comida
　to put a lot of salt on food

estar a dieta　*to be on a diet*
la grasa　*fat*
hacer ejercicio (aeróbico)　*to (do aerobic) exercise*
mantenerse (ie) en forma　*to stay in shape*
el peligro　*danger*
pesarse　*to weigh oneself*
la piel　*skin*
ponerse crema protectora　*to put on sunscreen*
quedarse frente a la tele
　to stay in front of the TV
quemarse　*to get a sunburn*
sentirse (ie, i) muy solo(a)　*to feel very lonely*
subir de peso　*to gain weight*
tener (ie) buenos hábitos de alimentación
　to have good eating habits

¡Ven conmigo a Caracas!

Caracas, la capital de Venezuela, es una ciudad moderna y cosmopolita.

Venezuela

Población: Caracas: 2.785.000 (zona metropolitana: 4,5 millones); Venezuela: 22.311.000

Área: Venezuela, 912.050 km²; Caracas, 78 km²

Ciudades principales: Caracas, Maracaibo, Valencia, Barquisimeto

Productos agrícolas: arroz, maíz, plátanos, café, cacao, caña de azúcar, algodón

Industrias: petróleo, productos comestibles, acero, aluminio

Personajes famosos: Simón Bolívar (1783–1830), libertador; Luis Aparicio (n. 1934), jugador de béisbol; Carolina Herrera (n. 1939), diseñadora de moda; María Conchita Alonso (n. 1957), actriz y cantante

Platos típicos: pabellón criollo, arepas, tequeños, cachapas, hallacas

HRW go.hrw.com
WVO CARACAS

Mar Caribe

Maracaibo
Valencia
Caracas
Maracay
Cumaná
Barquisimeto
R. Orinoco
San Cristóbal
Ciudad Guayana
VENEZUELA
COLOMBIA
BRASIL
N

0   250   500 Kilómetros
0   250   500 Millas

VENEZUELA

CD-ROM
Disc 1

Venezuela, cuyo nombre quiere decir "Pequeña Venecia", es un país de contrastes, un país a la vez andino, caribeño, amazónico y urbano. Caracas, su capital, es un núcleo de energía y diversidad. Durante los últimos cien años, encima del viejo centro colonial se ha levantado la Caracas moderna: la Caracas de rascacielos impresionantes y un sistema de metro entre los mejores del mundo. Desde la nieve del Pico Bolívar, el punto más alto de Venezuela, hasta las playas de Isla de Margarita, Venezuela es un país único e inolvidable.

(1) En la Plaza Bolívar de Caracas, se encuentra esta escultura del héroe nacional de Venezuela, Simón Bolívar, El Libertador. Con la ayuda de un ejército compuesto de europeos y americanos, Bolívar liberó los territorios de Colombia, Bolivia, Ecuador, Perú y Venezuela del dominio español en 1824.

(2) El Salto Ángel, la catarata más alta del mundo, presenta una imagen espectacular. Las aguas del Salto Ángel caen unos 979 metros. La catarata está en la Gran Sabana en el oriente de Venezuela.

(3) Una tarde de sol en el Parque del Este de Caracas. Los caraqueños disfrutan de un clima agradable y templado, ya que Caracas tiene una altura de casi 1000 metros sobre el nivel del mar.

④ La población de Venezuela refleja las tradiciones indígenas, europeas y africanas que formaron la principal corriente étnica y cultural de Sudamérica.

En los dos siguientes capítulos vas a conocer a varias personas de Caracas. Vas a aprender de ellos algo del carácter nacional venezolano, que incorpora fuertes elementos del individualismo, la diversidad y el entusiasmo por todo lo moderno. Caracas es el centro de comercio, educación e industria en Venezuela.

⑤ Estas grúas petroleras están en el lago Maracaibo. Descubrieron en 1922 un depósito inmenso de petróleo debajo de este lago, el más grande de Sudamérica. Hoy en día, la explotación del petróleo forma la base de la economía venezolana.

⑥ Esta escultura cinética, creación del escultor venezolano Jesús Soto (nacido 1923), está en la calle peatonal de Sabana Grande, al salir del metro en la estación Chacaíto. La zona es un mosaico de música caribeña y de escaparates llenos de perfumes y artesanías venezolanas.

⑦ La Isla de Margarita, con sus kilómetros de playas preciosas, es donde pasan sus vacaciones miles de venezolanos. Margarita es la más grande de las islas caribeñas venezolanas.

El ayer y el mañana

① **Es cierto que Caracas ha crecido mucho pero tiene sus partes pintorescas e históricas.**

Parece que algunas personas imaginaron el futuro con mucha claridad, como cuando previeron los submarinos, los viajes en el espacio y la televisión. Otras predicciones fueron tan incorrectas que nos reímos de ellas hoy. Por ejemplo, muchas personas predijeron ciudades en la luna para fines del siglo XX. En tu opinión, ¿cómo va a ser el futuro?

In this chapter you will learn

- to talk about what has happened; to express and support a point of view; to use conversational fillers
- to talk about future events; to talk about responsibilities

And you will

- listen to someone talk about what Caracas used to be like
- read a story about keeping up to date
- write about eight inventions that have affected your life
- find out how Venezuela has changed since the oil boom

② **Nos toca a nosotros buscar soluciones.**

③ **Bueno, se me hace que en el futuro habrá más rascacielos.**

DE ANTEMANO

La vida de ayer

¿Cómo era la vida diaria de tus padres y abuelos cuando eran jóvenes? Bastante diferente de la tuya, ¿verdad? Claro que los últimos años han traído muchos avances tecnológicos, como los teléfonos celulares, contestadores y computadoras avanzadas. Los adelantos en la tecnología nos afectan cada día más. Les hicimos varias preguntas a unas personas que viven en Caracas sobre cómo ha cambiado el país y sobre algunos aspectos de la tecnología hoy en día. Lee sus respuestas para ver si estás de acuerdo con ellos o no.

" Caracas era la ciudad de los techos rojos. "

Ilda Martínez de Betencouth

¿Cómo ha cambiado Venezuela desde que Ud. era niña?

Ha cambiado muchísimo, porque Caracas era la ciudad de los techos rojos. Aquí no existían edificios, ni ranchos, ni bloques, nada de eso; eran puras casas.

¿Le parece un cambio positivo o negativo?

Bueno, sí, positivo.

¿Y en cuanto a la gente?

Bueno, hay mucha gente que no son de aquí.

Ha venido mucha gente de fuera, ¿no?

¿Cómo ve el futuro de Venezuela?

Bueno, yo pienso que... que va a prosperar mucho.

¿Cómo ha afectado su vida
la tecnología?

Bueno, en el momento actual,
ahorita, me imagino que no,
sin esos aparatos que uno usa
diariamente sería imposible
sacar, cumplir uno con sus tareas....

¿Nos podría dar un ejemplo?

Bueno, las fotocopiadoras incluso; ahora hay
demasiadas fotocopiadoras avanzadas....

¿Y en el trabajo?

En el trabajo también es indispensable porque
antes no existía una computadora que te proce-
sara a ti una información básica que tú necesitas al momento, tú tenías que hacer investigaciones para llegar a algo. Ahora todo es más
fácil con las computadoras porque bueno,
pues, es más avanzado.

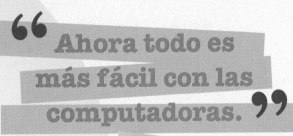

**" Ahora todo es
más fácil con las
computadoras. "**

Dania **P**adilla

Sebastián **M**ozetic

**" Antes cuando
no existía el
televisor uno podía
leer más, había
más tiempo para
otras cosas. "**

¿Cuáles son las cosas más importantes
de la tecnología que usas?

El televisor, la radio, la computadora y
si no los tuviera, no sé, me costaría
mucho adaptarme, porque la televisión
te informa, estás conectado con el
mundo, igual que con la computadora.

¿Qué ventajas tienen?

Y agilizan mucho la vida diaria,
ayudan. Por ejemplo, para hacer
trabajos con la computadora ganas
mucho tiempo.

¿Y las desventajas?

Que el televisor tiende a atarte, a estar
frente al televisor. Antes cuando no
existía el televisor uno podía leer más,
había más tiempo para otras cosas.

1 ¿Quién lo expresó?

Todas las siguientes oraciones son parecidas a frases de las entrevistas. Lee cada una e indica quién expresó el concepto—Sebastián, Ilda o Dania.

1. La población de Caracas ha crecido *(has grown)* mucho.
2. ¿La tecnología? Bueno, en el trabajo ahora me parece algo esencial.
3. Antes, la gente salía de noche o leía. Hoy día se queda en casa viendo la tele.
4. Las telecomunicaciones nos mantienen informados.
5. Sin la tecnología es más difícil cumplir con tus tareas.

2 Pienso que...

Busca las palabras que usan Ilda, Dania y Sebastián para...

1. ganarse tiempo para pensar.
2. expresar opiniones.
3. hablar de los cambios en Caracas.

Sometimes people feel anxious when they read in a foreign language because comprehending the entire text seems to be an overwhelming task. One easy way to reduce this anxiety is to divide the reading task into parts. You can divide the text into small sections and concentrate your attention on one section at a time.

3 ¿Comprendes?

Contesta las siguientes preguntas.

1. ¿Cómo era Caracas cuando la señora Betencouth era niña?
2. Nombra tres aparatos tecnológicos que usa Sebastián.
3. ¿Cómo ve el futuro de Venezuela la señora Betencouth?
4. ¿Qué cosas hacen el trabajo más fácil, según Dania?
5. ¿Qué preocupación tiene Sebastián acerca del televisor?

4 ¿Y qué más hay?

Lee la lista de adelantos *(advances)* que cambiaron nuestras vidas. Luego, con un(a) compañero(a), haz una lista de los adelantos mencionados en **De antemano**.

5 Ahora te toca a ti

Piensa en el pueblo o ciudad donde vives. ¿Cómo es el pueblo ahora? ¿Cómo era cuando eras pequeño(a)? Si no conoces bien el pasado de tu pueblo o ciudad, pregúntale a alguien cómo era. En tu opinión ¿cuáles de estos cambios son positivos? ¿Cuáles son negativos?

5 Adelantos tecnológicos que han cambiado nuestras vidas

- **El DVD**
  los últimos años de los 90
- **El teléfono celular**
  los años 90
- **El disco compacto**
  los años 80
- **La computadora personal**
  los años 80
- **El fax**
  los años 80

Talking about what has happened; expressing and supporting a point of view; using conversational fillers

VOCABULARIO

CD-ROM
Disc 1

la antena parabólica

manejar por la autopista

cocinar en el horno de microondas

el tráfico

la fotocopiadora (a colores)

hablar por teléfono celular

el rascacielos

mandar un fax

enviar una carta electrónica

el contestador

a la vez *at the same time*	**hacer trabajos** *to write papers*	**la vida diaria** *daily life*
adaptarse *to adapt*	**hoy (en) día** *nowadays*	**la videocasetera**
los adelantos *advances*	**informar** *to inform*	*videocassette player*
la computadora *computer*	**navegar por Internet**	
la desventaja *disadvantage*	*to surf the Internet*	
empeorar *to get worse*	**el siglo** *century*	
en seguida	**la tecnología** *technology*	
right away, immediately	**la ventaja** *advantage*	

> ### También se puede decir...
> Se puede decir **la contestadora** y **la máquina de contestar** por **el contestador**. Otra palabra que significa **tráfico** es **tránsito**. En España dicen **el ordenador** en vez de **la computadora**.

6 La tecnología

Completa las siguientes oraciones con el nuevo vocabulario.

1. Puedes preparar la cena en seguida con...
2. No debes manejar un carro mientras hablas por...
3. Si sales con frecuencia y la gente te quiere llamar por teléfono, es bueno tener...
4. La gente se enoja cuando hay demasiado tráfico en...
5. El mundo cambia cada día más, por eso hay que...
6. Si quieres ver un video en televisión, necesitas...
7. Si quieres buscar información rápidamente, puedes...

¿Se te ha olvidado?

object pronouns

Ver la página R18

ASÍ SE DICE Talking about what has happened

Si quieres hablar de lo que ha pasado *(has happened)*, puedes decir:

Caracas ha cambiado mucho.
. . . *has changed a lot.*
Mucha gente ha venido de fuera.
Many people have come from outside.
La contaminación del aire **ha empeorado bastante.**
. . . *has gotten quite a bit worse.*

7 El pasado se repite

Escucha mientras una señora de Caracas cuenta cómo la vida ha cambiado desde que era niña. Luego completa las siguientes oraciones.

1. ...ha cambiado mucho.
2. ...ha crecido bastante.
3. ...ha empeorado.
4. ...ha regresado.

**CD-ROM
Disc 1**

GRAMÁTICA The present perfect

The present perfect tense describes what has or has not happened. It's formed by combining the present tense of **haber** and the past participle of a verb.

1. To form past participles of regular verbs, drop the **-ar**, **-er**, or **-ir** of the infinitive and add these endings:

-**ar** verbs (-ado)		-**er**/-**ir** verbs (-ido)	
he bailado	hemos bailado	he comido	hemos comido
has bailado	habéis bailado	has comido	habéis comido
ha bailado	han bailado	ha comido	han comido

2. Here are some irregular past participles:

abrir: **abierto**	morir: **muerto**
decir: **dicho**	poner: **puesto**
descubrir: **descubierto**	romper: **roto**
escribir: **escrito**	ver: **visto**
hacer: **hecho**	volver: **vuelto**

3. Forms of **haber** and the past participle form a unit that cannot be separated by any other words.
¿Has visto a Teresa?
No, no la he visto todavía.

¿Te acuerdas?

Some expressions you are familiar with—**todavía no** *(not yet)*, **ya** *(already, yet)*, and **alguna vez** *(ever)*—are often used with the present perfect tense. **Todavía no** is used for actions that haven't taken place yet: **Todavía no he leído el periódico. Ya** is used for actions that have already happened: **¿La nueva película de Spielberg? Ya la he visto. ¿Alguna vez has ido a la playa?** means *Have you ever been to the beach?*

8 ¿Lo has hecho ya o todavía no?

Haz una lista de cinco cosas que ya has hecho y cinco cosas que todavía no has hecho pero que te gustaría hacer.

MODELO Ya he aprendido a manejar un carro.
Todavía no he viajado a Hawaii.

9 ¿Alguna vez has...?

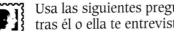

Usa las siguientes preguntas para entrevistar a un(a) compañero(a). Luego responde mientras él o ella te entrevista.

1. ¿Has practicado un deporte acuático alguna vez?
2. ¿Alguna vez has sufrido mucha presión? ¿Por qué?
3. ¿Adónde has viajado con tu familia?
4. ¿Cuál es la mejor película que has visto? ¿la peor?
5. ¿Qué inventos tecnológicos has usado durante la última semana?

VOCABULARIO

el ayuntamiento	*town hall*
el basurero	*trash can*
la calidad del aire	*air quality*
crecer (zc)	*to grow*
establecer (zc) una zona peatonal	
to set up a pedestrian zone	
la fábrica	*factory*
mejorar	*to improve*
sembrar (ie)	*to plant*

10 ¡Ha cambiado bastante!

Mira los dos dibujos. Luego escribe cinco oraciones que describan los cambios que notas. ¿Qué ha cambiado?

ASÍ SE DICE   Expressing and supporting a point of view

Hay varias formas de expresar y apoyar *(support)* tu punto de vista *(point of view)*.

Son buenos los adelantos tecnológicos pero **ten en cuenta que** la tecnología no lo resuelve todo.   *. . . keep in mind that . . .*

Me imagino que los adelantos nos ayudan mucho.

Lo que noto es que ahora hay más estrés en la vida.
What I notice is that . . .

Me parece que los adelantos mejoran la calidad de nuestra vida.

Se me hace que tenemos que usar el transporte público más.
It seems to me . . .

Lo que es importante es tener cuidado con la tecnología.

Creo que vale la pena encontrar nuevas tecnologías.
I think it's worth it . . .

Es cierto que hay ventajas, **pero por otro lado** hay desventajas también.
It's true that . . . but on the other hand . . .

11 La vida moderna

Daniela y Felipe están hablando sobre el progreso tecnológico. Escucha su conversación y luego indica cuál de los dos está de acuerdo con las siguientes ideas.

1. Lo que noto es que hay más estrés que nunca.
2. La vida moderna es un poco más complicada pero ten en cuenta que tiene algunas ventajas.
3. Se me hace que la contaminación del agua y del aire está afectando nuestra salud.
4. Por otro lado se puede cocinar rápidamente y saber las noticias casi al instante.
5. Creo que vale la pena tener un contestador porque siempre sabes si alguien te llamó.

NOTA GRAMATICAL

Lo que means *what*. It's used to introduce a clause with a verb in it. **¿Escuchaste lo que dijo la profesora?** means *Did you listen to what the professor said?*

12 Desde tu punto de vista

En un grupo de dos o tres, hablen de sus puntos de vistas sobre estos temas. Usen expresiones de **Así se dice**.

1. Es una ventaja vivir cerca de la autopista.
2. Alguien que ve mucha televisión no estudia lo suficiente.
3. Alguien que usa mucho la tecnología es perezoso.
4. La videocasetera fue el mejor adelanto del siglo XX.
5. Algún día vamos a hacer todas nuestras compras por Internet.

NOTA CULTURAL

El petróleo no les interesaba mucho a los indios ni a los exploradores españoles. Los indios lo usaban para arreglar *(fix)* sus canoas. Esa actitud cambió cuando comenzó el *boom* petrolero en 1922. Muchas compañías vinieron a extraer el petróleo, y se construyeron muchos caminos, casas y puertos. Después de nacionalizar el petróleo en 1971, Venezuela volvió a permitir la inversión y exploración petrolera por compañías extranjeras en 1995. Venezuela produce aproximadamente 2,5 millones de barriles de petróleo diariamente.

Using conversational fillers

Cuando estás hablando y no sabes qué decir, puedes ganarte un poco de tiempo al usar algunas palabras muy útiles. Si alguien te pregunta **¿Cuáles son los inventos más importantes de las últimas décadas?**, puedes responder:

Bueno, me parece que son...

Este... no sé.

La verdad es que... hay tantos inventos.

A ver, el DVD es un invento muy chévere.

Pues, los aparatos que usamos todos los días son maravillosos.

Eh... la fotocopiadora a colores es una maravilla.

Bueno, a ver...

13 Este, pues...

Pon las siguientes frases en orden para formar una conversación entre Alberto Flojo y su maestra. Ella quiere saber por qué Alberto no hizo su tarea.

a. Bueno, sí, este... es que mi perro se lo comió.
b. Sí, puedes empezar.
c. Pero, ¿qué te pasó? No has hecho tu informe todavía?
d. A ver, Alberto, empecemos con tu informe sobre algunas soluciones al problema de la contaminación del aire.
e. Pues, en verdad no puedo.
f. Eh... ¿yo? ¿de primero?

14 La verdad es que...

Todas estas personas no saben qué decir. Con un(a) compañero(a), usa las expresiones de **Así se dice** y crea frases apropiadas para cada dibujo.

a.

b.

c.

15 Cuando mamá era joven

¿En qué año tenía tu mamá, tu papá o abuelo(a) tu edad? En los años siguientes, ¿cuántos adelantos tecnológicos han aparecido? Resume los cambios que han ocurrido.

¡ADELANTE!

¿Cómo será el futuro?

La tecnología nos afecta tanto que no podemos imaginar nuestras vidas sin ella. ¿Has pensado cómo afecta tu vida la tecnología? ¿Y cómo piensas que será en el futuro, igual que ahora o diferente? ¿Mejor que ahora o peor? Les hicimos estas preguntas a dos jóvenes de Caracas. Sus respuestas son interesantes.

Ofelia Fontés
18 años

La tecnología es para mí una necesidad en la vida. Por ejemplo, sin el microondas no vivo. Lo uso para todo. En cuanto al futuro... creo que si el mundo ha cambiado tanto durante la vida de mi abuela, no hay duda que el mundo cambiará más durante mi vida. Yo pienso que el futuro será mucho mejor. Habrá muchos más adelantos que van a ayudar en la medicina, por ejemplo.

Me imagino que habrá carros eléctricos o solares. Todo estará más mecanizado que ahora y habrá todo tipo de robots que te puedan hacer todo.

"Yo pienso que el futuro será mucho mejor."

16 ¿Comprendes?

Usa la información de **¡Adelante!** para contestar las siguientes preguntas.

1. Nombra tres aparatos eléctricos que menciona Ofelia.
2. ¿Para qué usa ella el microondas?
3. ¿Qué piensa Ofelia del futuro?
4. ¿Cuáles son dos cosas que ella dice que va a haber en el futuro?
5. ¿Piensa Eduardo que va a haber más problemas o menos durante su vida?
6. Nombra dos cosas negativas que él menciona acerca del futuro.
7. ¿Por qué cree él que la comunicación mejorará en el futuro?
8. Según Eduardo, ¿quién es responsable del futuro?

17 En el futuro habrá...

Ofelia y Eduardo compararon el futuro con el presente cuando dieron sus puntos de vista. Haz una lista de las comparaciones que hicieron.

"Yo creo que habrá tantos problemas como ahora..."

Creo que habrá tantos problemas como ahora, sólo que serán diferentes. Por ejemplo, habrá más contaminación del medio ambiente y menos recursos naturales. Más especies de animales estarán en peligro de extinción. Por eso tenemos que trabajar juntos para protegerlos. Y no sé cómo estará la situación del empleo. Por otro lado, creo que la comunicación entre países mejorará porque todos hablaremos más idiomas. ¿Quién sabe exactamente cómo será? En fin, me parece que nos toca a nosotros los jóvenes mejorar el mundo.

Eduardo Pantoja
16 años

ESTE BOSQUE TARDÓ CIENTOS DE AÑOS EN FORMARSE. AHORA SE HA IDO. EN UNA SEMANA LO DESTRUYERON.

DESPUÉS DE LAS CASAS, VENDRÁN LOS CAMINOS Y LOS COCHES. TENDRÁN QUE PONER GASOLINERAS, Y ESTA ZONA NO SERÁ MÁS QUE UNA AUTOPISTA.

EN POCO TIEMPO NO HABRÁ NI UN SOLO LUGAR BONITO POR AQUÍ.

ME PREGUNTO SI PUEDES REHUSARTE A HEREDAR EL MUNDO.

ME IMAGINO QUE SI YA NACISTE, ES DEMASIADO TARDE.

18 ¿Quién será?

Lee las oraciones e indica quién estaría de acuerdo con la idea—Ofelia o Eduardo.

1. Vivir en el futuro va a ser más fácil porque va a haber más adelantos tecnológicos.
2. La vida en el futuro va a ser más difícil para los animales.
3. En el futuro los niños van a tener un robot que les va a ayudar con la tarea.
4. No van a usar la estufa en el futuro. Van a usar el microondas nada más.
5. Nadie sabe cómo va a ser el futuro.

19 Ustedes, ¿qué piensan?

Lee la tira cómica. Luego, con un(a) compañero(a), contesten las preguntas. ¿Están de acuerdo los dos?

1. Entre Ofelia Fontés, Eduardo Pantoja y el autor de la tira cómica, ¿quién parece sentirse más pesimista acerca del futuro? ¿Quién es más optimista en sus predicciones del futuro?
2. ¿Cuál de los tres puntos de vista es el más parecido al tuyo *(yours)*? ¿Y al de tu compañero(a)? Explica.

SEGUNDO PASO

Talking about future events; talking about responsibilities

ASÍ SE DICE   Talking about future events

Cuando quieres hablar de algo que va a pasar en el futuro, puedes decir:

El futuro **va a ser** mucho mejor.

Va a haber carros eléctricos o solares.

Todo **va a estar** más mecanizado que ahora.

Mañana **recogemos** basura en el parque.

La comunicación entre países **mejorará** porque todo el mundo **hablará** más idiomas.

Más gente **va a usar** teléfonos celulares.

20 ¿Cómo será?

Lee el siguiente artículo e identifica cada verbo o frase que se refiere al futuro.

Este fin de semana muchos jóvenes estarán jugando a los videojuegos o practicando deportes, pero Adriana y Raimundo Guzmán van a reciclar latas como parte del esfuerzo (effort) para cuidar la Tierra. —También va a haber otras oportunidades para ayudar—explica Raimundo. —Mañana recogemos basura y sembramos árboles en una nueva zona peatonal. Y por la tarde Adriana va a hablar en una conferencia de cómo quedará el mundo si seguimos desperdiciando los recursos naturales.

¿Creen que vale la pena? ¿que la situación mejorará? Adriana contesta: —Pues, sé que no vamos a resolver todos los problemas en un día. Y siempre habrá gente que no cambiará su estilo de vida. Pero, ¿qué nos van a decir nuestros hijos si no hacemos nada hoy?

NOTA CULTURAL

Caracas ha crecido mucho en los últimos 30 años. El aumento de población ha creado una situación en que el desarrollo no ha podido satisfacer la alta demanda de servicios. Algunos adelantos tecnológicos—como los teléfonos celulares, que no requieren cables—proveen un medio de comunicación para muchos caraqueños que no tendrían servicio telefónico sin ellos. Además de ser útil en las ciudades, el teléfono celular permite que algunos habitantes de las zonas rurales de Venezuela hagan llamadas telefónicas desde sus pueblos o fincas. De lo contrario tendrían que ir largas distancias para encontrar un teléfono. ¿Son comunes los teléfonos celulares donde tú vives?

GRAMÁTICA The future tense

1. The future tense is formed by taking the future stem and adding the future endings, which all have an accent mark, except the **nosotros(as)** form. The infinitive serves as the future stem for most verbs.

-é	-emos	viajaré	viajaremos
-ás	-éis	viajarás	viajaréis
-á	-án	viajará	viajarán

2. The future stems of some verbs in Spanish are irregular:

decir: **dir-**	querer: **querr-**	poder: **podr-**	tener: **tendr-**
haber: **habr-**	saber: **sabr-**	poner: **pondr-**	valer: **valdr-**
hacer: **har-**	salir: **saldr-**	venir: **vendr-**	

3. The future tense form corresponds to *will* + verb in English:

Luis vendrá el martes.   *Luis will come on Tuesday.*

---

21 ¿Cuándo empezará?

Escucha a Bárbara y Ernesto hablar sobre varias funciones *(events)* culturales. Luego indica si la función **ya pasó** o si **pasará** en el futuro.

1. concierto de guitarra
2. exhibición de arte de Siqueiros
3. exhibición de arte de Soto
4. película de María Conchita Alonso
5. película de Meryl Streep
6. concierto de Luciano Pavarotti
7. concierto de Plácido Domingo

22 ¿Qué harán?

Julián está mirando las fotos de sus compañeros(as) de colegio en el anuario *(yearbook)*. Según las fotos, ¿qué piensas que harán en el futuro?

Jaime · Diana · Hiro · YOLANDA

23 Este año será diferente.

¿Tienes planes para mejorar tu vida? Completa las siguientes oraciones. Usa los verbos en el tiempo futuro.

1. Yo... más y... menos que ahora.
2. Para mejorar mis notas, yo...
3. Quiero proteger el medio ambiente. Por eso...
4. En mi casa yo...
5. Durante mi tiempo libre...
6. Necesito más dinero. El próximo verano...

ABRIR EN EL AÑO 3502

24 La cápsula de información

Lee el siguiente artículo sobre cápsulas de información *(time capsules)* y luego contesta las siguientes preguntas.

1. ¿En qué año mirarán las cosas en la cápsula en Montreal?
2. ¿En qué país se abrirá la cápsula en el año 6970?
3. ¿Dónde instalaron una habitación subterránea?
4. ¿Qué cosas encontrarán las futuras generaciones?

Historia del Siglo XX

Para que los arqueólogos del futuro no tengan tanto trabajo cuando quieran estudiar el siglo XX, se ha "sembrado" el planeta con cápsulas de información. Se ha hecho un plan de apertura de esas cápsulas (que quién sabe si se cumplirá). En el año 2067 se abrirá una en Montreal, Canadá, enterrada en 1967. Pero hay fechas más ambiciosas. En el 6939, si todos los países siguen estando donde están, hay que abrir una cápsula en la ciudad de Nueva York. En el 6970, la que está en Osaka, Japón. Y en el 8113 se abrirá una habitación subterránea instalada en Georgia, Estados Unidos, en 1940. ¿Qué encontrarán en estos "paquetes"? Desde canciones de Los Beatles hasta libros en todos los idiomas actuales, más películas, videos, juguetes, máquinas, etc. Todo lo que nosotros, antiguos del siglo XX, amamos, usamos, vimos, leímos e inventamos.

25 ¿Qué pondrás en la cápsula?

Imagina que tu escuela va a depositar una cápsula. En grupos de tres o cuatro estudiantes, hagan una lista de lo que pondrán Uds. en ella y expliquen por qué incluirán esas cosas.

ASÍ SE DICE   Talking about responsibilities

Lo que hacemos hoy afecta el futuro. ¿Qué debemos hacer para garantizar un futuro mejor?

Hay que buscar soluciones.
It's necessary . . .

Nos toca a nosotros salvar la tierra.
It's up to us . . .

Tanto los jóvenes como los mayores **deben** pensar en el porvenir.

Es nuestra responsabilidad encontrar nuevas formas de energía.
It's our responsibility . . .

Estamos obligados a proteger los animales en peligro de extinción.

Es nuestro deber mejorar el mundo.
It's our duty . . .

26 El club de voluntarios

Escucha lo que dice Maricarmen, la presidenta del club de voluntarios, en una reunión. Luego indica si las siguientes oraciones son **ciertas** o **falsas.** Corrige las oraciones falsas.

1. Maricarmen cree que hay que pensar en el futuro ahora.
2. Dice que le toca al gobierno resolver los problemas.
3. Maricarmen dice que hay muchos problemas con la educación.
4. Le parece que es nuestra responsabilidad aprender a reciclar varios productos.
5. Según Maricarmen, no habrá más problemas mañana.

¿Te acuerdas?

One way of saying *let's* + verb is to use **vamos a** + *infinitive.*

Let's go eat a sandwich.
Vamos a comer un sándwich.

VOCABULARIO

el aparato eléctrico	*electrical appliance*
botar	*to throw out*
el carro eléctrico	*electric car*
desarrollar	*to develop*
descubrir	*to discover*

destruir	*to destroy*
la energía nuclear	*nuclear energy*
la energía solar	*solar energy*
el porvenir	*future*

27 Adelantos tecnológicos

Completa las siguientes oraciones con una palabra de la lista de vocabulario. Usa la forma apropiada.

1. Es necesario ===== nuevos modos de transporte en las ciudades grandes.
2. Hay que usar ===== en nuestros coches porque produce menos contaminación.
3. Creo que en el ===== usaremos más formas alternativas de energía como =====.
4. Mis papás quieren comprar un ===== porque no usa gasolina. Pero los precios están altos todavía.
5. Tenemos que ===== la basura; ¿dónde está el basurero?

Un poco más...

la energía geotérmica
geothermal energy
la fusión nuclear   *nuclear fusion*
la gasolina sin plomo   *unleaded gas*
el gas natural   *natural gas*
el molino (generador) de viento
windmill, wind generator

28 Las soluciones

Lee las cartas de tres jóvenes en la revista **Nueva voz**. Haz una lista de los problemas que expresan y las soluciones que recomiendan. ¿Cuál de las cartas se parece más a tus propias ideas?

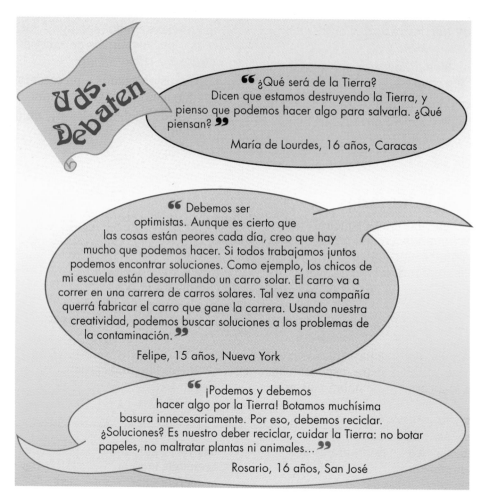

Uds. Debaten

66 ¿Qué será de la Tierra? Dicen que estamos destruyendo la Tierra, y pienso que podemos hacer algo para salvarla. ¿Qué piensan? **99**

María de Lourdes, 16 años, Caracas

66 Debemos ser optimistas. Aunque es cierto que las cosas están peores cada día, creo que hay mucho que podemos hacer. Si todos trabajamos juntos podemos encontrar soluciones. Como ejemplo, los chicos de mi escuela están desarrollando un carro solar. El carro va a correr en una carrera de carros solares. Tal vez una compañía querrá fabricar el carro que gane la carrera. Usando nuestra creatividad, podemos buscar soluciones a los problemas de la contaminación. **99**

Felipe, 15 años, Nueva York

66 ¡Podemos y debemos hacer algo por la Tierra! Botamos muchísima basura innecesariamente. Por eso, debemos reciclar. ¿Soluciones? Es nuestro deber reciclar, cuidar la Tierra: no botar papeles, no maltratar plantas ni animales... **99**

Rosario, 16 años, San José

29 ¿Qué debemos hacer?

Entrevista a tres compañeros. Pregúntales acerca de tres problemas que creen que existen en tu colegio. También pregúntales qué solución sugieren para resolver cada problema. Toma apuntes de las entrevistas.

30 En mi cuaderno

Escribe un párrafo con tus predicciones para el futuro y tus ideas para mejorar el mundo. ¿Cómo crees que será el mundo dentro de diez años? Escoge un tema como la educación, el crimen, tu comunidad u otro tema.

Creo que el futuro será...

Lo bueno/malo es que...

Una cosa que cambiará mucho es... porque...

A los jóvenes les toca...

¿Se te ha olvidado?
supporting opinions
Ver la página 66

74   *setenta y cuatro*   CAPÍTULO 3   El ayer y el mañana

¿Cómo te afecta la tecnología?

Para unos la tecnología es la solución y para otros... ¡es el problema! Estas tres personas nos contaron lo que ellos piensan de la tecnología.

CD-ROM
Disc 1

● Alberto

Quito, Ecuador

"Bueno, la tecnología que va avanzando poco a poco aquí en el Ecuador es muy importante, ya que cada uno de nosotros utilizamos la tecnología prácticamente para todo... Por ejemplo, en el colegio, los microscopios electrónicos; en la casa, ... el microondas, la televisión... Las computadoras facilitan el trabajo de una persona, pero poco a poco me parece que va a ir teniendo sus desventajas, de que puede ser que después de algunos años los robots reemplacen a los hombres".

● Geralberto

Ponce, Puerto Rico

"Nosotros hemos ido adaptando la tecnología en nuestro sistema educativo, y en cierta medida nos ha ido... facilitando el trabajo a los maestros, ya que, pues, las clases se nos hacen un poco más fácil... Por ejemplo, nosotros tenemos aquí... computadoras".

● Jennifer

San Diego, California

"Las computadoras y mi cámara porque... ya están poniendo que las fotos estén en computadoras, entonces, yo no voy a saber cómo hacer las cosas... Tengo que aprender cómo hacerlo diferente cada día más... ¿Ventajas?, sería más rápido para hacer las cosas; ¿desventajas?, sería más tiempo aprenderlo, cómo hacerlo".

PANORAMA CULTURAL

Para pensar y hablar...

A. ¿Cuáles son las ventajas y las desventajas de la tecnología según los entrevistados? ¿Con quién(es) estás de acuerdo?

B. ¿Qué efecto ha tenido la tecnología en tu vida? ¿Cómo cambiará tu vida en el futuro?

El monopolio de la moda

La sátira

Vas a leer un cuento muy corto de Luis Britto García, un autor venezolano, nacido en Caracas en 1940.

Estrategia

As you read, think about the tone and purpose of the story. Stories are often meant to entertain, but they can have a serious, humorous, sad, mysterious, or sarcastic tone. The tone reveals the author's attitude toward the topic, the characters, and the audience. In addition to being entertaining, stories can reveal the author's views of society.

¡A comenzar!

A. La sátira se burla de las debilidades *(weaknesses)* humanas para inducir cambio social. El autor de una sátira usa el humor, la exageración, y la ironía para llegar a su meta *(arrive at his or her goal)*. Lee las oraciones que siguen. ¿Cuál de cada par crees que usaría el autor de una sátira?

1. a. La semana pasada trabajé mucho y no tuve oportunidad de pasar el rato con mis hijos.

   b. La semana pasada, salí a trabajar el lunes a las cinco de la mañana, dejando mi gato en el cuido del perro, y regresé el viernes a las cinco.

2. a. Me encanta esperar el autobús por media hora en la lluvia.

   b. El autobús llegó tarde y me cansé de esperar.

3. a. El pobre jefe *(boss)* estaba tan cansado de estar sentado en su oficina que echó una siesta a las diez, a las doce, a las dos y a las cuatro.

Luis Britto García

Ahora reposa y siéntate. Dentro de un instante entrará un vendedor a explicarte que tu televisor está pasado de moda y que debes comprar el nuevo modelo. En pocos minutos convendrás con él las condiciones del crédito, lograrás que te acepten el viejo modelo en el diez por ciento del precio y te dirás que en verdad una mañana de uso ya es suficiente. Al encender el nuevo aparato lo primero que notarás será que las modas del mediodía han cedido el paso a las modas de las dos de la tarde y que una tempestad de insultos te espera si sales a la calle con tus viejas corbatas de la una y veinticinco. Así atrapado, debes llamar por teléfono a la tienda para arreglar el nuevo crédito, a cuyos efectos intentarás dar en garantía el automóvil. El computador de la tienda registrará que el modelo es del día pasado y por lo tanto inaceptable. Lo mejor que puedes hacer es llamar al

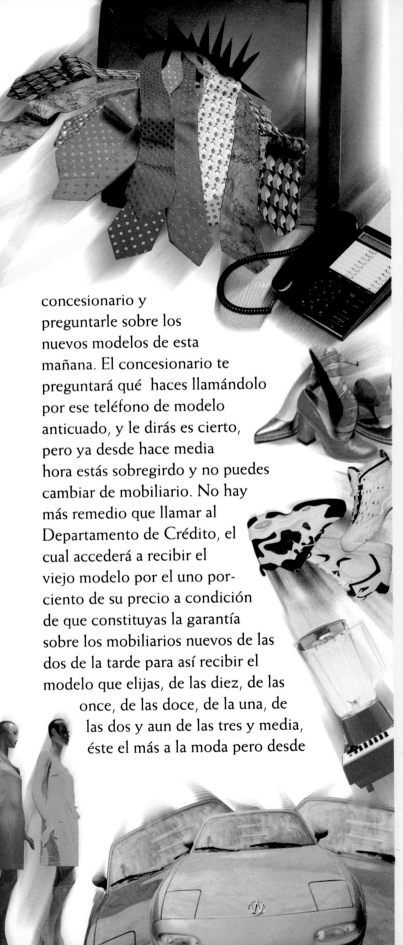

concesionario y preguntarle sobre los nuevos modelos de esta mañana. El concesionario te preguntará qué haces llamándolo por ese teléfono de modelo anticuado, y le dirás es cierto, pero ya desde hace media hora estás sobregirdo y no puedes cambiar de mobiliario. No hay más remedio que llamar al Departamento de Crédito, el cual accederá a recibir el viejo modelo por el uno por- ciento de su precio a condición de que constituyas la garantía sobre los mobiliarios nuevos de las dos de la tarde para así recibir el modelo que elijas, de las diez, de las once, de las doce, de la una, de las dos y aun de las tres y media, éste el más a la moda pero desde

b. El jefe estaba agobiado con sus responsabilidades y se sentía cansado.

B. Trabaja con un(a) compañero(a). Hablen de sus respuestas a la Actividad A. ¿Están de acuerdo tú y tu compañero(a)? ¿Por qué sí o no?

C. Lee el título del cuento. Usando lo que sabes del tema, completa las oraciones que siguen.
1. La moda...
   a. se queda igual de año en año
   b. cambia todo el tiempo
   c. cambia cada siete años
2. La palabra *monopolio* en el título significa...
   a. el control exclusivo sobre algo
   b. un juego de mesa
   c. una ciudad

Al grano

D. Read the story quickly, keeping the following questions in mind.
1. Who is the main character?
   a. the author
   b. the author's friend
   c. the reader
2. In general terms, what is the story about?
   a. the main character's trip to the mall
   b. the need to keep up with changing fashions because of social expectations
   c. the character's eagerness to find out what the new fashions are

E. Ahora lee el cuento con más cuidado. Con un(a) compañero(a), lean las frases e indiquen las palabras que expresan ironía, exageración o sátira. Expliquen sus selecciones.

1. ...una tempestad de insultos te espera si sales a la calle con tus viejas corbatas de la una y veinticinco.
2. ...cuando, a las cuatro, lleguen tu mujer y tus hijos cargados con los nuevos trajes y los nuevos juguetes, y tras ellos el nuevo vestuario y el nuevo automóvil y el nuevo teléfono y la nueva cocina, garantizados todos hasta las cinco...
3. ...para así recibir el modelo que elijas, de las diez, de las once, de las doce, de la una, de las dos y aun de las tres y media...

F. Trabaja con un(a) compañero(a).

1. ¿Cómo termina el cuento?
2. ¿Termina alegremente?
3. ¿Resuelve el narrador *(narrator)* el problema?

G. Work with a partner. Look at the story again, as needed, to answer the following questions.

1. Which of the following words best describes the tone of the story? **serio, humorístico, romántico, misterioso**
2. What reasons might the author have had for choosing this main character?
3. What aspects of society do you think Luis Britto García criticizes in this story? What is his purpose in writing this story?
4. What about this story makes it a satire?
5. Do you agree with Britto García's observations about modern culture? Why or why not?

luego al doble del precio aunque la inversión bien lo vale.

Calculas que eso te da tiempo para llamar a que vengan a cambiar el congelador y la nevera, pero otra vez el maldito teléfono anticuado no funciona y minuto tras minuto el cuarto se va haciendo inhóspito y sombrío. Adivinas que ello se debe al indetenible cambio de los estilos y el pánico te irá ganando, e inútil será que en una prisa frenética te arranques la vieja corbata e incineres los viejos trajes y los viejos muebles de ayer y las viejas cosas de hace una hora, aún de sus cenizas fluye su irremediable obsolencia, el líquido pavor del que sólo escaparás cuando, a las cuatro, lleguen tu mujer y tus hijos cargados con los nuevos trajes y los nuevos juguetes, y tras ellos el nuevo vestuario y el nuevo automóvil y el nuevo teléfono y los nuevos muebles y el nuevo televisor y la nueva cocina, garantizados todos hasta las cinco, y el nuevo cobrador de ojos babosos que penetra sinuosamente en el apartamento, rompe tu tarjeta de crédito y te notifica que tienes comprometido tu sueldo de cien años, y que ahora pasas a los trabajos forzados perpetuos que corresponden a los deudores en los sótanos del Monopolio de la Moda.

*H*ave *you ever felt like you understood a topic well but couldn't find a way to organize the information on paper? Frequently the topic itself will suggest the order in which you should present what you know. In this activity, you will write about technological advances that have affected our lives, and you will learn a simple way to arrange the information logically.*

Inventos importantes

Escribe una composición corta sobre los inventos que han afectado mucho nuestras vidas, e indica por qué estos inventos han sido importantes. Considera inventos que han tenido impacto en las siguientes áreas:

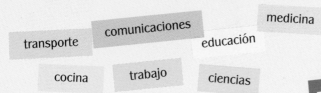

transporte   comunicaciones   medicina   educación

cocina   trabajo   ciencias

A. Preparación

1. Haz una lista preliminar de inventos que han afectado nuestras vidas.
2. Piensa en detalles interesantes sobre cada invento y anótalos *(write them down)*.
3. Al lado de cada uno, escribe tus impresiones del invento (por qué es importante, cómo ha cambiado nuestras vidas).
4. Busca, si quieres, una foto de cada invento.

B. Redacción

1. Escoge los ocho inventos más importantes de tu lista y escribe sobre ellos en orden de importancia. No te olvides de explicar por qué escogiste cada invento.
2. Incluye las fotos para hacer más interesante la presentación.

C. Evaluación

1. Lee lo que escribiste. ¿Está claro por qué escogiste cada invento? Si no, incluye más detalles.
2. ¿Escribiste correctamente todas las palabras? Búscalas en un diccionario para estar seguro(a). Si están incorrectas, corrígelas.
3. ¿Son visualmente impresionantes las fotos? ¿Ayudan tu descripción? Si no, omítelas o busca otras fotos más interesantes.

CD-ROM Disc 1

1 A veces la tecnología no funciona como lo esperamos. Escucha mientras seis personas hablan de los inventos que usan a diario y escoge el dibujo que corresponde a cada situación. Luego haz una lista de los inventos en el orden que se mencionan y da tu opinión sobre cada uno.

a.

b.

c.

d.

e.

f.

2 Con un(a) compañero(a), habla de las siguientes cosas. Tienen que pensarlo bien antes de responder. Tómate un poco de tiempo antes de dar tu opinión.

MODELO —¿Dónde vivirás cuando tengas cuarenta años?
—Bueno..., pues, me imagino que viviré en Barcelona. ¿Y tú?

1. ¿Cómo era la vida durante la época de tus abuelos?
2. ¿Cómo crees que será el mundo en veinte años?
3. ¿Han cambiado muchas cosas en los últimos cincuenta años? ¿Cómo?
4. ¿Cómo será la vida en el futuro?

3 Haz tu propio pronóstico del futuro con fechas y explica tus ideas. Usa tu imaginación y los siguientes conceptos para empezar.

MODELO La contaminación del agua
—No habrá contaminación del agua en el año 2525 porque...

la contaminación del aire

los animales en peligro de extinción

los trenes y autobuses

el tráfico

4 Usa las secciones culturales de este capítulo para contestar las siguientes preguntas.
1. ¿Quién es el héroe nacional de Venezuela, y por qué?
2. ¿Cuál es la industria más importante de Venezuela?
3. ¿Por qué son útiles los teléfonos celulares en Venezuela?
4. ¿Qué importancia tiene la tecnología en los países hispanohablantes?

5 Mañana hay una fiesta de cumpleaños en tu casa y tienes que prepararla. Con dos compañeros(as) de clase, formen preguntas sobre lo que ya han hecho todos.

MODELO   —Ya has comprado comida?

hacer el pastel de cumpleaños

limpiar la casa entera

conseguir música

poner el helado en el congelador

comprar los refrescos

mandar las invitaciones

6 ¿Crees que se puede aprender con programas de televisión? En tu opinión, ¿cómo será la televisión en el futuro? ¿Cómo debe ser? Lee este artículo y escribe un párrafo para expresar y apoyar tus opiniones sobre estos temas.

LA ESCUELA EN LA TELE

● Los ministros de Educación de Argentina y España dieron a conocer un acuerdo por el cual todos los países de América Latina tendrán acceso al canal de televisión educativa que funcionará a través del satélite español de comunicación "Hispasat". Serán emitidos programas de divulgación científica, aspectos de los distintos países y temas relacionados con lo estrictamente escolar. Posible diálogo:

Mamá: "¡Nene, otra vez en la tele!" "Pero má, estoy viendo la germinación de la mandioca en Venezuela y la recolección de bananas en el Ecuador!" En fin con un click tendrás una enciclopedia en la pantalla.

7 S I T U A C I Ó N

Reúnete con un(a) compañero(a). Escojan una de las siguientes situaciones y preparen un diálogo para presentar a la clase.
A. Uno(a) de Uds. hará el papel de un(a) inventor(a) que quiere ver mucho progreso y mucha tecnología nueva. La otra persona será un(a) ecólogo(a) que quiere proteger el medio ambiente.
B. Estás en un café con un(a) amigo(a). Están hablando de política, del amor o de la moda. El problema es que tienen opiniones casi opuestas *(opposite)*. En la conversación traten de presentar y apoyar sus opiniones sin ofender a la otra persona. Usen expresiones apropiadas para ganarse tiempo cuando sea necesario.

**Can you talk about
what has happened?
p. 64**

1 Mira estas fotos de Caracas de la década de 1920. Compáralas con las
fotos en las páginas 59 y 70. Explica cómo ha cambiado Caracas.

**Can you express and
support a point of
view? p. 66**

2 Mañana en la clase de español habrá una reunión para hablar de los
siguientes temas. Expresa y apoya tus opiniones para estar bien
preparado(a).

1. programas de televisión
   violentos
2. teléfonos celulares
3. automóviles solares o eléctricos

4. preparar toda la comida
   en el microondas
5. la contaminación del aire
   en las ciudades grandes

**Can you use conversa-
tional fillers? p. 67**

3 A veces no sabes qué decir y tienes que usar palabras como **este, eh,
bueno...** ¿Cómo respondes tú en estas situaciones?

1. Tu hermanito te pide tu nuevo disco compacto.
2. Tu mejor amigo quiere tu opinión sobre su nueva chaqueta.
3. La maestra de física te pregunta si puedes explicar la Teoría de
   Relatividad.
4. Quieres invitar a salir a alguien y estás nerviosísimo(a).

**Can you talk about
future events? p. 70**

4 Haz pronósticos sobre tus familiares, tus compañeros y la
gente famosa.

1. ¿Cuántas horas tendrán que estudiar tú y tus compañeros(as) para
   sacar buenas notas?
2. ¿Cuántas horas dormirán tus padres esta noche?
3. ¿Adónde viajará tu cantante favorito(a) durante sus próximas
   vacaciones?
4. ¿Trabajarás o estudiarás después de terminar la secundaria?
5. ¿Te casarás pronto? ¿Nunca te casarás?

**Can you talk about
responsibilities?
73**

5 Crea lemas *(slogans)* para un club ecológico. Piensa en tres lemas para
inspirar a la gente a mejorar el medio ambiente, a salvar la tierra y a
cuidar la ciudad.

MODELO   ¡Nos toca a nosotros salvar las ballenas *(whales)*!

PRIMER PASO

Advantages and disadvantages of modern life

a la vez   *at the same time*
adaptarse   *to adapt*
los adelantos   *advances*
la antena parabólica   *satellite dish*
la autopista   *freeway, highway*
el contestador   *answering machine*
la desventaja   *disadvantage*
empeorar   *to get worse*
en seguida   *right away, immediately*
enviar una carta electrónica   *to send an e-mail*
la fotocopiadora (a colores)   *(color) photocopier*
hacer trabajos con la computadora   *to write papers on the computer*
cocinar en el horno de microondas   *to cook in the microwave oven*
hoy (en) día   *nowadays*
informar   *to inform*
manejar   *to drive*
navegar por Internet   *to surf the Internet*
el rascacielos   *skyscraper*
el siglo   *century*
la tecnología   *technology*
el teléfono celular   *cellular phone*
el tráfico   *traffic*
la ventaja   *advantage*
la vida diaria   *daily life*
la videocasetera   *videocassette player*

Talking about what has happened

...ha cambiado mucho.   *. . . has changed a lot.*
...ha empeorado bastante.   *. . . has gotten quite a bit worse.*
Mucha gente ha venido de fuera.   *Many people have come from outside.*

Around town

el ayuntamiento   *town hall*
el basurero   *trash can*
la calidad del aire   *air quality*
crecer (zc)   *to grow*
establecer (zc) una zona peatonal   *to set up a pedestrian zone*
la fábrica   *factory*
mejorar   *to improve*
sembrar (ie)   *to plant*

Expressing and supporting a point of view

Creo que vale la pena...   *I think it's worth it . . .*
Es cierto que...   *It's true that . . .*
Lo que es importante es...   *What's important is . . .*
Lo que noto es que...   *What I notice is that . . .*
Me imagino que...   *I imagine that . . .*
Me parece que...   *It seems to me that . . .*
pero por otro lado...   *but on the other hand . . .*
Se me hace que...   *It seems to me . . .*
Ten en cuenta que...   *Keep in mind that . . .*

Using conversational fillers
See p. 67.

SEGUNDO PASO

Talking about future events
See p. 70.

Technology

el aparato eléctrico   *electrical appliance*
botar   *to throw out*
el carro eléctrico   *electric car*
desarrollar   *to develop*
descubrir   *to discover*
destruir   *to destroy*
la energía nuclear   *nuclear energy*
la energía solar   *solar energy*
el porvenir   *future*

Talking about responsibilities

Deben...   *They should . . .*
Es nuestra responsabilidad...   *It's our responsibility . . .*
Es nuestro deber...   *It's our duty . . .*
Estamos obligados a...   *We're obligated to . . .*
Hay que...   *It's necessary . . .*
Nos toca a nosotros...   *It's up to us . . .*

4

Alrededor de la mesa

1 ¿Serías tan amable de decirnos dónde queda el museo de arte?

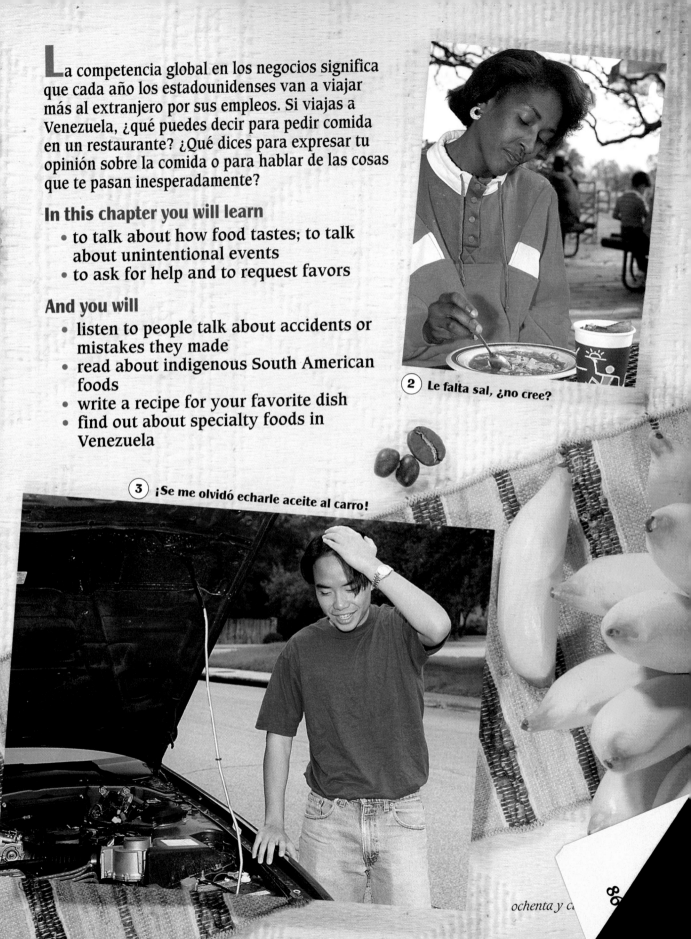

La competencia global en los negocios significa que cada año los estadounidenses van a viajar más al extranjero por sus empleos. Si viajas a Venezuela, ¿qué puedes decir para pedir comida en un restaurante? ¿Qué dices para expresar tu opinión sobre la comida o para hablar de las cosas que te pasan inesperadamente?

In this chapter you will learn

- to talk about how food tastes; to talk about unintentional events
- to ask for help and to request favors

And you will

- listen to people talk about accidents or mistakes they made
- read about indigenous South American foods
- write a recipe for your favorite dish
- find out about specialty foods in Venezuela

② **Le falta sal, ¿no cree?**

③ **¡Se me olvidó echarle aceite al carro!**

ochenta y c[...]

DE ANTEMANO

El anillo

¿Qué pasa en un restaurante? Pues, pedimos la comida, comemos y pagamos, naturalmente. Pero un restaurante puede ser el escenario (*stage*) de pequeños dramas humanos. Lee lo que le pasó a Fernando un día en el restaurante donde trabaja.

Manuel: ¿Qué tal, hombre? ¿Cómo anda lo del compromiso?
Fernando: Todavía no le he hecho la pregunta. Pero mira. Hoy le compré el anillo. Me costó un ojo de la cara. Voy a dárselo esta noche después del trabajo.
Manuel: ¡Buena suerte! ¡Que te vaya bien!

Fernando: ¡Caramba!
Manuel: ¿Qué te pasó?
Fernando: ¡El anillo! ¡Se me cayó y no lo puedo encontrar! ¡Ayúdame!

El jefe: ¡Basta ya! ¡Hay clientes que esperan!
Fernando: Hombre, ¿qué hago?
Manuel: Vete al comedor. El anillo a lo mejor está debajo del horno. Lo buscaremos después. No hay remedio.

Fernando: Eh, buenas noches, señora. ¿Qué desea Ud.?
Señora: ¿Me puede traer el menú, por favor?
Fernando: Perdone Ud., se me olvidó traérselo. En seguida vuelvo.

Fernando: ¿Qué le puedo traer? ¿Una ensalada mixta? ¿El puerco asado? ¿El arroz con frijoles? El pollo aquí es exquisito también.

Señora: Tráigame uno de todos los platos principales, por favor. Y de postre, un pastel de chocolate, el flan y helado de vainilla.

Fernando: Este… perdone, ¿van a llegar unos amigos suyos, señora?

Señora: No, estoy sola esta noche.

Señora: ¡Qué riquísimo sabor! ¡Qué arroz más sabroso! ¡Qué carne más deliciosa! ¡Sabe muy rico el flan!

Mesero: ¡Qué buen apetito tiene la señora! ¿Dónde pondrá tal cantidad de comida?

Fernando: ¡Ay, se me cayeron los platos!

Señora: Hay que tener más cuidado, joven. Oiga, ¿me hace el favor de traerme otro flanecito?

Señora: ¡Qué cosa más rara! ¡Desde cuándo cocinan flan con anillos?

Señora: ¿Puede traerme la cuenta, por favor?

Fernando: Sí, señora, se la traigo ahora mismo.

Señora: ¡Ay! ¡Se me perdió el dinero! ¡Qué vergüenza! Pero tengo una idea. ¿Es posible pagar con este anillo? Valdrá aun más que cena maravillosa.

1 ¿Comprendes?

1. ¿Qué compró Fernando? ¿Por qué lo compró?
2. Según Manuel, ¿dónde está el anillo?
3. ¿Cómo es la cliente de Fernando?
4. ¿Qué se le olvida a Fernando darle a la señora?
5. ¿Qué platos pide la señora?
6. ¿Qué piensan los meseros de la cena de la señora?
7. ¿Qué problema tiene la señora al final? ¿Qué crees que Fernando va a hacer?

2 ¿Se sabe?

Responde a cada frase con **cierto, falso** o **no se sabe**. Corrige las falsas.

1. Manuel está casado.
2. El anillo cayó debajo del horno.
3. Al jefe de meseros no le importa el problema de Fernando.
   Dice que todos tienen que trabajar.
4. La señora va a cenar con unos amigos esta noche.
5. A la señora le gusta la paella.
6. A la señora se le perdió el anillo.
7. La señora comió el anillo sin darse cuenta.
8. Fernando va a pagar la cena de la señora.

3 ¿Qué palabras se usan?

Encuentra por lo menos dos expresiones por cada pregunta.

1. ¿Qué expresiones usa la señora para pedir comida en el restaurante?
2. ¿Qué expresiones usa ella para describir la comida?
3. ¿Cuáles son las expresiones que se usan para hablar de cosas que ocurrieron
   inesperadamente *(unexpectedly)*? (Por ejemplo: Se me cayó la sopa.)

4 En orden

Pon las siguientes frases en orden cronológico.

a. El jefe de meseros se enoja con Fernando.
b. La señora pide muchos platos.
c. A Fernando se le olvida traer el menú.
d. La señora ofrece pagar con el anillo.
e. Fernando enseña el anillo a su amigo.

5 Ahora te toca a ti

¿Te ha pasado algo como lo que le pasó a Fernando?
Dile a tu compañero(a) lo que te pasó. ¿Cómo te
sentiste?

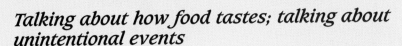

PRIMER PASO

Talking about how food tastes; talking about unintentional events

ASÍ SE DICE Talking about how food tastes

CD-ROM Disc 1

Si un plato no te gusta, puedes decir:

Le falta sal/sabor/no sé qué.
   It doesn't have enough . . .
Tiene sabor a ajo. *It tastes like garlic.*
Lleva mucha grasa. *It has too much fat.*
Está echado a perder.
   It's spoiled (ruined).
Me cae gordo. *It disagrees with me.*
¡Guácala! ¡Qué asco![1]
   Yuck! How disgusting!

Si te gusta la comida, puedes decir:

¡Qué bueno/sabroso!
Sabe riquísimo.
Está en su punto. *It's just right.*

¿Te acuerdas?

The **-ísimo(a)** ending intensifies the meaning of an adjective or adverb. With adjectives, the ending must agree:

   Las papas son **riquísimas** y las puedes preparar **rapidísimo.**

---

6 ¡Qué sabroso!

Escucha las oraciones e indica si cada una es un **cumplido** *(compliment)*, una **queja** o un **comentario neutro.**

7 Y eso, ¿con qué se come?

Imagina que te sirven platos poco usuales. Usa expresiones de **Así se dice** para describir el sabor. Luego expresa tu opinión de los platos servidos en la cafetería esta semana.

sopa de crema de maní
bistec con salsa de piña

helado de zanahoria
sándwich de papaya

atún con uvas
¿...?

8 ¡Ni en pintura!

Lee la tira cómica. ¿De niño(a), qué comida no te gustaba? Usa las frases de **Así se dice** para escribir otro diálogo entre Calvin y sus padres acerca de esa comida.

---

1. These expressions can be used among friends but are not suitable in a formal situation.

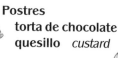

Ensalada mixta
Ensalada de aguacate

Carnes
  bistec a la parrilla
  puerco asado *roast pork*
  chorizo *sausage*
  ternera *veal*
  chuletas de cerdo
  pollo frito

Pescados
  pargo *red snapper*
  bacalao *cod*
  trucha *trout*

Mariscos
  almejas *clams*
  ostras *oysters*

Legumbres
  caraotas

Postres
  torta de chocolate
  quesillo *custard*

Frutas
  patilla
    watermelon
  melocotones
    peaches
  piña

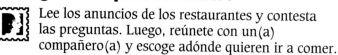
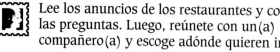

También se puede decir...

En algunos países	En Venezuela
los frijoles negros	las caraotas
los duraznos	los melocotones
la sandía	la patilla
el ananás	la piña
el pastel	la torta
el puerco/el cerdo	el cochino

En México, se dice **huachinango** por **pargo.**

9 ¿Dónde quieres comer?

Lee los anuncios de los restaurantes y contesta las preguntas. Luego, reúnete con un(a) compañero(a) y escoge adónde quieren ir a comer.

1. ¿Qué restaurante ofrece la posibilidad de comer sin salir de casa?
2. A tu amigo(a) no le gusta comer carne. ¿Dónde vas a cenar con este amigo(a)?
3. ¿Cuál va a estar abierto a las tres de la tarde el domingo?
4. Quieres comer un bistec a la parrilla. ¿Qué restaurante te ofrece esta comida?
5. El marisco favorito de tu amiga son los camarones. ¿Qué restaurante le recomiendas?

Restaurante Frutos de la Tierra
• Comida macrobiótica •
• Comida vegetariana •
Sólo usamos los ingredientes más naturales
Abierto todos los días de **12 am** a **11 pm**
Calle Sotomayor con Robledo
Urb. La Feria
Teléfono 73.38.45

El Palacio Chino
Abierto de lunes a sábado de **12 a.m.** a **10 p.m.** *Servicio rápido a domicilios*
Teléfono: 367.9831
Urb. El Rosal

El Pozo
Carnes a la parrilla • Comida internacional
Avenida Campos, Urb. El Rosal
Edificio Rodríguez Peña
Teléfonos: 33-29-48 o 33-29-49

Restaurante Las Olas
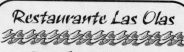
Pescado y mariscos
Abierto domingos,
11 a.m. a **12 p.m.**
Avenida Universidad
Cruce con Los Pinos
Teléfono 359.9631

10 La cuenta, por favor

Júntate con tres o cuatro compañeros(as). Primero, preparen varios menús —uno para bajar de peso, otro para aumentar de peso y otro más para vegetarianos. Luego, en turnos, hagan el papel del mesero y los clientes. Los clientes deben pedir la comida, pedir la cuenta y comentar sobre la comida.

¿Se te ha olvidado?
ordering a meal
Ver la página R4

ASÍ SE DICE   Talking about unintentional events

CD-ROM
Disc 1

Para hablar de eventos inesperados, puedes decir:

Se le rompió el vaso.   *He (She) broke the glass.*
Se me perdieron las llaves.   *I lost the keys.*
Se me acabó la comida.   *I ran out of food.*
El contestador **se nos descompuso.**   *The answering machine broke.*
¿Se te olvidaron los boletos?   *Did you forget the tickets?*
Se nos cayeron los libros.   *We dropped the books.*
¿Se les quedó el almuerzo en casa?   *Did you (pl.) leave your lunch at home?*

CD-ROM
Disc 1

GRAMÁTICA   Se + indirect object pronoun

Use **se** + indirect object pronoun + verb to talk about unintentional events.

1. The indirect object pronoun depends on whom the event happened to.
   Se les quedó el pan en casa.
   They left the bread at home. (They forgot the bread.)

2. Use the plural of the verb if the item involved is plural.
   Se me perdieron las fotos.
   I lost the pictures.

3. A clarifying phrase with **a** may be added to explain the indirect object pronoun.
   A Teresa se le rompió el vaso.

11 ¡Qué desastre!

Vas a escuchar cinco frases. Después de escuchar cada frase, decide a qué dibujo corresponde. Ojo: una frase no corresponde a ningún dibujo.

Pablo

Beatriz

Diana

Felipe

A LO NUESTRO

Spanish has many expressions using **se** plus an indirect object pronoun which can be used when the speaker wants to be more polite, or to soften what he or she is saying. Some examples are:

Se me pasó por alto.
  It slipped my mind.
Se me hace un poco absurdo.
  It seems a little absurd to me.
Se le nota que está enojada.
  You can tell that she's angry.
Se le hizo tarde.
  It got late on him.
Se nos fue el tren.
  The train went off and left us.

12 La fiesta de Natalia

Escribe un párrafo y explica por qué llegaron tarde los invitados a la fiesta de Natalia. Usa la información de cada lista.

MODELO Guillermo quería venir pero no pudo. Se le acabó la gasolina.

Guillermo
Ángeles y yo
Yo
Tú
Andrés y Gabriela
Nosotros

acabar la gasolina
olvidar comprar un regalo
romper los discos compactos
perder las llaves del carro
romper el reloj
caer un árbol encima del carro

13 ¡Con razón!

Les has preparado una cena a tus amigos. Usa las ideas que siguen para explicar por qué algunos platos no saben muy bien y qué les falta a algunos platos. Luego, inventa tus propias razones para explicar las tres últimas ideas.

1. la botella de jugo/ romperse
2. la torta/ caerse
3. la sal/ acabarse
4. la ensalada sólo tiene lechuga
5. hay mucho puerco asado pero pocas papas
6. el plato de frutas sólo lleva melocotones

¿Te acuerdas?

Para excusarte, puedes decir:

Tenía que…   Esperaba… pero no pude.
Pensaba…   Quería… pero no pude.
Debía… pero se me hizo tarde.

NOTA CULTURAL

En Venezuela y otros países hispanohablantes, muchas familias tienen la costumbre de quedarse sentadas para la **sobremesa**. Es un tiempo para tomar un café y hablar de temas de todos tipos. Se habla de problemas personales y profesionales, la política, los deportes y otros asuntos. La costumbre de la sobremesa se observa en los restaurantes también. ¿Y tú? ¿Cuánto tiempo te quedas sentado(a) a la mesa después de comer?

ENCUENTRO CULTURAL

Personal que presta servicios

Si vas a un país extranjero, vas a conocer a muchas personas que prestan diferentes tipos de servicio. ¿Cómo te diriges a esas personas?

Emergencias Médicas	
	621
Ambulancia	45-23-12
Hospital central	33-21-48
Maternidad Santa Lucía	25-25-25
Cruz Roja	112
BOMBEROS	123
POLICIA	101
TRANSITO	
OTROS SERVICIOS	48-93-77
Servicio de información	48-27-36
Quejas y reclamos	

Para discutir...

1. ¿Sabes qué hacer si tienes un problema, si te sientes mal o si se te descompone el carro? Imagínate que estás de visita en algún país de habla hispana. ¿Cómo encuentras el servicio necesario, y cómo pides ayuda?

2. Con un(a) compañero(a), escribe una lista de expresiones de cortesía para pedir ayuda. También imaginen cómo van a llamarle la atención a una persona desconocida.

Vamos a comprenderlo

Los servicios de emergencia son casi siempre iguales en todos los países. Generalmente, el personal médico está vestido de blanco, y los policías de azul. Siempre es buena idea consultar una guía telefónica para una lista de números de emergencia.

Para hablar con una persona que presta servicios hay que usar siempre el pronombre formal, **usted**. También es importante decir **por favor** siempre. Cuando se trata realmente de una emergencia, puedes gritar, ¡**Auxilio**! o ¡**Socorro**! En situaciones menos urgentes, puedes llamarle la atención a alguien al decir **Oiga usted, Con permiso** o **Discúlpeme, por favor.**

¡ADELANTE!

Platos favoritos

¿Tienes un plato favorito? Cuando preparas tu plato favorito, ¿dónde compras los ingredientes? Lee lo siguiente para aprender algo sobre los platos típicos de Venezuela, cómo se preparan y dónde se pueden comprar los ingredientes.

GISELA GIL

P: ¿Cuál es su plato favorito?

R: Espagueti.

P: ¿Qué come para mantener la salud?

R: Eh, nada en especial, como muy mal, sándwich, como cualquier basura.

P: ¿Qué comida considera Ud. saludable?

R: Bueno, ensaladas, por supuesto, carnes sin grasas.

P: ¿Y no saludable?

R: Pues, hamburguesas, perros calientes, refrescos.

P: ¿Y qué comidas hay aquí en Venezuela... para Navidad o Semana Santa?

R: Bueno, en Semana Santa se come pescado; razones religiosas hacen que mucha gente evite comer carnes rojas, o carne de pollo y en, pues, en Navidad, hallaca, pan de jamón...

P: ¿Y hay un plato típico de Venezuela?

R: Yo creo que ya Venezuela no tiene platos típicos, como dije, es una mezcla de muchos países, de muchas inmigraciones, de mucha gente. Entonces, hay... platos típicos ya también es la pasta, plato típico ya también es la hamburguesa, plato típico también es un sándwich. Hay... no se puede hablar de un plato típico en Venezuela, ¿no? Es una mezcla de todo.

P: ¿En su familia se hace la sobremesa?

R: No, tenemos todos horarios diferentes de comer entonces no, pocas veces nos encontramos para comer.

YAMILÉ ANTHONY

P: ¿Adónde va Ud. para comprar frutas y vegetales...?

R: Bueno, por aquí en la zona existe lo que sacan directamente del campo, ¿okay? La producción propia ya, sin necesidad de tener que pasar por lo que implica el mercado, ¿no? Entonces es allí donde vamos y compramos los vegetales.

P: ¿Y para comprar... la comida en lata?

R: Se va a un automercado.

P: ¿Y ya también hay como ... mercados al aire libre?

R: Sí, los hay pero son mercados más que todo a nivel de cosas naturales que son las frutas, los vegetales y las verduras, lo que llamamos papas, zanahorias, remolachas y otras.

14 ¿Comprendes?

Contesta las preguntas en español.

1. ¿Cuáles son algunas comidas que se comen en los días festivos en Venezuela?
2. ¿Dónde compra Yamilé comida en lata?
3. ¿Dónde compra Yamilé las frutas y los vegetales?
4. ¿Por qué dice Gisela que no hay plato típico de Venezuela?
5. ¿Quiénes hacen la sobremesa después de una comida?
6. ¿Adónde irá Guillermo por la torta de cumpleaños?
7. ¿Qué necesita traer Guillermo para su mamá?

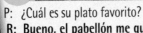
P: ¿Cuál es su plato favorito?

R: Bueno, el pabellón me gusta mucho.

P: ¿Qué es el pabellón?

R: Es un plato de arroz, caraota, carne, tajada...

P: ¿Qué comida come Ud. para mantener la salud?

R: Bueno, en la mañana siempre tomo leche, así, eh, pan también y...

P: ¿Qué comida se come aquí en Venezuela para ciertas fiestas...?

R: En Navidad, la hallaca, eh, bueno y...

P: ¿Qué es la hallaca?

R: Es un... plato típico de las Navidades que es masa y con carne, varias cosas.

P: ¿En su familia se hace la sobremesa...?

R: Bueno sí, de vez en cuando.

P: ¿Y de qué hablan?

R: De los problemas que uno tenga, los asuntos de la casa, cosas así, personales.

Querido Guillermo,

Por favor ayúdame con la comida de esta noche. El pabellón es el plato favorito de tu papá y quiero hacérselo esta noche para su cumpleaños. ¿Podrías hacerme el favor de traerme unas cosas? Cómprame dos kg de caraotas y unos plátanos en el mercado. Pedí carne de res en la carnicería... ¿puedes recogérmela? También ordené un pastel en la panadería... hazme el favor de pagarlo y traérmelo a casa. Vas a necesitar dinero... te lo dejé en la cocina, al lado del teléfono.

Un abrazo,
Mamá

Pabellón criollo

Carne mechada

Ingredientes:

1 kg carne, falda de res

2 cebollas grandes

aceite

onoto

una pizca de comino

3 dientes de ajo

ají dulce

2 tomates grandes y maduros

sal y pimienta al gusto

Sirva con:

caraotas negras

arroz

plátano frito

15 ¿Qué palabras se usan?

En la nota que escribe la mamá de Guillermo, busca dos palabras que ella usa para decirle a Guillermo qué quiere que él haga, y las tres expresiones que usa para pedirle un favor.

16 ¿Quién lo diría?

Escucha cada frase e indica quién la diría, ¿Gisela, Yamilé, Guillermo o la mamá de Guillermo?

17 Es tu turno

Usa las mismas preguntas de la entrevista de Gisela para entrevistar a tu compañero(a). Luego cambien de papel.

SEGUNDO PASO

Asking for help and requesting favors

ASÍ SE DICE — Asking for help and requesting favors

Para pedir un favor, puedes decir:

Por favor, ayúdame con los platos.

Papá necesita las servilletas. **¿Se las llevas?**

Hazme/Hágame el favor de comprarme los ingredientes para las hallacas.

¿Podrías pasar por la panadería por abuelito, Chuy?

Necesito esa bolsa para estas flores. **¿Sería Ud. tan amable de dármela?**

NOTA GRAMATICAL

Por can mean *by, in exchange for, for the benefit of,* or *in favor of:*

¿Podrías pasar **por** la panadería **por** abuelito?

It is also used in many idiomatic expressions like **por favor, por cierto** and **por ahora.**

Para often implies *intended for, for the purpose of:*

Necesito esa bolsa **para** estas flores.

18 ¿Qué se le ofrece?

 Indica si el hombre en cada conversación que escuchas es **el cliente, el dependiente,** o **un transeúnte** *(passerby)*.

19 Tu propio robot

Imagina que te dio alguien un robot para tu cumpleaños. Dile al robot que te haga 10 cosas. Dile también para qué. Tienes que ser muy cortés.

MODELO —Limpie mi cuarto para la fiesta, por favor.

20 Organícenlo

 A ti y a tu compañero(a) les toca organizar la cena para el Club de Español. Primero preparen un plan de todo lo que tienen que hacer. Luego, imagínense que les están pidiendo ayuda a ocho compañeros con los preparativos de la cena. Usen las expresiones de **Así se dice.**

NOTA CULTURAL

La gran variedad cultural del pueblo venezolano se refleja en los platos típicos. Se nota la influencia de italianos, portugueses, alemanes, franceses y chinos. En algunos lugares, como en el Amazonas, uno puede comer bachacos fritos *(fried ants)* y pirañas. Pero la comida más típica es la arepa, un pan aplanado y redondo hecho de maíz. Se rellena con carne, huevos, queso y otros ingredientes. ¿Hay una comida típica de tu ciudad o región?

CD-ROM
Disc 1

Si necesitas comprar comida para una fiesta, puedes ir a...

la carnicería   la lechería   la pastelería   la bodega   la frutería   la panadería

Si necesitas reparar el carro o un aparato, puedes ir a....

la pescadería   la heladería   el taller   la ferretería   la tienda de refacciones

21 ¿Adónde voy?

Tu compañero(a) te va a preguntar adónde debe ir para encontrar lo siguiente. Basa tus sugerencias en el **Vocabulario** y en la página amarilla abajo.

MODELO   —Necesito una torta para la fiesta de cumpleaños. ¿Me podrías sugerir un buen lugar para comprar una?
             —Sí, cómo no. Ve a comprarla a la Panadería y Pastelería La Yaya.

1. crema para un quesillo
2. pescado
3. vidrio para una ventana
4. bistec
5. cosas para el carro
6. un buen mecánico
7. galletas
8. unas naranjas y manzanas
9. helado

También se puede decir...
En México puedes decir **nevería** en vez de **heladería**.

 NOTA CULTURAL

En Venezuela, se come mucho pan de jamón en fiestas en los lugares de trabajo. También se comen los famosos churros españoles, tubos de masa fritos y salpicados de azúcar. Igualmente populares son los dulces, por ejemplo, el bienmesabe o el dulce de lechosa *(papaya)*. En época de Navidad, la comida preferida es la hallaca—una masa de maíz rellena con carne sazonada, aceitunas, tomates y verduras, todo envuelto en hojas de plátano. ¿Tiene tu familia un plato tradicional que se come en una fiesta?

Bodega La Milagrosa	
Calle 162 con Avenida 39	51.2420
Carnicería Valles	
Avenida Socorro, Edificio Elisa	33.1370
Charcutería Rosaura	
Avenida Universidad, Edificio Brisas	83.3915
Ferretería El Martillo de Oro	
Calle 158 con Avenida 38	55.9328
Frutería Romualda	
Avenida Nueva Granada a Anauco	96.3664
Heladería La Glacial	
Curamiche a Viento	44.3165
Lechería El Polo Norte	
Centro Comercial Este, Avenida Aldo	24.1905
Panadería y Pastelería La Yaya	
Avenida Bosque, Esquina Av. Nieves	59.6327
Pescadería Monte Bello	
Calle 161 con Avenida 39	51.3738
Refacciones Chatarra	
Carretera Norte 17000	59.1725
Taller Auto-Médico	
Avenida Industrial con Carretera 15	59.8460

CD-ROM Disc 1

GRAMÁTICA Double object pronouns

1. When a direct and an indirect object pronoun are used together, the indirect always comes before the direct object.

   Quiero la ensalada. ¿**Me la** trae ahora, por favor?

2. The verb and the two pronouns form an unbreakable unit. Negative words and adverbs must come before or after this unit.

   ¿La ensalada? La mesera **no** me la trajo **nunca.**

3. **Se** replaces **le** and **les** before the direct object pronouns **lo, la, los,** and **las.**

   Es que **se la** trajo a ella.

4. Pronouns are attached to infinitives and affirmative commands. An accent is placed over the stressed syllable.

   Présta**melo**, por favor.

   Pronouns come before the verb in negative commands.

   ¡Hombre, no **se lo** prestes!

¿Se te ha olvidado?
commands
Ver la página R30

22 ¿Qué recomiendas?

Escucha las preguntas e indica cuál de las recomendaciones es correcta.

1. a. Cómpramelo en la Panadería Adriana.
   b. Cómpraselo en la Panadería Adriana.
2. a. No, no me la traigas.
   b. No, no me los traigas.
3. a. Voy a comprártela en la Pescadería Neptuno.
   b. Voy a comprártelos en la Pescadería Neptuno.
4. a. Cómo no, te la traigo en seguida.
   b. Cómo no, te las traigo en seguida.

23 ¿Qué hago?

Imagina que tienes un programa de radio que se llama *Nuestra comunidad.* Dales consejos a las personas que te llaman con las siguientes preguntas. Explícales tus razones.

MODELO   ¿Les sirvo galletas a los niños en el parque?
         Sí, sírveselas porque... *o* No, no se
         las sirvas porque...

1. Mi amigo no entiende bien la tarea de ciencias sociales. ¿Le doy mi tarea?
2. Hace cinco años que no le hablo a mi amiga. ¿Le envío esta carta?
3. Es el cumpleaños de mi abuelo. ¿Le preparo la cena?
4. Ayer gané la lotería. ¿Me compro el carro que vimos ayer?
5. Quiero sacar una A en el próximo examen. ¿Le cuido los niños a mi maestra?

La Costeña
Jugos sabrosos... ¡naturalmente!

Los jugos de **La Costeña** te refrescan. Sin azúcar. Con un sabor 100% natural.
¡Refréscate!

24 En mi cuaderno

Imagina que trabajas para una agencia de publicidad. Tienes que mejorar el anuncio de los jugos de La Costeña. Debes usar un complemento directo e indirecto en tu anuncio.

¿Cuál es tu plato favorito?

¿Tienes un plato favorito? Escucha mientras tres jóvenes hablan de sus platos favoritos.

PANORAMA CULTURAL

● **Claudia**

Caracas, Venezuela

"Este, arroz con pollo, guisado con papas... pescado, este... arepas. Arepas es... una comida de aquí que se hace con masa, ¿no? y son redonditas... y son muy sabrosas... Es como un pan y Ud. lo re- llena con lo que quiera, con queso, con carne, con cazón—que es un pescado".

● **Raquel**

Miami, Florida

"Los nacatamales... Tiene[n] masa, tiene[n] arroz y son como los tamales cubanos, no sé si Uds. los habrán probado, los tamales cubanos, y tiene chan- cho *(pork)* adentro. Nacatamal es un plato muy típico de Nicaragua".

● **Paulina**

Quito, Ecuador

"Las frutas me gustan mucho, ensalada de frutas. Me gustan... sándwiches, me gustan mucho, hamburguesas. Como muchas frutas y verduras, sopas y carbohidratos, nada más. No como muchas golosinas, no me gustan mucho".

Para pensar y hablar...

A. ¿Quién menciona platos extranjeros en su entrevista? ¿En qué países se originaron los platos mencionados? ¿A qué comida se parece la hallaca venezolana? De todas las comidas mencionadas, ¿cuántas has probado tú? Nómbralas.

B. ¿Cuál es tu plato favorito? ¿Tiene Estados Unidos un plato típico nacional?

99

Cocina y cultura

*E*s difícil imaginar un mundo sin papas. Las papas eran totalmente desconocidas en Europa antes de 1492. Este artículo trata de la importancia de la papa en la cultura e historia de las Américas.

Estrategia

Sometimes an author talks about past, present, and future within the same article. If the information is not arranged chronologically, how can you identify the time of each event? One way is to look for clues like **en 1954**, **hoy día**, or **el próximo año.** Another way is to pay attention to verb endings.

¡A comenzar!

A. Indica si los siguientes verbos están en el presente, el pretérito, el imperfecto o el futuro. Si no te acuerdas de las formas, consulta la sección que comienza en la página R25.

1. adoran
2. descubrieron
3. comenzó
4. serán
5. constituía
6. disputaban
7. constituyen
8. destruyeron

¿Te acuerdas?

Skim to get the gist. Look at titles, pictures, and—if you have time—the first sentence of each paragraph.

B. Lee el texto brevemente para averiguar de qué trata el artículo.

Una Causa Picante

[1] Papas, tomates, maíz y maníes eran los alimentos cultivados originalmente, hace muchos siglos, por talentosos agricultores indígenas en las terrazas andinas y que aún constituyen el núcleo de la dieta peruana.

[2] El desarrollo de estos cuatro rubros, solamente, bien puede considerarse una de las contribuciones más significativas a la despensa mundial. Pero los agricultores incas también pueden reivindicar por lo menos parte del crédito por el desenvolvimiento de variedades de maíz, pimientos, calabazas, mandioca, batatas y paltas. El resultado es que desde los días en que constituía el corazón del imperio incaico, el Perú posee las claves de una cocina refinada que se considera, a menudo, la mejor del continente.

[3] La nación quechua, conocida universalmente por el nombre de su jefe supremo, el Inca, elaboró una refinada ciencia agrícola en las laderas y terrazas de los Andes. Un complejo sistema de riego, acaso más pulido que el de origen romano, irrigaba mesetas y terrazas. Los agricultores cultivaban una infinita variedad de verduras, concentrándose principalmente en el maíz, las papas y los pimientos. Hoy día, inclusive, el país se ufana de poseer por lo menos treinta variedades de papas: amarillas, azules y púrpuras; pequeñas como guijarros o grandes como cocos; suaves y algodonosas, o densas y crujientes.

[4] Los quechuas también descubrieron métodos únicos para conservar las papas. Para elaborar el chuño las esparcían sobre esteros para secarlas al sol y las retiraban al llegar la noche. El proceso consistía en extraer la humedad, de manera muy similar a la utilizada para secar las vainas de vainilla y madurar su sabor. A veces, para exprimir la humedad de los

tubérculos, las mujeres danzaban sobre ellos después de cosecharlos, a la manera tradicional italiana de pisar la uva para hacer vino. Luego de secar las papas hasta dejarlas negras y duras como rocas, las restauraban para hacerlas comestibles, empapándolas y tostándolas. Las papas secas se preparaban de la misma forma, pero se las cocinaba antes del proceso de secado.

5 La "causa" puede ser tan complicada como lo disponga la imaginación del cocinero o tan simple como el sobrante de un plato de carne y verduras al horno o "casserole". Ésta es una receta básica, lista para cualquier combinación con carne, pescado y verduras, fritas o guisadas.

CAUSA

Seis porciones

8 papas medianas
1/2 taza de cebolla picada
1/2 cucharadita de pimiento rojo seco
6 cucharadas de jugo de limón
5 cucharadas de aceite de oliva
2 ajíes picantes frescos, sin semillas y cortados delgados
3/4 libras de queso fresco, Feta o Muenster, cortado en tajadas
Sal y pimienta
Hojas de lechuga
Aceitunas negras

Combine a su gusto las cebollas, el limón, los ajíes, la sal y la pimienta y déjelos aparte. Hierva las papas en agua salada, séquelas, pélelas y haga un puré, combinándolas luego con la mezcla inicial. Agregue el aceite y continúe mezclando. Añada los ajíes frescos y colóquela en un tazón para moldear el puré, viértalo en un plato de servir y rodee el puré con hojas de lechuga, aceitunas negras y tajadas de queso.

⁶En el antiguo Perú el maíz y las papas se disputaban la supremacía y hoy día continúan predominando en los menús y las chacras del país. El maíz que hoy se cultiva en el Perú es el más singular del mundo. Semillas rojas, anaranjadas, blancas, púrpuras y negras se presentan juntas o separadas en un arco iris de espigas multicolores. Tan variadas como los colores son las formas de los granos, que pueden

1. A primera vista, ¿hay más verbos en el tiempo pasado, presente o futuro? ¿Qué te dice esto sobre la lectura?
2. ¿Cuál de las siguientes frases resume mejor el artículo?
   a) cómo preparar un plato que se llama **causa**
   b) la historia de la nación quechua: su política, arte, geografía y comida
   c) usos modernos e históricos de comidas en Perú

¿Te acuerdas?

When you encounter an unknown word, it's often best to keep reading rather than stop to look it up. The context allows you to guess the meaning.

C. Usando solamente el contexto, ¿puedes encontrar un lugar en el segundo párrafo para sustituir cada una de estas palabras?

cocina   desarrollo
nación   partes esenciales
con frecuencia   categoría

Al grano

D. Ahora miremos algunos detalles de cada párrafo, menos la receta.

1. Según los párrafos 1 y 2, ¿qué importancia culinaria tenía el Perú?
2. ¿Por qué están en el imperfecto los verbos **cultivaban** e **irrigaba** en el párrafo 3?
3. Mira la primera frase del párrafo 4. ¿Cómo se expresa la misma frase en inglés?
4. En el párrafo 4, ¿qué hacían las mujeres para extraer el agua de las papas?
5. Según el párrafo 5, ¿qué ventajas tiene esta receta para la **causa**?

6. ¿Qué determina el sabor de los ajíes, según el párrafo 7?

7. En el párrafo 8, ¿qué comentarios indican que los quechuas no dominan los Andes ahora?

8. Según el párrafo 8, ¿cuáles son las culturas que han contribuido a la cocina peruana moderna?

E. Ahora lee la receta y corrige las siguientes instrucciones para la **causa**.

1. Mezcle las cebollas, el limón, el queso y la pimienta, y déjelos aparte.
2. Hierva y seque las papas, y déjelas aparte.
3. Agregue cebolla y lechuga y continúe mezclando.
4. Añada los ajíes frescos y póngalos en un vaso para moldear el puré.
5. Viértalo en un plato de servir y rodee los ajíes y las papas de queso, aceite y aceitunas negras.

F. Trabaja con un(a) compañero(a). Resuman en dos o tres frases lo que dice el autor sobre cada uno de estos temas. Escriban las frases claves que comunican las ideas principales.

1. los cultivos más importantes de los quechuas
2. las distintas formas de preparar las papas en Perú
3. el maíz en relación a las papas
4. el uso del picante en América del Sur
5. la dieta peruana típica

G. What are the staples of the typical person's diet in the United States? What are the origins of these staples?

---

llegar a ser tan grandes como uvas o fresas, duros y crocantes o suaves y brillantes.

⁷El maíz y las papas serán productos del Perú, pero la gloria de la región la constituye el arco iris de ajíes que aquí se elaboró y se cultiva, siendo sus colores, tamaño y calidad de picante determinados por el clima y la altitud. Genéricamente se les conoce como ajíes, pero cuando los peruanos dicen ají se refieren al poderoso mirasol. En muchos platos los ajíes más picantes constituyen la base del sabor porque la comida peruana puede ser la más condimentada de América del Sur, aunque sin llegar a la fiereza de los platos más picantes de México o el Caribe.

⁸Aunque los quechuas dominaron los Andes con su sistema de caminos y viaductos y organizaron las aldeas remotas en un imperio disgregado, pocas son las constancias existentes que sirvan para enfrentar al esplendor culinario de los aztecas. A su llegada, Pizarro y sus hombres efectivamente destruyeron la antigua civilización, pero los quechuas que no fueron asesinados o diezmados por las enfermedades, siguieron cultivando la tierra. No trabajarían para los españoles y en algún momento comenzó la esclavización e importación de africanos para reemplazar a los reacios esclavos indígenas. La mezcla resultante de culturas indígena, española y africana creó la cocina peruana moderna.

Do you sometimes feel intimidated by the blank page, even after researching your topic and deciding how to organize the information? Writing can still be a complex task, especially in a foreign language. In this activity, you will learn another way to make the writing task more manageable.

Tu receta favorita

Imagina que tu profesor(a) va a hacer una colección de las recetas favoritas de la clase de español. Escribe una receta sencilla para esta colección. Acuérdate que no sólo las comidas requieren recetas. Si prefieres, puedes escribir una receta para preparar el cemento, diferentes colores de pintura, el papel maché o un pegamento casero *(homemade glue)*.

A. Preparación

1. Decide qué receta quieres escribir. La receta debe ser interesante pero no muy complicada.
2. Considera bien la receta y prepara listas del vocabulario que vas a necesitar para los ingredientes y las instrucciones.
3. Puedes usar mandatos informales, infinitivos o construcciones con **se** para explicar cómo se hace la comida. ¿Conoces bien las formas? Repasa la información sobre los mandatos en esta lección antes de escribir o consulta la sección que comienza en la página R17. ¿Hay otras estructuras que vas a necesitar?

> ### ESTRATEGIA
> **Making a writing plan**
> Before writing, take a good look at your topic. Do you know all the vocabulary you'll need? If not, use a good bilingual dictionary or ask your teacher for assistance. Will your topic require you to use certain tenses frequently? If you're not sure you can use them correctly, consult your textbook or ask your teacher or other students for help.

B. Redacción

1. Escribe la receta, poniendo todos los pasos del proceso en orden.
2. Si quieres, haz la comida en casa y saca una foto de cada paso para incluir con la receta.
3. Si usas palabras que otros(as) estudiantes no van a comprender, defínelas.

C. Evaluación

1. Dales la receta a tres o cuatro compañeros(as) de clase para leer. ¿La entienden? Si no, pregúntales por qué y haz los cambios necesarios.
2. ¿Escribiste bien las palabras y estructuras que usaste? Si no, busca las formas correctas.
3. ¿Se puede leer fácilmente tu receta? Si no, tal vez debes copiar la receta otra vez o escribirla a máquina.

CD-ROM
Disc 1

1 Escucha cada anuncio e indica cuál o cuáles de ellos corresponde(n) al dibujo. Si el anuncio no corresponde, explica por qué.

2 Con un(a) compañero(a), dramatiza estas situaciones. Tu compañero(a) te preguntará si hiciste el deber. Tú explicarás por qué no lo pudiste hacer y le pedirás ayuda. Después cambien de papel.

MODELO —¿Ya compraste la torta para esta noche?
—¡Ay, se me olvidó pasar por la pastelería! ¿Puedes llevarme?
—Bueno, sí, pero vamos pronto.

1. preparar la comida
2. comprar las refacciones para el carro
3. hacer el proyecto para la clase de...

4. organizar tu cuarto
5. reparar la motocicleta
6. preparar un jugo

3 Trabajen en grupos. Uno de Uds. está enfermo(a) y no puede salir de casa. La persona enferma les pide ayuda a los compañeros, y éstos le explican si pueden ayudar o no. Continúen hasta determinar quién va a hacer cada uno de los deberes.

MODELO —¿Me podrías hacer un favor?
—Sí, claro, ¿qué necesitas?
—Mañana es miércoles y yo tengo que preparar la cena. ¿Sabes cocinar?
—Bueno, este...

ayudar a una amiga con el álgebra

recoger al hermanito del colegio

entregar la tarea

llevar el carro al taller

preparar la cena el miércoles

hacer las compras

4 Revisa las secciones culturales del capítulo y contesta estas preguntas.

1. Nombra tres dulces que se comen en Venezuela y descríbelos.
2. En caso de comer con una familia venezolana, ¿qué crees que te servirían para Navidad? ¿Cuáles son los ingredientes de este plato?
3. Imagina que eres un(a) venezolano(a) que visita los Estados Unidos. ¿Cómo comparas la comida que encuentras aquí con las comidas típicas de tu país?

5 Con un(a) compañero(a), imagina que están en una cafetería. Tu amigo(a) come cosas no muy saludables. Le aconsejas comer otras cosas, pero tu amigo(a) trata de convencerte de que no hay problema.

MODELO —No comas ese postre. Tiene como mil calorías.
—¡Qué va! Me encantan los postres. Además voy a correr esta tarde.

6 Con un(a) compañero(a), imagina que son reseñistas *(reviewers)* de restaurantes. Visitaron el Restaurante Criollo y comieron un poco de todos los platos mencionados en el menú. Algunos de los platos estuvieron horribles y el servicio estuvo malísimo. Escriban sus comentarios acerca de cada plato y del servicio. Usen las frases de **Así se dice** en la página 91 para hablar de los problemas que encontraron.

RESTAURANTE CRIOLLO		
Sopa de mariscos	2020	Bs.
Ensalada mixta	1500	Bs.
Ensalada de aguacate con camarones	3050	Bs.
Arepa con queso blanco	790	Bs.
Bistec a la parrilla	4750	Bs.
Pabellón criollo	3250	Bs.
Espaguetis a la marinera	3100	Bs.
Quesillo	800	Bs.
Café	350	Bs.
Batido de patilla	700	Bs.

7 SITUACIÓN

Trabajen en parejas. Escojan una de las siguientes situaciones y dramatícenla.
A. Un(a) amigo(a) quiere ir a un buen restaurante este fin de semana y le pide ayuda a otra persona, quien le da sugerencias y opiniones sobre la comida, el servicio y los precios.
B. Tú debías llevar a varios compañeros de clase al torneo regional de baloncesto, pero han pasado varias cosas inesperadas. Explícale a tu compañero(a) lo que te ha pasado y pídele ayuda.
C. Eres el anfitrión/la anfitriona de un programa de cocina del Canal 5. Tu compañero(a) es tu invitado(a) del día. Presenten una breve escena en la que preparan una especialidad de Venezuela y comentan los resultados en distintas etapas *(phases)* de la preparación.

Can you talk about how food tastes?
p. 89

1 Estás comiendo en el restaurante La Caraqueña en Caracas. Da tu opinión de cada cosa en la siguiente lista.

1. empanadas
2. sopa de ostras
3. pollo al limón
4. sardinas en ensalada
5. arepas
6. café con leche

Can you talk about unintentional events?
p. 91

2 Por cada situación ilustrada, explica lo que pasó o no pasó, o lo que cada persona puede hacer y no hacer. También explica por qué. ¿Cómo explicaría cada persona la situación en sus propias palabras?

1.   2.   3.

4.   5.   6.

Can you ask for help and request favors?
p. 96

3 Eres el chef de un restaurante y necesitas la ayuda de otros(as) cocineros(as) *(cooks)*. Expresa estos pedidos *(requests)* de una manera más cortés.

1. Ayúdeme.
2. Deme el pan.
3. Tráigame un quesillo.
4. Páseme la sal.
5. Ponga el pastel en la mesa.
6. Cocine la carne en la salsa.

PRIMER PASO

Talking about how food tastes

Está echado a perder.   *It's spoiled (ruined).*
Está en su punto.   *It's just right.*
¡Guácala! ¡Qué asco!   *Yuck! How disgusting!*
Le falta sal.   *It lacks/needs/doesn't have enough salt.*
  ...sabor. *. . . flavor.*
  ...no sé qué.
    . . . something (I don't know what).
Lleva mucha grasa.   *It has too much fat.*
Me cae gordo.   *It disagrees with me.*
¡Qué bueno/sabroso!   *How good/tasty!*
Sabe riquísimo.   *It tastes delicious.*
Tiene sabor a ajo.   *It tastes like garlic.*

Food

las almejas   *clams*
el bacalao   *cod*
el bistec a la parrilla   *grilled steak*
las caraotas   *beans* (Venezuela)
el chorizo   *sausage*
las chuletas de cerdo   *pork chops*
la ensalada mixta   *tossed salad*
  ...de aguacate   *avocado salad*
los mariscos   *shellfish*

el melocotón   *peach*
las ostras   *oysters*
el pargo   *red snapper*
la patilla   *watermelon* (Venezuela)
la piña   *pineapple*
el pollo frito   *fried chicken*
el puerco asado   *roast pork*
el quesillo   *custard* (Venezuela)
la sal   *salt*
la ternera   *veal*
la torta   *cake*
la trucha   *trout*

Talking about unintentional events

descomponer   *to break down*
Se le rompió...   *He (She) broke . . .*
Se les quedó...   *They forgot/left . . .*
Se me acabó/acabaron...   *I ran out of . . .*
Se me perdió/perdieron...   *I lost . . .*
Se nos cayó/cayeron...   *We dropped . . .*
Se nos descompuso/descompusieron...
  . . . broke down on us.
¿Se te olvidó/olvidaron...?
  Did you forget . . .?

SEGUNDO PASO

Asking for help and requesting favors

Hágame/Hazme el favor de....
  Do me the favor of . . .
¿Podrías...?   *Could you . . .?*
Por favor, ayúdame con...
  Please help me with . . .
¿Se las llevas?
  Will you take them to him (her)?
¿Sería(s) tan amable de dármela?
  Would you be so kind as to give it to me?

Shops

la bodega   *grocery store*
la carnicería   *butcher shop*
la ferretería   *hardware store*
la frutería   *fruit shop*
la heladería   *ice cream store*
la lechería   *dairy store*
la panadería   *bakery*
la pastelería   *pastry shop*
la pescadería   *fish market*
el taller   *shop; workshop*
la tienda de refacciones   *parts store*

¡Ven conmigo a Guadalajara!

La catedral de Guadalajara, con su nave del siglo XVI y sus torres del siglo XIX, es única en México.

Jalisco

Población: 6.175.000 (1995 est.)

Área: 80.836 km²

Capital: Guadalajara (con aproximadamente 3.000.000 de habitantes)

Otras ciudades: Zapopan, Ciudad Guzmán, Ocotlán, Puerto Vallarta, Lagos de Moreno, Tepatitlán

Clima: Temperatura mínima promedio 10°C (50°F); temperatura máxima promedio 25°C (78°F)

Economía: turismo, granos (maíz, frijol y trigo), pesca, textiles, industrias mineras, editorial, de computación y de bioquímica, productos alimenticios, artesanías

Personajes famosos: José Clemente Orozco (1883–1949), muralista; Juan Rulfo (1917–1986), escritor; María Izquierdo (1902–1955), pintora; Luis Barragán (1902–1988), arquitecto

Platos típicos: pozole, birria, chicharrones, carnitas

go.hrw.com

WVO GUADALAJARA

GUADALAJARA

CD-ROM
Disc 2

Después de México y Nuevo León, Jalisco es el tercer estado de México en importancia económica, con una base tanto industrial como agrícola. Su geografía es ideal porque tiene mar, parte de la Sierra Madre Occidental, lagos y bosques. De Jalisco provienen la charrería y la música de los mariachis, dos elementos folclóricos que forman uno de los símbolos que identifican a México como nación. Guadalajara es la capital del estado y la segunda ciudad más grande del país. Sus habitantes son conocidos como 'tapatíos'.

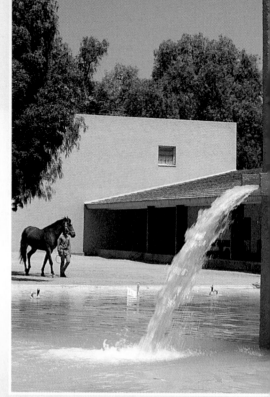

② **Este edificio fue construido por el famoso arquitecto tapatío Luis Barragán. Los arquitectos de Jalisco son famosos internacionalmente.**

① **Ésta es la Plaza Tapatía, donde se baila el típico 'jarabe tapatío' y cantan los mariachis, quienes han exportado la música mexicana a todo el mundo.**

③ **José Clemente Orozco pintó en 1939 los murales del Hospicio Cabañas, anteriormente un orfanato. Orozco fue uno de los más importantes representantes de la escuela muralista de México.**

La gente de Guadalajara tiene un gran orgullo regional. Por eso son conocidos como **tapatíos,** una palabra indígena que quiere decir que valen tres veces más. En los capítulos 5 y 6, vas a conocer las leyendas, la música y el arte de esta región. ¡Sabrás por qué están tan orgullosos los tapatíos!

④ El Lago de Chapala, al sureste de Guadalajara, es el más grande de México. La variedad de peces blancos que habitan el lago sólo se encuentra ahí o en el Lago de Pátzcuaro, en Michoacán.

⑤ En todo el país la música de rock ha aumentado en popularidad. Este grupo Maná, de Guadalajara, ha alcanzado fama mundial. Los mexicanos le llaman "guacarock" al rock cantado en español por mexicanos ("guaca" de guacamole).

⑥ Entre las artesanías de la región se destaca el vidrio soplado, artesanía que todavía se practica en el pequeño pueblo de Tlaquepaque, ahora en las afueras de la capital.

CAPÍTULO

5
Nuestras leyendas

1 ¡Esperamos que lo pases bien en Guadalajara!

Las leyendas, los mitos y los refranes son algunos de los aspectos del folklore. Las leyendas explican a veces el origen de algo, como cuando las enormes huellas de Paul Bunyan crearon los Great Lakes. Las leyendas pueden ofrecer moralejas también. ¿Qué leyendas conoces tú? ¿Qué te dicen estas leyendas sobre tu cultura?

In this chapter you will learn

- to express qualified agreement and disagreement; to report what others say and think
- to talk about hopes and wishes

And you will

- listen to a phone message telling what the caller hopes will be done
- read several Latin American legends
- write a myth explaining a natural phenomenon
- find out about the Aztec civilization

3 ¡Qué va! Maná es el mejor grupo del 'guacarock'.

2 Dicen que este club tiene buenos actores, y hasta cierto punto estoy de acuerdo.

ciento trec **11**

DE ANTEMANO

El virrey y el azteca

Los mitos y leyendas muchas veces simplifican o idealizan a los personajes y las situaciones. La siguiente leyenda interpreta las relaciones entre los españoles y los indios durante la época colonial. En ella, hay dos imágenes contrarias del español, un señor rico y malvado *(villainous)*, y el virrey *(viceroy)* sabio y generoso. Del indio hay una sola imagen; es pobre, humilde y honrado. ¿Puedes expresar la moraleja *(moral)* de la leyenda?

La gente dice que una vez un señor azteca andaba por un camino cuando encontró un bolso lleno de oro. Como el señor era muy pobre, nunca había visto tanto oro...

¡En mi vida he visto tanto oro!

¡Las cosas que podré comprar con este oro! ¡Qué alegría! Pero...

No, no puedo hacerlo. No es justo. Estas monedas son de otra persona. Debo devolverle este dinero al dueño.

¿Se le perdió a Ud. algo de valor, señor?

Sí. He perdido un bolso.

¡Vaya ladrón malvado! ¡Me has robado dos monedas de oro!

Aquí lo tiene, señor. Lo encontré en el camino.

¡En absoluto, señor!

¡Llamaré a los guardias y te llevarán a la cárcel!

¡Eso no es justo, señor! No robé nada del bolso. Se lo di igual como lo encontré.

El pobre señor azteca estaba preocupado. Se dio cuenta que los guardias lo buscaban y no encontraba qué hacer. En aquel momento pensó en el virrey. Hasta cierto punto tenía miedo de este gran señor, pero se decía que el virrey era un hombre justo que ayudaba tanto a los pobres como a los ricos. Así que el señor azteca fue al palacio a verlo.

Señor, perdone Ud., dicen que robé unas monedas de oro, pero no es así. Oí que Ud. es un hombre honrado y he venido en busca de justicia.

Durante un momento no se oyó nada en la gran sala del palacio. Luego el virrey le susurró algo al oído de su capitán. El capitán se fue y dentro de poco, volvió con el señor español.

¡Ese malvado me robó dos monedas de oro! Sólo había 26 en vez de 28 en el bolso cuando me lo devolvió.

El señor le ha dado el bolso. Por eso se ve claramente que es un hombre honrado. Entonces, claro está que éste no es el bolso que Ud. perdió. Su bolso tenía 28 monedas y éste sólo tiene 26. Como no podemos encontrar al dueño de este bolso, voy a darle el bolso al señor que lo encontró.

Digo que es suyo.

Gracias, señor.

1 ¿Qué pasó primero?

Pon las siguientes oraciones en el orden correcto.

a. El señor azteca fue a ver al virrey.
b. El señor español acusó al azteca de ser ladrón.
c. El virrey le dio el bolso al azteca.
d. El azteca encontró el bolso.
e. El azteca tenía miedo de ir a la cárcel.
f. El español apareció ante el virrey.

2 ¿Entendiste?

1. ¿Cómo se llamaba al representante del rey de España en las colonias americanas?
2. ¿Por qué merecía *(deserved)* mucho respeto el virrey?
3. ¿Qué encontró el azteca?
4. ¿Por qué decidió el azteca devolver el bolso al español?
5. Por fin, ¿qué hizo el virrey con el dinero?
6. ¿Por qué tomó esa decisión el virrey? ¿Crees que fue justa la decisión?

3 Expresiones útiles

En el cuento, hay cuatro expresiones que se usan para referirse a lo que dicen o lo que piensan otras personas. Búscalas y escríbelas en una lista.

4 ¿Cómo son?

Mira la introducción y el cuento otra vez. Con un compañero, haz una lista de las palabras que describen a cada uno de los personajes.

5 Ahora te toca a ti

¿Alguna vez has encontrado algo que le pertenecía a *(belonged to)* otra persona? ¿Qué hiciste? Cuéntale a tu compañero lo que pasó.

NOTA CULTURAL

Bartolomé de las Casas, un fraile dominicano que vino a las Américas en 1502, escribió una crítica de los conquistadores españoles en la que condena la explotación de los indígenas. Esto dio lugar a la "Leyenda negra", una representación a veces justa y a veces exagerada de la brutalidad y la avaricia de la conquista. La historia de los Estados Unidos también contiene temas muy controvertidos. Un ejemplo es el tratamiento de las comunidades indígenas. ¿Conoces otros ejemplos?

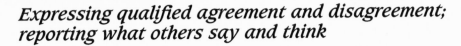

PRIMER PASO

Expressing qualified agreement and disagreement; reporting what others say and think

ASÍ SE DICE   Expressing qualified agreement and disagreement

Ya conoces algunas expresiones para expresar acuerdo:

Estoy de acuerdo.	Así es.
¡Claro que sí!	¡Cómo no!
Por supuesto.	Desde luego.
Eso es.	

Si crees que otra persona no tiene toda la razón, puedes decir:

Hasta cierto punto, sí, pero...
  Up to a point, yes, but . . .
Pero hay que tener en cuenta que...
  But you have to take into account that . . .
Depende de tu punto de vista.

¿Tú crees? No sé...
Es muy difícil de creer, pero es posible.
Bueno, puede ser, pero...
En efecto, parece ser así.

Si no estás de acuerdo para nada, puedes decir:

Al contrario.	**¡Claro que no!**
¡Nada de eso! *Of course not!*	**¡Qué va!**
¡Qué tontería! *How silly!*	**¡Eso es muy difícil!** *That's very unlikely!*

---

6 **¿De veras?**

Unos amigos están expresando sus opiniones sobre varias cosas. Escucha cada conversación e indica si no están de acuerdo **para nada** o si están de acuerdo **totalmente** o **más o menos**.

7 **¡Qué va!**

Las generalizaciones pueden ser peligrosas, aunque a veces dicen verdades. Responde a cada oración con una expresión de acuerdo total, acuerdo parcial o desacuerdo total.

1. Las leyendas no tienen nada que ver con *(have nothing to do with)* la realidad.
2. La leyenda del virrey y el azteca representa un retrato realista de la sociedad colonial.
3. Cuando hay contacto entre dos sociedades, una siempre domina a la otra.
4. Los diferentes grupos étnicos de hoy en día pueden aprender a vivir en paz y concordia.
5. La literatura puede enseñarnos algunas lecciones importantes sobre la vida.
6. En nuestros días, hay mucho menos discriminación racial y económica.
7. Las leyendas son para los niños.
8. En nuestra época, la ciencia tiene las mismas funciones que tenían los mitos en las sociedades antiguas.

A LO NUESTRO

Some of the most emphatically negative expressions in Spanish don't use negative words at all! The negative meaning is understood. For example:

en absoluto   *absolutely not*
en mi vida   *never in my life*

8 ¿Son compatibles?

Marta y Rosalía van a vivir en la residencia de la universidad el año que viene. Completaron un cuestionario para determinar si son compatibles como compañeras de cuarto. Lee los cuestionarios que siguen y explica si las chicas son compatibles o no, y por qué.

¿Son compatibles Uds. como compañeros(as) de cuarto? ¡Tomen esta prueba para saberlo! Indiquen si están de acuerdo.

1. Es importante ser ordenado(a). Mi cuarto tiene que estar limpio y organizado.

   ¡Qué va! Confieso que soy un desastre.

2. Necesito silencio para concentrarme más en los estudios.

   No estoy de acuerdo para nada. Necesito el ruido para estudiar.

3. Es bueno tener amigos(as) de visita y ¡mejor si se quedan hasta muy tarde!

   Por supuesto. Pero siempre hay que tener en cuenta que tal vez otra gente quiera estudiar.

4. Necesito hablar mucho por teléfono.

   De acuerdo. En mi familia somos ocho y hablamos a menudo.

5. Prefiero acostarme y levantarme tarde.

   ¡Desde luego! Me encanta levantarme tarde.

6. Para mí, las fiestas son más importantes que los estudios.

   ¡Nada de eso! Me gustan las fiestas pero quiero sacar buenas notas.

¿Son compatibles Uds. como compañeros(as) de cuarto? ¡Tomen esta prueba para saberlo! Indiquen si están de acuerdo.

1. Es importante ser ordenado(a). Mi cuarto tiene que estar limpio y organizado.

   Hasta cierto punto sí. No tolero la desorganización pero hay que ser flexible también.

2. Necesito silencio para concentrarme más en los estudios.

   ¡Desde luego! Me gusta el silencio.

3. Es bueno tener amigos(as) de visita y ¡mejor si se quedan hasta muy tarde!

   Claro que no. Me gusta la privacidad.

4. Necesito hablar mucho por teléfono.

   ¡Cómo no! Necesito llamar mucho a mi familia.

5. Prefiero acostarme y levantarme tarde.

   ¡Al contrario! Para mí, acostarme a las nueve es tarde.

6. Para mí, las fiestas son más importantes que los estudios.

   No es así. Yo estoy aquí para estudiar medicina.

9 Personalmente...

Expresa a tu compañero(a) tus opiniones de los temas que siguen. Explica tus opiniones. ¿Hasta qué punto estás de acuerdo con tu compañero(a)?

las leyendas
los carros de gasolina
los jóvenes
los cursos de...
los hombres
las mujeres

(no) debe(n)

manejar antes de cumplir los 18 años
hacer más de los quehaceres domésticos
ser obligatorios para graduarse
tomarse demasiado en serio
prohibirse por completo
quedarse en casa cuando los niños son chicos

ASÍ SE DICE   Reporting what others say and think

Estas expresiones se usan cuando no se sabe quién dijo algo o cuando "todo el mundo" lo dice:

Alguien me dijo que cancelaron el concierto.

Cuentan que una mujer *(woman)* lloró hasta que se transformó en un río.

Dicen que la gobernadora es un personaje muy popular.

Se dice que el pájaro chogüí es la voz *(voice)* de un niño perdido.

Se cree que los aztecas vinieron de Aztlán.

Oí que descubrieron un libro antiguo de fábulas.

Según la leyenda del Quetzal, **un hombre** *(man)* se transformó en pájaro.

Supuestamente el calendario azteca era más exacto que el calendario moderno.

NOTA GRAMATICAL

The impersonal construction **se** + verb often corresponds to sentences in English that use *people, they, you, we,* or *one . . .* It's usually used with the third person singular.

¿Cómo **se** llega al castillo?
How do you get to the castle?

¿Y cómo **se** sabe eso?
And how does one know that?

10 ¿Quién lo dice?

Escucha estos comentarios e indica si lo dice **una persona específica** o **la gente**.

11 ¿Cómo se usa?

Lee el siguiente artículo, que trata de las figuras de Nazca. Encuentra dos usos de **se** como sujeto impersonal. Expresa las dos oraciones de otra manera sin el pronombre **se**. Luego encuentra dos oraciones en las que puedes sustituir **se** por el sujeto. Reemplaza los sujetos de estas oraciones con **se** como sujeto impersonal.

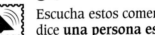

Las Figuras de Nazca

¿Qué te parece esta figura? Hay muchas figuras como ésta en el desierto de Nazca en el Perú. Algunas personas creen que estas figuras, que sólo se pueden ver desde un avión, parecen dibujos elaborados por seres del espacio. Se ha sugerido también que parecen pistas construidas en la antigüedad para el aterrizaje de vehículos del espacio. Otros piensan que fueron parte de un calendario que ayudaba a los indios a entender el movimiento de los cuerpos celestiales. ¿Qué crees tú?

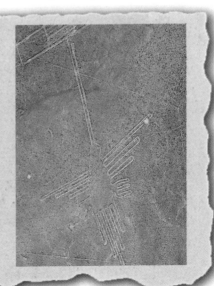

12 Dichos

Una parte importante del folklore son los dichos y refranes *(proverbs)*. Con un(a) compañero(a), encuentren los equivalentes de estos dichos en inglés. ¿Cuándo se usa cada dicho? Compartan sus ideas con la clase.

MODELO   No hay mal que por bien no venga. *Every cloud has a silver lining.*

El árbol se conoce por su fruta.

Ojos que no ven, corazón que no siente.

Antes que te cases, mira lo que haces.

Poco a poco se va lejos.

Dime con quién andas y te diré quién eres.

13 He oído que...

Imagínense que un reportero ha llegado a investigar un incidente legendario, por ejemplo un robo, que pasó hace muchos años *(many years ago)* en tu región. En sus grupos, escriban un diálogo en que diferentes personas cuenten su versión de la historia.

MODELO   —Se dice que el ladrón pudo entrar al banco al pasar por la pared.
         —Eso es muy difícil de creer. Yo oí que fue el mismo director del banco...

Un poco más...

la cárcel   *jail*
el (la) guardia   *guard*
honrado(a)   *honorable*
la justicia   *justice*
el ladrón, la ladrona   *thief*
el (la) malvado(a)   *villain*
robar   *to steal*
sufrir   *to suffer*
la víctima   *victim*

14 Se dice que...

Hay creencias que la gente usa para explicar cosas o explicar las coincidencias. Un ejemplo: se dice que cuando hay truenos es que Dios está moviendo los muebles *(furniture)*. En un grupo, piensen en una creencia que conocen, o inventen una usando los temas que siguen.

1. la mala suerte *(bad luck)*
2. la enfermedad
3. el mal tiempo
4. el buen tiempo
5. el amor
6. la salud

ehecatl	*viento*	ozomatli	*mono*
calli	*casa*	ocelotl	*jaguar*
coatl	*culebra*	cozcacuauhtli	*buitre*
miquitzli	*muerte*	ollin	*movimiento*
atl	*agua*	quiahuitl	*lluvia*

NOTA CULTURAL

Los aztecas usaban una escritura pictográfica. Es decir, usaban dibujos para simbolizar ideas. Por ejemplo, la palabra Coatepec (nombre de un pueblo azteca) se escribía con el dibujo de una culebra y una loma *(hill)*. Las palabras para culebra y loma en náhuatl eran *coatl* y *tepetl*. Juntos, sonaban como Coatepec.

¡Cuéntanos una leyenda!

Las siguientes personas nos contaron dos leyendas: "La carreta sin bueyes", de Costa Rica, y "La llorona", de Venezuela.

PANORAMA CULTURAL

● Rafael Ángel

Alajuela, Costa Rica

"Una carreta típica que tiene un sonido estrepitoso en las ruedas porque son de madera con un aro de metal. En este entonces, en la calle Ancha, que rodea a la ciudad, había un dicho... para [que] los niños... los ancianos y la gente... no trasnocharan. Le decían: 'Vaya, acuéstese y no pase por la calle Ancha porque ahí sale la carreta sin bueyes'... Se oía el ruido y se veía una carreta que no llevaba bueyes, el timón iba en el aire, y un boyero que iba con el chuzo y arreando la carreta pero sin cabeza. Entonces era una manera de asustar a la gente para que... se fuera a acostar temprano..."

aro *hoop* **trasnochar** *to stay up late*
timón *steering rod* **boyero** *ox driver*
chuzo *whip*

● Libia

Caracas, Venezuela

"Había una mujer en los llanos criollos, la cual tenía muchos hijos y un día, en una de las guerras de independencia, a su esposo lo querían... reclutar para que fuera a la guerra... La mujer y sus hijos huyeron hacia los montes y su esposo se quedó recogiendo el ganado... Llegaron los llaneros... y... arremetieron contra su familia y contra toda su persona, muriendo todos. La mujer quedó viva pero se trastornó de la cabeza, o sea se volvió loca. Esta mujer, cuenta la leyenda... vagaba de pueblo en pueblo gritando por sus hijos y su esposo que habían muerto".

criollos *of the country, local; Venezuelan*

arremetieron contra *attacked*

Para pensar y hablar...

A. Haz una lista de elementos que caracterizan las leyendas—por ejemplo, eventos fantásticos o ambiente misterioso... ¿Cuáles aparecen en estas dos leyendas? ¿Hay leyendas en inglés que tienen los mismos elementos?

B. En tu opinión, ¿para qué sirven las leyendas? Aunque no sean realistas, ¿hay algún sentido en que cuentan la verdad?

¡ADELANTE!

Los novios

Hay tradiciones que explican por qué hay primavera, o por qué el coyote tiene negra la punta de su cola (dicen que robó el fuego para el ser humano y se quemó). La siguiente leyenda explica la formación de dos volcanes cerca de la capital de México.

uentan que hace muchos siglos en el Valle de Anáhuac habitaban los aztecas, conquistadores y guerreros famosos. Su emperador tenía una hija Ixtaccíhuatl cuya belleza era legendaria. Cuando la princesa llegó a edad para casarse, su padre le dijo:

—Espero que te cases con un príncipe azteca, hija mía.

La princesa trató de complacer a su padre y por largo tiempo buscó algún príncipe entre las familias nobles aztecas. Pero ninguno le llamó la atención.

Un día un príncipe chichimeca, Popocatépetl, llegó de visita a Tenochtitlán.

La princesa había salido en su litera y por casualidad se encontró con el príncipe en una calle estrecha. Cuando se vieron uno al otro ambos se enamoraron perdidamente.

Cuando llegó a su casa, Popocatépetl escribió una carta al emperador con una súplica franca y sencilla: —Quiero casarme con su hija.

Desafortunadamente, el emperador se puso furioso e intentó que Ixtaccíhuatl se olvidara de su pretendiente.

15 Ponlo en orden cronológico

Después de leer la leyenda, pon estos acontecimientos en orden cronológico.

a. Ixtaccíhuatl muere de una enfermedad misteriosa.
b. Popocatépetl pide permiso para casarse con Ixtaccíhuatl.
c. Popocatépetl lleva a Ixtaccíhuatl a la cumbre de una montaña.
d. Los aztecas abandonan a los guerreros chichimecas.
e. La princesa busca un esposo entre los nobles aztecas.
f. El emperador anuncia que la princesa ha muerto.

16 ¿Cómo se expresan?

Encuentra ejemplos de lo siguiente en *Los novios*. Indica las expresiones que se usan.

1. Alguien reporta lo que dice la gente o un personaje en particular.
2. Alguien expresa un deseo o una esperanza.
3. Alguien llega a un acuerdo.

Pero no tuvo éxito. Ixtaccíhuatl insistía en casarse con Popocatépetl. Vencido por fin, el emperador le escribió al príncipe diciéndole que estaba de acuerdo con el casamiento—pero sólo con una condición. El príncipe y su tribu tenían que apoyar al emperador en la guerra contra sus enemigos. En realidad el emperador quería que el príncipe muriera en la batalla. En el momento más feroz de la batalla, los aztecas abandonaron al príncipe y sus guerreros. Pero éstos lucharon con muchísimo valor y vencieron al enemigo. Mientras tanto, en Tenochtitlán, el emperador le dijo a la princesa que Popocatépetl estaba muerto. Luego mandó decir a Popocatépetl que la princesa había muerto de tristeza.

Popocatépetl no aceptó la mala noticia. Secretamente volvió a Tenochtitlán, donde entró en el palacio y se reunió con Ixtaccíhuatl. Los dos se escaparon pero desde ese día el emperador se negó a verlos. Para él la princesa estaba muerta.

Los dos amantes huyeron a un lugar no muy lejos de la capital azteca y construyeron una casa humilde. Pasaron varios años y la princesa se enfermó. A pesar de los esfuerzos inagotables de Popocatépetl, ella se murió. En el momento de su muerte ocurrió un temblor, y en medio del cataclismo surgieron dos volcanes al otro lado del valle. Obedeciendo una voz que le llegaba de los cielos, Popocatépetl llevó a su amada a la cumbre de uno de los volcanes y la colocó en un lecho de flores que estaba preparado para ella. Y allí se quedó para vigilarla por siglos enteros.

Desde entonces los dos volcanes vigilan sobre el Valle de Anáhuac, donde está la Ciudad de México. La blanca nieve de Ixtaccíhuatl explica su nombre, que significa 'blanca estrella'. Y la fumarola que sale de vez en cuando del cráter del Popo explica el nombre suyo, que significa 'montaña humeante'.

17 ¿A quién se refiere?

¿A quién o a quiénes se refieren las siguientes descripciones?

1. Tienen que luchar con los aztecas en la guerra contra sus enemigos.
2. Tiene conflicto con un miembro de su familia.
3. Es declarado muerto falsamente.
4. Abandonan a sus aliados *(allies)* en medio de una lucha.
5. Simboliza la autoridad y la tradición.
6. Según la leyenda, se convirtieron en volcanes.

18 Ahora te toca a ti

Con un compañero(a), compara el cuento de *Los novios* con otros cuentos que ustedes conocen. ¿A qué cuento se parece? ¿En qué son parecidos los dos cuentos?

SEGUNDO PASO

Talking about hopes and wishes

VOCABULARIO

acordar (ue) la paz   *to make peace*
celebrar la boda   *to celebrate the wedding*
declarar la guerra   *to declare war*
la derrota   *defeat*
el dios   *god*
la diosa   *goddess*
el (la) guerrero(a)   *warrior*
el héroe   *hero*
la heroína   *heroine*
lamentar   *to mourn; to lament*

llorar   *to cry*
luchar por   *to struggle for; to fight for*
el (la) malvado(a)   *villain*
quedar muerto(a)   *to be left dead*
regocijarse   *to rejoice*
el soldado, la mujer soldado   *soldier*
los soldados valientes   *brave soldiers*
traicionar   *to betray*
vencer al ejército enemigo   *to defeat the enemy army*
la victoria   *victory*

19 La historia nunca termina

El **Vocabulario** representa un cuento tradicional para niños. Mira los dibujos mientras escuchas el cuento. Después combina los personajes con la mejor descripción de cada uno, según el cuento.

1. las tropas de Esteban
2. Esteban
3. Leopoldo
4. los dos ejércitos
5. el pueblo

a. celebró una boda
b. se regocijaron por su victoria
c. se declararon la guerra
d. traicionó a su amigo
e. lloró cuando supo *(found out)* que lo traicionaron

20 La leyenda

Mira los dibujos del **Vocabulario** en la página 124. Escoge dos personajes de cada dibujo. Para cada uno, escribe un título que diga lo que el personaje hace o quiere.

MODELO El hombre de la capa roja toca el tambor. Quiere ser valiente.

21 Vida dramática

Ahora escribe un breve cuento sobre un momento emocionante que viviste tú o que vivió uno de tus amigos. Puede ser un cuento real o imaginario. Trata de seguir un esquema como el siguiente.

Introducción: Dicen que la vida de todos los días no es muy interesante. ¡Qué tontería! Voy a contarles algo para demostrar que...

Antecedentes *(Background):* Hace cinco años mi familia vivía en... Yo tenía ... años y...

Narración: Cuando el presidente declaró la guerra, mi hermana estaba en...

Conclusión: Ahora sé lo que significa ser valiente... ¡Y nunca me voy a olvidar del susto que todos sufrimos!

ASÍ SE DICE Talking about hopes and wishes

Si quieres hablar de deseos y esperanzas, puedes decir:

Esperamos comprender la religión maya algún día.

Espero que la guerra **termine** pronto.

Ojalá que la lucha no **sea** muy larga.

El sueño de mi vida era conocer el valle del otro lado de la montaña.

Era una de mis grandes ambiciones.

Tenía muchas esperanzas de volver a la ciudad tapatía.

Los dioses **quieren que** los guerreros **acuerden** la paz.

22 Cambio de planes

Gregorio le llama a Patricia por teléfono para decirle que tendrán que cambiar de planes. La primera vez que los escuchas, apunta cuántas veces cada uno de ellos expresa una esperanza. La segunda vez, apunta las expresiones de esperanza que usan.

CD-ROM Disc 2

GRAMÁTICA The subjunctive mood to express hopes and wishes

1. Verbs have *tense* (present, past, or future) and *mood* (the speaker's attitude toward the action). Up to now you've been using the **indicative mood,** which is used to report facts and things that the speaker considers certain.

2. In this chapter, you'll learn to use the subjunctive mood to express hopes and wishes with expressions like **Espero que...**, **Ojalá que...**, and **Quiero que...**

3. When a sentence starts with these phrases and the subject of the sentence changes after **que,** the verb that follows **que** is in the subjunctive mood.

   Quiero que Juan me **ayude.**   *I want Juan to help me.*
   Espero que la guerra **termine** pronto.

4. To conjugate a regular verb in the subjunctive, start with the **yo** form of the verb in the present tense, take off the **-o**, and add the following endings. Most stem-changing verbs do not have the stem change in the **nosotros** and **vosotros** forms.

hablar	beber	vivir	decir	acordar
hable	beba	viva	diga	acuerde
hables	bebas	vivas	digas	acuerdes
hable	beba	viva	diga	acuerde
hablemos	bebamos	vivamos	digamos	acordemos
habléis	bebáis	viváis	digáis	acordéis
hablen	beban	vivan	digan	acuerden

23 Ojalá que...

Nuria y sus amigos están planeando un día en la playa. Usa los elementos indicados al expresar sus deseos y esperanzas para la excursión.

1. Ojalá/Carlos/traer música
2. Yolanda/esperar/Tomás/no olvidar su cámara
3. Ella/querer/sacar muchas fotos
4. Ojalá/nosotros/pasear en velero
5. Yo/esperar/Queta e Ignacio/ preparar barbacoa

¿Se te ha olvidado?
verbs + infinitive
Ver páginas R17–R37

24 Para un mundo mejor

Entrevista a un(a) compañero(a). Pregúntale qué desea para un mundo mejor y qué esperanzas tienen sus amigos y familiares.

MODELO —¿Qué es lo que más quieres para tu futuro?
—Quiero que todos tengan la oportunidad de ser felices.

25 El viaje del fin de año

Los estudiantes están planeando un viaje de fin de año. Escribe diez oraciones para explicar adónde esperan ir y qué esperan o quieren que pase.

MODELO   Ojalá que vayamos al lago este año.

26 Los quehaceres

Escucha el mensaje que dejó la mamá de Diego y Ofelia en el contestador. La primera vez que escuchas el mensaje, haz una lista de las siete cosas que ella quiere que hagan. Luego escucha otra vez y mira el dibujo para ver si hicieron lo que ella les pidió.

MODELO   sacar la basura

27 En mi cuaderno

En muchas leyendas existe el hada madrina. Imagina que tu hada madrina puede hacerte diez favores. Escríbele una carta para decirle lo que quieres para ti mismo(a), para tu familia y tus amigos, para tu ciudad y para el mundo. Luego cambia tu carta por la de un(a) compañero(a) y corrige su trabajo.

MODELO   Quiero que mi amigo sea el presidente.

Un mito de Guatemala

*V*as a leer una leyenda de los quiché, una tribu de Guatemala. Antes de leerla, piensa en otras leyendas americanas como la de Paul Bunyan.

Estrategia

Before you read something, think about what its *genre* is. The genre tells what kind of text it is: a novel, a poem, a short story, or an essay. Then you will be able to predict and anticipate certain features of the text. For example, if you know you're reading a poem, you will remember that some words are figurative (not literal) and that some words may be out of their normal order so that the lines can rhyme.

¡A comenzar!

¿Te acuerdas?

Consider what you already know about a topic before you read in depth.

A. Júntate con dos o tres compañeros(as) y contesta estas preguntas sobre una leyenda como la de Paul Bunyan.

1. ¿Qué recuerdas sobre Paul Bunyan o el héroe?
2. ¿Cuenta la historia el héroe mismo u otra persona?
3. ¿Aceptas la leyenda como verídica *(true)*? Explica.
4. ¿Crees que esta leyenda ayuda a explicar algunos aspectos de una cultura? ¿Cuáles?

Quetzal no muere nunca

Quetzal era un valiente muchacho, hijo del poderoso cacique de una tribu quiché. Era admirado y querido por todos. Esperaban de él grandes hazañas, pues, desde su nacimiento habían notado muchas señales de predestinación.

Cuando el joven llegó a la mayoría de edad, se reunió la tribu en un gran claro del bosque para celebrar la ocasión. Primero, los músicos tocaron los tambores, después las flautas y más tarde la marimba. Entonces llegó el momento tan esperado cuando se daría a conocer el destino de Quetzal.

En medio de un silencio expectante, el adivino más anciano se levantó de su asiento bajo el árbol de color coral. Lentamente y con dignidad, arrojó a

su alrededor los granos de coral. Los estudió por unos momentos, algo perplejo y lleno de admiración. Al fin anunció claro y firme:

—No has de morir nunca, Quetzal. Vivirás eternamente a través de generaciones de quichés.

Todas las personas reunidas se quedaron asombradas ante aquella profecía, y su entusiasmo por Quetzal aumentó.

Pero no toda la tribu lo amaba. A Chiruma, hermano del cacique, le molestaban los éxitos de Quetzal. Chiruma era casi tan joven como Quetzal y siempre había soñado con ser cacique. Pero ahora, ¿cómo podría él realizar su ambición? Era indudable que Quetzal, admirado por todos y considerado casi un dios, sería el jefe de la tribu al morir su padre.

Poco después de la ceremonia en honor de Quetzal, él y los otros jóvenes de su edad participaron en una lucha contra un enemigo del sur. Chiruma aprovechó esta ocasión para mirar bien a Quetzal. Estaba perplejo al notar que las flechas que rodeaban al joven nunca lo herían. ¿Sería cierta la profecía? Pero no, ¡aquello era imposible! ¿Cómo iba a vivir Quetzal a través de generaciones?

De pronto, Chiruma tuvo una idea.

—Ya sé por qué la muerte respeta a Quetzal— pensó. Tiene algún amuleto poderoso que lo protege y yo voy a robárselo cuando esté durmiendo.

Esa misma noche, cuando Quetzal dormía profundamente sobre su estera, Chiruma se acercó a él con paso silencioso. Miró sobre su pecho. El amuleto no estaba allí. Iba ya a irse cuando vio a la cabeza de la estera una pluma de colibrí. Chiruma no dudó ni por un momento que aquello era lo que buscaba. Con todo cuidado sacó la brillante pluma mientras sonreía de felicidad.

Entonces recordó lo que había dicho el adivino cuando nació Quetzal: que el colibrí era el símbolo de la buena suerte del niño.

Pasó algún tiempo y murió el cacique. Inmediatamente los ancianos eligieron a Quetzal para ser el nuevo jefe. Chiruma, por supuesto, no dio ninguna seña de su enojo. Estaba seguro de que muy pronto el nuevo cacique, sin su amuleto poderoso, podría ser vencido.

Cierta tarde, Quetzal, el nuevo cacique, paseaba por el bosque, solitario, armado de su arco y sus flechas. De súbito un colibrí hermoso descendió de un árbol y sin miedo se posó sobre su hombro.

Al grano

B. Lee el título y revisa el cuento para completar estas oraciones.

1. El personaje principal del cuento es _____.
2. El personaje principal tiene una relación especial con un _____ de Guatemala.
3. Alguien en este cuento (va a morir/no va a morir). Explica.

C. Ahora lee rápidamente el primer párrafo y los primeros renglones *(lines)* de los demás párrafos. Considera también los dibujos y otros elementos visuales. Luego haz una lista de palabras descriptivas que se pueden aplicar al mito. Escoge de estos conceptos o usa tus propias ideas. Finalmente, compara tu lista con la de un(a) compañero(a). Al terminar el cuento, pueden volver a comparar sus ideas.

histórico	español
cómico	misterioso
dramático	moralista
trágico	de aventuras
indígena	realista

¿Te acuerdas?

Scan to find specific information. Locate characters, events, and facts by searching for key words.

D. Estudia las siguientes preguntas. Luego lee la leyenda otra vez y pon atención en estos detalles. Ahora contesta las preguntas.

1. ¿Qué pensaba de Quetzal la gente de la tribu? ¿Cómo lo sabes o cómo lo demostraban?
2. ¿Por qué hubo una celebración en el claro del bosque?
3. ¿Quién era Chiruma?
4. ¿Qué dijo el adivino sobre el destino de Quetzal? ¿Cómo sabía Chiruma que la profecía era cierta?

5. ¿Qué le robó Chiruma a Quetzal? ¿Por qué?

6. ¿Qué le dijo el colibrí a Quetzal?

7. ¿Qué cosas llevan el nombre de **quetzal**?

Estrategia

When the theme of a reading is complex or abstract, one time through may not be enough to fully understand the concepts or the characters' motivations. Try closing the book and just thinking about what you've read. It can also be a good idea to read all or part of the story again, this time with a different point of view. You can ask yourself, why has the author told the story in just this way, and not another?

E. Con un(a) compañero(a), revisa la leyenda otra vez. ¿Qué acontecimientos *(events)* encuentran que son comunes en las leyendas? ¿Por qué son comunes estos elementos?

F. Many legends explain the origins of a place or of a natural phenomenon or creature. Read the last three paragraphs again and answer these questions.

1. What is the purpose of the legend? What does it explain?

2. How does the legend use personification, or treating abstract things as living characters, to achieve its purpose?

3. What aspects of Guatemala's indigenous culture are represented by the main characters? You might mention such traits as honesty, cleverness . . .

—Escúchame, Quetzal. Soy tu protector y vengo a prevenirte de que la muerte te persigue. Guárdate de cierto hombre.

—¿De qué hombre he de guardarme, hermoso colibrí? —preguntó el joven.

Pero el pájaro no pronunció ni una palabra más.

Después de mirar unos instantes a Quetzal, emprendió el vuelo y desapareció.

El joven, con una seña de incomprensión, continuó su camino. De pronto un agudo silbido llegó hasta él y una flecha quedó clavada en su pecho. Cayó sobre la hierba verde y cerró los ojos dispuesto a morir.

Pero los dioses habían predicho su inmortalidad y Quetzal quedó convertido en un hermoso pájaro. Su cuerpo tomó el color verde de la hierba sobre la que había caído y su pecho conservó el color de la sangre. El sol dorado de la tarde puso en su larga cola una gran variedad de colores.

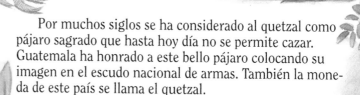

Por muchos siglos se ha considerado al quetzal como pájaro sagrado que hasta hoy día no se permite cazar. Guatemala ha honrado a este bello pájaro colocando su imagen en el escudo nacional de armas. También la moneda de este país se llama el quetzal.

Así como lo predijo el adivino, y como lo quisieron los dioses, el joven y valiente cacique vive y vivirá para siempre en el país de los maya-quichés.

Legends and myths are used by cultures to explain mysterious events or to pass along colorful customs and moral stories. For example, the legend of Quetzal explains the origin of a beautiful native bird of Guatemala, and the story of George Washington and the cherry tree shows the importance of being honest. In this activity you will plan and write your own myth.

Tu mito

Escribe un mito para explicar algo misterioso. Piensa en varias posibilidades... ¿Conoces algún lago, montaña, cueva *(cave)*, o valle misterioso? Puedes explicar su origen en un mito. ¿Por qué llueve y nieva? Estas cosas pueden explicarse en un mito también.

A. Preparación

1. Escribe una lista de temas posibles para tu mito y escoge uno.
2. Decide quiénes van a ser los personajes *(characters)*, y haz una lista de sus cualidades.
3. Prepara una lista de los eventos que van a ocurrir. ¿Cuáles son los conflictos dramáticos más importantes? Señálalos en tu lista de eventos con asteriscos (*).

ESTRATEGIA

Using **dialogue** is a good way to make your writing more lively and vivid. When writing dialogue, consider who your characters are. What style would they use to express themselves? Are they old? young? sophisticated? shy? Would their tone be emotional or intellectual? Would they use bold action words? Match your characters' forms of expression to their personalities and backgrounds.

B. Redacción

1. Escribe el primer párrafo. Este párrafo prepara a tu lector(a) para el resto de la acción. Comienza con detalles o con acciones que van a llamarle la atención.
2. Escribe otros párrafos para elaborar tu mito y describir los conflictos dramáticos. Usa palabras muy descriptivas para hablar de los personajes y sus acciones. Usa un poco de diálogo para dar vida a tu leyenda.
3. ¿Cómo se van a resolver los conflictos? Es decir, ¿cómo va a terminar tu mito?
4. Escribe una conclusión. Esta conclusión debe presentar el resultado *(result)* del conflicto dramático. Debe estar claro que los resultados del conflicto son importantes hoy.

C. Evaluación

1. Lee cada párrafo de tu mito. Omite detalles no relacionados con la idea principal de cada párrafo.
2. ¿Son vívidos los personajes y los conflictos dramáticos? Quita palabras innecesarias y agrega otras más interesantes.
3. ¿Está clara la importancia de tu mito? Si es necesario, agrega unas frases que vinculen *(link)* tu mito con el mundo de tu lector(a).
4. Lee el diálogo que escribiste y asegúrate que las identidades de los personajes están claras para el lector.

1 Escucha las siguientes conversaciones entre Marcela y Antonio e indica a qué foto corresponde cada conversación. Luego escucha otra vez e indica qué espera Marcela o Antonio. Hay una conversación que no corresponde a ninguna foto.

a.

b.

c.

d.

2 Mira los siguientes dibujos. Con un(a) compañero(a), expresa las esperanzas y deseos que tienen las personas en cada dibujo.

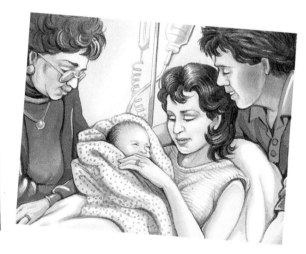

3 Imagina que tienes un palacio y un mayordomo *(butler)*. Vas a ir de vacaciones y quieres que él haga algunas cosas para ti. Escríbele una nota con diez instrucciones sobre lo que quieres y esperas que haga o que no haga.

4 ¿Qué dice la gente que hay que hacer para tener éxito *(success)* en los siguientes asuntos? Escribe lo que se dice de cada uno. Compara tu lista con la de un(a) compañero(a).

1. ser buen(a) amigo(a)
2. gozar de buena salud
3. conseguir *(to get)* un buen trabajo
4. ser feliz en la vida

5 Habla de los siguientes temas con un grupo de dos o tres compañeros(as). Usen expresiones de acuerdo total, acuerdo parcial o desacuerdo total.

1. Habrá astronautas en el planeta Marte para el año 2020.
2. Las mujeres son mejores en las artes que los hombres.
3. Una mujer será presidenta de los Estados Unidos dentro de 20 años.
4. Todos(as) deben estudiar por lo menos dos lenguas extranjeras en el colegio.
5. Algún día compraremos casi todo por Internet.

6 Basando tus respuestas en el artículo "Cada pueblo un desarrollo", nombra...

1. algo que no tenían los incas pero los aztecas sí.
2. tres cosas que tenían en común los mayas, incas y aztecas.
3. una cosa que no inventó ninguna de las tres civilizaciones.
4. un concepto matemático clave que usaban los mayas.
5. un metal desconocido por las tres civilizaciones.

CADA PUEBLO UN DESARROLLO

A la llegada de los españoles, los pueblos americanos estaban en muy diferentes períodos de desarrollo. Algunos estaban prácticamente en la Edad de Piedra. Otros, como los mayas, incas y aztecas, habían alcanzado un alto grado de civilización. Sin embargo, su desarrollo era curiosamente irregular. Los mayas, que inventaron el más avanzado sistema de escritura de América, mejoraron el calendario y hasta calculaban con el cero, nunca pudieron constituir un estado. Los incas, que eran magníficos artesanos y tenían una compleja organización estatal, no inventaron ningún sistema de escritura. Los aztecas, que tenían escritura y grandes conocimientos astronómicos, eran inexpertos como navegantes. A pesar de ser excelentes constructores de caminos, ninguno de los tres pueblos inventó la rueda. Es más, estos expertos trabajadores del oro, la plata y el cobre desconocían el hierro.

7 Indica si las siguientes oraciones son **ciertas** o **falsas.** Si son falsas, corrígelas.

1. La "Leyenda negra" habla de la crueldad de los indios hacia los españoles.
2. "La carreta sin bueyes" cuenta la historia de una mujer que perdió a sus hijos.
3. Cuando llegó Cristóbal Colón, los indios creyeron que era el dios Quetzalcóatl.
4. Los aztecas escribían con dibujos que expresaban sus ideas simbólicamente.
5. Según la leyenda, Quetzalcóatl inventó la rueda y el calendario.

8 ## S I T U A C I Ó N

Por casualidad (*By coincidence*), tú y un(a) amigo(a) van a tener que mudarse, y los dos van al mismo colegio nuevo. Uds. hablan de lo que dice la gente sobre el nuevo colegio y sobre sus maestros y estudiantes. Tu amigo(a) es algo pesimista sobre las posibilidades pero tú tratas de hacerle ver otro punto de vista. Expresa tus esperanzas positivas.

Can you express qualified agreement and disagreement? p. 117

1 Piensa en los siguientes temas. Usa expresiones de acuerdo o desacuerdo, y explica sus opiniones.

1. Es buena idea eliminar el sistema de evaluación por notas.
2. Debe ser posible repetir un examen si uno no lo aprueba la primera vez.
3. Sería *(it would be)* bueno tener clases doce meses al año.
4. Debe ser legal votar a la edad de 15 años.
5. Para el año 2010, todos usaremos carros solares.

Can you report what others say and think? p. 119

2 ¿Qué dice la gente sobre los siguientes asuntos *(issues)*?

la falta de vivienda   los trabajos   los jóvenes
las familias   la situación económica
la música   la contaminación del aire

Can you talk about hopes and wishes? p. 125

3 Escribe oraciones sobre lo que quieren o esperan estas personas.

el jugador

la niña

la chica

la niñera *(babysitter)*

4 Es el Año Nuevo y José tiene muchas esperanzas y deseos. Escribe lo que desea y quiere José.

MODELO   mi novia/venir conmigo a la fiesta.
         Espero que mi novia venga conmigo a la fiesta.

1. yo/ganar suficiente dinero para comprar una bicicleta
2. mis amigos y yo/pasarlo bien en los partidos de fútbol
3. mi familia/poder ir a las montañas a esquiar
4. mis hermanos/ser más simpático
5. mis padres/darme un carro para mi cumpleaños

PRIMER PASO

Expressing agreement

Así es. *That's right.*
¡Claro que sí! *Of course!*
¡Cómo no! *Of course!*
Desde luego. *Of course.*
Eso es. *That's right.*
Estoy de acuerdo. *I agree.*
Por supuesto. *Of course.*

Expressing qualified agreement

Bueno, puede ser, pero...
  Well, that may be, but . . .
Depende de tu punto de vista.
  It depends on your point of view.
En efecto, parece ser así.
  Actually, it seems to be that way.
Es muy difícil de creer, pero es posible.
  That's very hard to believe, but it's possible.
Hasta cierto punto, sí, pero...
  Up to a point, yes, but . . .
Pero hay que tener en cuenta que...
  But you have to take into account that . . .
¿Tú crees? No sé.
  Do you think so? I don't know.

Expressing disagreement

Al contrario. *On the contrary.*
¡Claro que no! *Of course not!*
¡Eso es muy difícil! *That's very unlikely!*
¡Nada de eso! *Of course not!*
¡Qué tontería! *How silly!*
¡Qué va! *No way!*

Reporting what others say and think

Alguien me dijo que... *Somebody told me that . . .*
Cuentan que... *They say that . . .*
Dicen que... *They say that . . .*
el hombre *man*
la mujer *woman*
Oí que... *I heard that . . .*
Se cree que... *It's believed that . . .*
Se dice que... *They say that . . .*
según *according to*
supuestamente *supposedly*

SEGUNDO PASO

Telling a legend

acordar(ue) la paz *to make peace*
la boda *wedding*
celebrar *to celebrate*
declarar *to declare*
la derrota *defeat*
el dios *god*
la diosa *goddess*
el ejército *army*
el (la) enemigo(a) *enemy*
la guerra *war*
el (la) guerrero(a) *warrior*
el héroe *hero*
la heroína *heroine*
lamentar *to mourn; to lament*
llorar *to cry*
luchar por *to struggle for, to fight for*
el (la) malvado(a) *villain*
muerto(a) *dead*
la mujer soldado *soldier (f.)*
la paz *peace*
quedar muerto(a) *to be left dead*
regocijarse *to rejoice*
el soldado *soldier*
traicionar *to betray*
valiente *brave*
vencer *to defeat*
la victoria *victory*

Talking about hopes and wishes

la ambición *ambition*
Era una de mis grandes ambiciones.
  It was one of my great ambitions.
esperar + inf. *to hope to . . .*
esperar que + subj. *to hope (that) . . .*
ojalá que + subj. *hopefully . . .*
querer que + subj. *to want . . . to . . .*
el sueño de mi vida *my lifelong dream*
Tenía muchas esperanzas de...
  I had high hopes of . . .

El arte y la música

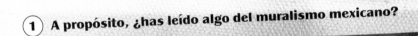

① **A propósito, ¿has leído algo del muralismo mexicano?**

-4-
¿Haces ejercicio?
Si puedo, sí; me gusta mucho lo que hicimos hoy, por ejemplo, ir a la laguna, me gustan mucho los deportes acuáticos; cuando tengo oportunidad me voy a dar una vuelta, hacer ski, todo. Generalmente, así es mi vida normal.

¿Qué tal si vamos a un concierto de Luis Miguel este fin de semana? Sería buena idea ir al concierto del sábado porque todos nuestros amigos van a ir. Recomiendo que compremos las entradas hoy. Es mejor que tomemos un taxi al concierto también. Va a haber mucho tránsito.

Silvia

Gracias por invitarme pero el sábado no puedo. Tengo muchas cosas que hacer. Mejor vamos el domingo, ¿no?

Jorge

-5-
¿Cómo describirías un día perfecto para ti?
Es un día en que duermo 8 horas o más de 8 horas, pero mejor 8 horas exactas, en donde hay un sol maravilloso afuera y que estoy en un lugar tan bello como Acapulco o tan bello como México, el cual amo y adoro con toda mi alma, porque me ha dado todo.

-6-
Ahora, ¿cómo es un día normal en tu vida?
Pues un día normal en mi vida sería no dormir 8 horas... ¡no, no es cierto, no!... Sería ir al avión, volar a una ciudad distinta o un país distinto, y trabajar y desarrollar mi trabajo, y cantar y estar con la gente de esa ciudad, y cada día aprender algo más. Eso sería un día normal, porque todos los días aprendo algo.

19 Encuentra las expresiones
¿Qué dice...?
1. Silvia para recomendar qué día ir al concierto
2. Silvia para recomendar el mejor día para comprar los boletos
3. Silvia para sugerir un tipo de transporte
4. Jorge cuando dice que el sábado no es buen día para él
5. Jorge para sugerir otro día mejor para ir al concierto

20 Ahora te toca a ti
Revisa las preguntas que le hicieron a Luis Miguel. ¿Crees que eres parecido(a) a él? ¿En qué te pareces a él? ¿Cómo eres diferente?

SEGUNDO PASO

Making suggestions and recommendations; turning down an invitation

ASÍ SE DICE Making suggestions and recommendations

Para hacer sugerencias y recomendaciones puedes usar las siguientes expresiones:

Te aconsejo que llegues temprano.
Sugiero que compres las entradas ahora.
I suggest that . . .
Es mejor que tomes un taxi.
No te conviene estacionarte aquí.
It's not advisable that you . . .

No te olvides de pedir un autógrafo.
¿Has pensado en comprar las entradas?
Sería buena/mala idea sacar fotos.
Le recomiendo a Juan que vaya a ver el Ballet Folklórico de Jalisco.

CD-ROM Disc 2

21 Planes para un viaje

Escucha mientras Anya y Lenora hacen planes para un viaje a Guadalajara. Luego escoge la recomendación o sugerencia que mejor corresponda a cada situación que ellas presentan.

a. Sería buena idea reservar las entradas por teléfono antes de salir.
b. Les aconsejo que dejen las compras hasta la próxima semana.
c. No les conviene llevar tantas cosas.
d. Sugerimos que se reúnan en la Plaza de Armas.
e. No se olviden de traer los papeles.

GRAMÁTICA The subjunctive mood with recommendations

1. In Chapter 2 you learned to use the infinitive after expressions for making suggestions or recommendations. Instead of the infinitive, you can also use a phrase with **que** and a verb in the subjunctive mood:

   Te recomiendo que tomes las cosas con calma.

2. The subjunctive forms of **dar, estar, ir,** and **ser** are irregular. See page 127.

22 Un concierto internacional

Este año tu comunidad quiere dar un concierto dedicado a la música internacional. ¿Qué sugerencias y recomendaciones tienen estas personas para el programa?

MODELO   Te recomiendo que des el concierto a las...

yo	(no) sugerir que	tú	dar el concierto a las...
Alicia	recomendar que	ellos	cantar después de...
tú	(no) olvidar que	Paco y Elsa	ser el/la solista
nosotros	aconsejar que	Alicia	invitar a...
las autoridades	(no) convenir que	nosotros	

23 ¿Qué le recomiendan?

En parejas, imaginen que escriben una columna de consejos en un periódico. Primero lean la carta que Pablo Chi les envió por correo electrónico. Luego discutan los consejos que le quieren dar, y finalmente contesten su carta por escrito.

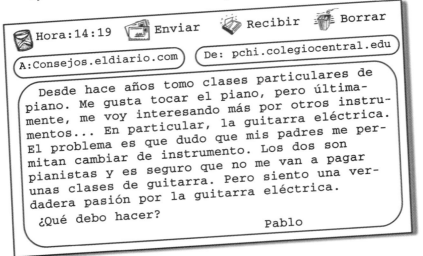

Hora: 14:19   Enviar   Recibir   Borrar

A: Consejos.eldiario.com   De: pchi.colegiocentral.edu

Desde hace años tomo clases particulares de piano. Me gusta tocar el piano, pero últimamente, me voy interesando más por otros instrumentos... En particular, la guitarra eléctrica. El problema es que dudo que mis padres me permitan cambiar de instrumento. Los dos son pianistas y es seguro que no me van a pagar unas clases de guitarra. Pero siento una verdadera pasión por la guitarra eléctrica. ¿Qué debo hacer?

Pablo

24 De paso por Guadalajara

Trabaja con dos compañeros(as) de clase. Imaginen que dos de Uds. trabajan en la oficina de turismo en el centro de Guadalajara. La tercera persona es turista en Guadalajara. Quiere ver la ciudad pero sólo puede quedarse unas horas. Den consejos a la tercera persona sobre qué debe ver. Usen la información del folleto *(brochure)*.

MODELO   —Me interesa mucho la historia de la ciudad.
        —Pues, te recomiendo que veas el Instituto Cultural Cabañas. También te conviene…

¡Guadalajara!

Palacio del gobierno
El Palacio, que data del siglo XVIII, tiene murales del muralista moderno **José Clemente Orozco.**

Teatro Degollado
El teatro es un magnífico ejemplo de la arquitectura neoclásica. Su fachada presenta esculturas.

Palacio Municipal
Tiene un maravilloso fresco pintado por **Gabriel Flores** de la fundación de Guadalajara en 1542.

Catedral metropolitana
Construida en el siglo XVI, sus torres son un símbolo de la ciudad.

ASÍ SE DICE Turning down an invitation

Si no quieres aceptar una invitación, puedes explicarte o excusarte así:

Gracias por invitarme, pero no puedo.
Lo siento, pero ya tengo otros planes.
Tengo mucho que hacer. La próxima vez iré.
Hagámoslo mañana. Estoy tan cansado(a).
Hoy no. **¿Por qué no lo dejamos para** la próxima semana?
No tengo ganas de ir al ensayo. Mejor veamos una película.

25 Invitaciones y excusas

Escucha las conversaciones entre Humberto y sus amigos e indica si los siguientes amigos aceptan sus invitaciones o no. Si no aceptan, indica qué van a hacer.

1. Sara   2. Miguel   3. Laura   4. Ricardo

GRAMÁTICA Nosotros commands

1. To say *Let's . . .* in Spanish, use either the **nosotros** form of the present subjunctive or **vamos a** + infinitive.

   Veamos una película esta noche.   **Vamos a ver** esa exhibición.
   Comamos después en un restaurante.   **Vamos a comer** algo.

2. Use the **nosotros** forms of the present subjunctive to say *Let's not . . .*

   No compremos esas entradas.   **No visitemos** el museo.

3. **Vamos** can mean either *We're going* or *Let's go.* The context clarifies the meaning. The equivalent of *Let's not go* is **No vayamos.**

   Vamos al Museo de Arte Moderno.   **No vayamos** al Museo de Historia.

26 Otras sugerencias

No quieres hacer lo que tu amigo(a) te sugiere. Contesta sus preguntas por escrito en el negativo y con la información entre paréntesis.

MODELO —¿Vamos de compras? (visitar la nueva galería)
—No, no vayamos de compras. Visitemos la nueva galería.

1. ¿Escuchamos este disco compacto? (ver una película)
2. ¿Acompañamos a Isabel y Tony al concierto? (ir solos)
3. ¿Tomamos una clase de escultura? (tomar una de dibujo)
4. ¿Ensayamos nuestro dueto? (ver la nueva obra de Leñero)
5. ¿Compramos dos entradas? (comprar cuatro)
6. ¿Vemos el estreno de la película nueva? (alquilar un video)
7. ¿Vamos a la función de la tarde? (ir a la de la noche)
8. ¿Hacemos la tarea para la clase de arte? (estudiar para el examen de música)

NOTA GRAMATICAL

To form **nosotros** commands of most verbs, simply add **-mos** to the Ud. command form: **mire → miremos; ponga → pongamos.** See irregular forms on pages R34–R36.

27 Por el amor a la cultura

Lee la siguiente cartelera que indica algunas actividades culturales de la ciudad de Guadalajara. Después, invita a un(a) compañero(a) a cuatro actividades. Tu compañero(a) debe dar una explicación y hacer otra sugerencia, según el modelo.

MODELO —Veamos la obra *Bodas de sangre*, ¿quieres?
—Gracias por invitarme, pero no puedo. Tengo muchas cosas que hacer. Vamos otro día.

cartelera

exposiciones

Nuevas visiones del arte.
Exposición colectiva y concierto de rock.
Sábado 4 de junio a las 17:00 horas
Facultad de Arquitectura de la U. de G.

Gabriela de Castro y Virginia Rivas
Exposición de pintura.
Galería Valentín Gómez Farías.
Edificio Administrativo de la U. de G.

teatro

Lo que vio el mayordomo
De Joe Orton. Director: Enrique Martínez.
Viernes y sábados a las 20:30 horas.
Domingos a las 18:00 horas.
Casa de la Cultura de Zapopan.
Vicente Guerrero 233.

danza

**Ballet Folclórico de México
Amalia Hernández**
Sábado 4 a las 20:30 horas y domingo
5 de junio a las 18:00 horas.
Teatro Degollado. Teléfono 614-47-73.

música

Los Garigoles
Sábado 4 de junio a las 21:00 horas.
Centro Cultural Roxy.
Mezquitán 80.

Concierto Coro Quintano
Director invitado Harlam Snow.
Sábado 4 de junio a las 20:00 horas.
Cine Foro de la U. de G.
Vallarta y Enrique Díaz de León.

28 ¿Qué les pareció?

Con dos compañeros(as), presenten un diálogo basado en lo siguiente. Imaginen que fueron a algunos de los eventos anunciados en la cartelera de la Actividad 27. O si prefieren, pueden pensar en eventos a los que realmente asistieron. Hablen de sus opiniones de los artistas y las funciones. Cambien de tema varias veces.

29 En mi cuaderno

Imagina que eres reseñista *(reviewer)* para el periódico. Escribe un artículo de un concierto al que asististe. Escribe tu opinión del concierto y de los músicos. Da tu recomendación al público acerca del concierto. ¿Qué recomiendas que hagan los artistas para mejorar?

Vida, pasión y muerte de Frida Kahlo

Vida, pasión y arte

*L*a pintora mexicana Frida Kahlo es famosa por sus autorretratos, en los que transforma su sufrimiento personal en obras de arte. Esta selección es parte de una biografía de Kahlo escrita por Martha Zamora.

¡A comenzar!

Estrategia

As you know, it's a good idea to skim before reading in detail, in order to get a general idea of what each section or paragraph is about. This information allows you to guess the meaning of unfamiliar words more easily. You can get even more out of your skimming by jotting down your ideas. Then, after you've read more closely, check your notes to see how well you predicted the content of the selection.

A. Primero, toma dos o tres minutos dándole una ojeada al texto entero. Luego escribe todas las ideas que recuerdes. Guarda tus notas, porque las vas a usar después.

¿Te acuerdas?

Remember that in some situations, stopping to look up new words can actually get in the way of understanding the reading. Use intelligent guesswork whenever you can.

B. Compara lo que tienes escrito con uno(a) o dos compañeros(as) de clase. Noten las semejanzas y las diferencias entre sus ideas.

1   **F**rida Kahlo nació el 6 de julio de 1907 en Coyoacán, México. La tercera hija de cuatro, fue desde siempre la más intensa, la más inteligente y conflictiva. Un exótico ejemplar que no podría adaptarse nunca a un ambiente plano.

2   Llegó a la escuela preparatoria en 1922. Un poco antes había regresado a México el pintor Diego Rivera. Ya un artista consagrado en Europa, principia aquí su labor como muralista que llegaría a transformarse en una gloria nacional, precisamente pintando el mural denominado *La creación* dentro de la escuela preparatoria a la que Frida acudía. Ella presencia el desarrollo del trabajo, coquetea y hace al maestro objeto de sus más peligrosas bromas, todo con tal de llamar su atención.

3   Sus estudios se interrumpen cuando, en 1925, un tranvía urbano comprime hasta hacerlo explotar al camión en que viajaba. Así, al iniciarse su vida, todos los planes se derrumbaron y da comienzo la larga historia clínica de la pintora.

4   **D**urante su recuperación, imposibilitada para moverse, su madre idea poner un dosel a su cama recubierto por un espejo en su parte inferior para que pudiera usar su propia imagen como modelo. Con pinceles de su padre, acuarelista

aficionado, principia por hacer retratos de sus amigos y sus hermanas.

5   Casi tres años después reencuentra a Diego Rivera y acude a él para obtener una opinión sobre su calidad artística. La relación progresa y se casan el 21 de agosto de 1929, él de 43 años y ella de 22, marcando así el inicio de una convivencia amorosa llena de profunda dependencia de ambos, hasta la muerte de ella en 1954.

6   La pintura de Frida Kahlo nos va llevando de la mano, simbólicamente, a lo largo de las experiencias más importantes en su vida. Sus obsesiones, la muerte de su madre, así como sus problemas físicos, el deseo de regresar a su país, a su barrio, cuando viaja con Diego Rivera durante cuatro años de estancia en San Francisco, Detroit y Nueva York.

7   Hasta entonces era sólo su acompañante, su sombra y su camarada de protestas y simpatías políticas, pero, en 1938, realiza su primera exposición individual en la galería artística de Julien Levy en Nueva York. La seguridad que adquiere con su éxito se derrumba al regreso cuando se ve obligada a enfrentar un doloroso divorcio impuesto por Diego.

8   De ésta, como de sus otras experiencias traumáticas, llena su arte y plasma su pena por la separación en la que quizá sea su pintura más conocida, *Las dos Fridas*, autorretrato doble en que presenta, según ella, "a la Frida que Diego amó y a la que ya no quiere".

Al grano

C. Ahora estás listo(a) para leer con más cuidado. En cada párrafo, sigue estos dos pasos:

  1. Lee el párrafo y trata de comprender la idea principal y los detalles.
  2. Apunta tus ideas e impresiones en una lista por aparte.

Después de terminar el texto entero, compara tus nuevas ideas con las de un(a) compañero(a) de la Actividad B.

¿Te acuerdas?

Use context to figure out meaning. Rely on the words and sentences around the unknown word. Remember that only a few logical guesses will make sense in context.

D. Ya que entiendes las ideas principales de cada párrafo, trata de adivinar los significados de algunas palabras nuevas. Usa el contexto para adivinar el significado de las siguientes palabras.

  1. consagrado (párrafo 2, frase 3)
  2. se derrumbaron (párrafo 3, frase 2)
  3. acude (párrafo 5, frase 1)
  4. estancia (párrafo 6, frase 2)
  5. compendia (párrafo 10, frase 1)
  6. quebranto (párrafo 12, frase 3)
  7. vagar (párrafo 14, frase 1)

E. El título de la biografía resume la obra bajo tres temas: vida, pasión y muerte. Trabaja con un(a) compañero(a) y hablen del significado de estos tres temas. Revisen la obra párrafo por párrafo. ¿De qué tema(s) trata cada uno?

F. En grupos, discutan las siguientes preguntas y preparen una breve reseña *(review)* de la lectura.

1. ¿Por qué creen que la autora escogió la vida y arte de Frida Kahlo como tema?
2. ¿Qué actitud muestra la autora hacia Kahlo? ¿Cómo influye esto en su biografía de la artista?
3. ¿Qué creen que la autora quería lograr *(accomplish)* con su biografía de Kahlo?

G. Trabajando con el mismo grupo de la Actividad F, miren la foto y las pinturas que aparecen con la biografía. Consideren lo siguiente.

1. ¿Qué les comunica la foto de la artista en la página 154? ¿Apoya las ideas de la biografía o les presenta alguna idea nueva?
2. Comparen los autorretratos de la artista con la foto.
3. Las piezas que ilustran el texto, como el pie y la pierna, se llaman milagros *(miracles)*. ¿Qué representan en estas páginas?

H. Many an artist has drawn upon suffering in his or her life to produce art. Would you consider Frida a good example of a person who has succeeded despite personal hardships? Explain your opinion. Do you know of any other artists who have overcome difficult challenges?

9 Emplea el mecanismo de defensa que Sigmund Freud llamó capacidad de sublimación y transforma en arte su angustia, su dolor. Lo deja ahí para exorcizarlo, sacarlo de su vida y es por eso quizá que quienes la conocieron tienen como recuerdo una mujer siempre alegre, malhablada, impecablemente decorada, alhajada como una princesa llena de incisivo buen humor.

10 Durante el año que dura el divorcio escribe Frida en su diario un mensaje a Diego que compendia su amor: "Jamás olvidaré tu presencia en mi vida. Tú me acogiste destrozada y me devolviste entera".

11 La simbiosis que formaban les era indispensable así, un año después vuelven a casarse en San Francisco, California, para no separarse ya.

12 Un año antes de morir se organiza una exposición retroactiva de su pintura, la única individual que tuvo en vida en su país. Ella acude a la inauguración en ambulancia, postrada; en su camilla la llevan hasta su cama convertida en centro de la exhibición. Es notorio su quebranto físico, pero su espíritu aún conserva su vigor al declarar a un periodista: "No estoy enferma, estoy rota".

13 Entonces Frida, la indomable fuerza vital, se deja ir. Abandona la lucha y, días antes del veinticincoavo aniversario de bodas con Diego Rivera, muere en su casa de Coyoacán el 13 de julio durante la noche, a los 47 años de edad.

14 Cuatro años después, su casa es abierta al público como museo, para permitirnos vagar en sus jardines, visitar su recámara, su estudio y empaparnos del universo que ella creó para sí, del reflejo de esta mujer que parecía hecha de un concentrado de arco iris.

A traumatic accident in 1925 left its mark on Frida Kahlo. She refused to be overcome by her physical challenges and expressed her frustrations in her art. An especially positive experience can also change someone's life, for example, meeting a person who becomes a mentor or a close friend. Can you think of an experience that has shaped your life and helped make you who you are? How would you write about that experience so that others could understand it and benefit from it? In this activity, you'll write about an important event from your life, and you'll learn several ways to organize your story.

Un acontecimiento importante

Describe un acontecimiento importante de tu vida en unas 15 o 20 frases. ¿Por qué lo consideras importante? ¿Cómo cambió tu vida? ¿Cuál es su importancia para otras personas?

A. Preparación

1. Examina tus recuerdos *(memories)*. ¿Qué acontecimientos han afectado tu vida? ¿Cuándo y dónde ocurrieron? ¿Quiénes estaban allí? ¿Qué tiempo hacía? Si quieres, mira fotos de tu niñez y habla de tus recuerdos con amigos y familiares.
2. Haz una lista de esos eventos y escoge uno que quieras compartir.
3. Organiza la información en orden cronológico.

> **ESTRATEGIA**
> **Chronological ordering**
> Putting events in chronological order means listing them in the order they occurred. This usually means starting with the first event and continuing to the last. You can also use reverse chronological order if it's more appropriate for the story you're telling.

B. Redacción

1. Escribe tu historia en el orden más apropiado. Si es necesario, usa palabras como **antes de, después de, luego**...
2. Usa palabras relacionadas con los sentidos *(senses)*. Habla de lo que viste, escuchaste, sentiste y oíste.
3. Incluye un poco de diálogo para hacer más interesante la historia.

C. Evaluación

1. ¿Olvidaste poner información importante? Si es necesario, agrega detalles. ¿Incluiste cosas no relacionadas con tu tema? Quita los detalles innecesarios.
2. ¿Es lógica la historia? Ponla en otro orden si no está clara.
3. ¿Es evidente por qué este acontecimiento es importante para ti y para otras personas? Tal vez sea necesario incluir más información o usar palabras más expresivas.
4. Muestra lo que escribiste a un(a) compañero(a) y toma en cuenta sus opiniones.

1 Escucha dos versiones de una tarde en la vida de Ricardo. Indica cuál de las versiones corresponde a la tarde representada por los dibujos.

2 Con un(a) compañero(a), habla de los temas indicados. Usa una expresión apropiada para introducir cada tema. Tu compañero(a) responde con una opinión del tema y luego él o ella cambia el tema cortésmente.

Estudiante 1
un actor o una actriz famosa
un concierto al que te encantaría asistir
un(a) artista famoso(a)

Estudiante 2
la última película que viste
un chisme de un(a) cantante
tu programa favorito de televisión

3 Este fin de semana tienes muchos planes. Invita a un(a) compañero(a) a cuatro actividades. Tu compañero(a) debe responder con una explicación o con una opinión positiva de la actividad que mencionaste. Sigue el modelo.

MODELO —Vamos a esa nueva discoteca el viernes, ¿qué te parece?
—Gracias por invitarme pero no puedo. Tengo muchas cosas que hacer…

4 Este año, el club de español tiene la oportunidad de pintar un mural en el pasillo del colegio. Con dos compañeros(as), habla de tus ideas para un mural. Usen las siguientes expresiones. Deben expresar por lo menos una opinión y hacer dos sugerencias sobre qué necesitan hacer.

Es importante que…

Es necesario que…

Recomiendo que…

Conviene + inf.

Sería buena/mala idea + inf.

Hace falta que…

5 Lee el artículo sobre el éxito *(success)* reciente del grupo Maná. Luego escribe una conversación entre un miembro del grupo y un(a) reportero(a) de una revista de música. El (la) reportero(a) le pregunta sobre las actividades del grupo, sus nuevas canciones y los lugares que ha visitado este año. El cantante le da la información y sus opiniones sobre cada cosa.

MANÁ

Después de años y años en que los solistas dominaron por completo el mercado, este año los grupos se convirtieron en una fuerte amenaza para su supremacía, y de entre todos ellos, sin duda fue Maná el grupo que más éxitos tuvo durante el año. "Cómo te deseo", "Vivir sin aire" y "Oye mi amor" se escucharon fuertemente en la radio y provocaron que cualquier lugar donde se presentara el grupo, estuviera a reventar. En una época dominada por las multitudinarias presentaciones de artistas internacionales, Maná tuvo el orgullo de llenar durante dos noches el Palacio de los Deportes. Fueron muchos años de lucha los de estos jóvenes tapatíos. Por eso su éxito es sólo una justa recompensa.

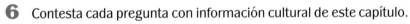

6 Contesta cada pregunta con información cultural de este capítulo.

1. ¿Qué es el Instituto Cultural Cabañas?
2. ¿Quién fue el muralista más famoso de Jalisco?
3. ¿Qué pintaba Frida Kahlo?
4. ¿Para qué sirven los murales?
5. ¿Cuál es un instrumento popular en la región andina?
6. ¿Qué instrumento está hecho a veces de la concha de un armadillo?

7 S I T U A C I Ó N

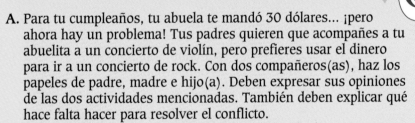

A. Para tu cumpleaños, tu abuela te mandó 30 dólares... ¡pero ahora hay un problema! Tus padres quieren que acompañes a tu abuelita a un concierto de violín, pero prefieres usar el dinero para ir a un concierto de rock. Con dos compañeros(as), haz los papeles de padre, madre e hijo(a). Deben expresar sus opiniones de las dos actividades mencionadas. También deben explicar qué hace falta hacer para resolver el conflicto.

B. Estás hablando con un miembro de un grupo de danza y teatro sobre la posibilidad de implementar un programa de artes en tu comunidad. Durante la conversación, ustedes cambian de tema varias veces y discuten sus opiniones de diferentes artes y artistas. Tu amigo(a) te invita a ver la próxima función de su grupo en México pero tú explicas por qué no puedes ir.

REPASO

ciento cincuenta y nueve **159**

Can you introduce and change a topic of conversation?
p. 142

1 Escribe un minidiálogo en que una persona sugiere un tema de conversación y la otra persona cambia el tema.

MODELO —¿Sabes algo de la música de Emanuel?
—Sí, es genial. A propósito, ¿vas al concierto mañana?

1. el arte de Frida Kahlo; los murales de Orozco
2. el Ballet Folklórico; el baile de la escuela
3. la música clásica; las sinfonías de Silvestre Revueltas
4. el examen de la clase de arte; el proyecto final

Can you express what needs to be done?
p. 144

2 Usa varias expresiones para indicar que es necesario hacer las siguientes cosas para sacar notas excelentes en la clase de arte moderno.

1. los estudiantes / asistir a clase todos los días
2. tú / tomar buenos apuntes *(notes)*
3. nosotros / leer el libro de texto y otros libros de arte
4. Uds. / ver programas sobre el arte en la televisión
5. Mari / visitar muchos museos

Can you express an opinion? p. 145

3 Escribe minidiálogos en que una persona pide una opinión sobre las siguientes cosas y la otra persona responde.

MODELO —¿Qué te parece el arte moderno?
—Para decir la verdad, no lo soporto.

1. la arquitectura mexicana
2. las pinturas de Frida Kahlo
3. la Mona Lisa
4. los instrumentos musicales de Latinoamérica
5. los murales de Diego Rivera

Can you make suggestions and recommendations? p. 150

4 El director de tu escuela quiere que el Consejo Estudiantil haga sugerencias para embellecer *(beautify)* el campus. ¿Qué recomiendan Uds.?

1. hacer una limpieza general
2. poner basureros en...
3. colgar obras de los estudiantes en...
4. pintar un mural en las paredes de...
5. ¿?

Can you turn down an invitation? p. 152

5 Responde a cada invitación y explica por qué no puedes aceptarla.

1. Voy a una exhibición de pinturas de Xul Solar. ¿Me acompañas?
2. El concierto de Luis Miguel es este fin de semana. ¿Quieres ir?
3. Hay un programa sobre Frida Kahlo esta noche. ¿Te gustaría verlo?
4. El Ballet Folklórico de México viene la semana próxima. ¿Qué te parece si vamos juntos(as)?

PRIMER PASO

Introducing and changing a topic of conversation

A propósito... *By the way . . .*
Cambiando de tema, ¿qué me dices de...? *Changing subjects, what can you tell me about . . .?*
Eso me hace pensar en... *That brings to mind . . .*
Eso me recuerda... *That reminds me of . . .*
Hablando de... *Speaking of . . .*
¿Has leído algo de...? *Have you read anything about . . .?*
¿Qué has oído de...? *What have you heard about . . .?*
¿Qué me cuentas de...? *What can you tell me about . . .?*

The arts

antiguo(a) *old; ancient*
aprender a + inf. *to learn (to do something)*
el (la) artista *artist*
el bailarín/la bailarina *dancer*
el (la) cantante *singer*
contemporáneo(a) *contemporary*
la danza *dance* (as an art form)
el dibujo *drawing*
diseñar *to design*
el (la) escultor(a) *sculptor*
la escultura *sculpture*
la estatua *statue*
la exhibición *exhibition*
intentar *to try*
el (la) músico(a) *musician*
la orquesta *orchestra*
patrocinar *to sponsor*
la pintura *painting*

Expressing what needs to be done

Es importante que reconozcas... *It's important that you recognize . . .*
Es necesario que busquemos *It's necessary that we look for . . .*
Hace falta que pintemos... *We need to paint . . .*

Expressing an opinion

Admiro mucho... *I admire very much . . .*
Lo (La) encuentro... *I find it . . .*
Me cae gordo. *I hate it.*
Me deja frío(a). *It doesn't do anything for me.*
Me parece que... *It seems to me that . . .*
No lo (la) soporto. *I can't stand it (him/her).*
Para decir la verdad... *To tell the truth . . .*
Para ser sincero(a)... *To be honest . . .*
¿Qué opinas (piensas) de...? *What do you think of . . .?*
¿Qué te parece...? *How do you feel about . . .?*

Describing

creativo(a) *creative*
de muy mal gusto *in very bad taste*
entretenido(a) *entertaining*
formidable *tremendous*
genial *great*
hermoso(a) *beautiful*
imaginativo(a) *imaginative*
incomprensible *incomprehensible*
insignificante *trivial*
insoportable *unbearable, intolerable*
magnífico *magnificent*
una obra maestra *masterpiece*
pésimo(a) *awful*
realista *realistic*

SEGUNDO PASO

Making suggestions and recommendations

Es mejor que... *It's better for . . . to . . .*
¿Has pensado en...? *Have you thought of . . .?*
No te conviene... *It's not advisable that you . . .*
No te olvides de... *Don't forget to . . .*
Sería buena/mala idea... *It would be a good/bad idea to . . .*
Sugiero que... *I suggest that . . .*
Te aconsejo que... *I advise you to . . .*
Le recomiendo a Juan que... *I recommend that Juan . . .*

Turning down an invitation

Gracias por invitarme, pero no puedo. *Thanks for inviting me, but I can't.*
Hagámoslo mañana. *Let's do it tomorrow.*
Lo siento, pero ya tengo otros planes. *I'm sorry, but I already have other plans.*
No tengo ganas de + inf. *I don't feel like . . .*
¿Por qué no lo dejamos para... *Why don't we leave it for (another time)?*
Tengo mucho que hacer. La próxima vez iré. *I have a lot to do. Next time I'll go.*

¡Ven conmigo a Buenos Aires!

Ésta es la Avenida 9 de Julio en Buenos Aires, una de las calles más anchas del mundo.

Argentina

Población: 34.292.742. Buenos Aires: 2.960.000 (zona metropolitana: 12.961.000)

Área: 2.780.400 km², cuatro veces más grande que Texas

Ciudades principales: Buenos Aires, Córdoba, Rosario, La Plata, Mar del Plata

Productos agrícolas: maíz, algodón, uvas, leche, sorgo, trigo, soja, carne de res

Industrias: productos químicos, vehículos, textiles, petróleo, pesca

Personajes famosos: Gabriela Sabatini (n. 1970), tenista; Jorge Luis Borges (1899–1986), escritor; Alberto Ginastera (1916–1983), compositor; José de San Martín (1778–1850), militar y político

Platos típicos: asado, empanadas con chimichurri, carbonada criolla, parrillada, alfajores, pucheros, mate (una bebida)

go.hrw.com

WVO BUENOS AIRES

ARGENTINA

CD-ROM
Disc 2

El segundo país de Latinoamérica en tamaño, Argentina es una tierra de gran diversidad geográfica, con montañas nevadas, bosques espesos, llanos inmensos y hermosas playas blancas. Su población es única en la América Latina por la proporción de inmigrantes de origen italiano, alemán y de otras culturas no hispanohablantes. El centro cultural del país es Buenos Aires, la capital. Es una ciudad cosmopolita que se considera el París de las Américas.

② No importa cuál sea la época del año ni cómo esté el tiempo, los porteños siempre están en las calles, que están llenas de cafés y muchos otros comercios.

① Los residentes de Buenos Aires, los porteños, gozan de muchas actividades de recreo, como el pato (arriba) y el polo. Los jugadores de polo tienen ligas bien establecidas y los jugadores llegan a ser famosos.

③ Los parques de Buenos Aires, llenos de estatuas y monumentos históricos, son una de sus atracciones más bellas. Ésta es una estatua de José de San Martín, quien liberó Argentina, Chile y Perú del dominio español.

Vas a aprender un poco de Argentina en los capítulos siete y ocho. Aunque Argentina es todavía la tierra del gaucho tradicional que trabaja en las pampas, es también un país modernísimo con rascacielos y tecnología avanzada. Vas a conocer la vida de la capital y paisajes que incluyen selvas tropicales y las zonas heladas de la Tierra del Fuego.

④ De Argentina se ha exportado a todo el mundo el tango. Este baile fue en un tiempo censurado y ahora es el símbolo argentino por excelencia.

⑤ Uno de los pintores porteños más famosos es Xul Solar. Muchas de sus obras están en el museo de arte que lleva su nombre.

⑥ En este edificio se reúne el Congreso Argentino.

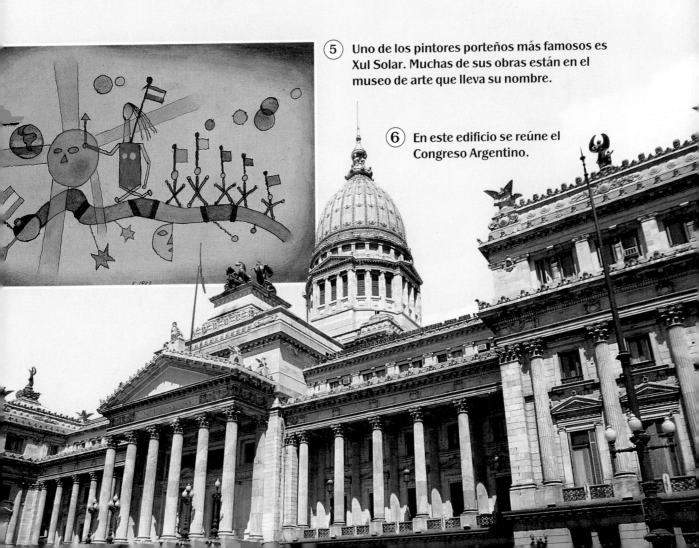

Dime con quién andas

① ¡Estamos encantados que puedas visitarnos!

Según el dicho, "los amigos son los hermanos que selecciona el corazón". Son más valiosos que cualquier tesoro de oro y plata. ¿Cómo te sientes cuando las relaciones con tus amigos van muy bien? ¿Cómo te sientes cuando recibes una llamada o una carta de un buen amigo? Por otro lado, ¿cómo te sientes cuando crees que un amigo te trató mal? Y si crees que tú trataste mal a un amigo, ¿qué haces para hacer las paces?

In this chapter you will learn

- to express happiness and unhappiness; to comfort someone
- to make an apology; to describe an ideal relationship

And you will

- listen to a high school student talk about problems she's having with a friend
- read a famous story about love, money, and marriage
- write about a conflict you've had with people around you
- find out about the importance of cafés in Buenos Aires

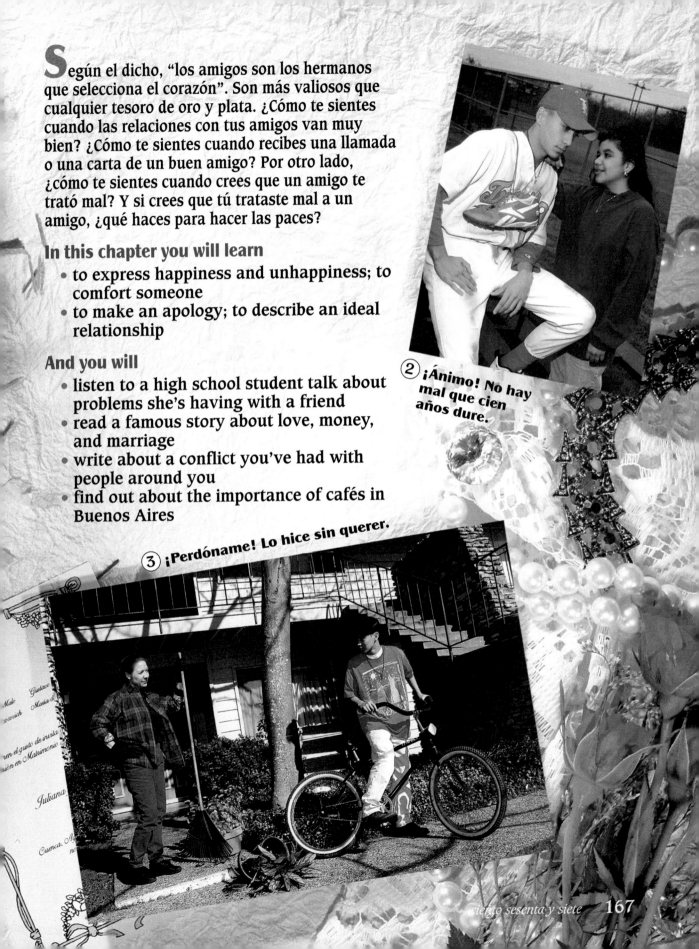

② ¡Ánimo! No hay mal que cien años dure.

③ ¡Perdóname! Lo hice sin querer.

DE ANTEMANO

Las amistades

El escritor escocés Robert Louis Stevenson dijo que "un amigo es el mejor regalo que nos hacemos a nosotros mismos". Un(a) amigo(a) puede traernos mucha felicidad y puede enseñarnos mucho. Para conservar una buena amistad, hay varias cosas que debes tener en cuenta:

Aprovecha los medios de comunicación. Deja mensajes amables y graciosos en las contestadoras de tus amigos y amigas. También el sistema de FAX te permite decir a los amigos y amigas que no ves con frecuencia que estás pensando en ellos.

Escribe a tus amigos y amigas siempre que puedas. No necesitan ser largas cartas. Pero si no puedes ver a tus amigos y amigas con la frecuencia que quisieras, mantén viva la relación enviándoles de vez en cuando notitas, tarjetas o simples pensamientos que se te ocurran.

Señala ciertos momentos en tu agenda para tus amigos y amigas. Pueden ser quince para una llamada telefónica, media tarde para tomar un refresco, o una mañana en un club o gimnasio para hacer ejercicio juntos.

> Chely, habla Miguel. Estoy tan contento, no te lo vas a creer. ¡El profe me puso 10 en el examen de biología! ¡Estoy en la gloria! ¡Llámame!

Mantente objetivo(a). Tendemos a pensar primero en cómo las decisiones de nuestros amigos y amigas afectarán nuestra propia vida. Pero éstos son momentos en que nuestros amigos y amigas necesitan apoyo, no juicios críticos. A veces ésa es la mejor ayuda que puedes ofrecerles.

MARZO

19

Cumpleaños-
Elena

20

Aniversario-
abuelos

"Tu amistad es para mí un tesoro.

Conmemora días especiales. Ten una agenda con los cumpleaños y fechas importantes de tus mejores amigos y amigas. Hazles saber que los recuerdas con una llamada telefónica, un arreglo de flores, una tarjeta postal, un telegrama o un pequeño regalo gracioso.

Cuando un(a) amigo(a) esté en crisis, de cualquier tipo, está dispuesto(a) a ayudar. Escucha con paciencia, ante todo. Ofrécele tu consejo... si te lo pide. Ofrécele tu ayuda... si la necesita. Pero bríndale siempre tu presencia y tu tiempo.

REMY—
ME SIENTO FRUSTRADO CON CARLOTA. PENSABA QUE ERA BUENA AMIGA... PERO TUVO UNA FIESTA Y NO ME INVITÓ. ESTOY DOLIDO Y NO QUIERO HABLAR CON ELLA.

— TOÑO

Recibe nuestro más profundo pésame...

Pablo—
Me dijeron que tu tío ha muerto. Lo siento. Comparto tu pena. ¿Qué puedo hacer por ti? Susana

1 ¿Cierto o falso?

Indica si cada frase es **cierta** o **falsa**. Si es falsa, corrígela.

1. Miguel está feliz porque Chely sacó una nota muy buena.
2. La nota "10" es muy mala para Miguel.
3. Remy está triste porque Toño no le escribe.
4. Toño le escribe a Remy porque está triste.
5. Susana le manda una tarjeta a Pablo para su cumpleaños.

2 ¿Qué palabras usan?

¿Qué expresiones usa...?

1. Miguel para decir que está feliz
2. Toño para decir que no le gusta lo que le hizo Carlota
3. Susana para hacer a su amigo sentirse mejor

3 Consejos para amigos

¿Qué consejos les das a las siguientes personas?

1. Jaime no tiene mucho tiempo para hablar con sus amigos.
2. Rosa está triste porque su mejor amiga quiere estudiar en otra ciudad.
3. Natalia siempre se olvida de los cumpleaños de sus amigos.
4. Los papás de un amigo de Hernán se divorciaron y su amigo está triste.

4 Diálogos

 Con un(a) compañero(a), prepara un diálogo en el que Remy le dice a Carlota que Toño está triste y por qué. Luego Remy le da unos consejos a Carlota sobre cómo ser una mejor amiga.

5 Ahora te toca a ti

 Escribe un párrafo sobre lo que consideras importante en tus amistades y algunas cosas que haces para mantenerlas. Usa frases como **Es necesario que mis amigos(as)...** y **Quiero que mis compañeros(as)...**

 NOTA CULTURAL

Los argentinos y muchos otros latinoamericanos usan **vos** en lugar de **tú**. Las formas del verbo que se usan con **vos** son diferentes también. Por ejemplo, "¿Vos hablás español?" significa "¿Hablas tú español?" y "Decime la verdad" significa "Dime la verdad". ¿Qué significan las frases siguientes? "Vos bebés mate, ¿no?" "¿Vos escribís muchas cartas?" "Sentate aquí, por favor."

PRIMER PASO

Expressing happiness and unhappiness; comforting someone

ASÍ SE DICE Expressing happiness and unhappiness

Cuando estás feliz, puedes decir:

Estoy contento(a).

Estoy de buen humor.
I'm in a good mood.

Estoy encantado(a) que puedas venir.
I'm delighted that . . .

¡Estoy en la gloria!
I'm in heaven!

Estoy orgulloso(a) de *(proud of)* mi hija.

Me alegro que tu tío esté mejor.

Me encanta que haya venido mi prima.
I'm delighted that . . .

Cuando las cosas van mal, puedes decir:

Estoy decepcionado(a)/desilusionado(a).
I'm disappointed.

Temo que mi amigo se enoje conmigo.
I'm afraid my friend will be angry with me.

Estoy dolido(a).
I'm hurt.

Me dan ganas de llorar.
It makes me feel like crying.

Me duele mucho que Emilia no me hable.
It really hurts me that . . .

Me frustra que mis amigos no me hayan llamado.

Me siento frustrado(a).

6 ¡Qué alegría!

Escucha los siguientes diálogos e indica qué foto corresponde a cada diálogo. Hay un diálogo que no corresponde a ninguna foto.

a.

b.

c.

d.

7 ¿Estás contento(a)?

¿Cómo te sientes si...?

1. un(a) amigo(a) no te saluda antes de las clases
2. un(a) buen(a) amigo(a) de otra ciudad viene a visitarte hoy
3. tu novio(a) te invita a cenar pero no viene al restaurante
4. haces las paces con alguien después de un conflicto
5. el (la) director(a) anuncia que eres el (la) mejor estudiante del año en tu colegio

CD-ROM Disc 2

GRAMÁTICA   The subjunctive with expressions of feelings

1. Spanish speakers use the subjunctive after verbs and expressions that convey feelings, such as **alegrarse que, sentir que, temer que, ojalá que,** and **es triste que.**

> **Me alegro que** mis amigos **puedan** estar unos días aquí.
> **Tememos que** María **se enferme.**
> **¡Ojalá que** Ricardo no **llegue** tarde!

2. A change of subject after a verb that conveys feelings is shown by **que.** If there isn't a change of subject, the infinitive is normally used.

> Siento **que tengas** que trabajar hoy.
> Me alegro de **pasar** unos días aquí.
> Es triste **estar** solo en días especiales.

8 Me encanta que...

Usa las expresiones para desarrollar una oración. Combina una frase que expresa sentimiento con una frase que describe la situación.

¿Se te ha olvidado?
irregular subjunctive
Ver la página R29

MODELO   tú / tener una entrada para un concierto
Me alegro muchísimo que tengas una
entrada para el concierto.

1. Me alegro	mi padre / cocinar la cena
2. Me duele	mi novia / dejarme por otro
3. Me frustra	nosotros / vivir en una casa bonita
4. Me encanta	Rafaela / vivir sola
5. Estoy orgulloso(a)	amigos de Rómulo / no hablarle
6. Estoy contento(a)	tú / pensar estudiar con nosotros
7. Temo	llover durante la boda de Mariana
8. Espero	yo / estar aquí para la boda

9 ¡Qué emoción!

Trabaja con un(a) compañero(a). Respondan a cada situación que sigue, expresando un sentimiento o una esperanza.

MODELO   —Nuestros primos nos visitarán por un mes.
  —Me alegro que vengan porque les interesa hacer de todo.
  —Temo que no se diviertan.

1. Hay una fiesta en casa de Juan, pero sus fiestas son aburridas.
2. Ustedes están solos(as) en casa durante una tormenta.
3. Rosa no se sentía bien ayer cuando ustedes la llamaron.
4. Ustedes le entregaron sus exámenes finales al profesor.
5. Ustedes están jugando en las finales de baloncesto.

¿Te acuerdas?

If there is no change of subject after a verb conveying feelings, the infinitive is used, as in **Me encanta patinar en línea** and **¿Te duele no poder hablar con ella?**

10 Una mamá preocupada

Lee la carta de Blanca. Luego lee las frases e indica si son **ciertas** o **falsas.** Si son falsas, corrígelas.

1. A Blanca le encanta que Nilda vaya a muchas fiestas.
2. Está contenta que sus hijos tengan buenos amigos.
3. Le preocupa a Blanca que Beto maneje tan rápido.
4. Se alegra que sus hijos no cuenten con *(depend on)* ella para todo.
5. Le frustra tener hijos como Beto y Caty.

Vivi,

Siento molestarte pero sé que te puedo hablar de esto porque eres mi hermana. Tú sabes que tengo mucha suerte en tener buenos hijos. Pero andan con unos amigos... Nilda, una amiga de mi hija Caty—es muy alegre, pero no sé... parece que toda su vida es una fiesta. Y Marcos, el amigo de mi hijo Beto, siempre maneja rápido y además saca malas notas. Me gusta que mis hijos sean independientes pero temo que tengan problemas. ¿Debo decirles a mis hijos que no me gustan sus amigos? ¿Qué crees tú? Contéstame pronto. Un abrazo,

Blanca

VOCABULARIO

la amistad	*friendship*
apoyar	*to support*
chismear	*to gossip*
confiar en	*to trust*
contar (ue) con	*to count or depend on*
dejar de hablarse	*to stop speaking to each other*
dejar plantado(a) a alguien	*to stand someone up*
El problema está resuelto.	*The problem is solved.*
pelearse	*to have a fight*
reconciliarse	*to make up, to reconcile*
resolver (ue) un problema	*to solve a problem*
el rumor	*rumor*
tener un malentendido	*to have a misunderstanding*

¡Qué carro más bonito!

hacerle un cumplido a alguien
to compliment someone

11 Escucha bien

Escucha las frases e indica si cada frase que oyes es **lógica** o **ilógica.**

NOTA GRAMATICAL

In Spanish, plural reflexive-verb forms can be used to express the idea of *each other.*

Josué y Carlota **no se hablan.**
Josué and Carlota aren't speaking (to each other).

María y yo siempre **nos apoyamos.** *María and I always support each other.*

NOTA CULTURAL

Los cafés, que se llaman **confiterías,** tienen mucha importancia en la vida de los residentes de Buenos Aires. Muchas veces la gente se reúne en una confitería para hablar o para tomar té o café antes de ir al cine o a la ópera. Otras personas van para pensar o estar solas. Algunas confiterías son centros de actividad intelectual, con discusiones diarias sobre la política y la literatura. ¿Son tan importantes los cafés en los Estados Unidos?

12 ¿Cómo te sientes cuando...?

Indica como te sientes cuando...

1. un(a) amigo(a) chismea e inicia un rumor sobre ti
2. comienzas una nueva amistad
3. un(a) amigo(a) te hace un cumplido
4. descubres que no puedes confiar en un(a) amigo(a)

5. dos de tus mejores amigos(as) dejan de hablarse
6. descubres que no puedes contar con un(a) amigo(a)
7. te reconcilias con un(a) amigo(a)

GRAMÁTICA The present perfect subjunctive

1. The present perfect subjunctive is formed with the subjunctive of **haber** and a past participle.

haya comprado	hayamos comprado
hayas comprado	hayáis comprado
haya comprado	hayan comprado

2. Use the present perfect subjunctive to express an emotion about or hope that something has already happened.

Juan **ha recibido** mi carta. *Juan has gotten my letter.*
Me alegro que Juan **haya recibido** mi carta.
  I'm glad Juan has gotten my letter.
No **han resuelto** el problema todavía. *They haven't solved the problem yet.*
Espero que lo **hayan resuelto.** *I hope they've solved it.*

13 La emoción y la esperanza

For each statement you hear, indicate whether the speaker is:

a. expressing emotion about a current situation
b. expressing emotion about something that has already happened
c. hoping that something will happen
d. hoping that something has already happened

¿Se te ha olvidado?
past participles
Ver la página R26

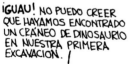

¡GUAU! NO PUEDO CREER QUE HAYAMOS ENCONTRADO UN CRÁNEO DE DINOSAURIO EN NUESTRA PRIMERA EXCAVACIÓN.

¡ADEMÁS ESTÁ INTACTO! ¡QUÉ DESCUBRIMIENTO!

TAL VEZ EL RESTO DEL ESQUELETO ESTÉ CERCA.

¡SI! ¡SI LOGRAMOS ENCONTRARLO TODO SEREMOS MUNDIALMENTE FAMOSOS!

CON EL DINERO QUE NOS DEN, NOS COMPRAREMOS UN PORSCHE.

¿CÓMO ME VERÍA EN LA PORTADA DE "NATIONAL GEOGRAPHIC"?

pidió la mano de su hija.

A don Raimundo no le cayó bien la petición, y cortésmente despidió al postulante, diciéndole que Margarita era muy niña para casarse. Pero ésta no era la verdadera razón. Era que don Raimundo no quería ser suegro de un pobretón; y así se lo dijo a sus amigos. Cuando llegó el chisme a don Honorato, el tío de don Luis, se puso rabioso y dijo:

—¿Cómo? Muchos harían cualquier cosa para emparentar con el muchacho. ¡Qué insolencia!

Margarita, pues, era muy nerviosa, lloró, se arrancó el pelo, y tuvo convulsiones. —O de Luis o de Dios— gritaba cuando los nervios se le sublevaban.

Don Raimundo, alarmado, llamó a médicos y curanderos y todos declararon que la cosa era muy seria. O casarla con el hombre de su gusto, o encerrarla en el cajón de palma y corona. Tal fue el "ultimátum" médico.

Don Raimundo (¡al fin padre!), se encaminó como loco a casa de don Honorato, y le dijo:

—Vengo a que consienta usted en que mañana mismo se case su sobrino con Margarita, porque si no, la muchacha se nos va a morir. —No puede ser— contestó sin interés el tío. Mi sobrino es un pobretón y lo que usted debe buscar para su hija es un hombre que sea rico.

El diálogo fue violento. Mientras más rogaba don Raimundo, más se enojaba don Honorato. Iba a retirarse don Raimundo cuando apareció

B. Una lectura siempre tiene algún tipo de organización. Este cuento tiene una organización cronológica. Puedes dividirlo en más o menos nueve partes cronológicas. Con un(a) compañero(a), lee el texto y pon las nueve secciones en orden del uno al nueve.

a. Margarita y Luis se conocen y se enamoran.

b. Petición por la mano de Margarita y la reacción de su padre.

c. Descripción general de Margarita.

d. La reacción furiosa de don Honorato.

e. La promesa de don Raimundo.

f. La enfermedad de Margarita.

g. La discusión entre don Raimundo y don Honorato.

h. La descripción de la camisa de Margarita.

i. Descripción general de Luis.

C. Ahora sabes mucho del cuento de Margarita. Algunas de las cosas que sabes están en el texto, y otras son inferencias que hiciste. Lee todas estas frases e indica **a**, **b** o **c** para cada una.

a. claramente expresado en el texto
b. inferido del texto
c. ni expresado ni inferido

1. Luis no era de Lima originalmente.

2. Luis le preguntó al padre de Margarita si podía casarse con ella.

3. Un amigo de don Raimundo no podía guardar un secreto.

4. La madre de Margarita estaba enferma también.

5. Don Raimundo estaba preocupado por la vida de su hija.

6. Don Raimundo y don Honorato se pelearon.

7. Don Honorato y Luis dijeron que renunciarían a la dote.

8. Había un nuevo sacerdote en la misa.

9. Después de la camisa, don Raimundo no le dio nada más a Margarita.

D. En español, escribe dos frases que describen a cada persona del cuento. ¡No menciones el nombre de la persona! Luego lee tus descripciones a un(a) compañero(a). Tu compañero(a) va a adivinar quiénes son.

E. Con un(a) compañero(a), prepara un minidrama con base en una de las siguientes ideas.

1. Margarita le cuenta a un(a) amigo(a) de su amor por don Luis y su frustración con su papá.

2. Luis habla con un(a) amigo(a) sobre su amor por Margarita y sobre su plan de casarse.

3. El padre de Margarita habla con un(a) costurero(a) *(tailor, seamstress)* para darle instrucciones para la camisa.

F. Do you think people under the age of 21 need their parents' permission to marry? What can happen if a family doesn't approve of the marriage? What do you think of the custom of the dowry?

don Luis y dijo:

—Pero, tío, no es de cristianos que matemos a quien no tiene la culpa.

—¿Tú estás satisfecho?

—De todo corazón, tío y señor.

—Pues bien, muchacho, pero con una condición, y es ésta: don Raimundo me tiene que jurar que no regalará un centavo a su hija ni le dejará nada de herencia.

Aquí empezó de nuevo el argumento.

—Pero, hombre —arguyó don Raimundo—, mi hija tiene veinte mil duros de dote.

—Renunciamos a la dote. La niña vendrá a casa de su marido nada más con la ropa que lleva puesta.

—Permítame usted entonces darle los muebles y el ajuar de novia.

—Ni un alfiler. Si no está de acuerdo, que se muera la chica.

—Sea usted razonable, don Honorato. Mi hija necesita llevar por lo menos una camisa para reemplazar la puesta.

—Bien. Consiento en que le regale la camisa de novia, y nada más.

Al día siguiente don Raimundo y don Honorato se dirigieron muy temprano a la iglesia de San Francisco para oír misa, y, según lo pactado, dijo el padre de Margarita:

—Juro no dar a mi hija más que la camisa de novia.

Y don Raimundo Pareja cumplió al pie de la letra su juramento, porque ni en la vida ni en la muerte dio después a su hija cosa que valiera un centavo.

Los encajes de Flandes que adornaban la camisa de la novia costaron dos mil setecientos duros. El cordoncillo que ajustaba el cuello era una cadenita de brillantes, valorizada en treinta mil monedas de plata.

Los recién casados hicieron creer al tío que la camisa valía muy poco porque don Honorato era tan obstinado que, al saber la verdad, habría forzado al sobrino a divorciarse.

Por esto fue muy merecida la fama de la camisa nupcial de Margarita Pareja.

What conflicts have you had with people around you? How were the conflicts resolved? Which of those experiences would make a good story? In this activity you will write about one of those conflicts, and you'll learn ways to capture your reader's interest right from the start.

¡Qué lío!

Escribe una composición de tres o cuatro párrafos sobre un conflicto interesante que has tenido con otra(s) persona(s) y cómo lo resolvieron.

A. Preparación

1. Haz una lista de conflictos que has tenido. Luego escoge el conflicto que te parezca más importante, interesante o cómico. Considera estas posibilidades:

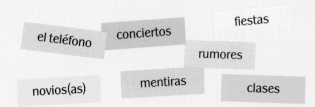

el teléfono   conciertos   fiestas
rumores
novios(as)   mentiras   clases

> **ESTRATEGIA**
> **Snappy introductions** An interesting introduction will get your reader involved in your story immediately. One good way to begin is to ask a question to pique his or her curiosity. Another way to hook your reader is to start with an interesting or funny fact or incident related to your story.

2. Haz otra lista de las cosas esenciales que ocurrieron en el conflicto.
3. Habla con otras personas que estaban allí para recordar detalles interesantes. Luego ponlos en tu lista.

B. Redacción

1. Escribe una buena introducción usando la **Estrategia.**
2. Consulta tu lista de cosas que ocurrieron y escribe en párrafos lo que pasó. Usa palabras como **primero, luego, antes (de)** y **después (de)**.
3. Escribe una conclusión en que explicas por qué este incidente fue tan importante, qué aprendiste, o por qué no lo olvidarás nunca.

C. Evaluación

1. Pídeles a unos(as) amigos(as) que lean tu introducción. Si dicen que no les llama la atención, cámbiala usando una pregunta más interesante o detalles más vívidos.
2. Lee los párrafos con cuidado. ¿Hace sentido cada párrafo? Si no, agrega u omite unos detalles.
3. ¿Está organizada lógicamente la historia? Si no, cambia el orden de la historia para que sea más lógico.

1 Escucha lo que dice cada persona y responde con una expresión apropiada de felicidad, desilusión, consuelo o disculpa.

2 Completa las frases con información cultural de este capítulo.

1. Gabriela Sabatini es famosa porque…
2. A los porteños les gusta ir a una confitería para…
3. En lugar de **tú**, los argentinos usan el pronombre…
4. La Organización de Estados Americanos sirve para…
5. Es interesante ver una película en el Instituto de Realización Cinematográfica Argentina porque…

3 Imagina que estás buscando un amigo(a) por correspondencia ideal. Discute el tema con tu compañero(a). Usen frases como **¿Qué buscas…?**, **Busco a alguien que…** o **No aguanto a nadie que…**

4 Con tres o cuatro compañeros(as), diseña unas tarjetas para…

1. expresar felicidad
2. dar consuelo
3. pedir perdón

Luego compartan sus tarjetas con la clase.

No te preocupes… esto pasará pronto.

Eres mi amiga ahora y para siempre…

Gracias por todo.
Nunca lo olvidaré.
Alonso

5 Imagina que un(a) amigo(a) rico(a) te dio 10.000 dólares para tu cumpleaños. Escríbele una carta para expresar tu felicidad.

6 Usa las expresiones de **Así de dice** y otras expresiones de emoción para indicar cómo te sientes en cada situación.

MODELO   Un(a) amigo(a) te dice que su perro ha muerto.
—Siento que haya muerto. Sé que lo querías mucho.

1. Un amigo te dice que el equipo de tu escuela ha perdido el campeonato de baloncesto.
2. Una amiga te dice que el equipo de tu escuela ha ganado el campeonato de debate.
3. Un amigo te dice que te ha comprado entradas para el concierto de tu grupo favorito.
4. Una amiga te dice que su novio ha roto con ella.
5. Tu hermano mayor te dice que ha recibido una beca de $5.000,00.

7 Con un(a) compañero(a), lee la carta que escribió Héctor Antonio a una revista. Luego prepara una conversación en la que Héctor Antonio habla con su amigo para expresar su desilusión. Su amigo pide perdón y los dos amigos resuelven el problema.

"Queridos amigos y amigas: Tengo problemas con un amigo mío. Lo consideraba un buen amigo mío pero ahora no sé. Anda ahora con unas personas que no me gustan mucho. Ya no me llama tanto como antes y casi nunca nos hablamos. Antes íbamos a bailar con otros amigos y amigas del colegio e íbamos también al cine, pero ahora casi nunca nos vemos. ¿Qué me aconsejan Uds.?"

~ Héctor Antonio Varema

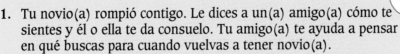

8   S I T U A C I Ó N

1. Tu novio(a) rompió contigo. Le dices a un(a) amigo(a) cómo te sientes y él o ella te da consuelo. Tu amigo(a) te ayuda a pensar en qué buscas para cuando vuelvas a tener novio(a).
2. Tú tienes un problema con tu amigo(a) por unos rumores que escuchó de ti. Discute el problema con tu amigo(a) y busca la solución al problema. Tú y tu amigo(a) se disculpan y se reconcilian.

Can you express happiness and unhappiness? p. 171

1 ¿Cómo te sientes si...?

1. tu profesor(a) dice que está orgulloso(a) de ti
2. tus padres te dicen que van a darte un televisor
3. alguien te dice que tú eres su amigo(a) favorito(a)
4. un(a) amigo(a) gana entradas para el cine y quiere compartirlas contigo
5. tus abuelos te regalan un viaje a Europa

Can you comfort someone? p. 175

2 Responde a lo que dicen las siguientes personas. ¿Qué les dices para darles consuelo?

1. Tu mejor amigo(a): No puedo mirar la tele por un mes.
2. Una niña de cinco años: ¡Se me perdió mi juguete!
3. Tu hermano(a): Nadie quiere salir conmigo.
4. Un amigo(a): ¡Mira el carro! Mi padre no me dio permiso para usarlo, pero lo hice, ¡y tuve un accidente! Ahora no me deja salir.
5. Otro(a) estudiante: No me gusta la clase de historia... ¡me pongo tan nervioso(a) cuando el profesor me hace una pregunta!
6. Una compañera de clase: Estoy muy triste. Mi mejor amiga va a mudarse *(move)* a otra ciudad.

Can you make an apology? p. 179

3 Hay una persona en cada dibujo que necesita disculparse. Escribe una disculpa apropiada para cada persona.

Can you describe an ideal relationship? p. 181

4 Estas personas buscan amigos ideales que sean como ellos. Para cada persona escribe si busca a alguien o no aguanta a nadie que tenga la característica entre parentesis.

1. Marcos está loco por coleccionar estampillas. (ser paciente)
2. Toña pasa mucho tiempo leyendo los libros de texto. (ser buen(a) estudiante)
3. A Carla le gusta mucho salir al parque. Nunca ve televisión. (quedarse frente a la tele)
4. Eduardo toca muchos instrumentos musicales. (saber de la música)

PRIMER PASO

Expressing happiness

Estoy contento(a). *I'm happy.*
Estoy de buen humor. *I'm in a good mood.*
¡Estoy en la gloria! *I'm in heaven!*
Estoy encantado(a) que...
  I'm delighted that . . .
Estoy orgulloso(a) de... *I'm proud of . . .*
Me alegro que... *I'm glad that . . .*
Me encanta que... *I'm delighted that . . .*

Expressing unhappiness

Estoy decepcionado(a). *I'm disappointed.*
Estoy desilusionado(a). *I'm disappointed.*
Estoy dolido(a). *I'm hurt.*
Me dan ganas de llorar. *It makes me feel like crying.*
Me duele mucho que... *It really hurts me that . . .*
Me frustra que... *It frustrates me that . . .*
Me siento frustrado(a). *I'm frustrated.*
Temo que... *I'm afraid that . . .*

Friendship

la amistad *friendship*
apoyar *to support*
chismear *to gossip*
confiar en *to trust*

contar (ue) con *to count or depend on*
dejar de hablarse *to stop speaking to each other*
dejar plantado(a) a alguien *to stand someone up*
El problema está resuelto. *The problem is solved.*
hacerle un cumplido a alguien *to compliment someone*
pelearse *to have a fight*
reconciliarse *to make up, to reconcile*
resolver (ue) un problema *to solve a problem*
el rumor *rumor*
tener un malentendido
  to have a misunderstanding

Comforting someone

¡Ánimo! *Cheer up!*
Comparto tu pena. *I share your grief.*
Esto pasará pronto. *This will soon pass.*
Lo siento mucho. *I'm very sorry.*
Mi más sentido pésame.
  My most heartfelt condolences.
No hay mal que cien años dure.
  It won't last forever.
No hay mal que por bien no venga.
  Every cloud has a silver lining.
No te preocupes. *Don't worry.*
¿Qué puedo hacer por ti? *What can I do for you?*
Tranquilo(a). *Calm down.*

SEGUNDO PASO

Making an apology

Discúlpame. *Forgive me.*
Lo hice sin querer. *I didn't mean to do it.*
Lo siento mucho, es que no sabía.
  I'm very sorry, I didn't know.
No lo haré más. *I won't do it anymore.*
No lo volveré a hacer. *I won't do it again.*
Perdóname. *Forgive me.*

Problems and solutions

admitir/cometer un error *to admit/make a mistake*
comprarle un regalo *to buy someone a gift*
darle un abrazo *to give someone a hug*
darse tiempo para pensar
  to give oneself time to think
discutir el problema *to discuss the problem*
echarle la culpa a otro(a) *to blame someone else*
insultar *to insult*
mentir (ie, i) *to lie*

no guardar los secretos *not to keep secrets*
respetar sus sentimientos
  to respect someone's feelings
romper con *to break up with someone*
ser desleal *to be disloyal*
ser infiel *to be unfaithful*
tener celos de *to be jealous of*

Describing an ideal relationship

Busco a alguien... *I look for someone . . .*
  a quien le guste(n)... *who likes . . .*
  que me apoye. *who'll support me.*
  que no tenga celos de... *who won't be jealous of . . .*
  que nunca me mienta. *who'll never lie to me.*
  que respete... *who'll respect . . .*
  que sepa... *who knows . . .*
  que siempre me diga... *who'll always tell me . . .*
No aguanto a nadie que sea descortés. *I can't stand anyone who's rude.*
el (la) novio(a) *boyfriend/girlfriend*

CAPÍTULO

8

Los medios de comunicación

1 **Dudo que la inflación sea peor el año que viene. ¿Qué piensa Ud.?**

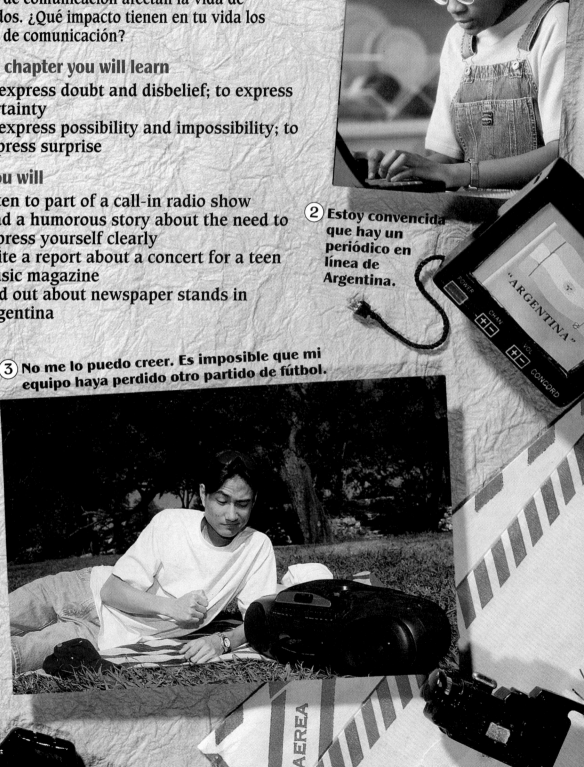

La televisión, la radio, Internet, los periódicos y las revistas son fuentes excelentes de información y de muchas horas de placer también. Los medios de comunicación afectan la vida de casi todos. ¿Qué impacto tienen en tu vida los medios de comunicación?

In this chapter you will learn

- to express doubt and disbelief; to express certainty
- to express possibility and impossibility; to express surprise

And you will

- listen to part of a call-in radio show
- read a humorous story about the need to express yourself clearly
- write a report about a concert for a teen music magazine
- find out about newspaper stands in Argentina

② Estoy convencida que hay un periódico en línea de Argentina.

③ No me lo puedo creer. Es imposible que mi equipo haya perdido otro partido de fútbol.

DE ANTEMANO

La radio y la televisión

La televisión afecta la vida de muchas personas. Y mucha gente pasa horas escuchando la radio. Otras personas tienen empleos relacionados con estos medios de comunicación. Lee lo que dicen estos estudiantes. ¿Qué tienes en común con ellos? ¿De qué maneras son diferentes?

P: ¿Te gusta ver la televisión?

R: Televisión prácticamente no veo porque no tengo tiempo para dedicarle a la televisión, pero de vez en cuando me gusta sentarme un rato a mirar televisión.

P: Y cuando sí miras, ¿qué tipo de programa te gusta ver?

R: Generalmente películas … series.

P: ¿Qué tipo de programa no te gusta?

R: ¿Qué tipo de programa? Los concursos, eh, … todo ese tipo de programas de concursos o programas que duran a lo mejor muchísimas horas y que tienen demasiados temas o cosas, programas musicales, eso no.

Alejandro

P: ¿Cómo se llama Ud. y de dónde es?

R: Bueno, mi nombre es Juan Andrés Hernández García, nacionalidad venezolana y mi profesión en la actualidad, bueno, tengo dos: acá en el Hotel Continental eh.... la... funciono como mesero, y aparte soy locutor también y desempeño las funciones en un programa especial en Radio Bonita, emisora 1520 AM. .... Allí yo tengo un programa dominical, el cual lo realizo con una proyección de enfoque mundial, sobre costumbres, tradiciones, culturas de varios países, y el cual llevo a cabo en Radio Bonita, una emisora de Guatire.

Juan

DELGADO: ¿Podría decirme qué pasó aquí?

POLICÍA: Este... a las ocho de la mañana entraron un hombre y una mujer en el banco. Sacaron pistolas y amenazaron a los empleados del banco con la muerte si no les entregaban 100.000 dólares en seguida.

DELGADO: ¿Podrá reconocerlos alguno de los empleados?

POLICÍA: No creo que los reconozca nadie pues llevaban máscaras.

DELGADO: ¿Ha encontrado la policía a los ladrones?

POLICÍA: Dudamos que estén todavía en la ciudad. Estamos seguros de que había cómplices que los esperaban en un carro para escaparse. No sabemos dónde están pero se han ido de la ciudad sin duda alguna.

DELGADO: Parece mentira que hayan podido robar el banco tan fácilmente.

POLICÍA: Y es increíble que se hayan escapado tan rápidamente, pero los vamos a encontrar y meter a la cárcel. No cabe la menor duda.

JUEVES

Radio 1000 AM

12:00

OIGA DOCTOR
Consulte sin previa cita a médicos de gran prestigio
CONDUCE: MARÍA DE LA LUZ TORRES-CANO NEWTON

13:00

LA CIUDAD
2ª emisión
CONDUCE: MAYTÉ NORIEGA
Noticias nacionales e internacionales

14:00

LA MISCELÁNEA DEL ÁNGEL
Genio y figura...
CONDUCE: GERMÁN DEHESA

15:00

DEL TINGO AL TANGO
Comentarios y chismes del mundo del espectáculo
CONDUCEN: RONNA FLETCHER Y AGUSTÍN ROMO ORTEGA

P: ¿Le gusta ver televisión?

R: Sí, me gusta ver televisión.

P: ¿Qué programas ve?

R: Veo novelas.

P: ¿Algo más?

R: Informativo y algún programa de entretenimiento.

P: ¿Qué tipo de programa no le gusta?

R: De política.

P: ¿Por qué?

R: Porque a mí no me gusta la política.

P: ¿A Ud. le influencian mucho los anuncios publicitarios?

R: No, no, no le presto atención. Me es indiferente.

Mariel

1 ¿Tú crees que sea verdad?

Indica si cada frase es **cierta** o **falsa** o si **no se sabe.** Si es falsa, corrígela.

1. A Alejandro no le gustan los programas de deportes.
2. Juan tiene un programa especial en la emisora Radio Bonita sobre la música rock.
3. El señor Delgado está investigando el robo para la policía.
4. El agente de policía está seguro que van a encontrar a los ladrones.
5. Radio 1000 AM presenta información sobre el país y el mundo.
6. A Mariel le encantan los programas políticos.

2 Busca las expresiones

¿Qué expresiones se usan para expresar duda? ¿Cuáles se usan para expresar certeza *(certainty)?* Haz una lista de estas expresiones.

3 ¿Comprendiste?

Contesta estas preguntas con un(a) compañero(a).

1. ¿Qué tipo de programas le gusta y no le gusta a Alejandro? ¿Por qué?
2. ¿Cuál es el enfoque del programa de Juan? ¿Escuchas programas de este tipo?
3. ¿Por qué no podrán reconocer a los ladrones los empleados del banco? ¿Cómo se escaparon del banco tan fácilmente?
4. ¿A quiénes puedes consultar si llamas a Radio 1000 AM a las 12? ¿Llamas tú a programas de este tipo?
5. ¿Qué opina Mariel de los anuncios publicitarios?

NOTA CULTURAL

Es probable que la gente de América Latina dependa más de la radio que los estadounidenses. Hay más radios que televisores en América Latina, y muchas personas cuentan con la radio para escuchar las noticias, música, programas deportivos y novelas. ¿Es muy importante en tu vida la radio? ¿Qué tipo de programas prefieres escuchar?

▼▼▼▼▼▼▼▼▼▼▼▼

4 ¿Qué significa?

Lee las frases de la primera columna. Usa el contexto para escoger la frase de la segunda columna que mejor define la frase en negrillas. Usarás una definición dos veces.

1. Soy **locutor** de un programa especial en Radio Bonita.
2. Radio Bonita es una **emisora** de Guatire.
3. **Es increíble** que se hayan escapado los ladrones.
4. ¿A Ud. le influencian los **anuncios** publicitarios?
5. **Dudamos** que estén todavía en la ciudad.

a. lo que dicen para vender algo
b. estación de radio
c. una persona que habla por la radio
d. es difícil de creer

5 Ahora te toca a ti

Imagina que tú y dos o tres compañeros(as) son miembros de un comité que está planeando la programación para los viernes. Sugieran programas para la noche entre las ocho y las once y expliquen por qué cada programa es el más apropiado para cada hora.

¡TELEVIVA!

-------- **Canal 4** --------

¡Tu emisora favorita!

Viernes	
8 PM	Novela: "Esperanza sueña"
9 PM	Documental: "Los volcanes"
10 PM	Noticias locales e internacionales
11 PM	Película: "Mi perro Frufrú"

PRIMER PASO

Expressing doubt and disbelief; expressing certainty

ASÍ SE DICE   Expressing doubt and disbelief

Si quieres indicar que no crees algo, puedes decir:

Dudo que comience el noticiero antes de las once.

Parece mentira que haya corresponsales allí durante la guerra.

No estoy seguro(a) que el comentarista tenga razón.

No creo que tengan buenos programas en ese canal.

No puedo creer que los anuncios sean tan largos.

Es increíble que Internet tenga tanta información.

NOTA GRAMATICAL

Spanish uses the subjunctive after expressions of doubt and disbelief:

No creo que nuestro periódico **sea** muy bueno.

Dudo que haya tiempo para ver la tele.

Haya is the subjunctive of **hay**.

6 ¿Juana o Clarice?

Juana piensa que hay demasiada violencia en la televisión. Clarice cree que el problema de la violencia es exagerado. Escucha cada frase e indica si la dijo Juana o Clarice.

7 Lo dudo mucho

Gregorio está leyendo un periódico que dedica mucho espacio a noticias sensacionales. Completa los pensamientos de Gregorio con la forma correcta de uno de los verbos indicados.

querer   gastar   decir   ser   tener   hacer

1. Dudo que la senadora Rodríguez ===== billonaria.
2. No puedo creer que ella ===== veinticinco carros.
3. Es increíble que la senadora ===== un millón de dólares cada día.
4. Parece mentira que la senadora y sus amigos ===== un viaje a Europa cada mes.
5. No estoy seguro que este periódico ===== la verdad en sus artículos.
6. No creo que tú ===== comprar este periódico. ¡Es malísimo!

8 No creemos que...

Con un(a) compañero(a), combina elementos de las dos columnas para expresar por lo menos cinco opiniones sobre la programación violenta y su efecto en los niños. Luego indica si estás de acuerdo con estas opiniones y por qué.

A	B
No creo que	haber tantos programas violentos
Dudo que	los padres no ver los programas con sus hijos
Parece mentira que	nosotros tener programas apropiados para los niños
Es increíble que	los padres no quejarse más de la violencia
No puedo creer que	los niños poder ver tanta violencia sin malos efectos
No estoy seguro(a) que	el Congreso permitir tanta violencia en la tele

9 Lo dudo

Lee el artículo. Si no crees que las oraciones que siguen sean ciertas según lo que leíste, responde con expresiones de duda. Si crees que son ciertas responde con **Es cierto.**

Claves para ver mejor la televisión

El doctor Brandom Centerwall de la Escuela de Salud Pública de Seattle ha afirmado que "ver la televisión a menudo no debería ser dañino si los niños aprenden a interpretar lo que ven". Según él, restringir el acceso a ciertos programas es una solución eficaz pero pasajera. Lo más importante es enseñar al televidente desde pequeño a controlar la televisión. Esto significa explicar a los niños cómo funciona la tecnología audiovisual, quién diseña los programas, cómo se miden las audiencias, y qué significa cada pieza del lenguaje televisivo".

Precisamente por eso hemos hecho este artículo. Porque, en contra de lo que muchos opinan, ver la televisión no tiene por qué ser malo. Sólo hay que saber hacerlo.

1. Ver la televisión les hace daño a los niños.
2. Los niños deben tener acceso a todos los programas de televisión.
3. Los niños ya saben interpretar lo que ven en la televisión.
4. Debemos enseñarles a los niños a interpretar lo que ven en la televisión.
5. El autor cree que ver la televisión es malo.

10 No puedo creer que...

Con dos o tres compañeros(as), escribe una lista de cinco frases absurdas o difíciles de creer. Luego den sus frases a otro grupo. Ese grupo debe expresar dudas sobre lo que Uds. han escrito.

MODELO —¡Vamos a estar en la televisión hoy!
—No podemos creer que Uds. estén en la tele hoy.

VOCABULARIO

anunciar *to announce*
el anuncio *commercial*
la cadena *(broadcast) network*
el canal *channel*
el (la) comentarista *commentator*
el documental *documentary*
la emisora *radio station*

en línea *online*
el (la) locutor(a) *announcer, anchorperson*
el noticiero *news program*
por cable *on cable*
la prensa *press*
el programa *program*
el reportaje *report*
el (la) reportero(a) *reporter*
el sitio Web *Web site*

11 En la tele

Vas a escuchar cinco oraciones. Indica qué palabra del **Vocabulario** va mejor con cada frase que escuchas.

12 Un debate

Imagina que dos políticos están debatiendo los problemas de Internet. Cuando una persona da su opinión, la otra persona indica que no la cree y da su propia opinión. Escribe por lo menos 10 frases.

MODELO   SENADORA GARCÍA:
Creo que debemos controlar y limitar lo que sale en Internet.

SENADOR FREIRE:
Dudo que la variedad de ideas tenga una mala influencia.

NOTA CULTURAL

Argentina, como país inmenso al extremo del continente, se ha aplicado al uso de Internet. Este medio de comunicación sirve para unir a los argentinos con culturas, información y costumbres de otras regiones. Un estudiante en la Patagonia puede comunicarse por e-mail con alguien en Tucumán, leer un periódico de Buenos Aires, investigar la ecología de Costa Rica, comprar un diccionario ruso, todo por medio de Internet. ¿Qué cambios sociales crees que esto produce? ¿Qué cambios ha producido Internet en tu comunidad?

13 ¿Qué piensan Uds.?

Imagina que tú y dos compañeros(as) son los invitados(as) en un programa de televisión para discutir los problemas de la televisión. El anfitrión/la anfitriona *(host)* hace preguntas un poco ridículas. El grupo debe responder con expresiones de **Así se dice.**

MODELO   —Hay demasiados programas para personas de su edad, ¿no les parece?
—No creemos que haya demasiados programas para personas como nosotros(as).

ASÍ SE DICE   Expressing certainty

Si quieres expresar certeza *(certainty)*, puedes decir:

Es cierto que hubo un documental anoche.
Estoy seguro(a) que el programa empieza a las siete.
Estoy convencido(a) que el noticiero de las diez es el mejor.
Sin duda alguna. *Without a doubt.*
No cabe la menor duda. *There is absolutely no doubt.*
Claro que todos recibimos tu anuncio por correo electrónico.
Todo el mundo sabe que hay periódicos en línea de muchas ciudades.
Es evidente que hay muchos anuncios durante los programas.
Es obvio que la emisora presenta una programación variada.
It's obvious that . . .
Por cierto. *Certainly.*
Por supuesto. *Of course.*

NOTA GRAMATICAL

The preposition **por** is used in many fixed expressions, like **por cierto** and **por supuesto.** For an explanation of the uses of **por** and **para,** see page R23.

14 ¿Quién lo piensa?

Usa expresiones de **Así se dice** para afirmar que las siguientes frases son ciertas. Si no estás de acuerdo, cambia la frase para poder usar una expresión de duda.

1. Tenemos programas que estimulan a los jóvenes intelectualmente.
2. La televisión e Internet son útiles en la educación.
3. Los jóvenes pasan suficiente tiempo con los estudios.
4. Los jóvenes pasan demasiado tiempo viendo la tele y navegando por la Red.

15 ¿Qué crees?

Imagina que estás entrevistando a tu invitado(a) para el programa **El futuro de la comunicación.** Usa estas preguntas. Tu invitado(a) debe contestar con expresiones de duda o certeza usando las frases entre paréntesis u otras ideas que tenga.

MODELO —Todos recibirán noticieros en otros idiomas pronto, ¿no? (cable/la cadena)
—Dudo que las cadenas den noticieros en otros idiomas. Es cierto que se necesitará cable.

1. ¿Cómo será el periódico en unos diez años? (periódico en papel/periódico en línea)
2. Todos tendrán cable dentro de cinco años, ¿no crees? (antena parabólica/cable)
3. ¿Crees que cada familia tendrá su propio sitio Web en quince años? (en línea/Red)
4. En tu opinión, ¿cómo se usará la Red en el futuro? (noticieros/en línea)

16 ¡Entrevista exclusiva!

Imagina que eres reportero(a) para un noticiero sobre estrellas del cine y de la televisión. Estás entrevistando al agente de una estrella de televisión. Escribe un diálogo breve en que el agente responde a tus preguntas sobre la estrella con expresiones de certeza o de duda.

MODELO —La señorita Rulfo va a hacer una película este año, ¿no?
—Sí, es cierto que va a hacer una película en dos meses.

VOCABULARIO

¡Ya lo sé!   *I know!*
estar al tanto de   *to be up to date on*
estar bien informado(a) sobre   *to be well informed about*
Que yo sepa...   *As far as I know . . .*
no saber ni jota de   *to know absolutely nothing about*
no tener la menor idea   *not to have the slightest idea*
Me suena a chino.   *It's Greek to me.*
¿Qué sé yo?   *How should I know?*

A LO NUESTRO

Different cultures have different ways of saying that something is hard for them to understand. English uses the expression "It's Greek to me." Spanish uses **Me suena a chino** (*It sounds like Chinese to me*), while German speakers say **Das kommt mir spanisch vor** (*That's Spanish to me*).

17 Un programa de concurso

Imagina que un(a) compañero(a) quiere participar en el programa **¡Encuentra tu fortuna!** Tú eres la persona que entrevista a cada participante antes del programa para preguntarle qué sabe de los temas del programa. Pregúntale a tu compañero(a) qué sabe sobre estos temas, y él o ella responderá con vocabulario de este **Paso.**

1. las comidas de los Estados Unidos
2. los idiomas *(languages)* que se hablan en Estados Unidos
3. los automóviles
4. los programas en la tele los viernes
5. las clases que dan en las escuelas secundarias

¿Se te ha olvidado?
uses of se
Ver la página R18

18 ¿Quién sabe?

Con dos o tres compañeros(as), escribe cinco preguntas. Luego, otro grupo tiene que contestarlas, usando las expresiones de este **Paso** cuando sea posible.

MODELO —¿Hay vida en el planeta Marte?
—¿Quién sabe? Que nosotros sepamos, no hay vida allí. Dudamos que haya suficiente agua para plantas y animales.

CD-ROM
Disc 2

¿Cómo te afectan los anuncios comerciales?

Muchas empresas gastan millones de dólares al año en campañas publicitarias para promover sus productos. Escucha las respuestas de estas personas hispanohablantes acerca de la influencia de los anuncios comerciales.

● Alejandro

Buenos Aires, Argentina

"No. Creo que no. En algunos casos... pueda influir o me pueda llegar un mensaje pero [para que] me hagan tomar distintas decisiones... creo que ya esa parte de la elección es mía y no depende de la televisión o de un anuncio".

● Ricardo

Ciudad de México, México

"No, no me influencian mucho los anuncios publicitarios... Los anuncios que están muy bien hechos, me interesan por cómo están hechos, pero la información en general no me influencia".

● Vivian

Miami, Florida

"Sí, me influyen mucho. Bueno, me informan, me hacen pensar en una manera, me dicen qué está pasando e influyen en mis pensamientos sobre ese tópico".

Para pensar y hablar...

A. Dos entrevistados coinciden en que los anuncios comerciales no afectan sus decisiones. Sólo uno de ellos dice que le dan otros puntos de vista y otro que le atrae el modo en que los comerciales están hechos. ¿Quiénes son?

B. ¿Para qué sirven los anuncios comerciales? ¿Son distintos los comerciales que promueven productos de los anuncios que apoyan causas sociales? ¿De qué manera son distintos? ¿Los anuncios comerciales están planeados para un público de hombres y mujeres? ¿Para un público de todas las edades? Incluye detalles que apoyen tus respuestas.

¡ADELANTE!

Los medios de comunicación

Los periódicos y las revistas son importantes medios de comunicación. ¿Lees el periódico o una revista con frecuencia?

Jorge

P: ¿Lees el periódico todos los días y qué partes te gustan más?

R: Este... partes políticas, informativa, informe general y deportes.

P: ¿Lees todos los días?

R: Todos los días, trato aunque sea...

P: ¿Lees también revistas?

R: Eh... sí, no muchas pero leo bastante.

P: ¿Cuáles?

R: Este, *Caras*, *Gente*, eh... *Gráfico*, este... y no, ninguna más.

Los chicos periodistas

Son inquietos y recuriosos. No se cansan de preguntar y a la hora de mirar no se les escapa nada. Estos chicos se preparan y hacen temblar a los más experimentados profesionales.

Trabajan muy fuerte durante todo el año en los talleres de Periodismo y Medios de Comunicación que tiene cada escuela de la Municipalidad de Buenos Aires. Analizan la información de los medios y editan sus propias revistas. Y después se juntan para "comunicarse". Así es, más de 400 chicos, de tercero a séptimo grado, una vez por año se reúnen para intercambiar experiencias.

Asisten "todos juntos" a talleres en los que elaboran una encuesta, llenando formularios y preguntando—grabador en mano—sobre distintos temas; aprendiendo a armar la primera plana de un diario o a hacer su propio periódico con nombre y todo; otros se dedican a producir un programa de radio con efectos especiales o a grabar en video a los compañeros que trabajan; y nunca faltan los que le ponen el toque gracioso al encuentro, fabricando las páginas de humor. Y todas estas actividades son dirigidas por profesionales de verdad que confían a los chicos todos los secretos de la comunicación.

19 ¿Comprendiste?

1. ¿Cuándo lee Jorge el periódico?
2. ¿Qué secciones del periódico prefiere Jorge?
3. ¿Qué sección del periódico lee Ramiro para saber el resultado de un partido?
4. ¿En qué grados están los chicos que están estudiando periodismo en Buenos Aires?
5. ¿Quiénes enseñan las clases de periodismo?
6. Según el artículo en la página 203, ¿cómo ayudará a los estudiantes tener más horas de clase?

20 Busca las expresiones

¿Qué palabras o frases se usan para...?

1. expresar posibilidad; imposibilidad
2. hablar de las partes del periódico

Comentario:
Se necesitan más horas de clase

Creemos que los estudiantes de nuestro país necesitan más horas de clase para competir con estudiantes de otros países. Si nuestros estudiantes no aprenden lo suficiente, es posible que tengan graves desventajas en el mundo comercial. Es imposible que nuestros estudiantes obtengan buenos empleos si continuamos con el programa de hoy. Puede ser que las horas adicionales de clase constituyan un problema para algunos estudiantes que trabajan, pero es probable que a la larga las horas adicionales ayuden a los estudiantes a encontrar buenos trabajos más tarde. Tal vez sea mejor introducir este plan experimentalmente en algunas ciudades. Esperamos que se pongan en contacto con sus representantes lo más pronto posible para discutir este problema.

P: ¿Lees el periódico todos los días?
R: Sí, leo el periódico todos los días.
P: ¿Qué partes te gustan más?
R: No, lo leo todo, todo.
P: ¿No tienes una sección preferida?
R: No, a veces depende; si quiero saber el resultado de unos partidos, miro la parte de deportes, pero normalmente leo todo.
P: ¿Lees revistas también?
R: A veces también leo revistas.

Ramiro

21 Para discutir

Con un(a) compañero(a), responde a las siguientes preguntas. ¿Están Uds. de acuerdo? ¿Cómo son parecidas sus opiniones y cómo son diferentes?

1. ¿Lees el periódico todos los días? ¿Por qué lees el periódico?
2. ¿Qué parte del periódico lees primero? ¿La primera plana *(front page)*? ¿Los editoriales? ¿La sección de deportes? ¿La sección de noticias locales o internacionales? ¿Por qué?
3. ¿Lees muchas revistas? ¿Lees revistas en línea? ¿Qué revistas lees? ¿Por qué?
4. ¿Cuáles son las ventajas de tener clases de periodismo para los jóvenes? ¿Hay clases parecidas en tu colegio o ciudad?
5. ¿Es buena idea tener más horas de clase cada día? ¿Por qué sí o por qué no?

22 Ahora te toca a ti

Además de las revistas y el periódico, ¿qué medios de comunicación usas regularmente? ¿Qué ventaja o desventaja tiene cada uno?

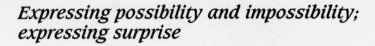

SEGUNDO PASO

*Expressing possibility and impossibility;
expressing surprise*

ASÍ SE DICE Expressing possibility and impossibility

Si quieres indicar que algo es posible o imposible, puedes decir:

Es posible que la cadena cancele mi programa favorito.
Posiblemente podamos grabar el documental en videocasete.
Puede ser que comience tarde el noticiero.
Quizás / Tal vez / A lo mejor haya información sobre eso en el periódico.
Es fácil que el artículo de Juan salga en una revista en línea.
  It's likely that . . .
Es difícil que el DVD elimine completamente el videocasete.
  It's unlikely that . . .
Es probable que mi hermano lea sólo la sección deportiva.
Es imposible que Andrés estudie mientras su hermana escucha la radio.

GRAMÁTICA The subjunctive after impersonal expressions

1. An impersonal expression consists of a form of the verb **ser** plus an adjective; for example, **es importante que, es necesario que,** or **es dudoso que.** Spanish uses the subjunctive after all impersonal **ser** expressions except those that express truth, such as **es cierto que, es verdad que, es evidente que,** and **es obvio que.**

   Es dudoso que la carta **llegue** pronto. *(subjunctive)*
   Es cierto que tenemos un buen periódico. *(indicative)*

2. When expressions like **es cierto que** are made negative, the subjunctive follows **que** because they then imply doubt.

   No es cierto que Alberto **sea** periodista para esa revista.

3. When expressions like **es dudoso que** are made negative, the indicative follows **que** because they no longer indicate doubt.

   No es dudoso que mucha gente **lee** sólo las tiras cómicas.

23 Una revista internacional

Indica qué frase expresa lo contrario de cada frase que escuchas.

a. Es probable que haya artículos en otras lenguas.
b. Puede ser que usemos fotografías a colores.
c. Es difícil que vendamos muchos periódicos este año.
d. Es dudoso que tengamos corresponsales *(correspondents)* en otros países.

24 La tele y la realidad

Lee el artículo e indica si cada oración es **cierta** o **falsa**. Si es falsa, usa expresiones de **Así se dice** para corregirla. Basa tus respuestas en el texto.

1. Es probable que la televisión no se relacione con la vida real.
2. Tal vez aumente la televisión nuestra experiencia del mundo.
3. Es posible que no haya relación entre nuestros sentimientos y lo que vemos en la tele.
4. Quizás a Pilar Aguilar no le guste la televisión.

La tele recrea situaciones idénticas a las de la vida real

En los programas televisados, según Pilar Aguilar, se vierten algunas de nuestras pasiones, miedos y deseos que reprimimos en la vida real. Además, las imágenes de televisión enriquecen nuestra experiencia y nuestra percepción limitada del mundo. Para colmo, el truco del medio audiovisual es que recrea situaciones que se parecen como una gota de agua a la realidad que nos rodea, pero que pertenecen a realidades muy lejanas.

VOCABULARIO

los anuncios clasificados *classified ads*	**el (la) periodista** *journalist*
el artículo *article*	**la primera plana** *front page*
los editoriales *editorials*	**la sección financiera** *financial section*
los obituarios *obituaries*	**los titulares** *headlines*

25 Los titulares

¿En qué sección del periódico puedes leer algo sobre las siguientes cosas?

1. la inflación
2. la ropa en París
3. las películas
4. la comida
5. el fútbol
6. fiestas de gente famosa
7. opiniones de los periodistas
8. Calvin y Hobbes®
9. las noticias más importantes

26 Fama y fortuna

Escucha las siguientes noticias e indica a qué personaje famoso se refiere cada una.

Gabriel Batistuta

Celia Cruz

el rey Juan Carlos

Daisy Fuentes

27 El periódico escolar

Imagina que trabajas para el periódico de tu colegio. En grupos de cuatro, decidan cuáles van a ser los temas de esta semana. Cada persona debe escoger dos secciones del periódico y mencionar varias ideas para los artículos.

MODELO   sección deportiva
—Es probable que el equipo de tenis participe en las finales.

ASÍ SE DICE   Expressing surprise

Si quieres expresar sorpresa, puedes decir:
¡No puede ser!
¡No me digas!
¡Qué sorpresa!
No me lo puedo creer.
No me lo esperaba.   *It caught me by surprise.*
¡No es posible!

---

28 ¡No me digas!

Lee los siguientes titulares de la primera plana de un periódico que compraste en el supermercado. Luego expresa sorpresa de una manera diferente para cada titular.

¡Presidente de Estados Unidos es del planeta Júpiter!

¡Niño de 7 años levanta coche para salvar a padre!

¡¡Serpiente gigante come ciudad entera!!

¡Estados Unidos vende Texas a la Argentina!

29 Historia completa

Escoge dos de los titulares en la Actividad 28 y escribe un artículo corto para cada uno. Usa algunas de las siguientes expresiones.

es difícil que

no lo esperaba

quizás

tal vez

no puede ser

es imposible que

no puedo creer que

NOTA CULTURAL

En los Estados Unidos se encuentran revistas y periódicos en muchas tiendas. Pero en la Argentina y otros países latinoamericanos, se venden periódicos y revistas en pequeños puestos que se llaman kioscos. En Buenos Aires los kioscos son más que pequeños puestos: son verdaderas tiendas en miniatura, muy bien arregladas y con anuncios luminosos. En los kioscos, los porteños pueden comprar de todo, desde dulces hasta champú. Por lo general, un buen kiosco está abierto 24 horas al día. ¿Hay algo similar en tu ciudad?

30 Eso no lo puedo creer

Con un(a) compañero(a), lee los artículos que Uds. escribieron en la Actividad 29. Después de leer los artículos, cada estudiante debe responder con las expresiones de **Así se dice** de este **Paso**.

31 Editoriales

En grupos de tres, hablen de los siguientes temas. Cada miembro del grupo debe escoger uno de los temas y preparar un comentario que exprese sus opiniones personales. Lean sus editoriales a la clase e inicien un debate para discutir las ideas presentadas.

Es posible que sea necesario, pero para mí, nos dan demasiada tarea en el colegio. La tarea no debe ser obligatoria.

Nosotros ganamos dinero para el colegio. Creo que las escuelas deben pagarles a los atletas.

No entiendo por qué no puedo estudiar sólo ciencias. Sé que quiero ser químico. Tal vez podamos aprender mejor con un plan de estudios más especializado.

32 En mi cuaderno

¿Cuáles son las últimas noticias de tu colegio? Imagina que te toca a ti escribir el artículo de la primera plana para el periódico escolar. Escoge un tema de interés para tu colegio y escribe el artículo. Incluye expresiones de certeza y otras de posibilidad e imposibilidad.

Signos de puntuación

*V*as a leer un fragmento de una obra de teatro escrita por M. Toledo y Benito. Un hombre, el señor Álvarez, se ha muerto y en esta obra se lee su testamento *(will)*. Como verás, los diferentes personajes tienen muy diferentes interpretaciones del testamento.

Estrategia

Summarizing ideas is an easy way to help you concentrate on what you are reading. Simply stop and write down a short summary after each important idea you read. If you have any questions about what you are reading, jot them down also. As you continue reading, the answers will probably become clear.

¡A comenzar!

A. Revisa las secciones de **Personajes** y **Escena**. ¿De qué tratan? ¿Por qué está incluida esta información en la obra?

B. Busca las instrucciones para los actores que se encuentran dentro de varias secciones de diálogo. Resume las acciones que los actores toman durante la obra.

Al grano

C. Trabaja con unos(as) compañeros(as). Lean la obra en voz alta y con buena pronunciación. El testamento se repite seis veces. Resuman el contenido de cada versión en una oración.

D. ¿Entendiste todos los detalles? Trata de contestar todas estas preguntas sin mirar el texto. Si

Signos de puntuación

I.

Personajes

El juez   El mendigo
El maestro   El hermano
El sastre   El sobrino

Escena   (Una sala. Los personajes están sentados delante de una mesa. Habrá una pizarra colocada frente al público.)

* * * * * * * * * * *

El juez: Y ya, señores, para que todos aprecien las diversas interpretaciones del testamento que dejó nuestro buen amigo el señor Álvarez, vamos a copiar en esa pizarra la forma en que lo dejó. (*al maestro*) Hágame el favor de copiarlo usted, señor maestro, que sabe usar la tiza con más soltura que cualquiera de nosotros...

El maestro: Permítame el original, señor juez.

El juez: (*dándoselo*) Sírvase.

El hermano: (*mientras el maestro copia en la pizarra el testamento que dice:* "Dejo mis bienes a mi sobrino no a mi hermano tampoco jamás se pagará la cuenta del sastre nunca de ningún modo para los mendigos todo lo dicho es mi deseo yo Federico Álvarez".) Señor juez, como hermano, quisiera hacer la primera interpretación.

El juez: Puede hacerla, señor.

El hermano: (*Puntúa el testamento y lo lee en la siguiente forma:*) "¿Dejo mis bienes a mi sobrino? No: a mi hermano. Tampoco jamás se pagará la cuenta del sastre. Nunca, de ningún modo para los mendigos. Todo lo dicho es mi deseo. Yo, Federico Álvarez".

El sobrino: Está equivocado, completamente equivocado, señor juez. La verdadera intención de mi tío fue otra, como les puedo demostrar. (*Puntúa el testamento y lee.*) "Dejo mis bienes a mi sobrino, no a mi hermano. Tampoco jamás se pagará la cuenta del sastre. Nunca de ningún modo para los mendigos. Todo lo dicho es mi deseo. Yo, Federico Álvarez".

II.

El sastre: Y ahora, señor juez, me toca a mí demostrar la intención del señor Álvarez. (*Puntúa el testamento y lo*

¿Te acuerdas?

If you know specific details you want to find, you can scan the text quickly, looking only for those details.

no sabes una respuesta, búscala en la lectura.

1. ¿Quién escribe el testamento durante el drama?
2. ¿Dónde lo escribe?
3. ¿Por qué quiere dinero el sastre?
4. ¿Quién toma la decisión final sobre el testamento?
5. ¿Quién pone los signos de puntuación en la versión del testamento que el juez acepta?
6. Al final, ¿quién va a recibir los bienes *(possessions)* y el dinero del señor Álvarez?

E. Con unos(as) compañeros(as), copia la primera versión del testamento (la ambigua) en una hoja de papel. Escojan uno de los posibles herederos (el sobrino, el hermano, el sastre, los mendigos o el juez) y escriban los signos de puntuación apropiados sin consultar el libro de texto. Luego, den el testamento a otro grupo. El otro grupo tiene que adivinar quién recibirá los bienes del señor Álvarez.

F. En tu opinión, ¿cuál fue la meta del autor al escribir esta historia? ¿Qué defectos humanos está tratando de señalar *(point out)*? ¿Tiene la historia algún mensaje moral? ¿Cuál es?

VAMOS A LEER

G. Con un(a) compañero(a), escribe otro fin para la obra en el cual el juez escoge a la persona que debe recibir los bienes del señor Álvarez y explica por qué.

H. Imagina que un milagro *(miracle)* ha ocurrido—el señor Álvarez no ha muerto en realidad y entra en la corte. Cuando descubre lo que dijeron los herederos, se pone furioso. Inventa una conversación en que el señor Álvarez habla con cada uno de los herederos.

I. Reúnete con unos(as) compañeros(as). Cada persona en su grupo toma el punto de vista de uno de los personajes de la historia y explica por qué él debe heredar los bienes del señor Álvarez. Las otras personas explican por qué no debe ser así.

J. Discuss these questions with two or three of your classmates and compare your opinions with those of the rest of your class.

1. Do you agree with the judge's decision? Why or why not?
2. Do you believe a similar situation could occur in real life? Explain your opinions.
3. Is it important to leave a will? Why or why not?
4. What are some ways to make sure that a will is clearly understood and carried out?
5. What form do you think wills will take in the future? In 50 years, will there still be documents written on paper? If a will were left on audiotape or videotape, could the message be as confusing as it is in this play? Explain your answers.

lee.) "¿Dejo mis bienes a mi sobrino? No. ¿A mi hermano? Tampoco, jamás. Se pagará la cuenta del sastre. Nunca de ningún modo para los mendigos. Todo lo dicho es mi deseo. Yo, Federico Álvarez".

El mendigo: Permítame, señor juez, puntuar el testamento como lo habría querido el señor Álvarez. *(Puntúa el testamento y lo lee.)* "¿Dejo mis bienes a mi sobrino? No. ¿A mi hermano? Tampoco jamás. ¿Se pagará la cuenta del sastre? Nunca, de ningún modo. Para los mendigos todo. Lo dicho es mi deseo. Yo, Federico Álvarez". Esto y nada más es lo que quiso mandar el señor Álvarez, téngalo por seguro.

El maestro: Yo no lo creo. El señor Álvarez habría querido que yo puntuara el testamento para él. *(Lo hace y lee este testamento en esta forma.)* "¿Dejo mis bienes a mi sobrino? No. ¿A mi hermano? Tampoco. Jamás se pagará la cuenta del sastre. Nunca, de ningún modo para los mendigos. Todo lo dicho es mi deseo. Yo, Federico Álvarez".

El sastre: En esa forma el señor Álvarez no habría dejado herederos.

El juez: Así es, en efecto, y, visto y considerando que esta última interpretación es correcta, declaro terminado el juicio, incautándome de esta herencia en nombre del Estado.

*The play **Signos de puntuación** shows the importance of using punctuation to organize your ideas clearly and logically. In this activity, you will write a report about a concert for a music magazine, and you will learn another way to make your writing flow in an organized and logical way.*

El concierto

Imagina que trabajas para la revista **Megamúsica 17**. Escribe un reportaje de cuatro o cinco párrafos sobre un gran concierto en tu ciudad patrocinado por la organización **Juventud Contra la Droga**. Describe todas las cosas importantes que viste y oíste en el concierto.

A. Preparación

1. Imagina que llegas antes del comienzo del concierto. ¿Dónde es el concierto? ¿Quiénes están allí? ¿Qué ves y oyes? Haz una lista de todas tus impresiones. Si quieres, puedes hacer diagramas para vincular *(connect)* ideas relacionadas.
2. El concierto comienza. ¿Qué hora es? ¿Qué ves y qué oyes ahora? ¿Quiénes son los músicos? ¿Cómo son? ¿Qué tipo de canciones tocan? Añade estas impresiones a tu lista.
3. El concierto termina. ¿Qué tal estuvo? ¿Qué ves y oyes? ¿Cómo se siente la gente al salir del concierto?

ESTRATEGIA

Connecting words
Have you ever read a paragraph or composition that seemed more like a collection of unrelated sentences than a unified whole? Connecting words help solve that problem by joining thoughts together in a logical, unified way. For example, the words **primero, luego, antes (de), después (de),** and **por fin** help you describe a chain of events in a way that your reader can easily understand.

B. Redacción

1. Escribe una introducción en que mencionas qué grupo tocó en el concierto y dónde.
2. Escribe dos o tres párrafos para dar detalles de lo que pasó en el concierto. Menciona las cosas más importantes de la lista que preparaste, y usa palabras apropiadas para vincular tus ideas.
3. Escribe una buena conclusión. Incluye lo que pensaba la gente del concierto y tus opiniones globales. ¿Estuvo bueno el concierto? ¿Habrá otros conciertos del mismo grupo?

C. Evaluación

1. Lee tus párrafos. ¿Están bien organizados? Si no, cambia el orden de los elementos. ¿Usaste palabras apropiadas para vincular tus ideas?
2. Pídeles a dos o tres compañeros(as) que lean tu reportaje. ¿Les parece lógico? Agrega otros detalles e impresiones si son necesarios.
3. ¿Escribiste bien todas las palabras? Consulta un diccionario bilingüe, o a tus compañeros(as) o a tu profesor(a). ¿Usaste correctamente las formas verbales? Consulta tu libro de texto y habla con tu profesor(a) si necesitas ayuda.

 CD-ROM Disc 2

1 Lee la tira cómica de Calvin y Hobbes® y responde a las siguientes frases con las expresiones de certeza, duda y sorpresa que aprendiste en este capítulo.

MODELO   Calvin quiere cocinar las palomitas *(popcorn)* sin la tapa *(lid).*
—No puedo creer que quiera cocinarlas sin la tapa.

1. Es buena idea cocinar las palomitas sin la tapa.
2. Hay muchas palomitas en el piso.
3. A los padres de Calvin les encanta encontrar palomitas en el piso.
4. Van a cocinar más palomitas de maíz.
5. Según Calvin, cocinar palomitas de maíz sin la tapa es mejor que hacer explotar *(to explode)* una papa en el horno de microondas.

2 Imagina que tu escuela ha instalado una nueva red de computadoras que te permite comunicarte electrónicamente con otros estudiantes de tu colegio. Escribe un mensaje para enviar a un(a) amigo(a) en el que expresas tus opiniones del sistema. Usa todas las expresiones de **Así se dice** que puedas.

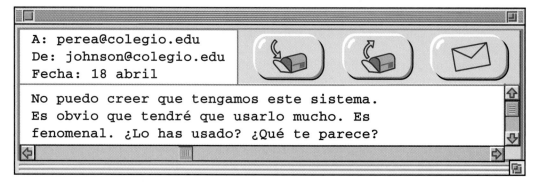

```
A: perea@colegio.edu
De: johnson@colegio.edu
Fecha: 18 abril

No puedo creer que tengamos este sistema.
Es obvio que tendré que usarlo mucho. Es
fenomenal. ¿Lo has usado? ¿Qué te parece?
```

3 Imagina que tú y un(a) compañero(a) están en la televisión reseñando *(reviewing)* una película que han visto. Usa expresiones de **Así se dice** para responder a lo que dice tu compañero(a) sobre los actores, el argumento *(plot),* los personajes y las situaciones.

MODELO   —Creo que la actriz principal va a ganar muchos premios de la Academia de Cinematografía.
—No es probable que gane un premio; es más fácil que el actor principal lo gane.

4 ¿Qué parte del periódico estás escuchando? Para cada selección que oyes, indica de qué sección del periódico viene.

a. la sección de ocio
b. los editoriales
c. la sección financiera
d. la sección de moda
e. la primera plana
f. los obituarios

5 Menciona por lo menos cinco noticias sobre tu ciudad a un(a) compañero(a). Tu compañero(a) debe responder a cada noticia con expresiones de **Así se dice.**

MODELO —No van a abrir la piscina municipal este verano.
—¡No me digas! No puedo creer que no abran la piscina.

6 Con dos o tres compañeros(as), contesta las preguntas con información cultural de este capítulo.

1. Los estadounidenses cuentan mucho con la televisión para informarse. ¿Con qué cuentan muchos latinoamericanos?
2. ¿Para qué usan Internet los estudiantes argentinos?
3. ¿Dónde se pueden comprar revistas y periódicos en Latinoamérica?
4. ¿Qué horario tienen los buenos kioscos en Argentina?
5. ¿Qué se puede comprar en un kiosco argentino, además de periódicos y revistas? ¿Hay algo parecido a los kioskos en Estados Unidos? Expliquen sus respuestas.

7 S I T U A C I Ó N

Con unos(as) compañeros(as), diseña parte de un noticiero de televisión, de radio o de Internet. Cada grupo en tu clase tendrá que hacer una presentación de cinco minutos sobre uno de los siguientes temas. Usen, cuando sea posible, las expresiones de **Así se dice** de este capítulo.

1. noticias locales e internacionales
2. comentario político
3. el clima / el tiempo
4. los deportes
5. las artes / las diversiones
6. reportajes de interés general

**Can you express
doubt and disbelief?
p. 197**

1 Mira los dibujos y contesta las preguntas con expresiones de duda o
de certeza.

Sr. Gonsalves

Valerie

Kwang

1. ¿Quiere comprar algo el señor Gonsalves?
2. ¿Tiene suficiente dinero el señor Gonsalves para comprar un
   periódico?
3. ¿Lee una revista Valerie?
4. ¿Está sufriendo de mucho estrés Valerie?
5. ¿Ha perdido Kwang el campeonato de tenis?
6. ¿Está en la gloria Kwang?

**Can you express
certainty? p. 199**

2 Responde a cada frase con una expresión de certeza.

1. Hay muchas emisoras en los Estados Unidos.
2. Leemos los periódicos para saber qué pasa en el mundo.
3. Escuchamos a los comentaristas para saber qué piensan.
4. Se pueden comprar periódicos y revistas en un kiosco.
5. Los periodistas expresan sus opiniones en los comentarios.

**Can you express
possibility and
impossibility?
p. 204**

3 ¿Qué tiempo va a hacer mañana? Contesta las preguntas con expresiones de posibilidad o imposibilidad.

1. ¿Va a llover mañana?
2. ¿Va a hacer buen tiempo?
3. ¿Habrá mucha niebla?
4. ¿Querrás ir a la playa mañana?

**Can you express
surprise? p. 206**

4 Estás mirando la televisión y ves y oyes las siguientes cosas. Responde
a cada acontecimiento *(happening)* con una expresión de sorpresa.

1. Un perro está cantando Beethoven.
2. Una señora gana una casa nueva.
3. Una chica de quince años se graduó en la universidad.
4. Un carro deportivo cuesta $120.000.
5. El jabón nuevo se puede usar para lavar la ropa y el pelo.

VOCABULARIO

PRIMER PASO

Expressing doubt and disbelief

Dudo que... *I doubt that . . .*
Es increíble que...
  It's unbelievable that . . .
No creo que...
  I don't believe that . . .
No estoy seguro(a) que...
  I'm not sure that . . .
No puedo creer que...
  I can't believe that . . .
Parece mentira que...
  It's hard to believe that . . .

Media

anunciar *to announce*
el anuncio *commercial*
la cadena *(broadcast) network*
el canal *channel*
el (la) comentarista *commentator*
el documental *documentary*
la emisora *station*

en línea *online*
el (la) locutor(a) *announcer, anchorperson*
el noticiero *news program*
por cable *on cable*
la prensa *press*
el programa *program*
el reportaje *report*
el (la) reportero(a) *reporter*
el sitio Web *Web site*

Expressing certainty

Claro que... *Of course . . .*
Es cierto que...
  It's true that . . .
Es evidente que...
  It's evident that . . .
Es obvio que...
  It's obvious that . . .
Estoy convencido(a) que...
  I'm convinced that . . .
Estoy seguro(a) que...
  I'm certain that . . .
No cabe la menor duda.
  There is absolutely no doubt.

Por cierto. *Certainly.*
Por supuesto. *Of course.*
Sin duda alguna.
  Without a doubt.
Todo el mundo sabe que...
  Everyone knows that . . .

Talking about what you know

estar al tanto de
  to be up to date on
estar bien informado(a) sobre
  to be well informed about
Me suena a chino.
  It's Greek to me.
no saber ni jota de
  to know absolutely nothing about
no tener la menor idea
  not to have the slightest idea
¿Qué sé yo?
  How should I know?
Que yo sepa...
  As far as I know . . .
¡Ya lo sé! *I know!*

SEGUNDO PASO

Expressing possibility and impossibility

A lo mejor... *Perhaps . . .*
Es difícil que...
  It's unlikely that . . .
Es fácil que...
  It's likely that . . .
Es imposible que...
  It's impossible that . . .
Es posible que...
  It's possible that . . .
Es probable que...
  It's probable that . . .
Posiblemente... *Possibly . . .*
Puede ser que...
  It's possible that . . .
Quizás... *Maybe . . .*
Tal vez... *Maybe . . .*

Newspaper

los anuncios clasificados
  classified ads
el artículo *article*
los editoriales *editorials*
los obituarios *obituaries*
el (la) periodista *journalist*
la primera plana *front page*
la sección de cocina
  food/cooking section
la sección de moda
  fashion section
la sección de ocio
  entertainment section
la sección de sociedad
  society section
la sección deportiva
  sports section

la sección financiera
  financial section
las tiras cómicas *comics*
los titulares *headlines*

Expressing surprise

No es posible.
  It's not possible.
¡No me digas! *You don't say!*
No me lo esperaba.
  It caught me by surprise.
No me lo puedo creer.
  I can't believe it.
¡No puede ser! *It can't be!*
¡Qué sorpresa!
  What a surprise!

¡Ven conmigo a Nueva York!

La silueta de Nueva York, con sus rascacielos grandes, es impresionante.

Nueva York

Población: 7.322.564, en cinco distritos: Manhattan, el Bronx, Queens, Brooklyn y Staten Island

Población de habla hispana: 1.783.511

Área: 780 km²

Economía: servicios financieros, servicios publicitarios, cultura y arte, teatro, turismo, moda, medios de comunicación

Hispanos famosos: Tito Puente (n. 1923), músico y compositor; Martina Arroyo (n. 1937), cantante de ópera; Jimmy Smits (n. 1955), actor; Irene Cara (n. 1959), cantante y actriz; Bobby Bonilla (n. 1963), jugador de béisbol

Platos hispanos típicos: arroz con plátanos fritos; lechón asado; ropa vieja; arroz con habichuelas

go.hrw.com
WVO NEW YORK

NUEVA YORK

CD-ROM
Disc 3

Nueva York es una ciudad enorme, la más grande de Estados Unidos, y la quinta más grande del mundo. Es un gran centro financiero, cultural y de negocios. Los hispanos, sobre todo los puertorriqueños, cubanos y dominicanos, forman aproximadamente la quinta parte de la población. El español es el segundo idioma más hablado aquí. Nueva York atrae a gente creativa del mundo entero. Por ejemplo, el escritor español Federico García Lorca y el poeta cubano José Martí vivieron aquí; también el compositor mexicano Carlos Chávez y el músico panameño Rubén Blades. Más que ninguna otra ciudad estadounidense, Nueva York pertenece al mundo.

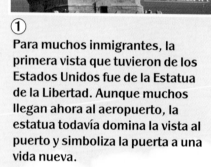

① Para muchos inmigrantes, la primera vista que tuvieron de los Estados Unidos fue de la Estatua de la Libertad. Aunque muchos llegan ahora al aeropuerto, la estatua todavía domina la vista al puerto y simboliza la puerta a una vida nueva.

② Nueva York es una ciudad de inmigrantes. Además de hispanos, hay mucha gente de China, Italia, Irlanda, Rusia y otros países. Los barrios italianos y chinos son famosos por sus restaurantes, sus festivales y por sus tiendas y mercados.

③ No muy lejos del Parque Central está el Museo del Barrio, que comenzó como una sala de clase. Hoy día este museo en Harlem se dedica a la cultura hispana, sobre todo a la puertorriqueña.

④ Como muchas ciudades grandes, Nueva York también tiene un zoológico. El del Bronx es el más grande del país, con especies de todos los continentes.

En los Capítulos 9 y 10 conocerás Nueva York, el hogar de casi dos millones de hispanos. Conocerás también a varios neoyorquinos, y es posible que descubras que son semejantes a ti. Verás algunas de las muchas atracciones de esta variada metrópolis, que es una capital del mundo.

⑤ El Parque Central es una isla verde de lagos y plantas en medio de Manhattan. Ocupa 840 acres a lo largo de 50 cuadras. Más de 14 millones de personas gozan de sus canchas de tenis, lugares para montar a caballo, jardines y un zoológico.

⑥ La construcción del edificio de Las Naciones Unidas se terminó en 1963. Esta organización de 185 países existe para fomentar la paz y el bienestar en el mundo. Javier Pérez de Cuéllar, del Perú, fue Secretario-General durante diez años, de 1982 a 1992.

⑦ El Museo Metropolitano de Arte es uno de los más famosos del mundo. Uno puede pasar muchas horas, hasta varios días, recorriendo todas sus salas.

Las apariencias engañan

1 Me reí mucho cuando Juan me contó ese chiste.

Las mejoras en las comunicaciones y el crecimiento del comercio entre las naciones significan que en cierta forma, todos somos vecinos. Pero puede ser difícil comprender a personas que son distintas de nosotros étnica o culturalmente o en su modo de ser. Los estereotipos y las primeras impresiones complican nuestra comprensión porque nos dan sólo una idea superficial de cómo es la gente. ¿No te parece que vale la pena mirar más allá de las apariencias?

In this chapter you will learn

- to talk about emotional reactions; to express disagreement
- to express an assumption; to make hypothetical statements

And you will

- listen to teenagers talk about stereotypes
- read a description of 19th-century New York City
- write an editorial about cultural stereotyping
- find out how Spanish-speaking teenagers view people in the U.S.

② Tengo entendido que la música dominicana es buenísima para bailar.

③ Si pudieras viajar a cualquier país del mundo, ¿adónde irías?

DE ANTEMANO

A veces las apariencias engañan

Todos formamos parte de un grupo pero al mismo tiempo somos todos únicos y originales. A veces, por falta de información, una persona juzga mal *(misjudges)* a otra y ve sólo un estereotipo y no una persona. Vas a leer sobre las experiencias personales de seis estudiantes de la Sra. Nancy Stevens, profesora de español de Milford High School en Cincinnati, Ohio. ¿Te identificas con uno(a) de ellos?

Una impresión errónea

Brian Reynolds

Me gustaría creer que tengo una mente abierta. Por eso, cuando estoy equivocado, me gusta reconocerlo.

El año pasado, en una clase de inglés, yo estaba sentado cerca de un estudiante con una reputación de "malo". Era bastante descortés, hablaba en clase todo el tiempo y su actitud era como su reputación: mala. No hacía nada de tarea y les contaba muchos chistes horribles a los otros estudiantes. Pensaba que iba a pasar un año malo a causa de ese chico.

Un día, tuve que trabajar con él en un proyecto. Empezamos a hablar y nos caímos muy bien. Aprendí que a él le gusta escribir cuentos y poemas, que puede cantar muy bien y que tenemos mucho en común. Tenía una impresión equivocada de él; en realidad es muy inteligente y creativo. Hoy, es mi mejor amigo.

Las asiáticas

Soy coreana. Muchas personas piensan que las mujeres asiáticas somos tímidas. Me frustro cuando la gente me coloca en esta categoría porque no soy así. Soy mi propia persona y tomo mis propias decisiones. También tengo sentimientos y una personalidad con muchas facetas diferentes. Mis características son tan variadas que no se pueden colocar debajo de ningún rótulo. Tampoco es verdad que seamos calladas. Conozco a muchas chicas asiáticas que se animan y hablan en voz alta cuando tienen emociones fuertes.

Otra cosa que no es verdad es la idea de que todos los asiáticos sean expertos en ciencias y matemáticas. No me gustan estas materias y me siento presionada cuando algunos profesores de ciencias o matemáticas esperan demasiado de mí.

Así, los estereotipos raciales sólo resultan en malas interpretaciones.

Karen Kim

La gente callada

Tracy Shanks

Me enfado cuando la gente observa a una persona tímida y ve un esnob. Sólo porque una persona sea callada y no se comunica con palabras, otros creen que él o ella es egoísta. El aura del callado parece como un aire de presumido al resto del mundo. Sin embargo, las personas calladas son muy amigables y no hablan simplemente porque no quieren expresarse o porque no desean oír las opiniones que llegan a sus oídos.

Este estereotipo tiene mucha significación para mí. A veces soy tímida y no hablo. Pero cuando no me comunico con palabras, no pienso en mí misma sino en las noticias y en los problemas del mundo. ¡Creo que se debe respetar la timidez del otro!

Miembro de la banda

Me llamo Emily Seitz y soy miembro de la banda de mi colegio. Me enojo cuando la gente se refiere a mí como una *nerd* de banda. Los del equipo de fútbol americano dicen que los miembros de la banda somos inútiles. ¡Al contrario! Trabajamos tanto como ellos. Cada año pasamos más de cien horas en el campamento de la banda. Como los jugadores de fútbol, practicamos cinco días a la semana. Y nunca estamos en casa los sábados porque tenemos competencias que duran todo el día.

Pasamos muchos años aprendiendo a tocar un instrumento musical. Es muy difícil tocar perfectamente el instrumento y marchar al mismo tiempo. Nos divertimos mucho y estamos muy orgullosos de lo que hacemos. Sólo queremos una cosa: que los otros equipos de la escuela nos respeten.

Emily Seitz

El jugador de fútbol americano

Yo juego al fútbol americano y un estereotipo que me irrita mucho es la idea de que los jugadores de fútbol americano somos tontos y torpes. Además de esto, creo que los otros estudiantes nos ven como muy arrogantes. La idea es absurda y me río un poco cuando me dicen "atleta bobo" porque es probable que nosotros saquemos notas mejores que los demás.

Es difícil encontrar tiempo para todas las actividades y responsabilidades cuando uno entrena para un deporte, y los que no juegan no entienden la presión que existe sobre los atletas. ¡Nosotros trabajamos mucho! Sin embargo, los viernes por la noche, durante los partidos, los estudiantes nos animan porque representamos a la escuela. Ellos no recuerdan sus comentarios pero nosotros sí.

Brad Spier

Los italiano-americanos

En el mundo de hoy hay estereotipos en todas partes. ¿Por qué tienen que existir? Por lo general, es simplemente porque el grupo, la religión o la cultura es diferente del suyo.

En mi vida, no he sido víctima de los prejuicios. Pero mi familia, especialmente mis abuelos, ha sido prejuzgada por otros. Mi familia es italiana, de Sicilia. Cuando mi abuelo trató de obtener un trabajo hace muchos años, fue muy difícil porque había muchos prejuicios contra los italianos. Nuestro apellido fue cambiado a causa de esta discriminación.

Cada grupo étnico tiene su propio estereotipo. Soy italiana pero tengo los ojos azules, la piel blanca y el pelo rubio. Nadie pensaría que soy italiana, pero sí soy italiana y tengo orgullo de mi familia, nuestras tradiciones y nuestra cultura.

Espero que la gente haga un esfuerzo por aprender de las culturas diferentes en vez de prejuzgarlas. Este mundo tiene culturas con tesoros para compartir con otros. El mundo sería un lugar aburrido si cada persona fuera igual a todas las demás.

Jill Cardinal

1 ¿Los reconoces?

¿A quién se refiere cada una de las siguientes descripciones?

1. Aunque la gente piense que esta persona no es muy lista, saca buenas notas.
2. Quiere que todos sepan que es una persona independiente y que tiene sus propias ideas.
3. Dice que la gente introvertida no es necesariamente arrogante.
4. Le caía muy mal un compañero de clase hasta que un día realmente lo conoció.
5. Desea que todo el mundo conozca a personas de otras culturas para eliminar prejuicios.
6. Esta persona se siente muy orgullosa del trabajo y del esfuerzo de sus compañeros.

2 ¿Cierto o falso?

Indica si cada frase es **cierta, falsa** o si **no se sabe**. Si es falsa, corrígela.

1. Emily practica muchas horas con la banda.
2. Según Tracy, las personas tímidas sólo piensan en sí mismas.
3. Brian se dio cuenta de que el otro estudiante no tenía ningún pasatiempo.
4. Jill dice que no ha sido víctima de prejuicios.
5. Karen piensa estudiar química en la universidad.
6. Brad tiene un promedio *(average)* perfecto.
7. Según Brian, la primera impresión que tuvo del otro estudiante fue bastante negativa.

3 ¿Quién lo diría?

Lee cada descripción. Según lo que los estudiantes escribieron, ¿quién diría lo siguiente?

1. Me considero muy trabajador(a).
2. Soy una persona seria; prefiero oír las noticias que los chismes.
3. Quiero que la gente me vea como verdaderamente soy.
4. Las primeras impresiones no representan necesariamente a la persona.
5. Me siento herido(a) por lo que dicen mis compañeros y no me olvido de lo que dicen.

4 Busca las expresiones

1. ¿Qué expresiones usan estas personas para decir cómo se sienten en las siguientes situaciones?
    a. Emily, cuando los estudiantes la llaman una *nerd*
    b. Karen, cuando la gente la coloca en cierta categoría; cuando sus profesores esperan mucho de ella
    c. Brad, cuando la gente lo llama "atleta bobo"
    d. Tracy, cuando la gente piensa que los callados son presumidos
2. ¿Qué expresiones usan estas personas para negar *(deny)* lo que dice o piensa la gente?
    a. Emily, cuando algunos dicen que los miembros de la banda son inútiles
    b. Karen, cuando piensan que las asiáticas son calladas; cuando dicen que los asiáticos son expertos en las ciencias y matemáticas

5 Ahora te toca a ti

¿Te identificas con alguno de los estudiantes en **De antemano**? ¿Cuál? ¿Por qué? ¿Conoces a gente parecida a los estudiantes de **De antemano**? Escribe tus respuestas.

Talking about emotional reactions; expressing disagreement

ASÍ SE DICE   Talking about emotional reactions

Si alguien te pregunta:

¿Cómo te sentiste cuando **supiste** *(you found out)* que sacaste buena nota?

¿Cómo se sintió Juan cuando conoció a su prima?

¿Se quejaron cuando sus compañeros **se burlaron de** *(made fun of)* ustedes?

¿Cómo se sintieron tus amigos cuando se dieron cuenta del error?

¿Cómo **reaccionaron** *(did they react)* cuando les contaste el chiste?

Para contestar, puedes decir:

Estuve muy contenta cuando lo supe.
I was very happy when I found out.
Se alegró mucho.
He was very happy.
No, pero **nos frustramos y nos enojamos (nos enfadamos).**
we got frustrated and we got angry
Se pusieron rojos *(They blushed)* de verdad. Se sintieron **presionados por** *(pressured to)* corregirlo.
Claro que **se rieron** *(they laughed).*

6 Un semestre excepcional

Completa esta entrevista con una expresión apropiada de **Así se dice.**

TERESA   Me va bien en la escuela. Saqué una A en mi clase de cálculo.

MANOLO   No me digas. ¿Cómo ═════ cuando supiste de la nota?

TERESA   Pues, claro que ═════ muy contenta. Me puse a bailar, pero también he tenido algunas decepciones. Por ejemplo me frustré cuando ═════ que la Universidad Nacional no me aceptó.

MANOLO   Ay, lo siento mucho. Pero vas a ir a la Universidad Técnica, ¿no?

TERESA   Así es. ═════ mucho cuando lo supe.

7 ¿Cómo te sentiste?

Imagina que eres una de las personas del dibujo. Describe lo que pasó ayer. Luego, cuéntale a tu compañero(a) cómo se sintió cada persona cuando pasó lo que ves en el dibujo.

8 ¿Por qué reaccionaron así?

Las siguientes personas están en su reunión de la Clase de 1995. Completa las siguientes oraciones para explicar lo que causó las reacciones de cada persona.

1. Nos sentimos muy contentos cuando...
2. Alicia se sintió presionada cuando...
3. Mis amigos y yo nos reímos cuando...
4. Me alegré cuando...
5. Recuerdo que te enojaste cuando...
6. Tito e Inés se pusieron rojos cuando...

GRAMÁTICA   Use of preterite for emotional reactions

1. You've used the imperfect tense of verbs like **estar** and **sentirse** to say how people were already feeling at the moment something happened:
   Juan **se sentía** mal cuando le dieron el examen.

2. Use the preterite to say how someone reacted to an event or to a piece of news:
   Juan **se sintió** mal cuando le dieron el examen. (The feeling resulted from the event.)

3. The verbs **estar** and **ponerse** *(to become)* are irregular in the preterite:

estuve	estuvimos		me puse	nos pusimos
estuviste	estuvisteis		te pusiste	os pusisteis
estuvo	estuvieron		se puso	se pusieron

4. The verb **saber** is irregular in the preterite and often means *found out*:

supe	supimos
supiste	supisteis
supo	supieron

9 Las reacciones

Decide si cada oración que escuchas trata de cómo **ya se sentía** la persona cuando pasó el evento o si habla de **una reacción** causada por el evento.

10 Una decepción

Completa la carta que Vicente le escribió al supermercado Santa Isabel para quejarse de una experiencia que tuvo.

Estimados señores:

Quiero contarles una experiencia que tuve en su negocio. Mi esposa y yo estábamos mirando algunas cosas cuando de repente se nos cayeron unos paquetes y se rompieron. Claro que ___1___ (ponerse) rojos los dos. Pero imagínense la vergüenza que nos dio cuando unos empleados de la tienda ___2___ (reírse) de nosotros. Bueno, tal vez ellos lo encontraron cómico, pero nosotros no. Después nosotros ___3___ (enojarse). Eso no fue nada profesional. Entonces fui a buscar al gerente y ___4___ (quejarse) con él, pero no hizo nada. Después yo ___5___ (ponerse) furioso de verdad. Espero que ustedes se den cuenta de lo serio que es esta situación. Se lo conté a mis amigos y cuando lo ___6___ (saber), ellos no ___7___ (estar) nada contentos. Decidieron dejar de comprar en Santa Isabel también.

11 Cuando eso pasó...

Piensa en un evento importante, cómico o emocionante que pasó este año o el año pasado. Primero, descríbele a un(a) compañero(a) lo que pasó. Luego explícale cómo te sentiste tú cuando pasó y también cómo reaccionaron tus amigos o tu familia.

MODELO —La semana pasada mis amigos me hicieron una travesura.
—¿Qué pasó?
—Bueno, ellos se rieron, pero yo me enojé.

ASÍ SE DICE   Expressing disagreement

Si quieres negar *(deny)* lo que dice o piensa la gente puedes decir:

Niego haberme burlado de los callados.
No es cierto que los miembros de la banda no trabajen. ¡Al contrario!
No es verdad que los atletas estudien menos.
No estoy de acuerdo en que la gente italiana sea baja con pelo negro.

12 Entrevista con Estelina

La actriz Estelina Estrella habla por la radio en una entrevista. Escucha la conversación y luego indica si las siguientes oraciones son **ciertas** o **falsas**. Si son falsas, corrígelas.

1. El estreno de su nueva película es el viernes.
2. Las películas románticas no son populares.
3. Canta en su próxima película.
4. Está enamorada de Enrique Rico.
5. Gana millones de dólares.
6. Tiene tres carros.

CD-ROM
Disc 3

GRAMÁTICA   The subjunctive with disagreement and denial

1. Expressions of disagreement and denial are followed by the subjunctive.

No es verdad que los hombres **manejen** mejor que las mujeres.
Juan niega que los atletas **sean** todos bobos.

2. However, **es verdad que, es cierto que,** and **no niego que** are followed by the indicative since they don't deny the truth of something but rather affirm it.

Es cierto que **cantan** bien.   No niego que **tienen** talento.

13 Todo era mejor antes

Ignacio piensa que la vida es mejor hoy en día; su abuelo piensa que era mejor hace 50 años. Con un(a) compañero(a), toma el papel *(role)* de Ignacio o del abuelo. ¿Cuál sería *(would be)* su opinión de las siguientes oraciones? Usa expresiones de **Así se dice.**

MODELO   La música es menos bonita.
IGNACIO   No estoy de acuerdo en que la música de hoy sea menos bonita.
ABUELO   Es cierto que la música es menos bonita.

1. los actores son peores
2. los estudiantes estudian menos
3. la gente tiene buenos modales *(manners)*
4. los carros no funcionan bien
5. la gente se viste con ropa elegante
6. los políticos dicen la verdad
7. los niños no respetan a los mayores
8. los jóvenes gastan menos dinero

amigable   *friendly*
arrogante   *arrogant*
bobo(a)   *silly, dumb*
callado(a)   *quiet*
chismoso(a)   *gossipy*
descortés   *rude*
egoísta   *selfish*

melancólico(a)   *gloomy*
perezoso(a)   *lazy*
presumido(a)   *conceited*
seco(a)   *cold, curt*
tímido(a)   *shy*
torpe   *slow, dull, clumsy*
travieso(a)   *mischievous*

También se puede decir...
También se dice **creído(a)** por **presumido(a)**. Se dice **cohibido(a)** por **tímido(a)**.

14 Las personalidades

¿Cómo son las personas en los dibujos? ¿Cómo te sientes cuando la gente se porta *(behave)* así? ¿Por qué? Júntate con un(a) compañero(a) para comparar sus opiniones.

a.

b.

c.

d.

15 Sólo es un estereotipo

En grupos de tres o cuatro, indiquen si están de acuerdo con los siguientes estereotipos. Usen expresiones como **(no) es cierto que** y **(no) es verdad que**. Expliquen sus respuestas.

1. Los niños son más amigables que los mayores.
2. Los gatos son más bobos que los perros.
3. Las personas de las ciudades grandes son descorteses.
4. Las mujeres son más chismosas que los hombres.
5. La gente rica es presumida.
6. Los actores son arrogantes.
7. Los artistas son melancólicos.
8. Los profesores son secos.

16 Una impresión falsa

¿Alguna vez tuviste una impresión equivocada de alguien? ¿Cómo supiste que no tenías una impresión correcta de esa persona? ¿Alguna vez tuvo otra persona una impresión falsa de ti? ¿Cómo te sentiste?

A LO NUESTRO

Una forma cómica de decir que alguien es presumido es **Se cree la mamá de Tarzán** o **Se cree el rey de Roma.**

NOTA CULTURAL

Los hispanos forman uno de los grupos minoritarios más grandes de la ciudad de Nueva York, con aproximadamente dos millones de personas de ascendencia hispana. Vienen de varios lugares del mundo hispano, sobre todo de la República Dominicana, Puerto Rico, el Perú, Colombia y el Ecuador. Con la excepción de Puerto Rico, hay más puertorriqueños en Nueva York que en cualquier otra parte del mundo. ¿Hay una comunidad hispana donde vives tú?

CD-ROM
Disc 3

PANORAMA CULTURAL

¿Qué piensas de la gente de los Estados Unidos?

En muchos casos, las únicas impresiones que tenemos de la gente de otros países, regiones o culturas dependen de lo que oímos o de las imágenes que nos presentan los medios de comunicación. Escucha las opiniones que tienen estos jóvenes hispanohablantes acerca de la gente de los Estados Unidos.

Jenny
Los Teques, Venezuela

"Me los imagino... no muy parecidos a los venezolanos... tal vez viven en mejores condiciones que nosotros. Estudian y a la vez trabajan, tengo entendido... No sé, unos jóvenes muy activos".

Juan René
Quito, Ecuador

"Me las imagino personas muy amigables y gente fácil de tratar".

Nayeli
San Diego, California

"[Me los imaginaba] mejor vestidos... que vivían mejor, o sea que había menos pobreza que en México. Sí la hay pero no hay mucha diferencia".

Para pensar y hablar...

A. ¿Qué respuesta crees que es la más cercana a la realidad? ¿Por qué? ¿Crees que algunas de las respuestas estereotipan a los estadounidenses? ¿Cuál o cuáles? Explica tus respuestas.

B. ¿Cómo defines tú la palabra "estereotipo"? En tu opinión, ¿por qué existen los estereotipos? ¿Cómo se pueden cambiar o evitar?

¡ADELANTE!

Me gustaría viajar a...

Todos estereotipamos a veces, incluso los hispanohablantes. Tienen sus impresiones de los Estados Unidos y de otros hispanohablantes. Algunas son positivas, otras son negativas. Además, tienen sus ideas de adónde les gustaría viajar y por qué. Ahora vas a leer las opiniones de tres jóvenes del mundo hispano. ¿Crees que tienen razón?

TAÍS

P: ¿Adónde te gustaría viajar a ti?
R: A Estados Unidos.
P: ¿Por qué? Explícame.
R: No sé, porque se ve divertido, y quiero ir para conocer gente.

SEVILLA

CRISTINA

BILBAO

P: ¿Cómo te imaginas a los jóvenes de Estados Unidos?
R: Me imagino a los jóvenes de Estados Unidos como a los jóvenes de España.
P: Y las ciudades ¿cómo te las imaginas?
R: Eh... grandes y nuevas.
P: ¿De dónde has sacado tus ideas de los Estados Unidos?
R: He conocido gente de los Estados Unidos que me ha hablado acerca de sus diferentes países y principalmente a través de la televisión.
P: ¿Qué estereotipos tiene la gente de otros países sobre la gente de España?
R: Yo creo que principalmente creen que somos perezosos.
P: ¿Y es verdad?
R: No.
P: ¿Cuáles estereotipos te parecen más dañosos?

R: Eh... que seamos perezosos, o que nos cueste trabajar o...
P: ¿Alguna vez alguien te ha tratado según cierto estereotipo?
R: Sí, por... precisamente por ser de Bilbao, um... hubo un tiempo en que la gente, eh... tenía miedo y nos llamaba terroristas. Lo que pasa es que eso también es falta de información.
P: ¿Les dijiste algo sobre eso?
R: Por supuesto.
P: ¿Qué dijiste?
R: Que era más la información que les daban a través de la televisión que la realidad.
P: ¿Cómo se pueden combatir las actitudes difundidas por los estereotipos?
R: Principalmente yendo a los lugares, conociendo a la gente, y conociendo la forma de vida de la gente del lugar.

LIDIA

SAN JOSÉ

P: Si pudiera vivir en cualquier país del mundo por un año, ¿adónde iría?
R: Um... a los Estados Unidos.
P: ¿Por qué?
R: Porque me gusta.
P: ¿Qué es lo que te gusta de Estados Unidos?
R: Pues... que hay muchas razas, o sea, muchas clases de idiomas, así, se juntan muchas culturas.

17 ¿Quiénes son?

¿Quién es la persona indicada por cada descripción?

1. Le gustaría viajar a los Estados Unidos porque allí viven juntas varias culturas.
2. Esta persona quiere conocer a gente estadounidense.
3. Piensa que la televisión influye en las actitudes.
4. Cree que los estereotipos se combaten viajando a los lugares y conociendo a la gente.

18 ¿Se sabe?

Indica si cada frase es **cierta, falsa** o si **no se sabe**. Si es falsa, corrígela.

1. Cristina es de Madrid pero ha vivido en Bilbao.
2. Según Taís, Estados Unidos es divertido.
3. Lidia dice que no hay muchas razas en Estados Unidos.
4. Cristina cree que hay más información sobre terrorismo en la televisión del que realmente ocurre.
5. Según Lidia, en Estados Unidos se hablan muchos idiomas.
6. Cristina cree que las ciudades estadounidenses son viejas.

19 ¿Comprendiste?

1. ¿Cómo ha aprendido Cristina lo que sabe de la gente de Estados Unidos?
2. Según Cristina, ¿qué problema hay en la información que la gente tiene de otros países?
3. ¿Qué estereotipo de la gente de España le ha causado problemas a Cristina? ¿Y qué estereotipo de la gente de Bilbao?
4. ¿Cómo se imagina Lidia que sea Estados Unidos?
5. Según Cristina, ¿cómo se pueden combatir los estereotipos?

20 Completa las oraciones

Completa las siguientes oraciones con las expresiones correctas de ¡Adelante!

te gustaría

pudieras

me imagino

irías

1. ═══ a los jóvenes de los Estados Unidos como a los jóvenes de España.
2. ¿Adónde ═══ viajar?
3. Si ═══ vivir en cualquier país del mundo por un año, ¿adónde ═══?

21 Ahora te toca a ti

¿Te identificas con alguna de las estudiantes de ¡Adelante!? ¿Con cuál? ¿Por qué? ¿En qué país te gustaría vivir durante un año? ¿Por qué? ¿Te han afectado alguna vez los estereotipos? ¿Qué pasó? ¿Cómo te sentiste?

SEGUNDO PASO

Expressing an assumption; making hypothetical statements

ASÍ SE DICE   Expressing an assumption

Si no sabes algo pero quieres decir lo que supones *(suppose)*, puedes decir:

Me imagino que los jóvenes estadounidenses son como los jóvenes españoles.
Supongo que la gente saca sus ideas de otras culturas a través de la tele.
Tengo entendido que hay muchas culturas distintas en los Estados Unidos.
Tengo la impresión de que la gente es muy abierta en Puerto Rico.

22 Impresiones de Nueva York

Un reportero está entrevistando a una pareja de la República Dominicana en el aeropuerto antes de que salgan para Nueva York. Escucha la entrevista y luego, para cada oración que sigue, indica si **lo saben** o si **lo suponen**.

1. Los estadounidenses son simpáticos.
2. Nueva York es una ciudad muy grande.
3. La vida en Nueva York es agitada.
4. Todo es más caro en Nueva York.
5. Los museos son buenísimos.
6. El Parque Central es grande.
7. El Parque Central es un buen lugar para niños.

23 Tengo entendido que...

¿Qué impresiones tienes de las siguientes cosas? Con un(a) compañero(a), habla de lo que supones sobre cada tema. Usa expresiones de **Así se dice.**

1. la comida española
2. el clima en Buenos Aires en enero
3. los murales mexicanos
4. la música del Caribe
5. los teléfonos celulares en Venezuela
6. los kioscos en Argentina

NOTA CULTURAL

Nueva York es un centro importante de los medios de comunicación en español. Además de los sitios en Internet, el hispanohablante puede encontrar varios periódicos, revistas y emisoras de televisión y radio en su idioma. Los periódicos de mayor distribución en español son **El Diario** y **Noticias del Mundo**. Aquí también hay estudios de grabación para la música latina. ¿Tienes un sitio Web favorito en español?

ASÍ SE DICE   Making hypothetical statements

Si quieres hablar de algo que no es pero que podría ser, puedes preguntar:

Si pudieras vivir en cualquier país del mundo por un año, **¿adónde irías?**
   If you could . . . where would you go?

Si fueras rico(a), **¿qué harías?**
   If you were . . . what would you do?

Se puede contestar:

Si pudiera, viviría en el Caribe.
   If I could, I would live . . .

Si tuviera cien dólares, **compraría** muchos regalos.
   If I had . . . , I would buy . . .

24 ¿Te conoces de verdad?

Si tuvieras más tiempo o dinero, ¿qué harías? Toma esta prueba y luego compara tus resultados con los de dos compañeros(as).

1. Si tuviera mil dólares, yo...

a. compraría un televisor.
b. daría el dinero a un hospital de niños.
c. abriría una cuenta en el banco.

2. Si pudiera ser como alguien famoso, yo...

a. sería como Yuri, mi cantante favorita.
b. sería como la Madre Teresa.
c. sería como Bill Gates.

3. Si pudiera viajar a cualquier lugar del mundo, yo...

a. iría a Acapulco porque me gusta la playa.
b. iría a un lugar pobre para construir casas.
c. iría a Nueva York para visitar Wall Street.

4. Si tuviera tres horas extras al día, yo...

a. dormiría más.
b. ayudaría a mi hermanito con su tarea.
c. conseguiría un trabajo de medio tiempo.

Resultados

Todas a: Te gusta pasarlo bien. Si pudieras, ¡siempre estarías de vacaciones!
Todas b: No eres nada egoísta. Al contrario, eres muy generoso(a) y bondadoso(a).
Todas c: ¡Qué práctico(a) eres! A lo mejor te enfadas con la gente traviesa, ¿no?

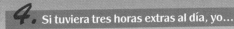

GRAMÁTICA   The conditional

1. The conditional is used to express what *would* happen if . . . as opposed to what usually does happen.

   Yo **iría** a la fiesta.   *I would go to the party.*
   ¿Qué **harías** entonces?   *What would you do then?*

2. The regular conditional consists of the future stem plus one set of endings for all verbs. The infinitive serves as the future stem for most verbs.

AYUDAR	LEER	PREFERIR
ayudaría	leería	preferiría
ayudarías	leerías	preferirías
ayudaría	leería	preferiría
ayudaríamos	leeríamos	preferiríamos
ayudaríais	leeríais	preferiríais
ayudarían	leerían	preferirían

¿Te acuerdas?

The same verbs that have irregular stems in the future have irregular stems in the conditional.

decir: **dir-**	salir: **saldr-**
hacer: **har-**	poner: **pondr-**
haber: **habr-**	venir: **vendr-**
querer: **querr-**	tener: **tendr-**
saber: **sabr-**	valer: **valdr-**
poder: **podr-**	

3. The conditional of **poder** is also used to soften a request.

   ¿**Podrías** hacerme un favor?
   Could you do me a favor?

25 Los planes para la fiesta

Vas a escuchar a Adela y Reynaldo hablar de una fiesta.
Para cada verbo que sigue, indica si alguien ya **lo hizo** o si **lo haría**.

1. limpiar la casa
2. preparar comida
3. comprar un regalo
4. traer la música
5. bailar
6. comprar los refrescos
7. ir al supermercado
8. llegar a las ocho
9. jugar al tenis

26 El Club Internacional

Hui Chun, el presidente del Club Internacional de su colegio, está haciendo planes para una fiesta internacional. Completa las oraciones con el condicional del verbo entre parentesis.

Si yo tuviera la oportunidad, yo ▅▅ (organizar) una fiesta internacional para todo el colegio. Tranh ▅▅ (preparar) comida vietnamita que prepara su mamá. Soledad y Mateo ▅▅ (tocar) la guitarra y ▅▅ (cantar) música típica de Colombia. Kumiko ▅▅ (traer) instrumentos típicos de Japón. Misha y Dimitri ▅▅ (bailar) bailes folklóricos de Rusia. Nabil y Amira ▅▅ (llevar) ropa tradicional de Marruecos. Nosotros ▅▅ (enseñarles) a los otros estudiantes un poco de la cultura de nuestros países.

27 ¿Qué harías?

Escribe dos oraciones para explicar lo que supones que harías de vacaciones en cada lugar.

MODELO Me imagino que iría al lago...

a.   b.   c.   d.

28 Un viaje a Nueva York

Imagina que vas a viajar a Nueva York con tres compañeros(as). Sólo tienen dos días para conocer la ciudad. Hagan un itinerario del viaje. Pueden incluir los siguientes lugares. Usen verbos como **comprar, comer, cruzar, ver, visitar, subir, escuchar** y **patinar**.

1. el Parque Central
2. Broadway
3. el edificio Empire State
4. la Quinta Avenida
5. el Centro Rockefeller
6. el Museo de Historia Natural
7. la Pequeña Italia
8. el puente de Brooklyn
9. la Estatua de la Libertad
10. el Teatro Metropolitano de la Ópera
11. Greenwich Village
12. Harlem

VOCABULARIO

la actitud hacia *attitude toward*	**el estereotipo** *stereotype*	**el prejuicio** *prejudice*
apreciar *to appreciate*	**estereotipar** *to stereotype*	**respetar** *to respect*
combatir *to combat*	**la falta (de)** *lack (of)*	**el respeto hacia** *respect for*
contra *against*	**la ignorancia** *ignorance*	**tratar** *to treat*
darse cuenta de *to realize*	**juzgar** *to judge*	
la discriminación *discrimination*	**la minoría** *minority*	

CD-ROM Disc 3

29 En mi opinión

Completa las siguientes oraciones con el **Vocabulario** de la página 234.

1. Para mí es importante apreciar...
2. Me enojo cuando hay discriminación contra...
3. Creo que debemos combatir...
4. Quiero que la gente me trate...
5. Antes pensaba que... pero un día me di cuenta de que...
6. En este mundo hay una falta de...

30 Yo que tú *If I were you*

Lee las cartas que siguen. Imagina que tu compañero(a) las escribió. Dale consejos de lo que tú harías en su lugar *(in his or her place)*.

> *Acabo de llegar del Ecuador y estoy asistiendo a un colegio en que soy el único hispano. ¡Me siento como una minoría de uno! Me enojo cuando oigo las ideas absurdas que tienen algunos estudiantes de mi país. Me preguntan si en el Ecuador tenemos teléfonos, si hay casas o si es jungla. Los estudiantes no son malos, me tratan muy bien; simplemente es una falta de información. Quiero que aprecien mi cultura. ¿Cómo combatirías la ignorancia?*
>
> *Un ecuatoriano mal entendido*

> *Soy buena estudiante. El problema es que mis compañeros de clase se burlan de mí porque piensan que me la paso estudiando y que soy aburrida. ¡No es cierto que sea aburrida! Al contrario, tengo muchos pasatiempos. Me encanta la fotografía y tengo una colección de fotos de gente famosa que he conocido. Nadie la ha visto. También me gusta la música y me gusta conversar, aunque soy un poco callada en clase. ¿Qué harías tú?*
>
> *Callada pero interesante*

31 En mi cuaderno

Lee la tira cómica de Susi, la amiga de Calvin. ¿Qué no te gusta del mundo en que vives? Si tuvieras una varita mágica *(magic wand)*, ¿qué harías? ¿Qué cosas en el mundo cambiarías? ¿Estás de acuerdo con las maneras en que otros han tratado de resolver estos problemas?

VAMOS A LEER

Nueva York

Vas a leer una descripción de una escena en la ciudad de Nueva York en un momento particular. Después hay una biografía de José Martí, que habla de la importancia mítica que tenía Nueva York para este autor cubano a fines del siglo XIX.

Estrategia

When you read literature, it's important to recognize literary devices. Writers use these to offer an original view of the world or the human experience. Two of these devices are the *simile* and *personification*. A simile is a figure of speech that compares two basically unlike things: "the child clung to his mother like a stamp". Personification gives human characteristics to animals or things, as in "the wind sang me to sleep". Recognizing these devices will help you understand nonliteral meaning in a reading.

¡A comenzar!

A. Sigue los siguientes pasos para ayudarte a leer y entender esta obra.

1. Pensando solamente en el título, ¿qué puedes decir de la lectura?
2. Ojea *(skim)* la lectura. ¿De qué crees que trata?
3. Según tu ojeada de la lectura y el título, ¿qué crees que vas a leer: un cuento con un argumento *(plot)* y personajes o un ensayo?
4. Las fotos te dan claves para predecir de qué trata la obra. Prepara una lista de los elementos que ves en las fotos.

Escena neoyorquina

JOSÉ MARTÍ

Es mañana de otoño, clara y alegre. El sol amable calienta y conforta. Agólpase la gente a la puerta del tranvía del puente de Brooklyn: que ya corre el tranvía y toda la ciudad quiere ir por él.

Suben a saltos la escalera de granito y repletan de masa humana los andenes. ¡Parece como que se ha entrado en casa de gigantes y que se ve ir y venir por todas partes a la dueña de la casa!

Bajo el amplio techado se canta este poema. La dama es una linda locomotora en traje negro. Avanza, recibe, saluda, lleva a su asiento al huésped, corre a buscar otro, déjalo en nuevo sitio, adelántase a saludar a aquel que llega. No pasa de los dinteles de la puerta. Gira: torna: entrega: va a diestra y a siniestra: no reposa un instante. Dan

deseos, al verla venir, campaneando alegremente, de ir a darle la mano. Como que se la ve tan avisada y diligente, tan útil y animosa, tan pizpireta y gentil, se siente amistad humana por la linda locomotora. Viendo a tantas cabecillas menudas de hombres asomados al borde del ancho salón donde la dama colosal deja y toma carros y revolotea, como rabelaisiana mariposa, entre rieles, andenes y casillas — dijérase que los tiempos se han trocado y que los liliputienses han venido a hacer visita a Gulliver.

Los carros que atraviesan el puente de Brooklyn vienen de New York, traídos por la cuerda movible que entre los rieles se desliza velozmente por sobre ruedas de hierro, y, desde las seis de la mañana hasta la una de la madrugada del día siguiente, jamás para. Pero donde empieza la colosal estación, el carro suelta la cuerda que ha venido arrastrándolo, y se detiene. La locomotora, que va y viene como ardilla de hierro, parte a buscarlo. Como que mueve al andar su campana sonora, parece que habla. Llega al carro, lo unce a su zaga; arranca con él, estación adentro, hasta el vecino chucho; llévalo, ya sobre otros rieles, con gran son de campana vocinglera, hasta la salida de la estación, donde abordan el carro, ganosos de contar el nuevo viaje, centenares de pasajeros. Y allá va la coqueta de la casa en busca de otro carro, que del lado contiguo deja su carga de transeúntes neoyorquinos.

Abre el carro los grifos complicados que salen de debajo de su pavimento; muerde con ellos la cuerda rodante, y ésta lo arrebata a paso de tren, por entre ambas calzadas de carruajes del puente, por junto a millares de curiosos, que en el camino central de a pie miran absortos; por sobre las casas altas y vastos talleres, que como enormes juguetes se ven allá en lo hondo; arrastra la cuerda al carro por sobre el armazón del ferrocarril elevado, que parece fábrica de niños; por sobre los largos muelles, que parecen siempre abiertas fauces; por sobre los topes de los mástiles; por sobre el río turbio y solemne, que corre abajo, como por cauce abierto en un abismo; por entre las entrañas solitarias del puente magnífico, gran trenzado de hierro, bosque extenso de barras y puntales, suspendido en longitud de media legua, de borde a borde de las aguas. ¡Y el vapor, que parece botecillo! ¡Y el botecillo, que parece mosca! ¡Y el silencio, cual si entrase en celestial espacio! ¡Y la palabra humana, palpitante en los hilos numerosos de enredados telégrafos, serpeando, recodeando, hendiendo la acerada y colgante maleza, que sustenta por encima del agua vencida sus carros volantes!

Y cuando se sale al fin al nivel de las calzadas del puente, del lado de New York, no se siente que se llega, sino que se desciende.

Y se cierran involuntariamente los ojos, como si no quisiera dejarse de ver la maravilla.

B. Ojea la biografía de Martí. Busca información sobre la relación del autor con Nueva York. También busca información que ubique *(places)* a la lectura con respecto al tiempo. ¿Cuándo crees que el autor escribió la obra?

Al grano

C. Lee **Escena neoyorquina**. Mientras lees busca los símiles en el texto. Recuerda que un símil es una comparación entre dos cosas con palabras como "igual que", "como", "más que" o "parecido". Ahora decide qué cosas compara el autor en los siguientes símiles. Busca las palabras claves en el diccionario si no las sabes.

MODELO los largos <u>muelles</u>, que parecen siempre abiertas <u>fauces</u>
muelles— *piers*;
fauces—*mouths*

1. la locomotora, que va y viene como ardilla de hierro
2. el botecillo que parece mosca
3. el vapor que parece botecillo
4. sobre las casas altas y vastos talleres, que como enormes juguetes se ven allá en lo hondo

D. Trabaja con un(a) compañero(a) para interpretar el significado de cada símil en la Actividad C. Usen el contexto de las frases para explicar la imagen que el autor quiere proyectar *(project)*. También pueden mirar las fotos para ver si hay algunas imágenes parecidas al símil.

MODELO La locomotora, que va y viene como ardilla de hierro.
The locomotive runs back and forth looking for people like a squirrel looks for food.

E. Martí da características humanas a las cosas. Ésta es una técnica literaria que se llama personificación. Vuelve a leer **Escena neoyorquina** para contestar las preguntas.

1. ¿Qué máquina describe como una "dama" *(lady)*? ¿Cómo es la dama? Martí escribe que "se siente amistad humana" por esta cosa. ¿Por qué se siente así?

2. Martí escribe "como que mueve al andar su campana *(bell)* sonora, parece que habla". ¿A qué crees que se refiere?

3. ¿Por qué dice el autor que "los largos muelles *(piers),* que parecen siempre abiertas fauces *(mouths)*"? Si los muelles son las bocas, ¿será la ciudad la cara? ¿Qué tipo de cara tendrá la ciudad para el autor?

F. Trabaja con un grupo para discutir lo siguiente: Imaginen que un autor está describiendo la misma escena de Nueva York hoy en día. ¿Qué creen que ha cambiado desde el tiempo en que Martí escribió la lectura? ¿Qué cosas habría en una foto del siglo XXI del puente de Brooklyn? ¿Qué cosas son parecidas a lo que ves en las fotos del siglo XIX? ¿Qué cosas son diferentes? Usen la lectura, las fotos y sus conocimientos.

G. What do you think José Martí's feelings are about New York and the Brooklyn Bridge? Discuss with a partner how the literary devices he uses give you clues about his relationship to his subject. Also discuss clues in Martí's biography that help explain his use of similes and personification.

José Martí (1853–1895), el autor de "Escena neoyorquina", no sólo fue un periodista, ensayista y poeta de talento, sino también un patriota valiente que defendió la causa de la liberación cubana. A lo largo de su vida utilizó su don de la palabra para proclamar insistentemente que la humanidad era capaz de algo más que brutalidad y represión. Murió combatiendo para la libertad.

Hijo de españoles, José Martí nació en La Habana, Cuba. Durante su adolescencia, se dedicó a escribir y editar periódicos que proponían la independencia para Cuba. En aquellos días, Cuba era una colonia española. En 1869 sus actividades llamaron la atención de las autoridades y fue detenido y condenado a trabajos forzados en las canteras de San Lázaro, en La Habana. Como testimonio de esta experiencia escribió *El presidio político de Cuba* (1871), obra en la que proponía una reforma política. Conmutada su condena por el exilio en España, Martí consiguió licenciarse en derecho y filosofía por las universidades de Zaragoza y Madrid. Realizó numerosos viajes por toda Latinoamérica y residió en México, Guatemala y Venezuela, donde escribió constantemente poesía y ensayos. En 1879 regresó a La Habana, donde su fuerte oposición al gobierno lo llevó nuevamente al exilio en España.

De España se trasladó primero a Francia y luego a Nueva York, donde el editor Charles A. Dana le pidió que escribiera para el *New York Sun*. Nueva York ejercía sobre Martí una atracción especial. La gran ciudad le fascinaba y horrorizaba a la vez.

Martí escribió tres celebrados libros de poemas y una novela, además de dedicarse con pasión a la causa de la libertad cubana. Organizó y encabezó la rebelión de 1895, para la cual regresó a Cuba y perdió la vida combatiendo. Se consideraba ciudadano de las Américas y es recordado como un magnífico escritor y un hombre dispuesto a morir por sus ideales.

Cultural stereotypes color the way we perceive what we see and hear. They limit our ability to appreciate the many varieties of people and ways of life. What effects do cultural stereotypes have? In this activity, you'll write an editorial about cultural stereotyping for a newspaper, and you'll learn an easy way to choose which details to include.

¿Cuál es tu opinión?

Imagina que eres escritor(a) para el periódico de tu escuela. Escribe una composición de cuatro o cinco párrafos sobre los efectos de los estereotipos en tu escuela o ciudad y lo que se puede hacer para mejorar la situación.

A. Preparación

1. Haz preguntas para encontrar detalles buenos y escribe las respuestas en una lista. Puedes hacerles preguntas a tus amigos(as) también. Algunas buenas preguntas son ¿**Quiénes** sufren de los estereotipos?, ¿De **qué** estereotipos sufren?, ¿**Cómo** sufren? y ¿**Qué** podemos hacer para mejorar la situación?

2. Mira las respuestas y escoge los mejores detalles. Si necesitas más información, haz más preguntas.

3. Organiza los detalles en un orden lógico para presentarlos en tu composición.

ESTRATEGIA

Finding good details Things you write don't make sense unless they include appropriate details. Interesting details add color and life to what you write and give it more substance. A good way to choose the right details to include is to ask these questions: Who? What? Where? Why? When? How?

B. Redacción

1. Escribe una buena introducción. Puedes hacer una pregunta para llamarle la atención a tu lector(a), o puedes mencionar algo interesante relacionado con el tema de los estereotipos.

2. Escribe tres o cuatro párrafos para hablar de los estereotipos, quiénes sufren de ellos, cómo sufren estas personas, etc. Incluye detalles relevantes e interesantes de tu lista.

3. En tu conclusión, describe cómo se puede mejorar la situación.

C. Evaluación

1. Lee bien tu composición. ¿Contiene toda la información necesaria? ¿Contiene detalles interesantes? Si no, añade más detalles.

2. Muestra tu composición a dos o tres compañeros(as) y pídeles su opinión. Considera sus opiniones y haz los cambios necesarios.

3. ¿Usaste buena puntuación? Consulta a tus compañeros(as) o a tu profesor(a) si necesitas ayuda.

4. ¿Escribiste bien todas las palabras? ¿Usaste bien todas las formas verbales? Si necesitas ayuda, consulta las páginas R25–R37 o mira un diccionario bilingüe. También puedes hablar con tus compañeros(as) o con tu profesor(a).

REPASO

CD-ROM
Disc 3

1 Mira los dibujos. Luego escucha lo que dice cada persona e indica qué dibujo corresponde a cada persona. Hay una oración que no corresponde a ningún dibujo.

a.

b.

c.

d.

2 En una hoja de papel, escribe tres opiniones un poco polémicas *(controversial)*. Dale tu hoja de papel a un(a) compañero(a), que usará las expresiones de **Así se dice** para negar lo que escribiste.

MODELO   —Los hombres siempre son arrogantes.
　　　　　—No estoy de acuerdo que todo hombre sea arrogante. Algunos son callados y tímidos.

3 Indica si las siguientes frases son **ciertas** o **falsas.** Si son falsas, corrígelas.

1. Hay aproximadamente dos millones de hispanos en Nueva York.
2. Los hispanos forman un grupo minoritario bastante pequeño en Nueva York.
3. La mayoría de los hispanos en Nueva York viene de Centroamérica.
4. Nueva York es un núcleo importante para la prensa y televisión en español.
5. Los dos periódicos en español que se conocen mejor son **El Sol** y **El Heraldo.**
6. Hay colombianos y dominicanos en Nueva York.
7. Todavía no hay emisoras de radio en español en Nueva York.

4 Escribe un párrafo para dar las impresiones que tienes o lo que supones sobre uno de los siguientes temas.

1. las costumbres de los indígenas Yanomami del Amazonas
2. lo que dirían los animales, si pudieran hablar, de los seres humanos
3. la comida en las colonias de los Estados Unidos en 1700

5 Les preguntaron a tres jóvenes cuáles son los tres deseos que pedirían si tuvieran una lámpara maravillosa *(magic lamp)*. ¿Cómo contestarías tú esa pregunta?

Si tuvieras una lámpara maravillosa, ¿qué pedirías?

ANTHONY: Pediría más tiempo para tocar la guitarra, una buena nota en el examen de francés y un viaje por el mundo.

AKUA: Estaría feliz con buena salud, dinero y amor. ¿Qué más se puede pedir?

MEGAN: Me encantaría poder despertarme tarde todos los días, comprarme un avión y ser piloto.

6 Usa las expresiones de **Así se dice** en la página 225 para describir cómo reaccionaron las personas en las siguientes situaciones. ¿Cómo se sintieron?

1. La señora Bermúdez vio a un chico burlándose de su hija Nancy.
2. Manuel oyó un chiste muy cómico.
3. Ayer cancelaron las clases para los estudiantes.
4. A Elena se le rompieron los zapatos.
5. Los abuelos de Sandra y Manuel llegaron de visita.

7

S I T U A C I Ó N

Con unos(as) compañeros(as), imagina que ustedes son políticos(as) invitados(as) a un programa de televisión en el cual se discuten temas polémicos. Cada persona supone algo. Las otras personas responden y niegan lo que dijo esa persona.

Can you talk about emotional reactions? p. 225

1 ¿Cómo se sintieron estas personas en las siguientes situaciones? Escribe oraciones completas.

1. Martín y Laura/la gente se burló de sus amigos
2. Fernanda/sus profesores le dieron mucha tarea
3. Cristóbal y yo/ la gente habló muy alto en el cine
4. tú/viste tu programa favorito de cómicos
5. tus amigos/no supieron la respuesta en clase
6. Gabriela/recibió flores en su cumpleaños

Can you express disagreement? p. 227

2 Ana y Simón tienen opiniones muy diferentes sobre sus compañeros. Para cada descripción que sigue, indica cómo piensan Ana y Simón.

MODELO   Elisa y Paco practican el piano todos los días.
    ANA   Es verdad que practican todos los días.
    SIMÓN   No es cierto que practiquen todos los días.

1. Juan Carlos aprecia el arte y la música indígena.
2. Bárbara tiene una actitud muy positiva.
3. Gregorio nunca juzga a nadie.
4. Luis y Raquel son los únicos que nos comprenden.
5. Tatiana quiere combatir la discriminación.
6. Alejandro siempre ayuda a otros estudiantes con la tarea.

Can you express an assumption? p. 232

3 Usa expresiones de **Así se dice** para expresar tus ideas sobre los siguientes temas.

1. la vida estudiantil en el año 2050
2. las clases en las universidades
3. la discriminación racial en el año 2075
4. el clima del Polo Norte en contraste con el clima de Nueva York

Can you make hypothetical statements? p. 232

4 Crea oraciones con las siguientes frases. ¿Harías las siguientes cosas si tuvieras... o si pudieras...?

MODELO   ir de compras
    —Iría de compras si tuviera tiempo.

1. patinar en el parque
2. jugar al tenis
3. nadar en la piscina
4. montar a caballo
5. preparar una tortilla española
6. estudiar para el examen
7. pasear en velero
8. escuchar música

PRIMER PASO

Talking about emotional reactions

estuve contento(a)...   *I was happy. . .*
nos enfadamos   *we got angry*
nos enojamos   *we got angry*
nos frustramos   *we got frustrated*
presionados(as) por...   *pressured to . . .*
reaccionaron   *they reacted*
Se alegró mucho.   *He (She) was very happy.*
se burlaron de   *they made fun of*
Se pusieron rojos.   *They blushed.*
se rieron   *they laughed*
supe   *I found out*
supiste   *you found out*

Expressing disagreement

¡Al contrario!   *On the contrary!*
Niego haberme burlado de...   *I deny having
    made fun of . . .*
No es cierto que...   *It's not true that . . .*
No es verdad que...   *It's not true that . . .*
No estoy de acuerdo en que...
    I don't agree that . . .

Adjectives that describe people

amigable   *friendly*
arrogante   *arrogant*
bobo(a)   *silly, dumb*
callado(a)   *quiet*
chismoso(a)   *gossipy*
descortés   *rude*
egoísta   *selfish*
melancólico(a)   *gloomy*
perezoso(a)   *lazy*
presumido(a)   *conceited*
seco(a)   *cold, curt*
tímido(a)   *shy*
torpe   *slow, dull, clumsy*
travieso(a)   *mischievous*

SEGUNDO PASO

Expressing an assumption

Me imagino que...   *I imagine that . . .*
Supongo que...   *I suppose that . . .*
Tengo entendido que...   *I understand that . . .*
Tengo la impresión de que...
    I'm under the impression that . . .

Making hypothetical statements

Si fueras... ¿qué harías?
    If you were . . . what would you do?
Si pudiera... viviría...
    If I could . . . I would live . . .
Si pudieras... ¿adónde irías?
    If you could . . . where would you go?
Si tuviera... compraría...
    If I had . . . I would buy . . .

Talking about stereotypes

la actitud hacia   *attitude toward*
apreciar   *to appreciate*
combatir   *to combat*
contra   *against*
darse cuenta de   *to realize*
la discriminación   *discrimination*
estereotipar   *to stereotype*
el estereotipo   *stereotype*
la falta (de)   *lack (of)*
la ignorancia   *ignorance*
juzgar   *to judge*
la minoría   *minority*
el prejuicio   *prejudice*
respetar   *to respect*
el respeto hacia   *respect for*
tratar   *to treat*

10

La riqueza cultural

1 Me siento muy orgullosa de haber ganado la carrera.

Todos queremos contribuir algo a nuestras familias, comunidades y profesiones. ¿Qué contribuciones has hecho? ¿Qué piensas hacer en el futuro? ¿Qué puedes contribuir por medio de tu cultura?

In this chapter you will learn

- to talk about accomplishments; to talk about future plans
- to express cause and effect; to express intention and purpose

And you will

- listen to two teenagers give advice to parents and young people
- read Hispanic American poetry
- write about cultural diversity in your community or area
- find out about the Hispanic community in New York City

② Cuando sea mayor, me gustaría ser músico.

③ Tenemos parientes en otros países; por lo tanto, hemos decidido aprender más sobre sus culturas.

DE ANTEMANO

¿Qué significa ser hispano?

La palabra *hispano* en los Estados Unidos se refiere a gente de muchos países y diversos grupos étnicos, pero también significa mucho más. Antes de comenzar, piensa en lo que has aprendido de los hispanohablantes en tus estudios del español. Luego lee cómo explicaron la palabra *hispano* varios estudiantes de la Sra. Dora Villani del colegio John F. Kennedy en Nueva York.

Todos somos diferentes y tenemos diferentes opiniones sobre lo que significa ser hispano. Queremos saber lo que tú piensas y qué planes tienes para el futuro.

1. ¿Qué significa ser hispano para ti? 2. En tu opinión, ¿cómo te ve la gente de origen no hispano? 3. Si acabas de venir a los Estados Unidos, ¿has tenido que adaptarte o asimilarte a la cultura norteamericana? ¿Cómo? 4. ¿Has compartido tu cultura con la gente no hispana? 5. ¿De qué estás orgulloso(a)? 6. ¿Qué quieres lograr antes de graduarte de la escuela secundaria? 7. ¿Qué quieres hacer cuando seas mayor? ¿Por qué?

Los hispanos tenemos una gran cultura.
Teany Hidalgo

Me llamo Teany Hidalgo. Tengo dieciséis años y soy de la República Dominicana. Yo estoy muy orgullosa de ser hispana porque los hispanos tenemos una gran cultura. Somos un grupo étnico que tiene costumbres muy variadas y gentes de diferentes países. Quienes vivimos en los Estados Unidos hemos aprendido a superarnos y a tener buenas profesiones. Mi objetivo es llegar a ser ingeniera de computación, y con la ayuda de mi familia sé que lo voy a alcanzar. Mi intención es cambiar todos los estereotipos que la gente tiene de los hispanos para que todos podamos tener un futuro feliz.

Mi nombre es Jessica Jiménez y nací en el Bronx. Estoy en el equipo de esgrima. Gané un trofeo el año pasado.

Yo he vivido en Puerto Rico y es muy distinto a vivir aquí en los Estados Unidos. Aquí hay algunas personas que discriminan a otras por el hecho de tener

Me siento orgullosa de ser hispana.
Jessica Jiménez

padres hispanos. Yo me siento orgullosa de ser hispana porque, además del inglés, sé hablar muy bien el español. Cuando sea mayor, quiero ser médica para ayudar a otras personas, especialmente a los hispanos que no saben expresarse en inglés.

VOCABULARIO

asimilarse   *to assimilate*
el compromiso   *commitment, obligation*
la costumbre   *custom*
criarse   *to grow up; to be raised*

encajar   *to fit in*
mantener   *to preserve, to keep*
el modo de ser   *nature, disposition*
las raíces   *roots*

10 ¿Qué palabra es mejor?

Completa las oraciones con la forma correcta de la mejor palabra del **Vocabulario**.

1. **Responsabilidad** y **obligación** son sinónimos de ═══.
2. El proceso de hacerse parte de otra cultura se llama ═══.
3. El carácter y las costumbres de una persona definen su ═══.
4. Muchos cubanoamericanos nacieron en Cuba y ═══ allí también.
5. El término "las ═══" se refiere al origen de una persona y su familia.
6. ═══ quiere decir una tradición o algo que se ha hecho por muchas generaciones.

11 Consejos para padres y jóvenes hispanos

Escucha los consejos que Adriana y José Luis dan a padres y jóvenes hispanos. Luego indica quién diría cada frase: **Adriana, José Luis** o **los dos.**

1. Es necesario asimilarnos sin olvidar quiénes somos.
2. Los hispanos pueden aportar mucho a este país.
3. Los padres hispanos deben hacer el esfuerzo de aprender el inglés.
4. Es importante respetar el compromiso que tienes con tu familia.
5. Es más fácil para los hijos encajar en la sociedad estadounidense.

12 Costumbres y raíces

Contesta las siguientes preguntas con dos compañeros(as). Comparen y expliquen sus respuestas.

1. ¿Creen Uds. que los ciudadanos nuevos en nuestro país se asimilan fácilmente?
2. ¿Creen Uds. que es posible encajar en una nueva cultura y no olvidar sus raíces al mismo tiempo? ¿Cómo demuestran su orgullo los distintos grupos étnicos aquí en los Estados Unidos?
3. ¿Están viviendo Uds. ahora en el mismo lugar en que se criaron? ¿Qué dificultades tiene alguien al mudarse *(upon moving)* a un lugar nuevo?
4. ¿Qué costumbres mantienen sus familias? ¿Cuál es el origen de esas costumbres? ¿Creen que es importante mantener las costumbres?

Hay una fuerte influencia puertorriqueña en Nueva York. Esta influencia se ve especialmente en el Barrio, una sección de East Harlem. El Barrio es famoso por sus deliciosas comidas, su música "salsa", sus cines y sus publicaciones en español. Una de las atracciones del Barrio es el Museo del Barrio, dedicado a las culturas de Latinoamérica y de Puerto Rico. Tiene una colección fascinante de objetos precolombinos y frecuentemente hay exhibiciones sobre la pintura, escultura y video latinoamericanos. ¿Qué influencias hispanas ves en tu comunidad?

ASÍ SE DICE   Talking about future plans

Si quieres hablar de tus planes para el futuro, puedes decir:

Me gustaría ser doctora **cuando sea mayor** para ayudar a otras personas.
Cuando cumpla los 18 años, voy a registrarme para votar.
Ofelia quiere trabajar **antes de que empiecen las clases** en la universidad.
Antes de terminar el colegio quiero conseguir una beca *(scholarship).*
Después de graduarnos vamos a tener una fiesta muy grande.

13 Tus planes y tu modo de ser

Toma esta pequeña prueba para saber qué vínculo *(link)* hay entre tus planes y tu modo de ser. Selecciona las respuestas que sean más parecidas a tus planes.

1. Cuando sea mayor yo
   a. seré un(a) guía para safaris.
   b. trabajaré en Wall Street.
   c. escribiré un libro de poesía.
2. Antes de que cumpla los 40 años me gustaría
   a. viajar al Polo Sur.
   b. formar mi propia compañía internacional de finanzas.
   c. aprender a tocar la guitarra eléctrica.
3. Cuando tenga suficiente dinero pienso
   a. comprarme un barco y navegar alrededor del mundo.
   b. invertirlo *(invest)* en telecomunicaciones.
   c. construir un nuevo museo de arte.
4. Después de graduarme en el colegio
   a. voy a ir a Egipto para escalar las pirámides.
   b. voy a tomar clases de administración de empresas *(business administration)*.
   c. voy a tomar clases de escultura.

Resultados: Tus respuestas a las preguntas en la prueba indican algo sobre tu modo de ser. Vamos a ver qué dicen sobre tu personalidad las respuestas que escogiste. Si escogiste **a** la mayoría de las veces, tu tendencia natural es de ser una persona aventurera. Si escogiste **b,** eres empresario(a) *(entrepreneur)* por instinto. Si preferiste **c,** lo normal para ti es ser creativo(a) y artístico(a).

GRAMÁTICA   The subjunctive after certain conjunctions

1. These conjunctions always take the subjunctive:

a menos (de) que *unless*   **en caso de que** *in case*
antes de que *before*   **para que** *so, in order that*
con tal (de) que *provided*

2. The subjunctive follows some conjunctions when they refer to a future action.

Cuando vayas a Madrid, tienes que visitar los museos. *When you go . . .*
En cuanto llegues a casa llámame. *As soon as you get home . . .*

3. Here are some other conjunctions that take the subjunctive when they refer to the future. They often introduce a new subject.

después de que *after*   **tan pronto como** *as soon as*
hasta que *until*

4. Use the indicative if the action happens regularly or already happened.

Cuando vamos a Chicago, siempre visitamos los museos.
En cuanto salimos, empezó a llover.

14 Consejos para Leonora

Leonora va a tener una entrevista para un trabajo. Con un(a) compañero(a), dale consejos usando la siguiente información. Cambien los verbos si es necesario.

1. Cuando (tener) una entrevista,...
2. Antes de (ir),...
3. Tan pronto como (llegar),...
4. Cuando (hablar) con la jefa,...
5. Después de que Uds. (terminar) la entrevista,...

> ponte ropa profesional   sé cortés
>   ve a la oficina de la jefa
> agradécele su tiempo
>   debes seguir estos consejos

15 Cuando sea mayor...

Los siguientes jóvenes están pensando en lo que les gustaría hacer cuando sean mayores. Escribe unas frases que indiquen lo que quiere hacer cada persona según el dibujo. Usa las frases **Cuando sea mayor...**, **Antes de cumplir...** y **Después de que...**

el (la) carpintero(a)

el (la) médico(a)

el (la) programador(a)

a.

b.

c.

d.

¡ADELANTE!

La herencia cultural

Lee lo que escribió Joaquín Veracruz sobre su herencia cultural. Sus palabras reflejan el orgullo que tiene por ser quién es. ¿Cómo describirías tu herencia cultural?

Cartas AL EDITOR

Estimado editor:

Me llamo Joaquín Veracruz y soy de Río Piedras, Puerto Rico. Desde hace cinco años vivo en Brooklyn, Nueva York. Me encanta su revista y la leo todos los meses. Quería escribirles para contarles un poco sobre mi experiencia aquí en Nueva York.

Por lo general, ha sido una experiencia muy buena y he conocido a gente maravillosa. Pero por el hecho de venir de Puerto Rico, hay algunas personas que opinan que no soy estadounidense. Me oyen hablar español y por consiguiente deciden, sin conocer los hechos, que soy inmigrante ilegal o que no tengo derecho a vivir aquí. Sin saber nada de mí, llegan a la conclusión de que soy inferior o incapaz de contribuir a la sociedad.

En mi opinión, en la mayoría de los casos esta actitud proviene de la ignorancia, no de la maldad. Por eso, la mejor forma de cambiar la opinión de esta gente es educarla, mostrarle que nosotros los hispanos tenemos mucho que ofrecer. Soy bilingüe; por lo tanto mis oportunidades para la comunicación se duplican. Me esfuerzo en mis estudios por salir adelante. Respeto las diferentes culturas y costumbres de este país y creo que enriquecen a todo el mundo.

Es importante sentirse orgulloso del propio origen. Quiero pedirles a mis hermanos y hermanas hispanos que sigan luchando para que todo el mundo se dé cuenta de nuestras contribuciones. Les pido paciencia y amor para los que todavía no ven la realidad. La mejor manera de cambiar a una persona es hacerse su amigo.

Atentamente,
Joaquín Veracruz

NUESTRO TIEMPO

3

16 ¿Comprendiste?

Completa las frases con información de **¡Adelante!**

1. Joaquín quería escribir una carta a la revista porque...
2. Algunas personas creen que Joaquín no es estadounidense porque...
3. Hay gente que cree erróneamente que Joaquín es un inmigrante ilegal porque...
4. En el nuevo programa del presidente, algunos estudiantes tendrán oportunidades de...
5. El grupo *Juntos Avanzamos* ha publicado una lista de sus objetivos porque quiere que...

17 Encuentra las expresiones con *por*

¿Qué expresión usa Joaquín para hablar de la ventaja de ser bilingüe? ¿Qué dice para expresar la reacción de algunas personas cuando lo oyen hablar español?

El presidente: reunión con grupo Juntos Avanzamos

(NUEVA YORK) Hoy se reúne el presidente con el grupo Juntos Avanzamos, cuyas ambiciones incluyen leyes contra la discriminación y programas para combatir los estereotipos culturales. Este año el grupo ha publicado una lista de sus objetivos con la idea de difundirlos a nivel nacional. Se cree que el presidente viene a la reunión con la intención de anunciar su apoyo para esos objetivos y para dar a conocer un nuevo programa nacional para combatir los estereotipos. Se reporta que el programa incluye oportunidades para que jóvenes de distintos grupos étnicos y culturales de todas partes del país puedan conocerse y discutir la discriminación y los estereotipos.

18 ¿Cuál es tu opinión?

Contesta las preguntas con un(a) compañero(a). Comparen sus respuestas y expliquen las diferencias de opinión que tengan.

1. ¿Está abierto este país a personas de muchas culturas diferentes? Explica tu opinión.
2. ¿Cuál es la mejor manera de lograr *(achieve)* mayor tolerancia hacia otras culturas?
3. ¿Cuáles son las ventajas de conocer más de una cultura?
4. ¿Es importante que los diferentes grupos étnicos y culturales mantengan su identidad cultural? ¿Por qué o por qué no?
5. ¿Te sientes seguro(a) de tu identidad cultural? ¿De dónde viene ese sentido?

19 Ahora te toca a ti

Escribe una composición de unas quince oraciones describiendo una experiencia con la intolerancia. Puede ser tu propia experiencia o una que observaste. Explica lo que pasó y cómo se sintieron los que tuvieron la experiencia y los que la observaron.

¿Cómo te defines?

Estos estudiantes hispanos nos dijeron cómo se definen y por qué se definen así.

● Sally

San Diego, California

"Yo me considero chicana porque soy nacida aquí y mis padres son de México y latino lo considero... son todas las personas mexicanas, de Cuba, de Argentina, de todo... En veces sí hay [discriminación]... En veces nos ponen abajo, nos dan menos oportunidades a nosotros que somos chicanos o latinos... Lo que deberían de hacer es tratarnos a todos igual, porque no somos diferentes, somos igual[es]".

● Sergio

Miami, Florida

"Hispano y latinoamericano también. Es lo mismo, son sinónimos... Les brindamos [a los Estados Unidos] nuestra ética de trabajo, nuestros valores culturales y familiares, nuestra unión familiar, nuestras creencias en Dios y en la democracia, y también tenemos...muy amplio espíritu de superación".

● Ivette

Ponce, Puerto Rico

"Soy puertorriqueña, soy latina, soy americana... Puertorriqueña, pues, el centro de mi corazón; latina, mi piel; americana, mi mente... Yo creo que pese a la opinión que tienen muchas personas, los hispanohablantes somos personas que tenemos nuestra propia mente, somos muy capaces para hacer cualquier cosa que queramos".

Para pensar y hablar...

A. ¿Cómo se siente Ivette en su corazón? Según Sally, ¿cuál es la diferencia entre chicano y latino? Según Sergio, ¿cuál es la diferencia entre hispano y latinoamericano? ¿Qué aportación han hecho los latinos a los Estados Unidos, según Sergio?

B. ¿Por qué crees que les importa a estos estudiantes definir quiénes son? Escoge tres palabras para definirte a ti mismo(a).

SEGUNDO PASO

Expressing cause and effect; expressing intention and purpose

ASÍ SE DICE   Expressing cause and effect

Si quieres hablar de la relación entre causa y consecuencia, puedes decir:

Mis éxitos en natación **se deben a** mis excelentes entrenadores.
. . . are due to . . .
Soy bilingüe; **por lo tanto,** tengo muchas oportunidades en el trabajo.
. . . therefore . . .
Por tener padres hispanos, me siento orgullosa de la cultura hispana.
Because I have . . .
No estudié, **así que** salí con malas notas.
. . . so . . .
Las leyes han cambiado **de tal forma que** hay menos discriminación.
. . . in such a way that . . .
Sé español y portugués; **en consecuencia,** puedo viajar fácilmente en
    América Latina.
Discutimos el problema; **por consiguiente,** hay más tolerancia.
. . . consequently . . .
Las acciones de los líderes **resultaron**
    en leyes contra la discriminación.

20 Por lo tanto...

Escucha las siguientes frases. Indica si cada frase expresa una relación entre causa y efecto o no.

21 Consecuencias

¿Cuáles son las consecuencias de estas acciones o hechos? Lee cada frase y combínala con una de estas expresiones. Luego añade una conclusión original.

MODELO   Angélica trabaja para una compañía internacional.
    —Angélica necesita hablar con gente de otros lugares, así que estudia idiomas.

1. Tomás ha trabajado en la compañía por 35 años.
2. Alberto es un genio en matemáticas.
3. María Carlota se crió en Buenos Aires.
4. Mi hermano quiere comprar un carro.
5. Eva y Dalia empezaron a practicar la natación desde muy jóvenes.
6. He estudiado español.

NOTA GRAMATICAL

Verbs are not conjugated after a preposition. Infinitives are used instead, and no new subject is introduced.

Marisa consiguió varias becas **por ser** buena estudiante.

Rubén llamó a sus padres **antes de salir.**

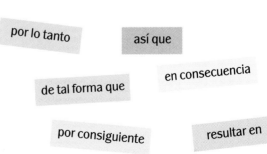

por lo tanto   así que   de tal forma que   en consecuencia   por consiguiente   resultar en

22 Causas y efectos

 Mira los dibujos. Luego, con un(a) compañero(a), escribe una frase para describir la causa y el efecto que ves en cada dibujo.

VOCABULARIO

la aspiración   *aspiration, ambition*
aspirar a   *to aspire to*
enfocarse en   *to focus on*
esforzarse (ue) por   *to make an effort to*
lograr   *to achieve; to manage to*
llevar a cabo   *to carry out*

la meta   *goal*
el objetivo   *objective*
realizar (un sueño)   *to fulfill (a dream)*
soñar (ue) con + inf.   *to dream of (doing something)*
tomar la iniciativa   *to take the initiative*

23 Las metas del grupo folklórico

 El grupo Amigos de la República Dominicana está anunciando sus metas para este año. Completa cada frase con una palabra apropiada del Vocabulario. Luego escribe cinco oraciones similares e intercámbialas con un(a) compañero(a). Traten de adivinar las palabras que se necesitan para completar las oraciones del (de la) compañero(a).

¿Te acuerdas?

The reflexive pronoun you use varies according to the subject of the sentence.

Debes enfocar**te** más en tus objetivos.

Nos esforzamos por lograr nuestras metas.

1. Nuestra ====== es fomentar *(encourage)* el aprecio del arte dominicano en Nueva York.
2. Este año vamos a ====== el arte que mejor refleja el espíritu y el alma de los dominicanos.
3. Tendremos un programa de clases especiales para jóvenes dominicanos que ====== aprender sobre la música tradicional de la República Dominicana.
4. Nuestro comité tiene que ====== en esta área porque ninguna otra organización está trabajando en ella.
5. Vamos a hacer todo lo posible para ====== nuestros planes.

24 Por el bien de todos

Haz una lista de ocho metas en que tu comunidad debe enfocarse dentro de los próximos diez años. Completa las oraciones usando las frases de **Así se dice**.

MODELO   construir un estadio de béisbol
—Queremos enfocarnos en los deportes; por lo tanto, nuestra meta es construir un estadio de béisbol.

25 Proponemos una solución

Con un(a) compañero(a), haz una lista de los cinco problemas más graves que afectan tu ciudad. Luego escojan uno de los problemas y escriban una composición de unas quince frases. Expliquen la causa del problema y las consecuencias que ha tenido. Mencionen los objetivos que tienen para resolver el problema y cómo pueden lograr sus objetivos.

ASÍ SE DICE   Expressing intention and purpose

Si quieres hablar de tus intenciones y objetivos, puedes decir:

Pienso aprender un poco de la música hispana.
Tengo la intención de visitar Puerto Rico.
Escribieron la carta **con la intención de** persuadirnos a visitarlos.
Fuimos allí **con la idea de** comprar libros sobre los hispanos famosos.
Pablo quiere visitar Chile **para** conocer a su gente.
Vamos a eliminar los estereotipos **para que** haya menos discriminación.

26 ¿Quién es?

Mira los siguientes dibujos. Luego escucha cada descripción e indica a qué persona en los dibujos se refiere.

a.

b.

c.

d.

27 No pudo porque...

Usa las expresiones de **Así se dice** para explicar por qué cada persona no pudo hacer las siguientes cosas.

MODELO   Mario / visitar el Museo Guggenheim
              Mario tenía la intención de visitar el Museo Guggenheim pero tuvo que trabajar.

1. Claudia / ir al desfile del Día de la Raza
2. Ignacio / visitar la Sociedad Hispánica de América
3. Kristin / asistir a un concierto en el Radio City Music Hall
4. Chen / escuchar una ópera en Carnegie Hall
5. Alishia / ir de compras a la Quinta Avenida

28 ¡Qué generosidad!

Imagina que tú y un(a) compañero(a) tienen 20.000 dólares que quieren usar para fomentar una conciencia cultural en su ciudad. Discutan qué deben hacer con el dinero y expliquen los objetivos.

MODELO   Debemos dar 5.000 dólares a la escuela para que pueda comprar libros.

GRAMÁTICA de repaso   The subjunctive with **para que**

The conjunction **para que** introduces a new subject and is always followed by the subjunctive. Any verbs that go after **para,** however, are left in the infinitive.

Les escribo a mis representantes **para que sepan** mis opiniones.
Llamé a la senadora **para discutir** los programas multiculturales.

29 ¿Cuál se usa?

Completa cada frase con **para** o con **para que.**

1. Mis padres emigraron de América Latina. Estoy ahorrando dinero _____ viajar allá algún día.
2. Mis abuelos no hablan inglés. Yo les hablo en español _____ me entiendan.
3. Debemos enfocarnos en los detalles de la situación _____ comprenderla.
4. Tendré que estudiar muchos años _____ realizar mi sueño de ser médico.
5. Una persona anónima ha dado 1.000 dólares al programa _____ compre obras de arte para la Sociedad Hispánica de América.

30 Las metas de Alejandro

Completa cada frase lógicamente con **para** o con **para que** para describir las metas de Alejandro.

MODELO   Quiero aprender bien el español.
Quiero aprender bien el español para conocer mejor la cultura hispana.

1. Deseo superarme.
2. Voy a aprender los bailes de América Latina.
3. Quiero un empleo en negocios internacionales.
4. Voy a tomar una clase sobre el arte mexicano.
5. Voy a llevar a mi familia a las pirámides de Teotihuacán.
6. Cuando tenga hijos, les enseñaré las costumbres de mi familia.

31 En mi cuaderno

Imagina que estás pidiendo una beca *(scholarship)* para asistir a tu universidad favorita. Escribe una carta a la universidad para decirles cuáles son tus planes para el futuro. Menciona también tus logros más notables, y explica cómo te ayudará la beca a realizar tus sueños.

SUGERENCIA

One way to make the task of writing easier is to make sure you know most of the words you will need to use. With a classmate, make a list of the words you will probably need to complete your task. Then look up the words you don't know in the dictionary. It's a good idea to look up the Spanish word in the dictionary to be sure it fits the context.

El Ballet Hispánico de Nueva York

Fundado en 1970 por la venezolana Tina Ramírez, el Ballet Hispánico de Nueva York ofrece toda una variedad de bailes y música al público en funciones en Estados Unidos, Latinoamérica y Europa y por medio de su escuela de baile en Nueva York. ¿Qué elementos culturales ves en estas fotos? ¿Crees que estos elementos expresan algo típico o universal de la cultura hispana?

Para discutir

¿Qué se expresa en un baile? ¿Cómo se puede usar el baile para expresar los sentimientos? ¿Cómo se puede usar para expresar el orgullo nacional o étnico y los sentimientos de un pueblo? Explica tus respuestas. ¿Qué tipos de baile hay en los Estados Unidos? ¿Qué revelan esos bailes acerca de la gente de este país?

Vamos a comprenderlo

El Ballet Hispánico de Nueva York combina ritmos y música del mundo hispano con elementos de la danza moderna para explorar temas de la historia y la actualidad hispanas. Un bailarín, por ejemplo, demostró cómo un problema puede afectar todos los aspectos de la vida de una persona al bailar los pasos tradicionales del flamenco mientras balanceaba en la cabeza un cuenco *(bowl)* de agua. La escuela de baile del Ballet Hispánico tiene más de 900 estudiantes, el 70 por ciento de ellos hispanos, que aprenden el baile hispano y el ballet de instructores e instructoras profesionales. Muchos de los graduados de la escuela de baile tienen carreras en la danza, el teatro, el cine y la televisión.

Dos poemas

*V*as a leer dos selecciones de poesía. La primera, por Maia Chávez Dean (n. 1964), se llama "Gringa/Chicana"; la otra es un extracto de "Yo soy Joaquín", por Rodolfo "Corky" Gonzales (n. 1928). Maia Chávez Dean se crió en Nueva York, Nuevo México y Colorado e hizo sus estudios en el idioma y la cultura hispanos. Gonzales es hijo de obreros migratorios chicanos. Ahora es periodista y autor dedicado al movimiento chicano.

Estrategia
Paraphrasing is an easy way to help you understand the content of a text, especially when you encounter unfamiliar vocabulary. You paraphrase when you put a text's ideas into your own words. While summarizing involves only the main ideas, paraphrasing involves putting all or almost all of the text's ideas in your own words. You can paraphrase even if you do not understand every word of the text.

¡A comenzar!

A. Responde a las siguientes preguntas sobre "Gringa/Chicana".

1. ¿Qué quiere decir "gringa"?
2. ¿Qué quiere decir "chicana"?
3. ¿Qué implica la línea diagonal entre "Gringa" y "Chicana"?

¿Te acuerdas?
Make predictions about a text. Before you read, try to anticipate what's in the text by the way it's written and by whatever you know about the text already.

Gringa/Chicana
por Maia Chávez Dean

I
El sol brilla
caliente sobre el polvo negro
caliente sobre la tierra amarilla
caliente sobre las caras morenas
piel morena
calle de la ciudad
y el polvo negro en mis pies
en mis zapatos
y el calor sale del pavimento
a través del desierto
a través de las piedras
—pirámides
muy lejos
grandes templos de los dioses
subiendo
subiendo
y el cielo ancho y amarillo
color de la tierra
color de la sequía
y el polvo negro de la ciudad
en mis pies blancos—
cabello claro—
¡Güera!
sí,
aunque me dijeron allí donde nací
que era morena
niña morena
ojos latinos
chicana
bella

II
Sí pero eso fue en los Estados Unidos de América
"Home of the brave"
Los Estados Unidos
unidos
un gran magnífico "crisol"
unidos
"All for one and one for all"
herencia
raíces—

¿Pero no es esto mi herencia?
¿Aquí bajo el cielo amarillo?
cielo de sequía
tierra morena,
¿caras morenas?
y ¡Güera! ¡Güera!
piel blanca
cabello claro
¡No! —digo— ¡No!
soy una de ustedes
¡Mira!
Cómo mis pies caminan en el polvo negro.
¡Mira!
"my soul"
¡Mi alma! — grito.
Pero de pronto la lengua se me vuelve extraña
y no puedo hablar en su idioma
Lo sé
pero no puedo hablar
Lo siento
pero no puedo hablar
y todo está perdido en el gran crisol.

        III
Perdido
todo fundido
y mezclado con las lágrimas
los lamentos nostálgicos
lamentos, lágrimas
palabras habladas en voces dulces desde una tierra
    extranjera
una lengua extranjera
una canción extranjera
Lloro
Llorando
lágrimas por la tierra amarilla
por el polvo negro
por el hogar que nunca conocí
¿Qué es lo que soy?
chicana—gringa
media chicana, si tal caso.
Yo
Con mis manos contra la tierra
con las lágrimas cayendo
llenas
tan llenas de amor
¡Güera!—pero soy
¡Chicana!—pero soy
¡Gringa!—pero soy
¡Nada!—ay, no, pero ¡SOY!
Mis manos cogen la tierra morena,
y soy.

B. Responde a las siguientes preguntas del poema "Yo soy Joaquín" en la página 264.

1. Dado que "Yo soy Joaquín" es un poema, ¿que predicciones puedes hacer acerca de la forma del texto?
2. Lee la última línea del poema junto con el título. ¿Qué puedes decir del poema basado en esta información?
3. Ahora compara este poema con "Gringa/Chicana". ¿Qué diferencias hay en la estructura de los dos poemas?

Al grano

C. Lee las tres partes de Gringa/Chicana rápidamente y escoge la frase que mejor resume (sums up) cada parte.

1. Parte I
   a. En los desiertos de México hace calor y hay mucho polvo debido al sol.
   b. Bajo el sol, una chica piensa en la cultura y naturaleza mexicana, y en su verdadera identidad.

2. Parte II
   a. La chica vive en los Estados Unidos. Va perdiendo su idioma y busca su identidad racial y cultural.
   b. La chica no habla inglés y sigue confiada en su identidad mexicana.

3. Parte III
   a. La chica echa de menos (misses) a México y nada puede hacerla dejar de llorar.
   b. La chica está llorando a causa de su confusión de identidad, pero al final decide que tiene una identidad como persona única.

YO SOY JOAQUÍN

por
Rodolfo
"Corky"
Gonzales

D. "Yo soy Joaquín" trata de un chico que experimenta confusión entre la cultura chicana y la norteamericana. Con dos compañeros(as), habla de lo que sabes sobre el fenómeno de ser méxicoamericano. Pueden usar estas preguntas como guía.

1. ¿Qué quiere decir "méxico-americano"?
2. ¿Dónde vive la mayoría de los méxicoamericanos en Estados Unidos?
3. ¿De qué aspectos de la cultura méxicana estaría orgulloso un(a) méxicoamericano(a)?
4. ¿Cuáles son unos problemas que experimentan algunos méxicoamericanos?

E. Escribe una paráfrasis de "Yo soy Joaquín" o de "Gringa/Chicana" con un(a) compañero(a) de clase. Escríbanla en forma de un párrafo, no un poema. Recuerden que no necesitan entender cada palabra para hacer una buena paráfrasis.

F. Conversa con un(a) compañero(a), imaginando que uno(a) de Uds. es Joaquín y la otra persona es un(a) reportero(a) que escribe sobre los problemas de los inmigrantes.

G. Which of the two selections is your favorite? Why? Do you sympathize more with one character than the other?

Yo soy Joaquín,
perdido en un mundo de confusión,
enganchado en el remolino de una
    sociedad gringa,
confundido por las reglas,
despreciado por las actitudes,
sofocado por manipulaciones,
y destrozado por la sociedad moderna.
Mis padres
    perdieron la batalla económica
y conquistaron
    la lucha de supervivencia cultural.
Y ¡ahora!
    yo tengo que escojer
        en medio
    de la paradoja de
triunfo del espíritu,
a despecho de hambre física,
        o
    existir en la empuñada
de la neurosis social americana,
esterilización del alma
    y un estómago repleto.
Sí,
vine de muy lejos a ninguna parte,
desinclinadamente arrastrado por ese
    gigante, monstruoso, técnico, e
    industrial llamado
      Progreso
y éxito angloamericano...
Yo mismo me miro.
 Observo a mis hermanos.
  Lloro lágrimas de desgracia.
   Siembro semillas de odio.
Me retiro a la seguridad dentro del círculo de vida-
      MI RAZA.

VAMOS A ESCRIBIR

We are all part of a rich and varied cultural mosaic. Our cultural uniqueness and individuality express themselves in many ways, including traditions we maintain across generations, the way we dress, the language we speak, and the foods we eat. Can you think of other ways cultural diversity is expressed? In this activity, you will describe some of the cultural diversity you see around you, and you will learn how to improve your writing style by combining sentences.

La diversidad cultural

Escribe una composición de cinco o seis párrafos sobre una persona o grupo que represente la diversidad cultural de tu comunidad o área.

A. Preparación

1. Piensa en la diversidad cultural que existe en tu comunidad o área. Haz una lista de personas o grupos interesantes.
2. Escoge la persona o grupo más interesante de tu lista. Haz preguntas para encontrar más detalles. Si puedes, habla con esa persona o con alguien que pertenezca *(belongs)* al grupo.
3. Busca fotos que demuestren la individualidad de la persona o grupo que describes. Si quieres, puedes sacar las fotos tú mismo(a) *(yourself)*.
4. Organiza tu información en un orden lógico.

B. Redacción

1. Escribe una buena introducción con un hecho *(fact)* interesante sobre la persona o grupo o con una pregunta.
2. Escribe dos o tres párrafos sobre los detalles interesantes que encontraste. Usa palabras y frases descriptivas y coloridas. Incluye las fotos como ejemplos.
3. En tu conclusión, da tu opinión sobre la importancia de la diversidad cultural y menciona alguna cosa especial que aprendiste mientras trabajabas en este proyecto.

C. Evaluación

1. ¿Contiene cada párrafo sólo una idea principal? Si un párrafo contiene más de una idea, sepáralas y ponlas en párrafos distintos. Si quieres, pídele ayuda a un(a) compañero(a).
2. ¿Hay muchas frases cortas y abruptas? Si las hay, busca maneras de combinarlas con **y, o, pero.** Si quieres, pídele ayuda a un(a) compañero(a).
3. ¿Está organizada lógicamente tu composición? Si no, pon los párrafos o los detalles en un orden más lógico.
4. Dales tu composición a unos(as) compañeros(as) para que busquen errores. Considera sus sugerencias e incorpora las mejores.

ESTRATEGIA
Combining sentences
Your paragraphs may lose their impact if they are made up only of short, choppy sentences. One way to improve the flow of your paragraphs is to combine sentences with **y, o,** or **pero.** For example, "**Mi abuelo prefiere comidas tradicionales pero lleva ropa muy moderna,**" is more interesting than "**Mi abuelo prefiere comidas tradicionales. Lleva ropa muy moderna.**" Likewise, "**Svetlana habla y escribe sólo en ruso,**" sounds better than "**Svetlana habla sólo en ruso. Svetlana escribe sólo en ruso.**"

1 Escucha las siguientes oraciones e indica cuál corresponde a cada dibujo. Hay una oración que no corresponde a ningún dibujo.

a.

b.

c.

d.

2 Imagina que eres el capitán o la capitana de un equipo deportivo. Con un(a) compañero(a), escribe un reportaje de ocho oraciones de los planes y metas del equipo para el año que viene. Explica cómo piensan lograr estas metas.

MODELO   Nuestro equipo aspira a ganar todos sus juegos el año que viene. Para mejorar, vamos a poner todo nuestro esfuerzo en…

3 Haz una lista de tres cosas que te hayan salido bien en la vida y otras tres que te hayan salido mal. Pueden ser cosas importantes o pequeñas frustraciones. Pueden estar relacionadas con el deporte o con la vida familiar o social. Escribe cuál fue la causa y su efecto en tu vida.

MODELO   He subido mucho de peso estos últimos meses; por lo tanto, tengo que hacer ejercicio.

4 Contesta estas preguntas con información cultural de este capítulo.

1. ¿Por qué es notable el edificio en que se encuentra la Sociedad Hispánica de América?
2. ¿En qué parte de Nueva York se siente especialmente la influencia de Puerto Rico?
3. ¿Cuáles son algunas de las atracciones de El Barrio?
4. ¿Qué tipos de exhibiciones tiene El Museo del Barrio?

5 Escribe un párrafo con los logros de que estás orgulloso(a). Usa expresiones como las siguientes.

Puse todo mi esfuerzo en…   Alcancé éxito en…
Me siento orgulloso(a) de…   He triunfado en…
Logré superar…

6 Con un(a) compañero(a), usa expresiones de **Así se dice** para hablar de sus planes para el futuro. Consideren estas posibilidades antes de escribir:

los pasatiempos   la familia   los carros   el trabajo

la casa

la educación   las amistades   los viajes

7 Lee la carta y completa las frases con palabras o frases apropiadas.

1. Laura sabía muy bien el francés, ﹍﹍﹍ Constancia la invitó a acompañarla como intérprete.
2. Las dos muchachas fueron al museo Louvre ﹍﹍﹍ ver la Mona Lisa y otras obras de arte.
3. No tenían suficiente dinero para cenar en el restaurante elegante; ﹍﹍﹍, fueron a un lugar más barato.
4. Fueron a la Torre Eiffel y al Palacio Versalles ﹍﹍﹍ sacar fotografías.
5. El año que viene, Constancia ﹍﹍﹍ ir a Dinamarca.

> *Querida Felicia,*
> *¡Mi viaje a Francia estuvo estupendo! Sabías que Laura me acompañó, ¿no? Fue mi intérprete porque yo no sé ni jota del francés. Fuimos al museo Louvre a ver la Mona Lisa y otras obras de arte. Íbamos a cenar en un restaurante elegante pero los precios eran muy altos, así que decidimos cenar en un restaurante más barato. Fuimos también a la Torre Eiffel y al Palacio Versalles a sacar fotos. El año que viene, quiero ir a Dinamarca. ¡Ojalá que puedas acompañarme! Un abrazo,*
>
> *Constancia*

8

S I T U A C I Ó N

Trabajen en parejas e imaginen que uno(a) de ustedes es un(a) nuevo(a) ciudadano(a) de los Estados Unidos. Esta persona habla de las experiencias buenas y malas que ha tenido desde que llegó a este país. Las otras dos personas quieren saber más de su vida y su herencia cultural y le hacen algunas preguntas. También le ofrecen ayuda para acostumbrarse a su nueva situación.

Can you talk about accomplishments? p. 249

1 Escribe las siguientes oraciones usando frases que expresen logro y orgullo. Usa cada expresión de logro sólo una vez.

1. Elías trabajó mucho en su proyecto de ciencias.
2. Sabina y su hermana hablan perfectamente el griego.
3. Cecilia se siente muy bien porque sacó muy buenas notas.
4. Fue difícil al principio pero al fin Bao y Tranh pudieron asimilarse.
5. Le fue muy bien a Gerardo en su negocio.

Can you talk about future plans? p. 252

2 Usa la siguiente información para escribir oraciones completas.

1. Antes de / empezar un proyecto / (Uds.) deber enfocarse
2. Después de que / (tú) alcanzar tus objetivos / tus padres sentirse orgulloso(a)
3. El problema resolverse / cuando / alguien tomar la iniciativa
4. Antes de / poder superar los retos / (nosotros) deber esforzarse
5. Cuando / (yo) dominar el alemán / entender mejor la cultura alemana

Can you express cause and effect? p. 257

3 En estas frases, Roberto explica un poco sobre la historia de su ciudad. Completa cada frase con la expresión más apropiada.

1. Los nombres indígenas de las calles ════ a la influencia de la gente indígena que habitaba esta área hace 200 años.
2. ════ la influencia indígena, hay mucho arte indio en esta región.
3. Muchos franceses poblaron esta región en 1800; ════, mucha gente todavía habla un tipo de francés.
4. Las horribles batallas ════ muchas tragedias.
5. Hay mucha gente hispana aquí; ════ hay muchos hispanohablantes.

Can you express intention and purpose? p. 259

4 ¿Cómo expresaría sus intenciones cada persona en el dibujo?

PRIMER PASO

Talking about accomplishments

Alcancé éxito en... *I achieved success in . . .*
Domina el francés.
   He (She) speaks French very well.
Han triunfado...
   They have succeeded . . .
Logró superar muchos obstáculos...
   She (He) succeeded in overcoming many obstacles . . .
Puse todo mi esfuerzo en...
   I put a lot of effort into . . .
Se siente orgulloso(a) de haber...
   He (She) feels proud of having . . .
Tuvo mucho éxito...
   He (She) was very successful . . .

El éxito

alcanzar *to achieve, to attain*
aportar *to contribute*
la aportación *contribution*
el esfuerzo *effort*
estar agradecido(a) por *to be grateful for*
el éxito *success*
el orgullo *pride*

el reto *challenge*
sentirse orgulloso(a) de *to feel proud of*
superar *to overcome*
superarse *to better oneself*
tener éxito *to succeed*

Las raíces

asimilarse *to assimilate*
el compromiso *commitment, obligation*
la costumbre *custom*
criarse *to grow up; to be raised*
encajar *to fit in*
mantener *to preserve, to keep*
el modo de ser *nature, disposition*
las raíces *roots*

Talking about future plans

Antes de que empiecen las clases...
   Before classes begin . . .
Antes de terminar... *Before finishing . . .*
Cuando cumpla los 18 años... *When I turn 18 . . .*
Cuando sea mayor... *When I'm older . . .*
Después de graduarnos... *After we graduate . . .*

SEGUNDO PASO

Expressing cause and effect

así que... *so . . .*
de tal forma que... *in such a way that . . .*
en consecuencia... *therefore . . .*
por lo tanto... *therefore . . .*
por consiguiente... *consequently . . .*
por tener... *because I have . . .*
resultaron en... *resulted in . . .*
se deben a... *are due to . . .*

Las metas

la aspiración *aspiration, ambition*
aspirar a *to aspire to*
enfocarse en *to focus on*
esforzarse (ue) por *to make an effort to*

lograr *to achieve; to manage to*
llevar a cabo *to carry out*
la meta *goal*
el objetivo *objective*
realizar (un sueño) *to fulfill (a dream)*
soñar (ue) con + inf. *to dream of (doing something)*
tomar la iniciativa *to take the initiative*

Expressing intention and purpose

con la idea de... *in order to . . .*
con la intención de... *with the intention of . . .*
para *in order to*
para que *so that*
Pienso... *I intend to . . .*
Tengo la intención de... *I intend to . . .*

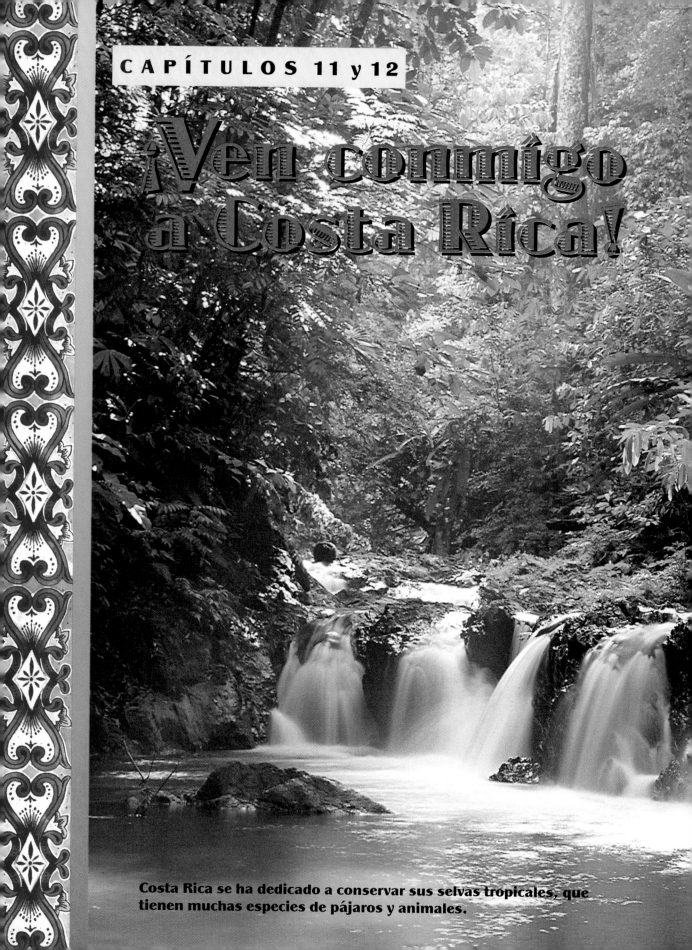

¡Ven conmigo a Costa Rica!

Costa Rica se ha dedicado a conservar sus selvas tropicales, que tienen muchas especies de pájaros y animales.

Costa Rica

Población: 3.468.000 (San José: 324.000)

Área: 51.100 km²; un poco más pequeño que West Virginia

Clima: temperatura promedio 26°–28°C (79°–82°F) anual

Ciudades principales: San José, Alajuela, Cartago, Limón, Puntarenas

Productos agrícolas: bananos, café, azúcar, arroz, maíz, ganado

Industrias: comestibles, turismo, ropa, materiales de construcción

Personajes famosos: Óscar Arias Sánchez (n. 1941), presidente de Costa Rica (1986–1990) y ganador del Premio Nóbel de la Paz en 1987; Sylvia Poll (n. 1971), nadadora olímpica; Franklin Chang-Díaz (n. 1950), astronauta del vehículo espacial Columbia

Platos típicos: gallo pinto, tamales, ceviche, picadillo de arracache, cajeta, gallina de palo, sopa negra

NICARAGUA

Lago de Nicaragua

COSTA RICA

Mar Caribe

Alajuela
Puntarenas
Limón
San José
Cartago

Canal de Panamá

N

PANAMÁ

Océano Pacífico

0   50   100 Kilómetros
0   50   100 Millas

go.hrw.com
WVO COSTA RICA

COSTA RICA

En realidad, Costa Rica tiene dos costas ricas: la costa del mar Caribe y la costa del océano Pacífico. Las dos costas se separan por apenas 125 km (75 millas) en la banda más estrecha del país. Aunque es pequeño, Costa Rica es un país variado con montañas y selvas. Hay también una meseta central donde se encuentra la zona de mayor población y agricultura. Situado como un puente entre los dos continentes americanos, Costa Rica se ha considerado como una de las regiones más diversas, lo cual hace del país un destino preferido de los científicos y turistas.

① Entre otras atracciones naturales, Costa Rica cuenta con unos 67 volcanes, siete de los cuales son activos. Varios parques nacionales ofrecen la posibilidad de ver el interior de un volcán.

② San José, la capital de Costa Rica, goza de un clima primaveral durante todo el año. Alrededor del 30 por ciento de la población del país vive en esta ciudad, que ofrece museos, parques y muchos eventos culturales.

③ Costa Rica tiene una abundancia de especies de plantas. Una de las plantas más famosas del país es la orquídea, que crece principalmente en las selvas tropicales.

④ Muchas especies de mariposas viven en Costa Rica. Los meses de junio y julio son los mejores para verlas.

En los Capítulos 11 y 12 vas a conocer Costa Rica. Conocerás a algunos costarricenses y verás un poco del magnífico paisaje por el cual este país es conocido por todo el mundo. Aprenderás un poco sobre la historia de Costa Rica y el carácter de la nación, y verás por qué Costa Rica se considera una joya cuyo valor natural y cultural es inestimable.

⑤ Los costarricenses, o "ticos", representan una gran mezcla de culturas y costumbres. Muchos de los habitantes de la costa del Atlántico son de ascendencia africana y hablan inglés además del español. Hay también muchos costarricenses de ascendencia alemana y china.

⑦ Uno de los reptiles más famosos del país es la iguana. Algunos costarricenses usan la iguana como comida en un plato que se llama "gallina de palo".

⑥ Alrededor de 1910, según dice una leyenda, se le ocurrió a un campesino pintar su carreta. Las carretas, que se usaban para transportar café y otros productos agrícolas, todavía se usan en los pueblos pequeños.

1 Si no hacemos nada por las selvas tropicales, temo que desaparezcan.

Uno de los mayores retos de la vida es identificar los problemas que enfrentamos y encontrar maneras de resolverlos. En tu opinión, ¿cuáles son los problemas principales que afectan el mundo de hoy? Si tuvieras la oportunidad de resolverlos, ¿qué harías?

In this chapter you will learn

- to point out problems and their consequences; to talk about how you would solve a problem
- to talk about hypothetical situations

And you will

- listen to radio news stories
- read a fable about the abuse of technology
- write about issues affecting your community
- find out about Costa Rica

② Propongo un programa para proteger la calidad del aire de la ciudad.

③ Qué bueno sería si todos los países cuidaran sus playas como Costa Rica.

DE ANTEMANO

El proyecto de Néstor

Néstor tiene que hacer un proyecto para su clase de ciencias sociales. La primera parte de su proyecto trata de los problemas de la sociedad moderna. Néstor ha buscado material para su proyecto en varios periódicos y revistas. Lee los artículos, las cartas al editor y los titulares que ha escogido. Si tú fueras Néstor, ¿escogerías materiales similares o diferentes? ¿Por qué?

Néstor

Carreteras hechas un desastre

Estoy harta de la basura que se ve a los lados de los caminos de nuestro hermoso país. Viajo mucho por las carreteras y me pongo triste al ver botellas plásticas y de vidrio y papeles desechados por todas partes. Si yo fuera policía, yo aplicaría una multa de cincuenta mil colones. Prestaría más atención a este delito.

Es mejor prevenir este problema y educar a la gente a usar basureros e implementar programas de limpieza de las carreteras. ¡Sembremos flores, no basura!

Catalina Márquez de los Ríos

Gran desafío para próximo gobierno
• Delincuencia y criminalidad aumentan 8 por ciento cada año

La policía: en guerra contra la droga

"Si no realizamos programas contra la droga, lo lamentaremos después", dijo ayer el jefe de policía de esta ciudad. Indicó que el desempleo y la falta de apoyo social hacen difíciles las campañas preventivas contra las drogas. Dijo también: "Los programas que se han implementado en otras partes han tenido mucho éxito. Si fuera posible, haría obligatoria la asistencia a por lo menos un programa contra las drogas cada año."

¿Se frenará la inflación?

El Gobierno confesó que por el momento no tiene plan para luchar contra la inflación, que durante varios años no ha bajado del 15 por ciento. Dijo ayer la Secretaria de Comercio: "Si no hacemos nada para combatir la inflación, hará gran daño a la economía. Si pudiera imponer controles de precio, lo haría en seguida".

Asociación Contra la Violencia

La Asociación Contra la Violencia suplica a todos los ciudadanos costarricenses que se den cuenta del gran peligro a que se enfrenta la juventud de hoy. Nos referimos a los programas de televisión, las películas y videocintas que presentan imágenes y temas cargados de violencia.

Nos preocupa muchísimo el efecto que esta violencia tiene sobre nuestros hijos. Tarde o temprano se va a manifestar en sus personalidades y modos de ser. No decimos que todos se vayan a convertir en ladrones o asesinos; el efecto es mucho más sutil. Poco a poco van a perder la sensibilidad y no les será motivo de alarma el oír de un asesinato en su barrio, pues ya habrán visto miles de asesinatos en la tele.

Queremos elevar nuestra voz e invitar a todos los costarricenses a luchar contra este mal. Queremos películas, videos y programas de televisión que promuevan el amor al vecino, la cooperación y una actitud positiva frente al mundo de hoy.

Los alumnos del Colegio Los Altos celebraron el Día del Árbol con la siembra de 25 árboles.

1 ¿Comprendiste?

Responde en español a las siguientes preguntas.

1. ¿Qué problema señala *(points out)* Catalina Márquez de los Ríos?
2. ¿Para qué se necesitan tutores en el Instituto Gabriela Mistral?
3. Según la Asociación Contra la Violencia, ¿qué representa una gran amenaza *(threat)* para los niños?
4. ¿Qué piensa hacer el gobierno para combatir la inflación?
5. ¿Qué dificultades han tenido las campañas preventivas contra las drogas?

2 Lo leí en el periódico

Escucha seis comentarios e indica a cuál de los siguientes artículos, cartas o anuncios se refiere cada uno. Hay uno que se usa más de una vez.

a. Carreteras hechas un desastre
b. La policía: en guerra contra la droga
c. ¿Se frenará la inflación?
d. Se necesitan tutores
e. Asociación Contra la Violencia

3 ¿Qué dicen?

1. ¿Qué dice Catalina Márquez de los Ríos para indicar que hay un problema con la contaminación?
2. ¿Qué dice ella para sugerir una solución legal al problema de la contaminación?
3. ¿Cómo indica el jefe de policía que es importante enfrentarse con *(face)* el problema de la droga?
4. ¿Qué dice el jefe de policía para sugerir una solución?
5. ¿Cómo indica la Secretaria de Comercio que la inflación es un problema grave?
6. ¿Qué dice la Secretaria para indicar su solución preferida?

4 Problemas de aquí y allí

Con un(a) compañero(a), lee otra vez todos los materiales que Néstor ha acumulado. Discutan qué problemas son parecidos a los problemas de tu comunidad y cuáles les parecen diferentes.

5 Ahora te toca a ti

Pon los problemas mencionados en **De antemano** en orden de importancia. Empieza con el más grave (número uno). Luego escribe las soluciones sugeridas en los artículos a los problemas. Al lado de cada solución escribe F (fácil) o D (difícil), basado en tu opinión de la dificultad de implementar esa solución.

NOTA CULTURAL

Costa Rica es famosa por su larga tradición de democracia, paz y progresismo. En 1890 se llevaron a cabo elecciones democráticas, las primeras en todo Centroamérica. Costa Rica abolió su ejército en 1948 y una pequeña Guardia Nacional tomó su lugar. Desde 1948, la violencia política es casi desconocida. La asistencia a la escuela es obligatoria, y casi el 93 por ciento de los costarricenses sabe leer y escribir. ¿Crees que son similares Costa Rica y los Estados Unidos en estos aspectos?

PRIMER PASO

Pointing out problems and their consequences; talking about how you would solve a problem

ASÍ SE DICE   Pointing out problems and their consequences

Para señalar *(point out)* un problema o hablar de sus consecuencias, puedes decir:

Me he fijado en la contaminación del río.   *I've noticed* . . .

Se dice que el hambre afecta a miles de personas cada día.

Según el gobierno, la criminalidad está aumentando.

Si no actuamos ahora, la situación **va a empeorarse.**   *If we don't act now* . . .

Si no hacemos nada por el medio ambiente, **temo que el deterioro continúe.**
       . . . *I'm afraid the deterioration will continue.*

Si no realizamos campañas preventivas contra las drogas, **lo lamentaremos** en el futuro.   *If we don't carry out . . . we'll regret it . . .*

6   Buenas noticias

Escucha el siguiente noticiero de radio. Si oyes una buena noticia, escribe **buena.** Si no, escribe **mala.**

VOCABULARIO

¿Te acuerdas?

The Spanish construction **se** + verb corresponds to impersonal subjects in English, such as *people, they, you, we, one.*

> **Se dice que la inflación está peor.**
> *People say inflation is worse.*

This construction also can be translated using the English passive voice.

> **Se rompieron muchas ventanas durante el terremoto.**
> *Many windows were broken during the earthquake.*

aumentar	*to increase*	**la enfermedad**	*disease*
bajar	*to decrease*	**el hambre** (f.)	*hunger*
cometer	*to commit*	**el homicidio**	*homicide*
el crimen	*major crime*	**implementar**	*to implement*
la criminalidad	*crime rate*	**el ladrón**	*thief*
la delincuencia	*crime*	**la ladrona**	*thief*
el delito	*minor crime*	**promover (ue)**	*to promote*
el desempleo	*unemployment*	**el robo**	*robbery*
la drogadicción	*drug addiction*	**la sensibilidad**	*sensitivity*

También se puede decir...

Se puede decir **asesinato** por **homicidio.** En España se dice **paro forzoso** por **desempleo.**

7 ¿Qué palabra es mejor?

Completa cada oración con la palabra más apropiada del **Vocabulario** de la página 279. Luego escribe unas oraciones incompletas y pídele a un(a) compañero(a) que las complete con palabras apropiadas del **Vocabulario**.

1. La gente que depende de las drogas sufre de ═══.
2. Cuando no hay suficiente trabajo para todos, se dice que la tasa *(rate)* de ═══ está muy alta.
3. El acto de matar *(killing)* a alguien se llama ═══.
4. Se dice que el problema de las drogas en las escuelas ═══ la criminalidad.
5. El homicidio es un ═══.

8 Me he fijado en...

Trabaja con un(a) compañero(a). Usa frases de **Así se dice** para expresar las siguientes ideas en otras palabras.

MODELO   Veo mucha drogadicción en esta ciudad.
         —Me he fijado en el problema de la drogadicción en esta ciudad.

1. Hay que llevar a cabo el programa ahora o lo vamos a sentir.
2. El gobierno dice que hay mucha gente sin trabajo.
3. La gente dice que el número de crímenes ha aumentado.
4. He notado un aumento en la delincuencia en el colegio este año.
5. Parece que mucha gente no tiene suficiente comida.

9 ¿Cuáles son los problemas?

Con un(a) compañero(a), mira el siguiente dibujo. Indiquen los problemas en el dibujo y sus posibles consecuencias.

10 Hablando de nuestra generación

Con dos o tres compañeros(as), escribe una lista de los ocho problemas más graves que afectan a los jóvenes de su edad. Escriban la lista en orden de importancia y discutan por qué es importante cada cosa en su lista.

Un poco más...

la corrupción   *corruption*
la falta de oportunidades   *lack of opportunities*
la guerra   *war*
la violencia   *violence*

ASÍ SE DICE   Talking about how you would solve a problem

Si quieres hablar de lo que harías para mejorar el mundo, puedes decir:

Me dedicaría a construir hospitales para los pobres.   *I would devote myself to . . .*
Propongo mejores sistemas de transporte público.   *I propose . . .*
Habrá que crear más trabajos.   *It will be necessary to . . .*
Intentaría iniciar un programa de limpieza de las calles.   *I would try to . . .*
Yo empezaría por mejorar el sistema de salud pública.
La solución que planteo es aumentar el reciclaje.   *The solution I propose is . . .*

11 Soluciones

Escucha las soluciones que propone un candidato para los problemas de su estado.
Empareja *(match)* cada solución con el problema más apropiado de la lista.

  a. el desempleo
  b. la corrupción en el gobierno
  c. la criminalidad
  d. los problemas de los colegios
  e. la falta de turismo
  f. el costo del tratamiento médico

¿Se te ha olvidado?
the conditional
Ver la página 233

12 Lo que planteo

Imagina que tú y tus compañeros han decidido resolver algunos de los problemas de la juventud en su comunidad. Piensan desarrollar un centro de recreo. Ya han encontrado el lugar para el centro. ¿Qué problemas de los jóvenes pueden solucionar con el centro? Miren la foto del lugar y decidan con qué empezarían a crear el centro. ¿Qué ideas plantean para el centro?

MODELO   —Yo empezaría por... —Habrá que comprar...

13 ¿Qué harías tú?

Con un(a) compañero(a), discute los siguientes problemas y las mejores maneras de resolverlos.

MODELO   La banda no tiene suficiente dinero para comprar uniformes.
—Lo que yo propongo es vender dulces hasta que tengan suficiente dinero.
—La solución que planteo es compartir el dinero de los programas atléticos.

1. Hay demasiados estudiantes en cada clase.
2. No hay bastantes libros en la biblioteca.
3. No hay igualdad entre los programas atléticos de las muchachas y los de los muchachos.
4. Se necesita un mayor interés en las actividades de la escuela por parte de los estudiantes y sus padres.
5. Los estudiantes quieren más variedad de comida en la cafetería.
6. El club de español quiere hacer un viaje a México.

14 La campaña

Imagina que tú y tres compañeros(as) trabajan en una campaña política. Respondan a las siguientes preguntas de un reportero sobre lo que haría su partido.

MODELO   —¿Qué harían con las fábricas que contaminan?
—Lo que nosotros proponemos es iniciar un programa de limpieza de las fábricas.

1. Todavía hay muchas enfermedades que no tienen cura. ¿Tienen un plan para combatir eso?
2. ¿Qué harían para eliminar el desempleo en este estado?
3. ¿Qué van a hacer para ayudar a las personas que no tienen casa?
4. ¿Tienen planes para traer equipos profesionales de deportes a este estado?
5. ¿Qué van a hacer para mejorar el sistema de educación?
6. ¿Qué harían para disminuir el ruido en las ciudades?
7. ¿Qué proponen para las personas que sufren de enfermedades incurables?

15 Una carta en el periódico

Lee la carta que el señor Fonseca escribió a un periódico costarricense. Luego indica si las siguientes oraciones son **ciertas** o **falsas**. Si son falsas, corrígelas.

1. Hay varios buenos caminos hacia la ciudad.
2. Casi nadie sabe que existe la ciudad.
3. Hay pocos restaurantes de buena calidad.
4. Las playas son hermosísimas y están limpias.
5. Él no quiere que mucha gente visite la ciudad.

> Estimado señor:
>
> Me parece que nuestra ciudad no aprovecha el turismo. Lo que es peor, nadie se da cuenta de que existe nuestra ciudad.
>
> No es fácil llegar aquí porque los caminos son pequeños y están en malas condiciones. Tampoco hay restaurantes buenos. Y las playas están que da pena verlas. Si no hacemos nada, tendremos pocos visitantes y no gozaremos de los beneficios económicos del turismo.
>
> —Alberto Fonseca Vargas

16 Un plan de acción

Imagina que eres miembro del Comité Municipal para el Fomento del Turismo. Escribe un plan de dos o tres párrafos para resolver los problemas que mencionó el señor Fonseca.

¿Cuál es el mayor problema ambiental de tu comunidad?

Estos jóvenes están muy conscientes de cuáles son los problemas ambientales de sus comunidades. Escucha atentamente sus respuestas. ¿Tienes ideas parecidas?

PANORAMA CULTURAL

● **Julio**

San Diego, California

"El drenaje que va a caer a las playas. Y el problema es que cuando uno quiere ir a bañar a la playa, no se puede, y cuando quiere ir a pescar no se puede o están contaminados los pescados".

● **Alan**

San José, Costa Rica

"En mi comunidad, el mayor problema ambiental es la bota de basura, ¿no? la basura que se produce en las casas... ahora, no se está recogiendo y esto produce contaminación".

● **Mónica**

Ciudad de México, México

"El mayor problema ambiental en el D.F. es definitivamente la contaminación. La contaminación viene de los coches o cualquier medio de transporte; bueno, a excepción del metro, claro".

Para pensar y hablar...

A. ¿Cuál(es) de los problemas ambientales arriba mencionados se encuentran sólo en los grandes centros urbanos y cuál(es) en un sitio cerca del mar? ¿Cuál(es) de los problemas ambientales mencionados por los entrevistados existen en tu comunidad?

B. ¿Por qué es importante proteger el medio ambiente? ¿Cómo podemos protegerlo mejor? ¿Qué puedes hacer tú para mejorar la situación? ¿Crees que hay un conflicto entre la protección del medio ambiente y los intereses del sector industrial? Explica.

¡ADELANTE!

Algunas soluciones

Néstor ha trabajado mucho en su proyecto. La segunda parte trata de maneras de solucionar varios problemas de este mundo. Lee los recortes que Néstor ha preparado.

El mundo sería tan bonito si recicláramos nuestros papeles y periódicos.

¡Juntos lo lograremos!

Campaña ecológica
El Club Amigos Pro Tierra les invita a todos los interesados a participar en una campaña para limpiar las carreteras. Reunión organizadora: viernes 9 de mayo, 20:00 h., Edificio Buganvilla

17 ¿Comprendiste?

1. ¿De qué trata la segunda parte del proyecto de Néstor?
2. ¿Dónde se reunirá el Club Amigos Pro Tierra?
3. ¿Qué programas han tenido efectos beneficiosos en la lucha contra las drogas?
4. ¿Quién es Omar Ruiz Díaz?
5. ¿Cuál es la meta de Omar?
6. ¿Qué quiere promover en las ciudades?

18 ¿Sí o no?

Escribe **sí** o **no** para indicar si las siguientes frases están de acuerdo o no con las ideas expresadas en **¡Adelante!** Si contestas **no**, explica por qué.

1. Es inútil tratar de solucionar los problemas del país.
2. Se puede participar en las campañas para limpiar las carreteras.
3. Los programas educativos no tienen ningún efecto en la lucha contra las drogas.
4. Es imposible usar la basura como un recurso.
5. Si más gente montara en bicicleta en vez de viajar en automóviles, habría menos contaminación.
6. Los municipios deben crear más vías para bicicletas.

28 ¿Qué dices tú?

Completa cada oración de una manera original para expresar tu opinión.

MODELO   Si tuviera mucho dinero, regalaría una parte a mi familia.

1. Si pudiera estudiar cualquier cosa,...
2. Si tuviera talento (musical, atlético, etc.),...
3. Si fuera director(a) de mi colegio,...
4. Si pudiera mejorar la situación en mi ciudad,...
5. Si yo viviera en Costa Rica,...
6. Si tuviera mi propio carro,...
7. Si fuera presidente(a),...
8. Si tuviera dinero,...

29 Por un buen porvenir

Se dice que "querer es poder". ¿Estás de acuerdo con este dicho? Con un(a) compañero(a), escribe un plan de dos o tres párrafos para explicar qué harían para mejorar el mundo.

It will be easier to decide what to write about if you brainstorm. Brainstorming means writing down all the ideas that come to mind without being critical of them. After you've listed all your ideas, write about the ones that appeal to you most.

30 El foro público

Trabaja con tres compañeros(as) para presentar a la clase sus ideas de la Actividad 29. Escojan una o dos ideas para la presentación. Si quieren, pueden debatir las ideas con otro grupo de compañeros(as). Tomen en cuenta lo siguiente:

1. la importancia del problema
2. la lógica de la solución
3. las consecuencias de no resolver el problema
4. el beneficio del plan a la comunidad total

31 En mi cuaderno

¿Cuáles son los sueños de tu vida? Haz una lista de estos sueños. Luego escribe tres o cuatro párrafos sobre tus sueños y cómo esperas realizarlos. Menciona los problemas u obstáculos que complican la realización *(attainment)* de tus sueños. No te olvides de mencionar también las consecuencias de no superar esos obstáculos. Sugiere algunas maneras de resolver estos problemas. Incluye también unas hipótesis; por ejemplo, "si yo tuviera tiempo y dinero, podría..." Considera los siguientes aspectos de tu vida antes de comenzar.

recreo   trabajo
casa   familia   educación
amigos(as)   amor
dinero   viajes

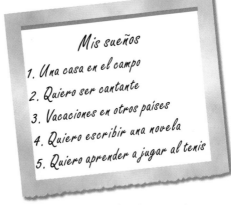

Mis sueños

1. Una casa en el campo
2. Quiero ser cantante
3. Vacaciones en otros países
4. Quiero escribir una novela
5. Quiero aprender a jugar al tenis

Una fábula de la tecnología

*V*as a leer una fábula titulada "Las abejas de bronce", por el argentino Marco Denevi. Una fábula es un cuento ficticio que trata de enseñar algo. ¿Conoces las fábulas de Esopo *(Aesop)*? ¿Conoces algunas otras fábulas? ¿Cuáles?

Estrategia

Don't forget the strategy of guessing words through context. If you understand the context, sometimes there will be only one sensible guess as to the meaning of the word. Using context also helps you guess a word's "approximate" meaning, when you just can't pin down its exact meaning.

¡A comenzar!

En las fábulas casi siempre hay animales que hablan. En "Las abejas de bronce" los personajes son:

el Petirrojo—*Robin*
las Abejas—*Bees*
las Arañas—*Spiders*
los Pájaros—*Birds*
el Oso—*Bear*
el Cuervo—*Crow*
el Zorro—*Fox*
el Ruiseñor—*Nightingale*
la Gansa—*Goose*

¿Te acuerdas?

If you know specific details you want to find, you can scan the text quickly, looking only for those details.

A. Revisa la fábula y contesta las preguntas para prepararte antes de leer.

Las abejas de bronce

Desde el principio del tiempo el Zorro vivió de la venta de la miel. Nadie tenía la maña del Zorro para tratar a las Abejas y hacerles rendir al máximo. Esto por un lado. Por otro lado el Zorro sabía entenderse con el Oso, gran consumidor de miel y, por lo mismo, su mejor cliente. No resultaba fácil llevarse bien con el Oso. El Oso era un sujeto un poco brutal, un poco salvaje.

El Zorro sabía manejar a las Abejas y sabía manejar al Oso. Pero, ¿a quién no sabía manejar ese zorro del Zorro?

Hasta que un día se inventaron las Abejas artificiales.

Sí. Insectos de bronce, dirigidos electrónicamente, a

control remoto, podían hacer el mismo trabajo que las Abejas vivas. Pero con enormes ventajas. No se fatigaban, no se perdían, no quedaban atrapadas en las redes de las Arañas, no eran devoradas por los Pájaros, resultaban infinitamente superiores a las Abejas vivas.

El Zorro en seguida vio el negocio y no dudó. Mató todos sus enjambres, demolió las colmenas de cera, compró mil Abejas de bronce, mandó instalar el tablero de control, y una mañana los animales presenciaron, atónitos, cómo las Abejas de bronce atravesaban por primera vez el espacio.

Los insectos de bronce volaban a velocidades nunca vistas, sorbían rápidamente el néctar, regresaban a la colmena, y a los pocos instantes destilaban la miel, una miel pura, dorada, incontaminada, aséptica; y ya estaban en condiciones de recomenzar. Y así las veinticuatro horas del día. El Zorro no cabía en sí de contento.

La primera vez que el Oso probó la nueva miel puso los

ojos en blanco, hizo chasquear la lengua y, no atreviéndose a opinar, le preguntó a su mujer:

"Vaya, ¿qué te parece?"

"No sé", dijo ella. "Le siento gusto a metal".

Pero sus hijos protestaron a coro:

"Papá, mamá, qué disparate. Si se ve a la legua que esta miel es muy superior. ¿Cómo pueden preferir aquella otra, elaborada por unos bichos tan sucios? En cambio ésta es más limpia, más higiénica, más moderna y, en una palabra, más miel".

Y, con todo esto, las ganancias del Zorro crecían como un incendio en el bosque. Tuvo que tomar a su servicio un ayudante y eligió al Cuervo, sobre todo porque le aseguró que aborrecía la miel. Las mil Abejas fueron pronto cinco mil; las cinco, diez mil. El Zorro se sonreía y se frotaba las manos.

Y cuando ya el Zorro paladeaba su prosperidad, comenzaron a aparecer los inconvenientes.

La serie de desastres quedó inaugurada con el episodio de las rosas artificiales. Una tarde, al vaciar una colmena, el Zorro descubrió entre la miel rubia unos goterones grises, de un color nauseabundo y sabor acre. Tuvo que tirar toda la miel restante, que había quedado contaminada. Pronto supo el origen de aquellos goterones repugnantes. Había sucedido que las Abejas de bronce, desprovistas de instintos, confundieron un ramo de rosas artificiales de propiedad de la Gansa con rosas naturales, y les sorbieron la cera pintada de que estaban hechas y las dejaron convertidas en un guiñapo. El Zorro no solamente debió de sufrir la pérdida de la miel, sino indemnizar a la Gansa por daños y perjuicios.

"Malas Abejas", vociferaba mentalmente. "Las otras jamás habrían caído en semejante error. Tenían un instinto infalible. Pero quién piensa en las otras. En fin, nada es perfecto en este mundo".

Al cabo de unos días observó que los insectos tardaban

1. ¿Cuáles son los animales más importantes de la fábula? (Son los dos que se mencionan más en el cuento.)
2. Según los dibujos, ¿qué animal es el protagonista de la fábula? ¿Qué cualidades asociamos con este animal en nuestros mitos, cuentos y leyendas?

Al grano

B. En esta actividad vas a demostrar que entiendes el argumento básico del cuento. Primero lee las oraciones que siguen. Después comienza a leer el cuento. Luego pon las oraciones en orden cronológico. Cuando encuentres lo que pasó primero, escribe "1". Continúa con 2, 3, etc., hasta que termines el cuento y la actividad también.

a. Los hijos del Oso insisten en que la nueva miel es mejor.
b. Se inventan las Abejas artificiales.
c. El Oso amenaza *(threatens)* al Zorro.
d. Las Abejas vuelan al extranjero.
e. El Zorro contrata al Cuervo.
f. El Zorro cierra su negocio.
g. El Zorro se lleva bien con las Abejas y el Oso.
h. Las Abejas comienzan a regresar a sus colmenas muy tarde.
i. El Zorro inicia el negocio de las Abejas artificiales.
j. Los colores del Petirrojo palidecen.

C. Ahora usa el contexto para adivinar el significado de estas palabras, que están subrayadas en el texto.

1. enjambres
2. chasquear
3. aborrecía
4. se frotaba
5. acre
6. desprovistas
7. comarca
8. mueca

D. Todas las fábulas tienen una moraleja. En un grupo de tres o cuatro personas, discutan el propósito y la técnica de esta fábula. Usen las preguntas abajo como punto de partida para su discusión. Si pueden, hablen en español sobre las preguntas. Si prefieren prepararse un poco, pueden escribir sus respuestas primero y luego discutirlas con su grupo.

1. Las Abejas artificiales simbolizan un fenómeno de la vida moderna. ¿Cuál es?
2. ¿Cuál es la moraleja del cuento?
3. ¿Por qué usan las fábulas los animales en vez de personas?
4. El autor habría podido (could have) expresar su opinión muy claramente en un ensayo. ¿Por qué crees que prefirió usar una fábula?
5. ¿Es válida para el mundo de hoy la preocupación del autor por el progreso?

E. ¿Crees que las cosas nuevas y modernas siempre son mejores que las cosas viejas y conocidas? ¿Por qué? ¿Puedes enumerar unos adelantos que mejoraron las cosas? ¿Y algunos adelantos que las empeoraron?

cada vez más tiempo en regresar a las colmenas.

"¿Por qué tardan tanto?", decía el Zorro.

"Patrón", dijo el Cuervo. "Yo conozco un Pájaro que, si se le unta la mano, se ocuparía del caso".

"¿Y quién es ese Pájaro?"

"Un servidor".

El Zorro optó por aceptar. Pues cualquier recurso era preferible a quedarse con los brazos cruzados, contemplando la progresiva e implacable disminución de las ganancias.

El Cuervo regresó muy tarde, jadeando como si hubiera vuelto volando desde la China. —Patrón—dijo—, no sé cómo decírselo. Pero las Abejas tardan, y tardarán cada vez más, porque no hay flores en la comarca y deben ir al extranjero.

"¿Cómo que no hay flores en la comarca? ¿Qué tontería es ésa?"

"Lo que oye, Patrón. Parece ser que las flores, después que las Abejas les han sorbido el néctar, se debilitan y se mueren".

"¡Se mueren! ¿Y por qué se mueren?"

"No resisten la trompa de metal de las Abejas. Y no termina ahí la cosa. La planta, después que las Abejas le mataron sus flores, se niega a florecer nuevamente. Consecuencia: en toda la comarca no hay más flores".

Se dice que ese día ocurrieron extraños acontecimientos. El Ruiseñor quedó afónico y los colores del Petirrojo palidecieron. Se dice que los ríos dejaron de correr, y las fuentes de cantar.

El Zorro se desesperó. Sus negocios se desmoronaron. Debió despedir al Cuervo, cerrar la tienda, perder la clientela.

El único que no se resignaba era el Oso.

"Zorro", vociferaba, "o me consigues miel o te levanto la tapa de los sesos".

Finalmente, una noche el Zorro desconectó los cables, destruyó el tablero de control, enterró en un pozo las Abejas de bronce, y huyó con rumbo desconocido.

Cuando iba a cruzar la frontera escuchó a sus espaldas unas risitas y unas vocecitas de vieja que lo llamaban.

¡Zorro! ¡Zorro!

Eran las Arañas, que a la luz de la luna tejían sus telas prehistóricas. El Zorro les hizo una mueca obscena y se alejó a grandes pasos. Desde entonces nadie volvió a verlo jamás.

What is it like to live in your community? What is the quality of the environment in your area? Is there clean air and water? Are the streets safe? Are there activities for people your age to do? What do you think could be done to make your community better? In this activity, you will write a fax to a public official about one or all of these problems, and you'll learn a way to keep track of and organize the details you accumulate about your subject.

Un fax

Escríbele un fax de cinco o seis párrafos a un funcionario público. Puede ser el (la) presidente(a), el (la) gobernador(a), un(a) senador(a) o representante. Descríbele las condiciones de tu comunidad. Menciona los problemas especiales y sus causas, y recomienda soluciones a estos problemas.

A. Preparación

1. Discute las condiciones de tu comunidad con tus amigos(as) y con tu familia. ¿Hay problemas especiales? ¿Cuáles son? Puede ser una calle con mucha basura o un parque sin flores y árboles, etc. ¿Qué causa estos problemas? ¿Qué se puede hacer para resolverlos? Anota esta información en fichas *(note cards)* y apunta qué dijo cada persona.
2. Busca más información en periódicos y revistas. Anota en fichas los detalles que descubres.
3. Pon las fichas en un orden lógico y sigue este orden para escribir tu fax.

ESTRATEGIA

Using note cards.   Keeping track of details written on lists can sometimes be a challenge. Note cards are a way to solve this problem. On each 4" x 6" card or piece of paper, write in your own words the information you found and where. You can store the cards in a filing box until you begin writing. At that point, take them out and rearrange them until they present the information in the most logical order. Then use that order as the structure for your writing.

B. Redacción

1. Comienza tu fax con **Estimado(a) Sr(a). Presidente(a)** u otro título apropiado.
2. Escribe un párrafo breve que explica por qué le estás escribiendo este fax.
3. Escribe dos o tres párrafos sobre los problemas de tu comunidad. Sigue el orden de tus fichas. Si descubres que el orden no es lógico, cámbialo.
4. Escribe una conclusión con tus impresiones generales de los problemas y con tus sugerencias para resolverlos.
5. Termina el fax con **Cordialmente** y tu firma *(signature)*.

C. Evaluación

1. Pídeles a varios(as) compañeros(as) que lean tu fax para buscar áreas que necesiten más detalles. Busca la información que necesitas e incorpórala.
2. ¿Omitiste algún detalle o idea que querías mencionar? Inclúyelo en un lugar lógico.
3. ¿Está bien organizado tu fax? Si no, cambia el orden de las ideas que presentas.

1 Escucha el siguiente debate entre dos candidatos, Juan Luis Benavides y Cecilia Reyes. Luego lee las siguientes frases y escribe **B** si representan opiniones de Benavides, **R** si representan opiniones de Reyes o **D** si son opiniones de los dos.

1. El problema de la criminalidad en nuestro país es de muchísima importancia.
2. Yo voy a enfocarme más en crear leyes más fuertes contra el crimen.
3. Yo propongo que usemos más dinero en los programas para informar a los jóvenes sobre las drogas.
4. La sensibilidad hacia los criminales es una pérdida de dinero y de tiempo.
5. El crimen en nuestro país es el resultado de una falta de programas que ofrezcan alternativas a la delincuencia.

2 Con un(a) compañero(a), indica una alternativa positiva para cada una de las siguientes malas ideas.

MODELO   Tiremos los periódicos a la calle.
—Sería mejor si los tiráramos al basurero.
—Si pudiéramos reciclarlos, eliminaríamos mucha contaminación.

1. Compremos carros grandes.
2. Todos debemos ir al trabajo todos los días en nuestros propios carros.
3. No prestemos atención al problema de la drogadicción.
4. Cortemos todos los árboles.
5. No combatamos la delincuencia.
6. Usemos muchos productos que no se pueden reciclar.

3 Con unos(as) compañeros(as), considera los siguientes problemas. Escojan tres de los problemas, indiquen sus consecuencias y hablen de cómo los resolverían.

1. la extinción de plantas y animales raros
2. las personas viejas que viven solas
3. los jóvenes que no terminan la secundaria
4. la gente que no tiene casa
5. la destrucción de edificios y barrios históricos
6. las personas que no saben leer ni escribir

4 Contesta estas preguntas con la información cultural de las secciones culturales de este capítulo.

1. ¿Cuándo adoptó Costa Rica un sistema democrático de gobierno?
2. ¿Qué por ciento de los habitantes de Costa Rica sabe leer y escribir?
3. ¿Qué tomó el lugar del ejército de Costa Rica?
4. ¿Qué porcentaje del territorio nacional de Costa Rica está dedicado a parques nacionales?
5. ¿Por qué vienen muchas organizaciones ecológicas a Costa Rica para hacer sus investigaciones?

Cuando te gradúes en el colegio, ¿qué piensas hacer? ¿Quieres asistir a una universidad? Hacer planes para el futuro, solicitar un empleo y asistir a la universidad son actividades comunes en muchas culturas. En este capítulo, hablarás sobre tus planes para el futuro y aprenderás algunas maneras de tener éxito en tus entrevistas de empleo.

In this chapter you will

- talk about former jobs and goals; talk about future career plans
- give advice about job interviews

And you will

- listen to Hispanic teenagers talk about their plans for the future
- read a story about reality and fantasy
- write about your ideas about the future
- discuss your career plans with your classmates
- learn about proper body language for formal situations

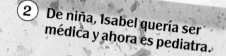
2 De niña, Isabel quería ser médica y ahora es pediatra.

3 Cuando era joven, mi padre trabajaba de profesor.

DE ANTEMANO

¿Cuáles son tus planes?

¿Qué planes tienes para tu vida después de graduarte en el colegio? ¿Sabes qué carrera te interesa? ¿Son similares tus planes a los de Jennifer y Eliéser?

Jennifer

R: Bueno, yo me llamo Jennifer Gould, tengo quince años y vivo en Heredia.

P: ¿Qué planes tiene Ud. para su futuro?

R: Bueno, me gustaría llegar a ser sicóloga, me gustaría llegar a ser una muy buena modelo y terminar mis estudios.

P: ¿Qué trabajo le gustaría tener?

R: Me gustaría ser sicóloga.

P: ¿Qué le importa más, ganar mucho dinero o tener un trabajo que le guste?

R: Tener un trabajo que me guste porque me divertiría en mi trabajo.

P: ¿Cómo se imagina su vida en diez años? ¿Qué hará?

R: ¡Ay! Me gustaría cumplir todo lo que deseo, casarme con mi novio y ser muy feliz.

P: ¿Y sus padres tienen planes distintos para Ud.?

R: No, yo creo que ellos me apoyan en lo que yo deseo.

Hace dos años tomé un curso para aprender a ser salvavidas. No crean que era sólo agua, sol y playa. Tuve que entrenarme duro para aprobar el examen de aptitud física. El curso me ayudó a conseguir el trabajo de salvavidas de la ciudad el año pasado.

Alan

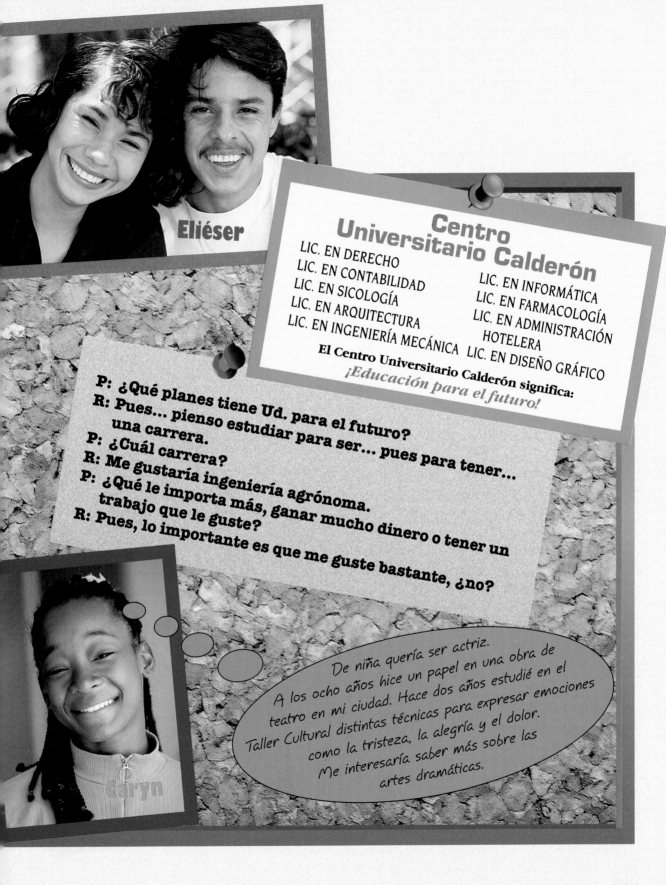

Eliéser

Centro Universitario Calderón

LIC. EN DERECHO
LIC. EN CONTABILIDAD
LIC. EN SICOLOGÍA
LIC. EN ARQUITECTURA
LIC. EN INGENIERÍA MECÁNICA

LIC. EN INFORMÁTICA
LIC. EN FARMACOLOGÍA
LIC. EN ADMINISTRACIÓN HOTELERA
LIC. EN DISEÑO GRÁFICO

El Centro Universitario Calderón significa:
¡Educación para el futuro!

P: ¿Qué planes tiene Ud. para el futuro?
R: Pues... pienso estudiar para ser... pues para tener... una carrera.
P: ¿Cuál carrera?
R: Me gustaría ingeniería agrónoma.
P: ¿Qué le importa más, ganar mucho dinero o tener un trabajo que le guste?
R: Pues, lo importante es que me guste bastante, ¿no?

Caryn

De niña quería ser actriz. A los ocho años hice un papel en una obra de teatro en mi ciudad. Hace dos años estudié en el Taller Cultural distintas técnicas para expresar emociones como la tristeza, la alegría y el dolor. Me interesaría saber más sobre las artes dramáticas.

1 ¿Cierto o falso?

Indica si cada oración es **cierta** o **falsa**. Si es falsa, corrígela.

1. Jennifer quiere ser profesora.
2. Jennifer no quiere casarse.
3. Eliéser estudió para ser salvavidas.
4. Es probable que Jennifer vaya a asistir a la universidad.
5. Alan tuvo que trabajar muy duro para prepararse para su trabajo.
6. Caryn estudió en el Centro Universitario Calderón.

2 ¿Quién es?

Indica a quién o a quiénes se refieren estas frases.

1. Le interesan mucho las emociones humanas.
2. Quiere estudiar para una carrera que le guste mucho.
3. Su trabajo era vigilar a *(watch over)* la gente que nadaba.
4. Las artes dramáticas eran uno de sus intereses.
5. Sus padres no interfieren *(interfere)* en sus planes para el futuro.
6. Le importa más gozar de su trabajo que ganar mucho dinero.

3 Busca las expresiones

1. ¿Qué dice Jennifer para indicar qué carrera le interesa?
2. ¿Qué dice Eliéser para hablar de sus planes para el futuro?
3. ¿Qué dice Caryn para hablar de la ambición que tenía cuando era niña?
4. ¿Cómo expresa Caryn su deseo de estudiar más las artes dramáticas?
5. ¿Qué dice Alan para indicar cuándo aprendió a ser salvavidas?

4 ¿Son similares?

Con dos o tres compañeros(as), habla de los intereses de Jennifer, Eliéser, Alan y Caryn. ¿Tienen Uds. los mismos intereses y planes que ellos? Expliquen sus respuestas.

5 Ahora te toca a ti

Imagina que una estudiante habla sobre sus planes para el futuro con un consejero en el colegio. Escribe un diálogo en que el consejero le pregunta qué clases y pasatiempos le gustan y la estudiante contesta.

 NOTA CULTURAL

El ecoturismo—viajes de aventura a lugares naturales—trata de proteger el medio ambiente mientras desarrolla un aprecio de la conservación. Es de gran beneficio a la economía de zonas rurales. El ecoturismo es muy popular en Costa Rica. Algunas compañías han construido senderos *(trails)* y otras estructuras que protegen especies frágiles y limitan la erosión. Otros promueven la idea de "ver y no tocar", lo cual protege plantas y animales. ¿Hay atracciones para ecoturistas en la parte de los Estados Unidos donde tú vives?

PRIMER PASO

Talking about former jobs and goals; talking about future career plans

VOCABULARIO

el (la) **abogado(a)**   *lawyer*
el (la) **arquitecto(a)**   *architect*
el (la) **banquero(a)**   *banker*
el (la) **carpintero(a)**   *carpenter*
el (la) **científico(a)**   *scientist*
el (la) **comerciante**
   businessman (-woman)
el (la) **contador(a)**   *accountant*
el (la) **diseñador(a)**   *designer*

el (la) **enfermero(a)**   *nurse*
el (la) **escritor(a)**   *writer*
el (la) **farmacéutico(a)**   *pharmacist*
el (la) **ingeniero(a)**   *engineer*
el (la) **mecánico(a)**   *mechanic*
el (la) **médico(a)**   *doctor*
el (la) **periodista**   *journalist*
el (la) **policía**   *police officer*

el (la) **programador(a) de
   computadoras**
   computer programmer
el (la) **sicólogo(a)**   *psychologist*
el (la) **trabajador(a) social**
   social worker
el (la) **vendedor(a)**
   salesman (-woman)

6 ¿Qué profesión es?

Completa las frases con palabras apropiadas del **Vocabulario**.

1. Mireya trabaja en una agencia que ayuda a los pobres. Mireya es ═══════.
2. Fernando distribuye medicinas y llena recetas *(prescriptions)*. Fernando es ═══════.
3. Necesito un ═══════ que me ayude a calcular cuánto debo de impuestos *(taxes)*.
4. Héctor es ═══════ de carros usados.
5. A Marisol le encanta ser ═══════. Entrevista a muchos políticos para *El Heraldo*.
6. A Rubén siempre le ha gustado dibujar; por eso trabaja como ═══════ en Nueva York.
7. Como es ═══════, Paula va a trabajar con el estado para construir nuevas carreteras.

ASÍ SE DICE   Talking about former jobs and goals

Si quieres hablar de un trabajo o una ambición que tenías antes, puedes decir:

Hace diez años, trabajé en una tienda de computadoras.

Cuando tenía cinco años, quería ser banquera.

El año pasado, trabajé de programador de computadoras.

Cuando era joven, quería ser bombero *(firefighter)*.

De niña, vendía periódicos.   *As a child, . . .*

7 ¿Cuándo fue?

Escucha lo que dicen Paola, Douglas, Kerri y Renato. Luego indica si las siguientes frases son **ciertas** o **falsas**. Si son falsas, corrígelas.

1. Actualmente, a Kerri le encanta su trabajo de diseñadora.
2. Después de graduarse, Kerri trabajó de profesora.
3. Renato siempre ha trabajado de banquero.
4. De niña, Paola pensaba hacerse médica.
5. Ahora, Paola trabaja felizmente de abogada.
6. Su trabajo de vendedor de computadoras fue el primero para Douglas.

8 En el pasado...

Usa estas preguntas para entrevistar a un(a) compañero(a). Luego, presenta a la clase un resumen de lo que dijo tu compañero(a).

1. De niño(a), ¿con qué soñabas?
2. Cuando eras joven, ¿qué querías ser?
3. ¿Has trabajado en el verano? ¿Dónde?
4. ¿Dónde trabajaste el año pasado?
5. ¿Qué metas tienes ahora? ¿Son las mismas metas que tenías cuando eras niño(a)?

GRAMÁTICA de repaso Preterite and imperfect

1. As you know, Spanish uses the preterite and the imperfect to talk about the past. Here is a review of their uses.

Use the preterite:

- to report completed past actions viewed as a whole.

   Trabajé de mesero el año pasado.
   Estudié un año en París.

- to give special meanings to certain verbs, such as **conocer, saber,** and **(no) querer.**

   Conocí a sus amigos.
   I met his friends.
   Lo supimos ayer.
   We found out about it yesterday.
   Quise irme.
   I tried to leave.
   No quise quedarme.
   I refused to stay.

Use the imperfect:

- to describe habitual, ongoing past actions.

   Eva trabajaba mucho de joven.
   No salía a menudo.

- to refer to mental or physical states in the past.

   Susana era alta y bonita.

- to tell time in the past.
   Eran las diez y cuarto.

- to describe age in the past.
   Tenía doce años en esta foto.

2. When the preterite and imperfect occur in the same sentence, the imperfect describes the background (what was going on) and the preterite points out completed actions within that setting.

   Había mucha gente cuando llegué.
   There were a lot of people when I arrived.
   Hacía mal tiempo; por eso fuimos a casa.
   The weather was bad; that's why we went home.

9 La vida de Miguel

Para describir la vida de Miguel, completa las oraciones con la forma apropiada del verbo.

1. Cuando (**a.** tuvo, **b.** tenía) cinco años, (**a.** empezó, **b.** empezaba) a asistir a la escuela.
2. De niño (**a.** fue, **b.** era) alto y atlético y (**a.** quería, **b.** quiso) ser tenista profesional.
3. Un día, (**a.** conoció, **b.** conocía) a un tenista profesional y (**a.** decidió, **b.** decidía) no seguir esa carrera.
4. El año pasado (**a.** se graduaba, **b.** se graduó) en el colegio y quería estudiar para una carrera en matemáticas.
5. Hace diez meses Miguel (**a.** comenzó, **b.** comenzaba) sus estudios en la universidad.

10 Las ambiciones de Kalinda

Completa cada frase con las formas apropiadas de los verbos entre paréntesis.

1. Cuando yo ═══ (ser) niña, ═══ (querer) ser bombera.
2. Pero una vez me ═══ (decir) mi abuelo que las niñas no deben ser bomberas.
3. Después se me ═══ (ocurrir) hacer una carrera de ciencias.
4. Otra vez, mi abuelo ═══ (pedirme) estudiar una carrera menos difícil para una chica.
5. Cuando ═══ (tener) 18 años, ═══ (comenzar) a estudiar farmacología en la universidad, y a los 23 años, por fin ═══ (llegar) a ser farmacéutica. Ahora estoy segura de que la mejor carrera para mí es el trabajo que más me guste, a pesar de lo que diga la gente.

11 ¿Qué aspiraciones tenías?

Escribe una breve descripción de ti mismo(a). Incluye información sobre cuándo y dónde naciste *(were born)*, qué sueños tenías cuando eras niño(a), qué aspiraciones tenías a los trece años y cosas interesantes que ocurrieron durante tu niñez.

ASÍ SE DICE Talking about future career plans

Si quieres hablar de tus planes para el futuro, puedes decir:

Me gustaría/Me encantaría ser un cantante famoso.

Buscaré un trabajo en las ciencias.

Voy a ser contadora.

Quiero ser trabajador social.

Pienso trabajar en una farmacia.

Me interesaría estudiar para profesora. *I'd be interested in studying to be a . . .*

Quiero llegar a ser médica. *I want to become . . .*

CD-ROM
Disc 3

¿Te acuerdas?

As you know, there's more than one way to talk about the future in Spanish. You can use the **ir a + infinitive** form: **Voy a trabajar este verano.** You can also use the future tense to talk about future events: **Irene se graduará en mayo.**

12 ¿Pasado o futuro?

Escucha lo que dice cada persona. Si habla de trabajos o planes que tenía en el pasado, escribe **P**. Si habla de sus planes para el futuro, escribe **F**. Si habla de ambas *(both)* cosas, escribe **A**.

13 ¿Qué te gustaría hacer?

Usa las siguientes preguntas para entrevistar a un(a) compañero(a).
¿Están de acuerdo Uds. en todas sus respuestas?

1. ¿Te gustaría trabajar este verano? ¿Dónde?
2. ¿Te interesaría tomar clases en la universidad? Si decides asistir a una universidad, ¿qué clases vas a tomar?
3. ¿Qué carrera piensas seguir? ¿Por qué?
4. ¿Quieres llegar a ser rico(a) o famoso(a) algún día? Explica tu respuesta.
5. ¿Dónde vivirás en 10 años? ¿En 20? ¿En 30? Explica tus respuestas.

¿Se te ha olvidado?
future tense
Ver la página 71

14 Tus planes para el futuro

Lee estos anuncios de personas que están buscando empleo. Luego escribe una frase que indique los planes de cada persona en los anuncios.

Estudiante, recién graduado de universidad, busca trabajo como contador. Buenas referencias. Llamar a Emilio Juárez, 379-54-69

5 años experiencia en computadoras. Técnico y programador. Solicito trabajo en compañía internacional. Buena presentación. Javier Mondragón Real. 949-77-83.

Artista, 20 años de experiencia. Pintura y dibujo. Solicito trabajo como profesora de arte. Horas flexibles. Llame a Alfonsina James, 323-67-94

CONSEJERA. Títulos en sicología y sociología. Deseo trabajo en programas para jóvenes. Jenny Benavides. 775-12-35.

INGENIERA QUIMICA. Título universitario. Buenos antecedentes. Desea mudarse a esta ciudad. Llamar al 525-33-34.

15 Mi carrera ideal

Prepara una descripción de tu carrera ideal. Incluye las características personales que requiere la carrera, lo que tendrás que hacer para seguir esa carrera y por qué te consideras perfecto(a) para ella.

16 Sueños y planes

Júntate con unos(as) compañeros(as). Hablen de los sueños que tenían cuando eran niños(as). Luego comparen esos sueños con los planes que tienen ahora para el futuro. ¿Tienen las mismas ambiciones que antes? ¿Creen que sus planes van a cambiar otra vez en el futuro? Expliquen sus respuestas.

 NOTA CULTURAL

En la mayoría de los países latinoamericanos, el primer título (degree) que se puede obtener de la universidad, generalmente después de cinco años de estudio, es la **licenciatura.** En contraste con el bachelor's degree en los Estados Unidos, la **licenciatura** requiere un examen sobre todo lo que se ha estudiado. En muchos casos, hay que escribir una tesis también. ¿Se dan exámenes de este tipo en tu estado?

¿Qué planes tienes para el futuro?

Las metas son importantes en la vida, pero llegar a ser una persona famosa no es siempre sinónimo a una vida feliz. Escucha los planes futuros de los siguientes jóvenes.

Bárbara

Sevilla, España

"Me gustaría... ser sicóloga a lo mejor, algo que tenga que ver con la gente, con relacionarme con mucha gente y poder ayudar a quien sea y ganar dinero".

Adelina

Los Teques, Venezuela

"Mi futuro sería gra- duarme en informática y trabajar... [en] una empresa, un banco".

Gabriel

Quito, Ecuador

"Me gustaría ser cirujano plástico... porque me gusta mucho todo lo que tiene que ver con la cirugía plástica".

Para pensar y hablar...

A. ¿Qué profesión va a estudiar cada uno de los entrevistados? ¿Por qué le gustaría a Bárbara estudiar sicología? ¿A quién le gustaría trabajar en un banco? ¿Estás interesado(a) en las mismas carreras que estos jóvenes? ¿Qué carreras te intere- san más a ti?

B. En tu opinión, ¿es importante planear tu carrera ahora mismo? ¿Por qué? ¿Qué puedes hacer ahora para ayudar a planear tu carrera? ¿Cuáles son algunos recursos que puedes usar para ayudarte con tus planes?

¡ADELANTE!

Cuando buscas un trabajo

¿Piensas trabajar algún día? ¿Qué tipo de empleo te gustaría tener? Si tuvieras una entrevista mañana, ¿qué harías para prepararte? Este artículo te puede ayudar.

Estrategias para triunfar
Prepárate para tu primera entrevista de trabajo:

- **Imagen:** como ya sabes, la primera impresión es fundamental. Cuida hasta el más mínimo detalle… tus uñas, tu cabello, tu ropa. Lo ideal es ir limpio(a), bien arreglado(a) y mantener una elegancia sobria.

- Lleva tu currículum vitae actualizado. Adjunta copias de tus certificados de estudios, calificaciones y cartas de referencias de trabajos anteriores. Lleva todo bien presentado en una carpeta organizada. No olvides que esto hablará por ti.

- Es importante que seas espontáneo(a) y comunicativo(a) con la persona que te entreviste. No respondas con monosílabos. Debes ser explícito(a) con tus respuestas, pero procura no salirte del tema.

- Averigua todos los pormenores del empleo: horario, sueldo, etc. Pregunta sobre los beneficios que ofrece la empresa: vacaciones, seguro médico, etc.

17 ¿Se sabe?

Indica si las siguientes oraciones son **ciertas, falsas** o si **no se sabe,** según la información en el artículo. Si son falsas, corrígelas.

1. Para conseguir un trabajo, no importa cómo estés vestido(a).
2. Durante una entrevista, no tienes que hacer preguntas, sólo contestar las que te hacen.
3. Debes llevar tu currículum vitae *(résumé)* actualizado en una forma organizada.
4. Debes escribirle una carta de agradecimiento al jefe o a la jefa después de tu entrevista.
5. Hay que llevar copias de certificados de estudios, calificaciones y cartas de referencia.
6. Antes de la entrevista, es preferible no saber mucho acerca del empleo.

18 ¿Comprendes?

Usa la información de ¡**Adelante!** para contestar las siguientes preguntas.

1. Según lo que leíste, ¿qué es fundamental antes de una entrevista de trabajo?
2. ¿Qué se debe llevar en una carpeta?
3. ¿Cómo se debe responder a las preguntas que le hacen a uno(a) en una entrevista?
4. ¿Qué tipo de preguntas debes hacer durante tu entrevista de trabajo?
5. Compara los dos anuncios de trabajo en ¡**Adelante!** ¿Cómo son parecidos? ¿En qué son diferentes?

19 ¿Cuál es el (la) mejor?

Los siguientes jóvenes están solicitando el trabajo de vendedor(a) que aparece en la página 308. Con un(a) compañero(a), lee las descripciones y luego indica cuál es la mejor persona para el trabajo. Expliquen por qué las otras personas no son apropiadas.

1. Silvia se vistió para la entrevista con mucho cuidado. Planchó su ropa y se arregló el pelo. Piensa ir a la entrevista después de su clase de inglés de primer semestre.
2. Guillermo siempre se ve muy bien arreglado. Quiere trabajar como vendedor porque domina el inglés y siempre ha querido trabajar en ventas.
3. Aunque mucha gente piensa que Víctor es bastante antipático, él cree que es perfecto para un trabajo de ventas. Habla inglés y tiene experiencia en ventas.
4. Verónica vivió cinco años en Inglaterra donde trabajó en una tienda. Es atractiva y se lleva bien con la gente. Tiene todo ya listo en su carpeta para la entrevista.
5. Alfredo ha enseñado inglés en clases particulares y le encanta tratar con el público. Tan pronto como se ponga sus zapatos de tenis y una camiseta, va a ir a la entrevista.

20 Busca las expresiones

Busca una sugerencia en el artículo que hable de la apariencia, una sobre cómo organizarse para la entrevista y una que hable de la comunicación.

21 Ahora te toca a ti

Si tuvieras una entrevista para un trabajo mañana, ¿tendrías listo tu currículum vitae? Prepara un currículum breve que contenga la siguiente información: trabajos que has tenido (dónde, cuándo, por cuánto tiempo, etc.), tus calificaciones y otra experiencia que tienes (voluntarismo, clubes, etc.).

SEGUNDO PASO

Giving advice about job interviews

ASÍ SE DICE   Giving advice about job interviews

Si quieres dar consejos o recomendar algo, puedes decir:

Para conseguir un buen trabajo, **debes** vestirte bien.
Te recomiendo que llegues temprano a la entrevista.
Te aconsejo que no mastiques chicle. *(. . . you not to chew gum.)*
Lo ideal es preparar unas preguntas.
No olvides que las apariencias cuentan en las entrevistas.
Es importante que seas sincero y espontáneo.

22 Buenos consejos

Escucha los siguientes consejos. Si te parece un buen consejo para una persona que va a entrevistarse, escribe **lógico**. Si no es un buen consejo, escribe **¡Qué va!**

GRAMÁTICA de repaso   The subjunctive with recommendations

1. Spanish uses the subjunctive to imply commands after verbs and expressions such as **aconsejar que, recomendar que,** and **es importante que.**

   Es importante que tengas paciencia.   **Te aconsejo que estudies más.**
   Les recomiendo que no vuelvan tarde.

2. Spanish also uses the subjunctive after verbs or expressions that convey hope or desire that someone do something.

   Ojalá que Uds. vengan a la reunión.   **¿Quieres que yo te ayude?**

23 Recomendaciones

Completa cada recomendación para una entrevista con una de las siguientes expresiones.

1. Al entrar en la oficina es importante que...
2. Si no sabes dónde queda la oficina, te recomiendo que...
3. Si el (la) entrevistador(a) te pregunta algo de tus empleos anteriores, es importante que...
4. Por si te piden referencias, te aconsejo que...
5. Las apariencias importan mucho. Te recomiendo que...
6. Siempre buscan entusiasmo en un(a) empleado(a). Es necesario que...

arreglarte lo mejor posible

salir de casa temprano

tener teléfonos y direcciones de referencias

darle la mano al (a la) entrevistador(a)

llevar dos o tres cartas de referencia

mostrar confianza

24 Te damos un consejo

Los jóvenes en las siguientes fotos están solicitando un empleo pero necesitan ayuda. Con un(a) compañero(a), escribe algunas oraciones con consejos y estrategias para mejorar sus posibilidades de triunfar en la entrevista.

a.

b.

c.

d.

CD-ROM Disc 3

GRAMÁTICA de repaso

The subjunctive with the unknown or nonexistent

1. Spanish uses the subjunctive after phrases with negative words like **nada que, nadie que,** or **ninguno(a) que,** to imply nonexistence.

   No hay nadie que diga eso.
   No conozco a ningún estudiante que se adapte mejor que él.

2. Spanish also uses the subjunctive to describe people or things that aren't specified or known to exist. Remember that no personal **a** is used when there isn't a definite or specific person.

   Busco un abogado que sepa hablar español.
   Necesitamos algo que cueste menos.

3. When there's a specific person or thing in mind, however, use the indicative.

   Busco al abogado que habla español.
   Tenemos algo aquí que cuesta menos.

25 Se busca...

Escucha las siguientes oraciones e indica si la persona habla de alguien **específico** o **no específico.**

¿Te acuerdas?

Alguien and **nadie** take personal **a** when used as direct objects.

¿Conoces **a alguien** que pueda ayudarme?

No, no conozco **a nadie.**

actualizar *to update*	**medio tiempo** *part time, half time*
el ambiente de trabajo *workplace environment*	**el puesto (de trabajo)** *position, job*
los beneficios *benefits*	**los requisitos** *requirements*
el currículum (vitae) *résumé*	**el salario** *salary*
el (la) empleado(a) *employee*	**el seguro** *insurance*
la empresa *business, company*	**solicitar** *to apply for; to request*
el (la) gerente *manager*	**la solicitud** *application*
el horario *work hours, schedule*	**tiempo completo** *full time*
el jefe, la jefa *boss*	

> **T**ambién se puede decir...
>
> Se puede decir **sueldo** por **salario**. También se dice **trabajador(a)** por **empleado(a)**.

26 El mundo del empleo

Completa cada oración con la palabra más apropiada del **Vocabulario**, incluyendo el artículo cuando sea necesario. Usa la forma correcta de los verbos.

1. Con la nueva fábrica se espera que abran cinco ═══ de trabajo.
2. Para mí, el ═══ es importante. Me gusta un lugar tranquilo donde las personas se llevan bien.
3. Antonio no va a ═══ el nuevo empleo con la compañía de computadoras. Dice que ═══ que ofrecen es muy bajo.
4. Tengo todo listo para la entrevista menos mi ═══. Lo tengo que ═══ con toda la información sobre mi último trabajo.
5. Voy a hablar con ═══ para ver si puedo trabajar ═══, preferiblemente de la una hasta las seis de la tarde.
6. La familia de Hernán tiene una ═══ muy grande. Tienen por lo menos 140 ═══ que trabajan para ellos.
7. No hay muchos ═══ para ese trabajo: saber el inglés y tener un poco de experiencia en ventas, pero nada más.

27 Los anuncios de trabajo

Imagina que tú y un(a) compañero(a) escriben y diseñan anuncios de trabajo para compañías. Escriban un anuncio para cada puesto que sigue. Mencionen los requisitos (experiencia, etc.), beneficios y otra información sobre el trabajo.

MODELO   sicólogo(a) bilingüe; Instituto Humboldt

> **INSTITUTO HUMBOLDT**
> Necesita sicólogo(a) bilingüe.
> Queremos a alguien que tenga mínimo cinco años de experiencia. Se ofrecen buen salario y ambiente de trabajo. Presentar currículum y dos cartas de recomendación. **Llamar al 32-90-85.**

1. farmacéutico(a); Farmacia González
2. programador(a) de computadoras; Compañía Nacional de Tecnología
3. trabajador(a) social; Agencia del Bienestar *(Welfare)* Público
4. ingeniero(a) civil; Ministerio de Obras Públicas
5. guía turística; Caribeturs

28 Las entrevistas

Trabaja con tu compañero(a). Usen los anuncios que escribieron en Actividad 27. Tú decides qué puesto quieres solicitar. Tu compañero(a) te entrevista para el puesto, explicando los requisitos y el horario de trabajo. Tú respondes diciendo por qué serías buen empleado(a) y preguntando sobre el salario y los beneficios. Luego entrevista a tu compañero(a).

29 Quiero un trabajo que...

¿Cuál es tu trabajo ideal? Entrevista a tres o cuatro compañeros para ver si tienen ideas similares sobre qué es un trabajo perfecto. Usen frases como **Quiero un trabajo que...**, **Busco un empleo que...**, **Prefiero un(a) jefe(a) que...**, etc. ¿Tienen ideas en común?

GRAMÁTICA de repaso — The conditional and the past subjunctive

1. To talk about hypothetical situations, you use the conditional and **si** with the past subjunctive.

   Si pudiera conseguir una beca, estudiaría en España.
   Empezaríamos nuestra empresa si tuviéramos suficiente dinero.

2. The conditional is used to express what would happen or what someone would do. Like the future, the conditional consists of the future stem plus one set of endings for all verbs. The future stem is usually the infinitive of the verb.

HABLAR	CORRER	PEDIR
hablaría	correría	pediría
hablarías	correrías	pedirías
hablaría	correría	pediría
hablaríamos	correríamos	pediríamos
hablaríais	correríais	pediríais
hablarían	correrían	pedirían

   ¿Se te ha olvidado? irregular future stems — Ver la página 233

3. To form the past subjunctive, start with the **ellos/ellas** form of the preterite. Remove the **-on** and add the following endings:

HABER	VENDER	SER/IR
(hubieron)	(vendieron)	(fueron)
hubiera	vendiera	fuera
hubieras	vendieras	fueras
hubiera	vendiera	fuera
hubiéramos	vendiéramos	fuéramos
hubierais	vendierais	fuerais
hubieran	vendieran	fueran

---

30 Posibilidades

Escribe oraciones completas con la siguiente información.

MODELO   A la jefa no (gustarle) / si los empleados (llegar) tarde al trabajo
         A la jefa no le gustaría si los empleados llegaran tarde al trabajo.

1. Si Eduardo (ser) bilingüe / (poder) trabajar con las aerolíneas
2. Nosotros (aceptar) los puestos / si la compañía (ofrecer) mejores beneficios
3. (Gustarme) el horario / si yo (poder) trabajar medio tiempo
4. Ellos (comprar) un carro / si sus jefes les (aumentar) el salario
5. Si el ambiente de trabajo (ser) más cómodo / yo no (buscar) otro puesto
6. Si tú (actualizar) tu currículum / (tener) más oportunidades de entrevistarte con compañías
7. Hisoka (solicitar) ese puesto / si no (haber) tantos requisitos
8. Si Rosa (saber) más sobre el puesto / te (decirlo)

31 Después de la graduación

Los siguientes jóvenes hablan de lo que harían después de graduarse. Lee lo que dicen y luego indica con qué persona tienes más en común y explica por qué. ¿Conoces a alguien que tenga los mismos planes e ideas que uno de ellos?

"Si pudiera trabajar en cualquier campo, sería en medicina. Es un campo que siempre me ha gustado. Me interesa hacer investigación".

Alfonso

Lourdes

"Me gusta todo lo que tiene que ver con los negocios. Si pudiera, tendría mi propia empresa. Así tendría la libertad de trabajar en casa también. Después de graduarme, estudiaré administración de empresas".

"Mis papás quieren que estudie ingeniería, pero eso no me interesa para nada. Si fuera ingeniera no estaría feliz. A mí me interesa más la sicología. Quiero trabajar con niños".

Ana Lucía

"Iré a la capital para estudiar música clásica. Si hubiera un buen instituto de música en mi ciudad, me quedaría aquí para estudiar".

Daniel

32 Si fuera profesora...

¿Qué harías si fueras arquitecto(a)? ¿Cómo serías si fueras profesor(a)? ¿Serías estricto(a) con tus estudiantes? Di qué harías o cómo serías si te dedicaras a las siguientes profesiones. Luego compara tus respuestas con las de un(a) compañero(a).

MODELO   Si fuera arquitecta, construiría casas grandes y bonitas de dos pisos.

1. arquitecto(a)
2. profesor(a)
3. trabajador(a) social
4. sicólogo(a)
5. médico(a)
6. abogado(a)

¿Se te ha olvidado?
past subjunctive
Ver la página 287

33 En mi cuaderno

Imagina que trabajas para la compañía **Imágenes, S.A.**, que ayuda a la gente a mejorar su presentación en las entrevistas. Escribe un intercambio de correo electrónico con una persona que se presenta muy mal en las entrevistas y te explica el problema y pide consejos. Tú le respondes con recomendaciones para mejorar su presentación y para ser el tipo de empleado(a) que están buscando.

La formalidad

Estas fotos son de una oficina en una empresa. Hay una cosa que no se debe hacer y dos cosas que no se debe decir. ¿Puedes encontrarlas?

¡Hola, Sra. Díaz! ¿Qué tal? ¿Cómo está tu familia?

Para discutir

1. ¿Cómo está sentada la mujer en la primera foto? ¿Te sentarías así si tuvieras un trabajo en una oficina?

2. ¿Hablarías así con tu jefe(a)? ¿Cómo saludarías a tu jefe(a)? ¿Cómo saludas a tus profesores(as)?

Vamos a comprenderlo

El hispanohablante tiende a *(tends)* ser más formal en su forma de hablar y sentarse. En la primera foto, la mujer tiene sus pies encima del escritorio y la mano detrás de la cabeza, lo cual se considera demasiado informal para una oficina. Sólo en las situaciones muy informales se pueden poner los pies encima de un escritorio o una mesa. En la segunda foto, el hombre es demasiado informal en su forma de hablar con la jefa también. No se debe llamar a la jefa (o al jefe) de **tú**. Tampoco se deben hacer preguntas personales (como preguntar por la familia) a menos que la persona sea un(a) amigo(a) o alguien que se conoce bien.

315

Fantasía y realidad

*E*n este cuento, la escritora española Ana María Matute combina el realismo con la fantasía para describir algo de su niñez. Se ven dos mundos en contraste: el mundo realista de la narradora y el mundo de la imaginación de un niño.

Estrategia

Utilize multiple reading strategies. Throughout this book you have learned about a number of strategies. Some are for the prereading stage, such as skimming and activating background knowledge. Others help you during your reading, both on a global level, such as summarizing and outlining, and on a specific level, such as guessing word meanings and scanning.

¡A comenzar!

¿Te acuerdas?

As you know, it's a good idea to skim before reading in detail, in order to get a general idea of what each section or paragraph is about.

A. Revisa el cuento. Identifica la introducción, la parte principal del cuento y la conclusión.

B. Vuelve a revisar el cuento. Identifica a todos los personajes *(characters)*? ¿Quién es el (la) narrador(a) del cuento? ¿Quiénes son los personajes que tienen diálogos?

El árbol de oro

*A*sistí durante un otoño a la escuela de la señorita Leocadia, en la aldea, porque mi salud no andaba bien y el abuelo retrasó mi vuelta a la ciudad. Como era el tiempo frío y estaban los suelos embarrados y no se veía rastro de muchachos, me aburría dentro de la casa, y pedí al abuelo asistir a la escuela. El abuelo consintió, y acudí a aquella casita alargada y blanca de cal, a las afueras del pueblo.

La señorita Leocadia era alta y gruesa y tenía el carácter más bien áspero. Las clases en la escuela, con la lluvia rebotando en el tejado y los cristales, tenían su atractivo. Recuerdo especialmente a un muchacho de unos diez años, hijo de un aparcero muy pobre, llamado Ivo. Era un muchacho delgado, de ojos azules, que bizqueaba ligeramente al hablar. Todos los muchachos y muchachas de la escuela admiraban y envidiaban un poco a Ivo, por el don que poseía de atraer la atención sobre sí, en todo momento. No es que fuera ni inteligente ni gracioso, y, sin embargo, había algo en él, en su voz quizás, en las cosas que conseguía cautivar a quien le escuchase. También la señorita Leocadia se dejaba prender de aquella red de plata que Ivo tendía a cuantos atendían sus enrevesadas conversaciones, y —yo creo que muchas veces contra su voluntad— la señorita Leocadia le confiaba a Ivo tareas deseadas por todos, o distinciones que merecían alumnos más estudiosos y aplicados.

Quizá lo que más se envidiaba de Ivo era la posesión de la codiciada llave de la torrecita. Ésta era, en efecto, una pequeña torre situada en un ángulo de la escuela, en cuyo interior se guardaban los libros de lectura. Allí entraba Ivo a buscarlos, y allí volvía a dejarlos, al terminar la clase. Ivo estaba muy orgulloso de esta distinción, y por nada del mundo la hubiera cedido. Un día, Mateo Heredia, el más aplicado y estudioso de la escuela, pidió encargarse de la tarea—a todos nos fascinaba el misterioso interior de la torrecita, donde no entramos nunca—, y la señorita Leocadia pareció acceder. Pero Ivo se levantó, y acercándose a la maestra empezó a hablarle en su voz baja, bizqueando los ojos y moviendo mucho las manos, como tenía por costumbre. La maestra dudó un poco, y al fin dijo:

—Quede todo como estaba. Que siga encargándose Ivo de la torrecita.

A la salida de la escuela le pregunté:

—¿Qué le has dicho a la maestra?

Ivo me miró de través y vi relampaguear sus ojos azules.

—Le hablé del árbol de oro.

Sentí una gran curiosidad.

—¿Qué árbol?

—Si no se lo cuentas a nadie...

—Te lo juro, que a nadie se lo diré.

Entonces Ivo me explicó:

—Veo un árbol de oro. Un árbol completamente de oro: ramas, tronco, hojas... ¿sabes? Las hojas no se caen nunca. En verano, en invierno, siempre. Resplandece mucho; tanto, que tengo que cerrar los ojos para que no me duelan.

—¡Qué embustero eres!—dije, aunque con algo de zozobra. Ivo me miró con desprecio.

—No te lo creas —contestó—. Me es completamente igual que te lo creas o no... ¡Nadie entrará nunca en la torrecita, y a nadie dejaré ver mi árbol de oro! ¡Es mío! La señorita Leocadia lo sabe, y no se atreve a darle la llave a Mateo Heredia, ni a nadie... ¡Mientras yo viva, nadie podrá entrar allí y ver mi árbol!

Lo dijo de tal forma que no pude evitar preguntarle:

—¿Y cómo lo ves... ?

—Ah, no es fácil —dijo, con aire misterioso—. Cualquiera no podría verlo. Yo sé la rendija exacta. Una que hay corriendo el cajón de la derecha: me agacho y me paso horas y horas... ¡Cómo brilla el árbol! Fíjate que si algún pájaro se le pone encima también se vuelve de oro. Eso me digo yo: si me subiera a una rama, ¿me volvería acaso de oro también?

No supe qué decirle, pero, desde aquel momento, mi deseo de ver el árbol creció de tal forma que me

Al grano

¿Te acuerdas?

Predicting what will happen in a story is a helpful strategy. To make predictions while you read, pause after each main idea to think about what you have just read and what might happen.

C. Lee la introducción. Después, haz predicciones de lo que va a pasar en la parte principal. Después de leer la parte principal, haz predicciones de la conclusión. Luego reúnete con un(a) compañero(a) para comparar sus predicciones.

¿Te acuerdas?

Summarize main points. After you come across an important idea, summarize that information briefly.

D. Ahora lee el texto otra vez, pero con mucho cuidado. Trata de entenderlo bien. Después de terminar cada sección, escribe un resumen de la sección. El resumen debe ser de una o dos oraciones en español. Será útil saber el significado de las siguientes palabras:

aldea *village*
aparcero *sharecropper*
bizquear *to squint*
embustero *liar*
rendija *crack*
hucha *piggy bank*
estafar *to swindle*

¿Te acuerdas?

Scan to find specific information. Locate specific information quickly by searching for key words.

E. Relee el texto para contestar estas preguntas específicas.

1. ¿Por qué asistió la narradora a la escuela de la señorita Leocadia?
2. ¿Cómo era Ivo? ¿Qué cualidad especial tenía?
3. ¿Por qué envidiaban *(envied)* los muchachos a Ivo?
4. ¿Qué veía Ivo por la rendija?
5. ¿Qué vio la narradora por la rendija?

¿Te acuerdas?

Use context to figure out meaning. Rely on the words and sentences around the unknown word.

F. Adivina el significado de estas palabras, usando el contexto.

1. don
2. relampaguear
3. resplandece

G. El cuento pone en contraste el mundo de realidad y el de fantasía. Con un(a) compañero(a), indica qué palabras y frases usa la narradora para describir a las personas, la naturaleza, etc. Indiquen qué palabras y frases usa Ivo para describir el árbol. ¿Cuál es la diferencia?

H. ¿Crees que Ivo era embustero o que simplemente tenía una imaginación fantástica? ¿Alguna vez lo que soñaste se hizo realidad? ¿Crees que es importante tener una imaginación? ¿Por qué o por qué no?

desasosegaba. Todos los días, al acabar la clase de lectura, Ivo se acercaba al cajón de la maestra, sacaba la llave y se dirigía a la torrecita. Cuando volvía, le preguntaba:

—¿Lo has visto?

—Sí —me contestaba. Y, a veces, explicaba alguna novedad:

—Le han salido unas flores raras. Mira: así de grandes, como mi mano lo menos, y con los pétalos alargados.

Ocurrió entonces algo que secretamente yo deseaba; me avergonzaba sentirlo, pero así era: Ivo enfermó, y la señorita Leocadia encargó a otro la llave de la torrecita. Primeramente, la disfrutó Mateo Heredia. Yo espié su regreso, el primer día, y le dije:

—¿Has visto un árbol de oro?

—¿Qué andas graznando? —me contestó de malos modos, porque no era simpático, y menos conmigo. Unos días después, me dijo:

—Si me das algo a cambio, te dejo un ratito la llave y vas durante el recreo. Nadie te verá...

Vacié mi hucha, y, por fin, conseguí la codiciada llave. Mis manos temblaban de emoción cuando entré en el cuartito de la torre. Allí estaba el cajón. Lo aparté y vi brillar la rendija en la oscuridad. Me agaché y miré.

Cuando la luz dejó de cegarme, mi ojo derecho sólo descubrió una cosa: la seca tierra de la llanura alargándose hacia el cielo. Nada más. Tuve una gran decepción y la seguridad de que me habían estafado.

Olvidé la llave y el árbol de oro. Antes de que llegaran las nieves regresé a la ciudad.

Dos veranos más tarde volví a las montañas. Un día, pasando por el cementerio—era ya tarde y se anunciaba la noche en el cielo: el sol, como una bola roja, caía a lo lejos— vi algo extraño. De la tierra pedregosa, entre las cruces caídas, nacía un árbol grande y hermoso, con las hojas anchas de oro: encendido y brillante todo él, cegador. Algo me vino a la memoria, como un sueño, y pensé: "Es un árbol de oro". Busqué al pie del árbol, y no tardé en dar con una crucecilla de hierro negro, mohosa por la lluvia. Mientras la enderezaba, leí IVO MÁRQUEZ, DE DIEZ AÑOS DE EDAD.

Y no daba tristeza alguna, sino, tal vez, una extraña y muy grande alegría.

In "El árbol de oro," you read about a boy who got a glimpse of the future. His vision of the future became reality despite the doubts of others. Do you have clear ideas about what the future will bring? In this activity, you'll write about some of your ideas about the future, and you will learn some ways to write good conclusions.

En el año 3000

¿Cómo será el mundo en el año 3000? ¿Será similar o distinto al mundo de hoy? ¿En qué aspectos será distinto y en cuáles será similar? Si vivieras en el mundo del año 3000, ¿qué querrías cambiar? En una composición de tres o cuatro párrafos, describe tu visión del mundo en el año 3000.

A. Preparación

1. Antes de escribir, considera las cosas que podrían ser afectadas por el paso del tiempo. Considera estas categorías y agrega otras si es necesario.

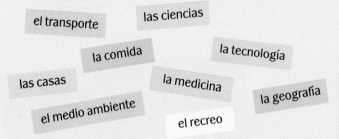

el transporte　　las ciencias
la comida　　la tecnología
las casas　　la medicina
el medio ambiente　　la geografía
el recreo

ESTRATEGIA
Good conclusions
It's always a good idea to end what you write with a good conclusion that draws your main ideas together. For example, your conclusion can review ideas you introduced earlier and give a few sentences that tie them together. Your conclusion can also summarize your main idea in other words, or it can close with an interesting comment that leaves your reader wanting to know more about your topic.

2. Haz una lista de las cosas que podrían cambiar en cada categoría mencionada.
3. Organiza la información en un orden lógico. Si quieres, puedes poner la información en fichas para organizarla.

B. Redacción

1. Comienza tu composición con una introducción que le llame la atención a tu lector(a). Puede ser una pregunta o una idea interesante sobre el futuro.
2. Luego escribe unos párrafos sobre cómo van a ser las cosas en el año 3000. Describe las cosas que serán similares y las que serán distintas al mundo de hoy. Si hay cosas que te gustaría cambiar, menciónalas y explica por qué las quieres cambiar.
3. Incluye detalles interesantes. Por ejemplo, si mencionas que la gente viajará en platillos voladores *(flying saucers),* explica cómo funcionarán, a qué velocidad volarán, etc.
4. Escribe una buena conclusión para resumir *(sum up)* tus ideas.

C. Evaluación

1. ¿Pusiste la información en un orden lógico? Si no, organízala en un orden más apropiado.
2. Pídeles a unos(as) compañeros(as) que lean tu composición. ¿Qué opinan de tu introducción y de tu conclusión? Toma en cuenta sus comentarios e incorpóralos si es necesario.
3. Después de leer varias veces tu composición, ¿qué te parecen los detalles que incluiste? Si hay algunos que no te parecen interesantes o útiles, puedes cambiarlos u omitirlos.

REPASO

CD-ROM Disc 3

1 Escucha mientras habla Josefina de los sueños que tenía de ser arqueóloga *(archaeologist)*. Luego lee las siguientes frases e indica si cada frase es **cierta, falsa** o si **no se sabe.** Si la frase es falsa, corrígela.

1. Josefina se graduó con un doctorado en computación.
2. De niña, Josefina fue a Egipto con su familia.
3. Oyó hablar de un programa de verano en Egipto.
4. A los veinte años fue a Argentina a ver unas ruinas.
5. Cuando era niña, le gustaban mucho las ruinas antiguas.

2 Tu consejero te recomienda que escribas un párrafo sobre tus planes para el futuro. Escribe por lo menos cinco frases sobre lo que harás y lo que te gustaría hacer dentro de los próximos cinco años.

3 Júntate con tres compañeros(as) y lean los planes para el futuro que prepararon en la Actividad 2. Dales a los compañeros algunos consejos y recomendaciones sobre cómo pueden realizar sus metas.

4 Contesta las preguntas con información cultural de este capítulo.

1. ¿Cuál es el primer título que se puede obtener en una universidad latinoamericana?
2. ¿Cuál es la diferencia entre la licenciatura y el "bachelor's degree"?
3. ¿Qué es el ecoturismo?
4. ¿Qué esfuerzos han hecho las compañías turísticas para conservar el medio ambiente en Costa Rica?
5. ¿Cuál es el efecto del ecoturismo sobre la economía rural?

5 Termina las siguientes oraciones de una manera original para dar consejos sobre las entrevistas de empleo.

1. El día de la entrevista, es importante que…
2. Al llegar a la entrevista, debes…
3. Es importante que…
4. Durante la entrevista, te aconsejo que…
5. Al preparar las cosas que vas a llevar a la entrevista, te recomiendo que…
6. Al terminar la entrevista, es importante…

6 Lee los siguientes anuncios e indica qué puesto debe solicitar cada persona mencionada abajo.

Se Requiere 2
Diseñadores de Videojuegos
Requisitos: Licenciado en computación, 2 años de experiencia diseñando programas, creatividad. Ofrecemos: Beneficios de salud, 3 semanas de vacaciones, salario competitivo.
AQUI EN JUEGOS SANTANDER
TRABAJAR ES JUGAR
Solicite una cita al 352-8790

TALLER SAN ESTEBAN
NECESITA MECANICOS
Mínimo 2 años de experiencia. Especialista en coches japoneses. Entusiasmo y dedicación. Vehículo propio (preferible).
BENEFICIOS Y SALARIO
COMPETITIVO
Solicite una cita al teléfono: 352-1913

BURGER REINA
necesita
GENTE TRABAJADORA
Si tiene la motivación pero no tiene experiencia
NO SE DESESPERE
Gane un buen salario mientras gana experiencia.
HORAS FLEXIBLES • MEDIO TIEMPO O TIEMPO
COMPLETO. LLAME AL 352-9975

---

1. Ana se graduó de computación en la Universidad de Quito.
2. Hace tres años que Roberto trabaja con su padre. Sabe arreglar todo tipo de carros.
3. Laura es una persona muy creativa y muy entusiasta. Le encanta jugar a los video-juegos y salir con sus amigos pero nunca tiene dinero. Necesita un trabajo pero no tiene experiencia ni título.
4. Antonio busca un puesto con buenos beneficios y vacaciones. Estudió computación y es buen diseñador.

7 Escoge uno de los anuncios y escribe una carta para acompañar tu currículum. Escribe por lo menos tres párrafos para explicar por qué eres la mejor persona para el trabajo y por qué quieres trabajar allí.

8 S I T U A C I Ó N

Con un(a) compañero(a), escoge uno de los anuncios de arriba. Dramaticen una entrevista entre tú y el (la) gerente para solicitar el puesto que escogiste. Luego presenten la entrevista a la clase.

Can you talk about former jobs and goals?
p. 303

1 Imagina que es el año 2020. Juan Pablo está pensando en su juventud y los trabajos que tenía. Mira los siguientes dibujos y describe lo que pasa en cada dibujo. Usa expresiones de **Así se dice** para indicar cuándo ocurre cada cosa.

niñez

edad: 15 años

2015

2019

Can you talk about future career plans?
p. 305

2 Indica los planes de cada persona para el futuro. Usa diferentes expresiones para cada persona.

1. Mónica: sicóloga
2. Rosana: escritora para una revista
3. Robert: arquitecto
4. Víctor Alejandro: banquero
5. Justina: diseñadora

Can you give advice about job interviews?
p. 310

3 Dales consejos a las siguientes personas para que tengan éxito en sus entrevistas de trabajo.

1. Scott no sabe qué ropa debe llevar para su entrevista.
2. Jim quiere dar una buena impresión en su entrevista, pero a veces habla demasiado.
3. Raquel siempre parece mal preparada porque llega a sus entrevistas sin su currículum.
4. Lily es buena gente y es trabajadora pero apenas *(barely)* habla durante una entrevista.
5. Rosalinda quiere un buen empleo pero no tiene cartas de referencia.

VOCABULARIO

PRIMER PASO
Professions

el (la) abogado(a) *lawyer*
el (la) arquitecto(a) *architect*
el (la) banquero(a) *banker*
el (la) carpintero(a) *carpenter*
el (la) científico(a) *scientist*
el (la) comerciante *businessman (-woman)*
el (la) contador(a) *accountant*
el (la) diseñador(a) *designer*
el (la) enfermero(a) *nurse*
el (la) escritor(a) *writer*
el (la) farmacéutico(a) *pharmacist*
el (la) ingeniero(a) *engineer*
el (la) mecánico(a) *mechanic*
el (la) médico(a) *doctor*
el (la) periodista *journalist*
el (la) policía *police officer*
el (la) programador(a) de computadoras
   computer programmer
el (la) sicólogo(a) *psychologist*
el (la) trabajador(a) social *social worker*
el (la) vendedor(a) *salesman (-woman)*

Talking about former jobs and goals

Cuando era joven,... *When I was young, . . .*
Cuando tenía cinco años,... *When I was five, . . .*
De niño(a),... *As a child, . . .*
El año pasado,... *Last year, . . .*
Hace diez años,... *Ten years ago, . . .*

Talking about future career plans

Buscaré... *I'll look for . . .*
Me encantaría ser... *I'd love to be . . .*
Me gustaría ser... *I'd like to be . . .*
Me interesaría estudiar para...
   I'd be interested in studying to be a . . .
Pienso trabajar en... *I intend to work in . . .*
Quiero llegar a ser... *I want to become . . .*
Quiero ser... *I want to be . . .*
Voy a ser... *I'm going to be . . .*

SEGUNDO PASO
Giving advice about job interviews

Debes... *You should . . .*
Es importante que... *It's important that . . .*
Lo ideal es... *The best thing is . . .*
No olvides que... *Don't forget that . . .*
Te aconsejo que... *I advise you to . . .*
Te recomiendo que... *I recommend that you . . .*

Work

actualizar *to update*
el ambiente de trabajo *workplace environment*
los beneficios *benefits*
el currículum (vitae) *résumé*
el (la) empleado(a) *employee*
la empresa *business, company*
el (la) gerente *manager*
el horario *work hours, schedule*
la jefa *boss*
el jefe *boss*
medio tiempo *part time, half time*
el puesto (de trabajo) *position, job*
los requisitos *requirements*
el salario *salary*
el seguro *insurance*
solicitar *to apply for; to request*
la solicitud *application*
tiempo completo *full time*

REFERENCE SECTION

SUMMARY OF FUNCTIONS

Functions are probably best defined as the ways in which you use a language for specific purposes. When you find yourself in specific situations, such as in a restaurant, in a grocery store, or at school, you will want to communicate with those around you. In order to do that, you have to "function" in Spanish: you place an order, make a purchase, or talk about your class schedule.

Such functions form the core of this book. They are easily identified by the boxes in each chapter that are labeled **Así se dice**. These functional phrases are the building blocks you need to become a speaker of Spanish. All the other features in the chapter—the grammar, the vocabulary, even the culture notes—are there to support the functions you are learning.

Here is a list of the functions and the Spanish expressions you will need in order to communicate in a wide range of situations. Following each function is a Roman numeral I, II, or III to indicate Levels 1, 2, or 3, along with the chapter and page on which the expressions were introduced.

You have learned to communicate in a variety of situations. Using these expressions, you will be able to communicate in many other situations as well.

SOCIALIZING

Saying hello
I, Ch. 1, p. 21

Buenos días.	Buenas noches.
Buenas tardes.	Hola.

Saying goodbye
I, Ch. 1, p. 21

Adiós.	Hasta luego.
Bueno, tengo clase.	Hasta mañana.
Chao.	Tengo que irme.

Introducing people and responding to an introduction
I, Ch. 1, p. 22

Me llamo...	Se llama...
Soy...	¡Mucho gusto!
¿Cómo te llamas?	Encantado(a).
Éste es mi amigo...	Igualmente.
Ésta es mi amiga...	

Introducing yourself and others
II, Ch. 1, p. 9

Éste es...	Soy...
Ésta es...	Tengo... años.
Me llamo...	Tiene... años.
Se llama...	

Introducing and changing a topic of conversation
III, Ch. 6, p. 142

¿Has leído algo de...?
Eso me recuerda...
Eso me hace pensar en...
Cambiando de tema, ¿qué me dices de...?
Hablando de..., ¿qué me cuentas de...?
A propósito, ¿qué has oído de...?

Asking how someone is and saying how you are
I, Ch. 1, p. 24

¿Cómo estás?	Estupendo.
¿Y tú?	Excelente.
¿Qué tal?	Regular.
Estoy (bastante) bien, gracias.	Más o menos. (Muy) mal.
Yo también.	¡Horrible!

Talking on the telephone
I, Ch. 7, p. 183

Aló.	La línea está ocupada.
Diga.	¿Puedo dejar un recado?
¿Quién habla?	Un momento...
¿Está..., por favor?	Llamo más tarde.
¿De parte de quién?	

Extending and accepting invitations
I, Ch. 7, p. 184

¿Te gustaría...?	¿Quieres...?
Sí, me gustaría...	Te invito.
Nos gustan...	¡Claro que sí!

Making plans
I, Ch. 7, p. 188

¿Qué piensas
  hacer hoy?   Pienso...
              ¿Piensas...?

II, Ch. 4, p. 99

Pienso...   Sí, me encantaría.
De acuerdo.   Mejor...
  Paso por ti...   Muy bien. Entonces
Si quieres...   quedamos en vernos...

Talking about getting ready
I, Ch. 7, p. 190

¿Estás listo(a)?
No, todavía necesito...
No, porque necesito...

Turning down an invitation and explaining why
I, Ch. 7, p. 193

¡Qué lástima!   Tengo una cita.
Ya tengo planes.   Tengo que...
Tal vez otro día.   Me gustaría, pero no puedo.
Lo siento, pero no.   Estoy cansado(a) y un
Estoy ocupado(a).   poco enfermo(a).

Turning down an invitation
III, Ch. 6, p. 152

Gracias por invitarme, pero no puedo.
Lo siento, pero ya tengo otros planes.
Tengo muchas cosas que hacer.
Hagámoslo mañana.
La próxima vez iré.
¿Por qué no lo dejamos para...?
No tengo ganas de...

Giving an explanation
II, Ch. 5, p. 127

Bueno, es que...
Iba a... pero no pude.
No me dieron permiso.

Saying why you couldn't do something
II, Ch. 8, p. 202

Quería... pero no pude. Tenía que...
Esperaba... pero no pude.
Pensaba...

Bargaining in a market
II, Ch. 9, p. 237

¿Qué precio tiene...?
¿Cuánto vale...?
¿Me puede rebajar el precio?
¿En cuánto lo deja?
Se lo regalo por 15 dólares pero es mi
    última oferta.
Aquí no se puede regatear; tenemos precios fijos.
A Ud. se lo doy por 20 dólares.

EXCHANGING INFORMATION

Asking and saying how old someone is
I, Ch. 1, p. 27

¿Cuántos años   ¿Cuántos años tiene?
  tienes?   Tiene... años.
Tengo... años.

Asking where someone is from and saying where you're from
I, Ch. 1, p. 28

¿De dónde eres?   ¿De dónde es...?
Soy de...   Es de...

Talking about what you want and need
I, Ch. 2, p. 48

¿Qué quieres?   ¿Necesitas...?
Quiero...   Necesito...
Quiere...   Necesita...
¿Qué necesitas?   Ya tengo...
¿Qué necesita?

Expressing what needs to be done
III, Ch. 6, p. 144

Hace falta que   Es importante que
  pintemos...   reconozcas...
Es necesario que
  busquemos...

Talking about accomplishments
III, Ch. 10, p. 249

Puse todo mi esfuerzo en...
Él domina el francés.
    ...se siente orgulloso(a) de haber...
    ...logró superar muchos obstáculos...
    ...tuvo mucho éxito...
Alcancé éxito en...
Ellas han triunfado en...

Describing the contents of your room
I, Ch. 2, p. 53

¿Qué hay en tu cuarto?
(No) tengo... en mi cuarto.
¿Qué hay en el cuarto de...?
Hay... en su cuarto.
¿Tienes...?
¿Qué tiene... en su cuarto?
Tiene... en su cuarto.

Talking about what you need and want to do
I, Ch. 2, p. 56

¿Qué necesitas hacer?
Necesito...
¿Qué necesita hacer...?
Necesita...

¿Qué quieres hacer?
Quiero hacer...
¿Qué quiere hacer...?
No sé, pero no quiero...
Quiere...

Talking about classes and sequencing events
I, Ch. 3, p. 76

¿Qué clases tienes este semestre?
Tengo...
¿Qué clases tienes hoy?

Primero tengo..., después... y luego...
¿Y cuándo tienes un día libre?
Mañana, por fin...

Telling time
I, Ch. 3, p. 77

¿Qué hora es?
Es la una.
Es la una y cuarto.
Es la una y media.
Son las...

Son las... y cuarto.
Son las... y media.
¿Ya son las...?
Es tarde.

Telling at what time something happens
I, Ch. 3, p. 80

¿A qué hora es...?
(Es) a las... de la tarde.

¡Es ahora!
Es a las... en punto.

Talking about being late or in a hurry
I, Ch. 3, p. 82

Estoy atrasado(a).
Está atrasado(a).

Tengo prisa.
¡Date prisa!

Describing people and things
I, Ch. 3, p. 84

¿Cómo es...?
Es...
No es...

¿Cómo son...?
Son...
No son...

I, Ch. 6, p. 158

¿Cómo es...?
Tiene...

¿De qué color es...?
¿De qué color son...?

II, Ch. 1, p. 10

Mido...
Mide...

Tengo ojos de color...
Tiene pelo...

Describing yourself and others
III, Ch. 1, p. 17

Tiene bigote y barba, y es calvo.
Es pelirrojo(a) y tiene el pelo rizado.
Es de estatura mediana y lleva gafas.
Es serio(a) pero es muy buena gente.
Es pesado(a).
Es un(a) tío(a) estupendo(a).
¡No hay quien lo (la) aguante!
Es muy abierto(a) y tiene un buen sentido del humor.

Talking about what you and others do during free time
I, Ch. 4, p. 102

¿Qué haces después de clases?
Antes de regresar a casa...
En el tiempo libre...
¡Descanso!
Toco la guitarra.
Jugamos al...

I, Ch. 4, p. 111

¿Adónde vas?
Voy a...

¿Adónde va...?
Va a/al/a la...

II, Ch. 1, p. 15

¿Qué haces los fines de semana?
¿Adónde van?
¿A qué hora salen?

Telling where people and things are
I, Ch. 4, p. 106

¿Dónde estás?
Estoy en...

¿No está en...?
No, no está aquí. Está en...

Discussing how often you do things
I, Ch. 5, p. 129

¿Con qué frecuencia...?
Todos los días...
Siempre...
Nunca...

¿Todavía...?
Durante la semana...
A veces...
Muchas veces...
Sólo cuando...

Talking about your daily routine
I, Ch. 5, p. 135

¿Qué haces típicamente durante el día?
¿Qué hace... por la mañana?
¿Qué hacen... por la tarde?
¿Qué hacen... por la noche?

II, Ch. 3, p. 65

¿Cómo es un día típico?
¿Cuánto tiempo gastas en...?
¿... todos los días?
Por lo general,...
Normalmente, gasto mucho tiempo en...
Sí, siempre.
A veces.
Nunca.

Giving today's date
I, Ch. 5, p. 138

¿Cuál es la fecha?
¿Qué fecha es hoy?
El cuatro de este mes hay...

Hoy es el primero de...
Hoy es el... de...

Talking about the weather
I, Ch. 5, p. 140

¿Qué tiempo hace?
Hace buen tiempo.
Hace muy mal tiempo hoy.

Describing a family
I, Ch. 6, p. 154

¿Cuántas personas hay en tu familia?
Somos cinco.
Hay... en mi familia.
¿Cómo es tu familia?
Somos muy unidos.
Tenemos...

Discussing things a family does together
I, Ch. 6, p. 160

¿Qué hacen Uds. los fines de semana?
¿Hacen Uds. algo durante el verano?

Talking about meals and food
I, Ch. 8, p. 207

¿Qué tomas para el desayuno?
¿Qué tomas para el almuerzo?
A veces tomo...
No me gusta... para nada.
Tengo sed. ¿Qué hay para tomar?
¿Qué prefieres?

Ordering dinner in a restaurant
I, Ch. 8, p. 218

¿Qué vas a pedir?   ¿Qué le puedo traer?
Voy a pedir...   Yo quisiera...

II, Ch. 6, p. 152

¿Ya sabe(n) qué va(n) a pedir?
Recomiendo la especialidad de la casa.
¿Qué le(s) traigo de tomar?
¿Qué desea(n) de postre?
¿Se le(s) ofrece algo más?
No. ¿Qué me recomienda?
Está bien, pero no está muy picante, ¿verdad?
Para mí,...
Por favor, me trae...
No, gracias, sólo la cuenta.

Asking for and paying the bill in a restaurant
I, Ch. 8, p. 218

¿Nos puede traer la cuenta?
La cuenta, por favor.
¿Desean algo más?
¿Cuánto es?
¿Está incluida la propina?
No, no está incluida. Es aparte.

Discussing gift suggestions
I, Ch. 9, p. 237

¿Qué piensas regalarle a...?
Le voy a dar...
¿Para quién es el regalo?
El regalo es para...
¿Qué tipo de regalo buscas?
Busco...

Asking for and giving directions
I, Ch. 9, p. 239

Perdón, ¿dónde está...?
Está a... cuadras de aquí.
¿Me puede decir dónde queda...?
Queda al lado de...

II, Ch. 9, p. 226

Disculpe, ¿vamos bien para...?
No, van mal. Hay que seguir derecho hasta...
    No se puede perder.
Perdón, ¿dónde queda...?
Queda a la izquierda, junto al...
¿Cómo se va...?
Tome esta calle hasta llegar al... y doble a la
    derecha. Allí se encuentra...

Making comparisons
I, Ch. 9, p. 245

¿Cuál es más barato?
El... cuesta menos.
El... es más caro.
¿Son los... tan caros como el...?
Son del mismo precio.

II, Ch. 4, p. 95

más... que...   ...mejor que...
menos... que...   ...menor que...
...mayor que...   ...peor que...

Asking about prices and paying for something
I, Ch. 9, p. 248

¿Cuánto cuesta...?   ¿Cuánto cuestan...?
Cuesta...   Cuestan...

Talking about what you are doing right now
I, Ch. 10, p. 262

¿Qué estás haciendo?
Estoy colgando las decoraciones.
Él está limpiando la sala.
¿Todos están decorando la casa?
Sí, estamos decorando la casa.

Talking about past events
I, Ch. 10, p. 271

¿Qué hiciste anoche?
Bailé y hablé con...
¿Qué hizo... ayer?
¿Lo pasaron bien la semana pasada?
Sí, lo pasamos bien.

Talking about what has happened
III, Ch. 3, p. 64

Caracas ha cambiado...
Mucha gente ha venido...
La contaminación del aire ha empeorado...

Talking about where you went and when
I, Ch. 11, p. 302

¿Adónde fuiste anteayer?
¿Adónde fuiste anteanoche?
Anoche fui...

Talking about what you do and like to do every day
I, Ch. 12, p. 317

¿Qué haces todos
los días?
Primero...
Después...
Y luego...

¿Con qué frecuencia...?
¿Qué te gusta hacer
después de clases?
Me gusta...

Making future plans
I, Ch. 12, p. 318

¿Adónde piensas viajar algún día?
¿Quieres viajar a...?
No, pero espero hacer un viaje a...
¿Qué vas a hacer este verano?

Talking about future career plans
III, Ch. 12, p. 305

Me gustaría ser...
Buscaré...
Voy a ser...
Quiero ser...
Pienso trabajar en...

Me interesaría estudiar
para...
Quiero llegar a ser...
Me encantaría ser...

Talking about future events
III, Ch. 3, p. 70

El futuro va a ser...
Va a haber...
Todo va a estar...
Mañana recogemos...
La comunicación entre países mejorará...
Más gente va a usar...
Todo el mundo hablará...

Talking about future plans
III, Ch. 10, p. 252

Cuando sea mayor...
Cuando cumpla los 18 años...
Antes de que empiecen las clases...
Antes de terminar...
Después de graduarnos...

Saying where you went and what you did on vacation
I, Ch. 12, p. 327

¿Adónde viajaste el verano pasado?
No fui a ningún lugar.
¿Adónde fueron durante las vacaciones?
Fuimos a...
¿Qué hiciste cuando fuiste a...?

Saying if something has already been done
II, Ch. 2, p. 38

¿Ya...?
Sí, ya...

No, todavía no.

Describing your city or town
II, Ch. 2, p. 45

Mi ciudad es...
Está lejos del
océano.
En el centro, hay...

Está cerca de las montañas.
En el invierno, hace...

Talking about responsibilities
II, Ch. 3, p. 69

¿A quién le toca?
Le toca a...

Me toca a mí.
Te toca a ti.

III, Ch. 3, p. 73

Hay que...
Nos toca a nosotros...
Tanto los jóvenes como... deben...
Es nuestra responsabilidad...
Estamos obligados a...
Es nuestro deber...

Talking about hobbies and pastimes
II, Ch. 3, p. 73

En tus ratos libres, ¿qué te gusta hacer?
¿Cuál es tu pasatiempo favorito?
Estoy loco(a) por...
Me interesan...

Saying how long something has been going on
II, Ch. 3, p. 74

¿Cuánto tiempo hace que...?
Hace... que...
Empecé...

Talking about things and people you know
II, Ch. 4, p. 94

¿Conoces a...?
¿Conoces...?

No, no los conozco.

Talking about staying fit and healthy
II, Ch. 5, p. 118

¿Qué haces para estar en plena forma?
¿Duermes lo suficiente?
Es preciso...
Sigo una dieta sana y balanceada.
Dormí por ocho horas.
Sí, ya lo sé. También es importante...

Talking about taking care of yourself
III, Ch. 2, p. 40

Le echo mucha sal a la comida.
Hago ejercicio (aeróbico)...
Me quedo frente a la tele.
Duermo lo suficiente.
Estoy a dieta.
Me peso...
Comparto mis problemas...
Me siento muy solo(a).
Tengo buenos hábitos de alimentación.
Como comida sana.
Para no broncearme, me pongo crema protectora.
Me mantengo en forma.

Asking for and giving information
II, Ch. 6, p. 144

¿Sabe Ud...?
¿Me podría decir...?
¿Sabes...?
Disculpe,...
Sí, claro.
Por supuesto.
No estoy seguro(a). Lo puedes averiguar...
Lo siento, pero no tengo ni idea.

Asking for information
III, Ch. 1, p. 16

¿Quién...?	¿Qué...?
¿Por qué...?	¿Cuándo...?
¿De dónde...?	¿Dónde...?
¿Cuántos...?	¿Cómo?

Expressing cause and effect
III, Ch. 10, p. 257

Mis éxitos se deben a...
Soy bilingüe; por lo tanto...
Por tener padres hispanos...
No estudié, así que...
Las leyes han cambiado de tal forma que...
Sé español y portugués; en consecuencia...
Discutimos el problema; por consiguiente...
Las acciones de los líderes resultaron en...

Expressing intention and purpose
III, Ch. 10, p. 259

Pienso...
Tengo la intención de...
Escribieron la carta con la intención de...
Fuimos allí con la idea de...
Quiere visitar Chile para...
Vamos a eliminar los estereotipos para que...

Relating a series of events
II, Ch. 6, p. 148

Para empezar...	Después...
Primero...	Luego...
A continuación...	Por último...

Using conversational fillers
III, Ch. 3, p. 67

Bueno...	A ver...
Este...	Pues...
La verdad es que...	Eh...

Talking about what you used to do
II, Ch. 7, p. 172

Cuando era niño(a),...
De niño(a),...
De pequeño(a),...
De chiquito(a),...
Cuando era joven,...
Cuando tenía trece años,...

Talking about former jobs and goals
III, Ch. 12, p. 303

Hace diez años, trabajé...
Cuando tenía cinco años, quería ser...
El año pasado, trabajé...
Cuando era joven, quería...
De niño(a), vendía...

Describing what people and things were like
II, Ch. 7, p. 178

¿Cómo era... en aquel entonces?
¿Cómo era... en aquellos tiempos?
En aquella época... era...
En mis tiempos era...

Using comparisons to describe people
II, Ch. 7, p. 182

Tan bueno(a) como un ángel.
Tan feliz como una lombriz.
Tan noble como un perro.
Tan fuerte como un toro.
Tan aburrido(a) como un pato.
Dormía tan bien como un lirón.

Describing a past event
II, Ch. 8, p. 197

¿Qué tal lo pasaste?	Lo pasé de maravilla.
	De película.
¿Qué tal estuvieron...?	Aburridísimo(a).
¿Cómo estuvo...?	Más o menos bien.
¿Cómo te fue?	

Talking about unintentional events
III, Ch. 4, p. 91

Se me perdieron...	¿Se te olvidaron...?
Se me acabó...	Se nos cayeron...
Se nos descompuso...	Se me rompió...
	Se les quedó...

Reporting what someone said
II, Ch. 8, p. 207

¿Qué dijo?	Dijo que...
¿Qué te dijeron?	Me dijeron que...

R6

Talking about how clothes look and fit
II, Ch. 9, p. 233

¿Cómo te queda...?
¿Cómo me veo...?
Me queda un poco estrecho(a).
Te ves guapísimo(a). ...está muy de moda.
De verdad, no hace juego con...

Setting the scene for a story
II, Ch. 10, p. 253

Estaba soleado en el valle.
Eran... *(with time)*
... jugaban... cantaban... estaba enfermo(a).
Se sentía muy mal.
Érase una vez...
Hace mucho tiempo...
Se cuenta que...

Continuing and ending a story
II, Ch. 10, p. 259

En seguida...   Por eso...
De repente...   Al final...
Fue cuando...   Así que...
Entonces...   En fin...

Talking about the latest news
II, Ch. 10, p. 263

Oye, ¿has oído   No, dime.
   hablar de...?   ¡Qué va!
Fíjate, leí que...   No, cuéntamelo todo.
¿Te enteraste de...?

Describing a problem
II, Ch. 11, p. 282

Hay demasiado ruido.
Es uno de los problemas más graves.
Lo malo es que...
Cada vez hay más... y menos...
El sistema no funciona.
¿No podemos hacer nada para mejorar la
   situación?
Estoy preocupado(a) por...

Pointing out problems and their consequences
III, Ch. 11, p. 279

Me he fijado en...
Se dice que...
Según el gobierno...
Si no actuamos ahora..., va a empeorarse.
Si no hacemos nada por..., temo que
   el deterioro continúe.
Si no realizamos campañas preventivas, lo
   lamentaremos.

Talking about how you would solve a problem
III, Ch. 11, p. 281

Me dedicaría a...   Intentaría iniciar...
Propongo...   Yo empezaría por...
Habrá que...   La solución que planteo es...

Exchanging the latest news
II, Ch. 12, p. 307

¿Sabes si...?   ¿Sigues trabajando tanto?
¿Qué noticias   ¿Ya sabías que...?
   tienes de...?   No lo vas a creer, pero...

Talking about where you went and what you did
II, Ch. 12, p. 308

¿Adónde fuiste el   Fui a la costa.
   verano pasado?   No hice nada.
¿Qué hiciste?   Me hice amigo(a) de...

Telling when something happened
II, Ch. 12, p. 309

El viernes...   Dos días después...
Al día siguiente...   Una semana entera...
El día anterior...

Describing places
II, Ch. 12, p. 314

Quedé muy impresionado(a) con...
Me pareció lindísimo(a)...
Está rodeado(a) de colinas.
El clima es muy seco y hace bastante calor.

Saying when you're going to do something
II, Ch. 12, p. 316

(La semana/El mes)   Algún día...
   que viene...   Dentro de...
Para fines de...   Cuando vuelva a...
Pronto...   Inmediatamente.

EXPRESSING ATTITUDES AND OPINIONS

Talking about likes and dislikes
I, Ch. 1, p. 32

¿Qué te gusta?   Me gusta (más)...
¿Te gusta...?   No me gusta...

I, Ch. 3, p. 87

¿Te gustan...?   Sí, a ella le gustan mucho.
Sí, me gustan.   ¿Por qué?
¿Cuál es...?   Porque...
¿A ella le gustan...?

II, Ch. 1, p. 21

Me fascina...
Sí, me encantan.
No me gustan para nada.
Me chocan...

Expressing interest, indifference, and displeasure
III, Ch. 1, p. 9

Estoy loco(a) por...	Me da lo mismo.
Me la paso...	No me importa.
Soy un(a) gran aficionado(a) a...	Como quieras. ¡Qué paliza!
Soy un(a) fanático(a) de...	Estoy harto(a) de... Me parece un rollo.
Me da igual.	No me interesa para nada.

Talking about what you like to do
I, Ch. 4, p. 101

¿Qué te gusta hacer?
Me gusta...
¿A él le gusta...?
No, no le gusta..., pero le gusta...
¿A quién le gusta...?
A mí me gusta...
Por eso me gustan...

Talking about what you and your friends like to do together
I, Ch. 5, p. 132

¿Qué les gusta hacer?	¿Les gusta... juntos?
Nos gusta...	Especialmente durante las vacaciones...

Discussing problems and giving advice
I, Ch. 6, p. 164

Tengo un problema.	¿Qué debo hacer? Debes... menos.
Dice que... pero no es cierto.	Debes... más.

II, Ch. 4, p. 89

Deberías...	Debes...
Hay que...	Es importante...

Asking for and giving advice
III, Ch. 2, p. 33

¿Qué me aconsejas hacer?
Te aconsejo...
¿Qué me recomiendas hacer?
Te recomiendo...
¿Puedes darme algún consejo?
Deberías...
¿Qué debo hacer?
No debes...

Giving advice about job interviews
III, Ch. 12, p. 310

Debes...	Lo ideal es...
Te recomiendo que...	No olvides que... Es importante que...
Te aconsejo que...	

Commenting on food
I, Ch. 8, p. 212

¿Cómo está...?	¿Cómo están...?
Está...	Están...

Talking about how food tastes
III, Ch. 4, p. 89

Le falta sal/sabor/no sé que.
Tiene sabor a...
Lleva mucho(a)...
Está echado(a) a perder.
Me cae gordo.
¡Guácala!
¡Qué asco!
¡Qué bueno(a)/sabroso(a)!
Sabe riquísimo.
Está en su punto.

Commenting on clothes
I, Ch. 9, p. 242

¿Qué ropa vas a llevar?
¡Lo de siempre!
¿No tienes algo más formal?
Prefiero llevar ropa cómoda.

Expressing preferences
I, Ch. 9, p. 247

¿Cuál de estos... prefieres?
Prefiero el azul.
¿Qué camisa te gusta más? ¿La verde o la amarilla?
La verde. Además, te queda muy bien.

Asking for and giving an opinion
I, Ch. 10, p. 264

¿Crees que...?	Me parece bien.
Creo que sí.	Perfecto.
¿Qué te parece si...?	Buena idea.

II, Ch. 4, p. 88

¿Qué te parece...?	Me parece...
¿Te parece que...?	Sí, me parece que...
¿Crees que...?	No, yo creo que...
¿En tu opinión...?	Sí, para mí...

Expressing an opinion
III, Ch. 6, p. 145

¿Qué opinas de...?
Lo encuentro...
Admiro mucho su arte.
¿Qué te parece...?
Para ser sincero(a), me parece que...
Me deja frío(a).
¿Qué piensas de...?
Para decir la verdad, me cae gordo.
No lo (la) soporto.

Expressing an assumption
III, Ch. 9, p. 232

Me imagino que...   Tengo entendido que...
Supongo que...   Tengo la impresión de que...

Making hypothetical statements
III, Ch. 9, p. 232

Si pudieras..., ¿adónde irías?
Si pudiera, viviría en...
Si fueras..., ¿qué harías?
Si tuviera..., compraría...

Talking about hypothetical situations
III, Ch. 11, p. 286

Qué bonito sería, si hubiera paz...
¿Qué harías..., si tuvieras...?
Sería maravilloso si se encontrara una
    cura para...
Si fuera..., hablaría...
Si yo viviera..., sólo usaría...
Si tú pudieras..., ¿qué cambiarías?

Expressing and supporting a point of view
III, Ch. 3, p. 66

... ten en cuenta que...
Me imagino que...
Lo que noto es que...
Me parece que...
Se me hace que...
Lo que es importante es...
Creo que vale la pena...
Es cierto que..., pero por otro lado...

Talking about hopes and wishes
III, Ch. 5, p. 125

Esperamos...   Era una de mis grandes
Espero que...   ambiciones.
Ojalá que...   Tenía muchas esperanzas
El sueño de mi   de...
    vida...   Los dioses quieren que...

Expressing doubt and disbelief
III, Ch. 8, p. 197

Dudo que...
Parece mentira que...
No estoy seguro(a) que...
No creo que...
No puedo creer que...
Es increíble que...

Expressing certainty
III, Ch. 8, p. 199

Es cierto que...
Estoy seguro(a) que...
Estoy convencido(a) que...
Sin duda alguna.
No cabe la menor duda.
Por cierto.
Por supuesto.
Claro que...
Todo el mundo sabe que...
Es evidente que...
Es obvio que...

Talking about possibility and impossibility
III, Ch. 8, p. 204

Es posible que...   Es fácil que...
Posiblemente...   Es difícil que...
Puede ser que...   Es probable que...
Quizás/Tal vez/   Es imposible que...
    A lo mejor...

Reporting what others say and think
III, Ch. 5, p. 119

Alguien me dijo   Se cree que...
    que...   Oí que...
Cuentan que   Según (la leyenda),
    una mujer...   un hombre...
Dicen que...   Supuestamente...
Se dice que...

Discussing what you would like to do on vacation
I, Ch. 12, p. 323

¿Qué te gustaría hacer este verano?
A mí me gustaría...
¿Adónde te gustaría ir este verano?
¿Qué tienes ganas de hacer?
Tengo ganas de...

Saying what you used to like and dislike
II, Ch. 7, p. 174

¿Odiabas...?   Lo encontraba genial.
¿Te molestaba...?   Me fastidiaba.
¿Te parecía   No, me fascinaba.
    pesado...?   No, me caía mal.
¿Te caía bien...?

Reacting to news
II, Ch. 10, p. 264

¡No me digas!   Bueno, no me extraña.
¿De veras?   Lo dudo.
¡No lo puedo creer!   No puede ser.
¿Tú crees?   Y eso, ¿qué?
¡N'hombre!

Expressing surprise
III, Ch. 8, p. 206

¡No puede ser!   No me lo puedo creer.
¡No me digas!   No me lo esperaba.
¡Qué sorpresa!   ¡No es posible!

Expressing agreement and disagreement
II, Ch. 11, p. 289

Así es la cosa.   Lo siento, pero no es así.
¡Claro que sí!   Me parece que no tienes
¡Eso es!   razón.
Estoy de acuerdo.   Mira...
Hasta cierto   No estoy de acuerdo.
    punto...   No lo creo.
Sin duda (alguna).   No me parece.
Sí, tienes razón.   ¡Te equivocas!
¡Al contrario!

Expressing disagreement
III, Ch. 9, p. 227

Niego haberme   No estoy de acuerdo
    burlado...   en que...
No es cierto que...
No es verdad que...

Expressing qualified agreement and disagreement
III, Ch. 5, p. 117

Estoy de acuerdo.   ¿Tú crees? No sé...
¡Claro que sí!   Es muy difícil de creer,
Por supuesto.   pero es posible.
Eso es.   Bueno, puede ser, pero...
Así es.   En efecto, parece ser así.
¡Cómo no!   Al contrario.
Desde luego.   ¡Nada de eso!
Hasta cierto   ¡Qué tontería!
    punto, sí, pero...   ¡Claro que no!
Pero hay que tener   ¡Qué va!
    en cuenta que...   ¡Eso es muy difícil!
Depende de tu
    punto de vista.

Describing an ideal relationship
III, Ch. 7, p. 181

¿Qué es un buen amigo?
Es alguien que...
¿Qué buscas en un(a) novio(a)?
Busco a alguien a quien le...
Busco a alguien que...
No aguanto a nadie que sea descortés.

EXPRESSING FEELINGS

Making suggestions and expressing feelings
I, Ch. 11, p. 291

¿Qué tal si...?
Gracias, pero no quiero.
En realidad no tengo ganas.
¿Qué tienes? ¿Te sientes mal?
No me siento bien.
Estoy un poco cansado(a), nada más.
Entonces, ¿por qué no...?

II, Ch. 2, p. 37

¿Por qué no...?   Buena idea.
¿Qué tal si...?   Me gustaría, pero tengo
       que...

Talking about moods and physical condition
I, Ch. 11, p. 294

¿Cómo estás?   Tengo gripe.
Estoy...   ¿Qué le pasa a...?
¿Cómo te sientes?   Está preocupado(a) por algo.

Talking about how you're feeling
II, Ch. 2, p. 36

¿Cómo estás?   ¿Cómo te sientes?
Estoy contento(a).   Me siento enfermo(a).

Talking about emotional reactions
III, Ch. 9, p. 225

¿Cómo te sentiste cuando...?
Estuve muy contento(a).
¿Cómo se sintió cuando...?
Se alegró.
¿Se quejaron cuando...?
No, pero nos enojamos (frustramos/enfadamos).
¿Cómo se sintieron cuando...?
Se pusieron...
¿Cómo reaccionaron cuando...?
Se rieron.

Expressing happiness and unhappiness
III, Ch. 7, p. 171

Estoy contento(a).   Estoy decepcionado(a).
¡Estoy en la gloria!   Estoy desilusionado(a).
Estoy de buen   Me siento frustrado(a).
    humor.   Me frustra que...
Me alegro que...   Me dan ganas de llorar.
Me encanta que...   Estoy dolido(a).
Estoy encantado(a)   Me duele mucho que...
    que...   Temo que...
Estoy orgulloso(a)
    de...

Complaining
II, Ch. 3, p. 70

¡No es justo!   Estoy harto(a) de...
¡Ay, qué pesado!   Yo ya lo hice mil veces.
¡Siempre me toca
    a mí!

R10

Making an apology
III, Ch. 7, p. 179

Perdóname.
Discúlpame.
Lo siento mucho, es que no sabía.

No lo volveré a hacer.
No lo haré más.
Lo hice sin querer.

Saying how you feel about people
II, Ch. 12, p. 312

Me cae muy bien.
Me cayó mal.

Es muy buena gente.
Me llevo muy bien con él.

Comforting someone
III, Ch. 7, p. 175

Tranquilo(a).
No te preocupes.
Lo siento mucho.
¡Ánimo!
¿Qué puedo hacer por ti?
Esto pasará pronto.

No hay mal que por bien no venga.
Mi más sentido pésame.
Comparto tu pena.
No hay mal que cien años dure.

PERSUADING

Making polite requests
I, Ch. 8, p. 216

Camarero(a), ¿nos puede traer..., por favor?
¿Me puede traer..., por favor?

Asking for and offering help
I, Ch. 10, p. 266

¿Me haces el favor de...?
Claro que sí.
¿Me ayudas a...?
Cómo no.
¿Me traes...?
¡Con mucho gusto!

Un momentito.
¿Me pasas...?
Lo siento, pero en este momento estoy ocupado(a).
Perdóname, pero...

II, Ch. 2, p. 42

¿Quieres ayudarme?
¿Puedes ayudarme a...?
Ayúdame, por favor.
¿Puedo ayudar?
¿Te ayudo a...?
¿Qué quieres que haga?

Asking for help and requesting favors
III, Ch. 4, p. 96

Por favor, ayúdame con...
¿Se las (los) llevas?
Hazme/Hágame el favor de...
¿Podrías pasar por la panadería por...?
¿Sería Ud. tan amable de dármela?

Telling a friend what to do
I, Ch. 10, p. 268

Prepara... y limpia..., ¿quieres?
De acuerdo.
Por favor, decora... y llama...
Está bien.

II, Ch. 5, p. 122

Ponte en forma.
Deja de fumar.
Ten cuidado.

No seas flojo(a).
No fumes más.
No añadas sal.

Making suggestions and recommendations
III, Ch. 6, p. 150

Te aconsejo que...
Sugiero que...
Es mejor que...
No te conviene...

No te olvides de...
¿Has pensado en...?
Sería buena/mala idea...
Le recomiendo a... que...

Asking for help in a store
II, Ch. 9, p. 232

¿Con permiso, me puede atender, por favor?
Uso el número 38...
Usa talla...
¿Me la puedo probar?
¿En qué le puedo servir?
No nos quedan.
La tenemos en...
Los probadores...

Talking about consequences
II, Ch. 11, p. 288

Por lo tanto es urgente...
Por eso...
Por consiguiente...
Si no dejamos de desperdiciar los recursos, podemos enfrentar una crisis.

Talking about obligations and solutions
II, Ch. 11, p. 292

Es importante conservar energía...
Es necesario cambiar nuestro estilo de vida.
Todos deberíamos...
Hay que...
No hay que desesperarse.
Podemos resolver...
¡A todos nos toca hacer algo!

ADDITIONAL VOCABULARY

This list includes additional vocabulary that you may want to use to personalize activities. If you can't find words you need here, try the Spanish-English and English-Spanish vocabulary sections beginning on page R78.

ARTES

la acuarela *watercolor*
el bronce *bronze*
la cerámica *pottery*
el (la) coreógrafo(a) *choreographer*
el coro *choir*
el cuadro *painting*
el decorado *stage scenery*
el dibujo al pastel *pastel drawing*
el (la) director(a) (de la orquesta) *(orchestra) conductor*
el ensayo *rehearsal*
el escenario *stage*
el instrumento de cobre *brass instrument*
el instrumento de cuerda *string instrument*
el instrumento electrónico *electronic instrument*
el instrumento de percusión *percussion instrument*
el instrumento de viento *wind instrument*
el mármol *marble*
el pincel *paintbrush*
la pintura al óleo *oil painting*

COCINA

la albahaca *basil*
asar *to roast*
la batidora *mixer*
batir *to beat*
la canela *cinnamon*
congelar *to freeze*
correoso(a) *chewy*
crudo(a) *raw*
crujiente *crunchy*
la cucharada *tablespoon*
la cucharadita *teaspoon*
dorar *to brown*
la especia *spice*
freír (i, i) *to fry*
la harina *flour*
hervir (ie, i) a fuego lento *to simmer*
la licuadora *blender*
la masa *dough*
medir (i, i) *to measure*
mezclar *to mix*
la nuez *nut*
la olla *pot*
el perejil *parsley*
rayado(a) *grated*
la receta *recipe*
el romero *rosemary*
la sartén *frying pan*
la taza de medir *measuring cup*
el trozo *piece*
verter (ie) *to pour*

DEPORTES

el (la) árbitro *umpire, referee*
el (la) arquero(a) *goalie*
el bate *bat*
el (la) bateador(a) *batter*
el (la) boxeador(a) *boxer*
boxear *to box*
el cesto *basket*
disparar el balón (al gol, ...)
  to shoot the ball (at the goal, . . .)
el (la) entrenador(a) *coach, trainer*
el hoyo *(golf) hole*
ir de cacería *to go hunting*
ir de pesca *to go fishing*
ir en balsa en aguas blancas
  white water rafting
el jonrón *homerun*
el kayac *kayak*
la liga *league*
la lucha libre *wrestling*
el (la) luchador(a) *wrestler*
el maratón *marathon*
el palo *golf club*
la pelota *ball*
la plataforma, la tabla
  diving board
la raqueta *racket*
rebotar *to bounce*
la red *net*
servir, sacar la pelota
  to serve the ball
zambullirse *to dive*

DESCRIPCIONES

apestoso(a) *smelly*
asombroso(a) *surprising*
áspero(a) *rough*
breve *brief*
chato(a) *flat*
claro(a) *light*
cuadrado(a) *square*
decaído(a) *weak, discouraged*
dorado(a) *golden*
gruñón(ona) *grouchy, grumpy*
lento(a) *slow*
liso(a) *smooth*
llorón(ona) *whining*
manso(a) *tame*
oloroso(a) *fragrant*
oscuro(a) *dark*
redondo(a) *round*
reluciente *shining*
ruidoso(a) *noisy*
salvaje *wild*
veloz *fast*

LA ECOLOGÍA

la capa de ozono *ozone layer*
los combustibles fósiles *fossil fuels*
consumir *to consume*
la desforestación *deforestation*
deforestar *to deforest*
el (la) ecólogo(a) *ecologist*
el efecto invernadero *greenhouse effect*
la erosión *erosion*
extinto(a) *extinct*
los fertilizantes orgánicos (químicos) *organic (chemical) fertilizers*
industrializado(a) *industrialized*
el insecticida *insecticide*
malgastar los recursos naturales *to waste natural resources*
los productos orgánicos *organic produce*
la superpoblación *overpopulation*

EMPLEOS

el (la) agente de viajes *travel agent*
el (la) agricultor(a) *farmer*
el (la) albañil *mason; bricklayer*
el (la) aprendiz *apprentice*
el (la) camionero(a) *truck driver*
el (la) chofer *driver*
el (la) constructor(a) *construction worker, builder*
la costurera *seamstress*
el (la) electricista *electrician*
el (la) entrenador(a) *coach, trainer*
el (la) físico(a) *physicist*
el (la) fisioterapeuta *physical therapist*
el (la) intérprete *interpreter*
el (la) investigador(a) *researcher*
el (la) modista *dressmaker, designer*
el (la) plomero(a) *plumber*
el (la) repostero(a) *baker*
el sastre, la sastra *tailor*
el (la) técnico(a) *technician*
el (la) traductor(a) *translator*
el (la) veterinario(a) *veterinarian*

EN LA CIUDAD

la acera *sidewalk*
el aeropuerto *airport*
las afueras *the outskirts*
el anuncio luminoso de neón
    neon signs
el barrio *neighborhood*
el callejón *alley*
la cartelera *billboard*
la caseta de baño *public
    bathroom*
la comisaría de policía
    police station
el farol *street light*
la zona industrial *industrial zone*
la urbanización *development*
el zócalo *main square* (Mexico)

ENLACES

a causa de (que) *because*
a consecuencia de *as a consequence of*
a fin de cuentas *after all*
a pesar de que *in spite of*
aunque *although*
de ninguna manera *in no way*
en breve (pocas palabras) *in a few words*
en primer lugar *in the first place*
en todo caso *in any case*
mientras (que) *while*
no obstante *nonetheless*
(no) tiene que ver con *it does (not) have to do
    with*
para resumir *to summarize*
por adelantado *in advance*
por un lado... por otro *on one hand . . . on the
    other*

EVENTOS IMPORTANTES

el bautizo *baptism*
el bar mitzvah
    bar mitzvah
el bas mitzvah
    bat mitzvah
la confirmación
    confirmation
el embarazo *pregnancy*
el entierro *burial*
los funerales *funeral*
la graduación *graduation*
el matrimonio *marriage*
la muerte *death*
el nacimiento *birth*
el noviazgo *engagement*
la primera comunión *first communion*
la reunión familiar *family reunion*
el velorio *wake*

EXPRESIONES DE CORTESÍA

(Nombre), a sus órdenes. *(Name), at your service.*
(Nombre), para servirle. *(Name), at your service.*
(Nombre), servidor(a). *(Name), your humble
    servant.*
Con el permiso de Ud... *May I . . .*
De nada. *You're welcome.*
Gracias por todo. *Thanks for everything.*
Me gustaría... *I would like to . . .*
¿Me podría...? *Could/Would you . . .?*
Mil gracias. *Many thanks.*
Muchísimas gracias. *Thank you so much.*
No hay de qué. *You're welcome. Don't mention it.*
Por favor... *Please . . .*
¿Sería Ud. tan amable de...? *Would you be so kind
    as to . . .?*
Si no es molestia... *If it isn't a bother . . .*
Tenga Ud. la bondad de... *If you would be so kind
    as to . . .*

GEOGRAFÍA

el arroyo *stream*
la bahía *bay*
la cima de la montaña *top of a mountain*
la cueva *cave*
el hemisferio *hemisphere*
la laguna *lagoon*
la meseta *plateau*
la orilla *bank*
el pantano *swamp, marsh*
la península *peninsula*
la vega *fertile plain*

The subjunctive is also used with expressions of emotion, such as **espero que** (*I hope that*), **¡ojalá!** (*hopefully*), **siento que** (*I'm sorry that*), **me alegro que** (*I'm happy that*), **es triste que** (*it's sad that*), and **me sorprende que** (*it surprises me that*):

    ¡Ojalá que lleguemos a tiempo!

You must use the subjunctive if the verb in the main clause expresses doubt, disbelief, uncertainty, disagreement or denial:

    Dudo que podamos salir temprano.

The subjunctive can be used to refer to something or someone whose existence is indefinite or that doesn't exist.

    Busco una casa que tenga tres cuartos.
    No hay nadie aquí que conozca Italia.

The subjunctive is used after all impersonal expressions that do NOT express certainty or truth:

    Es importante que estudies otro idioma.
               but:
    Es verdad que ese restaurante es malo.

The subjunctive must be used after certain conjunctions, such as: **antes (de) que** (*before*), **para que** (*so that, in order that*), **a fin de que** (*so that, in order that*), **a menos que** (*unless*), **con tal (de) que** (*provided that*), **en caso (de) que** (*in case*), and **sin que** (*without*):

    Siempre entra sin que yo lo vea.

The conjunctions **cuando, después de que, en cuanto, hasta que** and **tan pronto como** require the subjunctive when they refer to actions that have not yet taken place:

    No comeremos hasta que llegue Felipe.

When there is not a change of subject, the infinitive is often used:

    Espero graduarme en cuatro años.

-ar	-er	-ir
hable	coma	viva
hables	comas	vivas
hable	coma	viva
hablemos	comamos	vivamos
habléis	comáis	viváis
hablen	coman	vivan

The following verbs are irregular in the subjunctive:

> dar: dé, des, dé, demos, deis, den
> estar: esté, estés, esté, estemos, estéis, estén
> haber: haya, hayas, haya, hayamos, hayáis, hayan
> ir: vaya, vayas, vaya, vayamos, vayáis, vayan
> saber: sepa, sepas, sepa, sepamos, sepáis, sepan
> ser: sea, seas, sea, seamos, seáis, sean

Present Perfect Subjunctive

The present perfect subjunctive is formed with the present subjunctive of **haber (haya, hayas, haya, hayamos, hayáis, hayan)** and a past participle. It is used like the present perfect indicative but only after verbs and expressions that require the subjunctive:

Me alegro de que hayas venido.

Past Subjunctive

The past subjunctive is formed by removing -**on** from the **ellos/ellas/Uds.** form of the preterite and adding the following endings:

-ar	-er	-ir
hablara	pudiera	durmiera
hablaras	pudieras	durmieras
hablara	pudiera	durmiera
habláramos	pudiéramos	durmiéramos
hablarais	pudierais	durmierais
hablaran	pudieran	durmieran

The past subjunctive is used in contrary to fact if-clauses:

Si pudiera, iría.

IMPERATIVE MOOD

The imperative is used to get people to do things. Its forms are sometimes called *commands:*

	-ar	-er	-ir
tú	habla (no hables)	come (no comas)	vive (no vivas)
Ud.	hable (no hable)	coma (no coma)	viva (no viva)
nosotros	hablemos (no hablemos)	comamos (no comamos)	vivamos (no vivamos)
vosotros	hablad (no habléis)	comed (no comáis)	vivid (no viváis)
Uds.	hablen (no hablen)	coman (no coman)	vivan (no vivan)

Several verbs have irregular **tú** imperative forms:

decir	di	(no digas)	salir	sal	(no salgas)
hacer	haz	(no hagas)	ser	sé	(no seas)
ir	ve	(no vayas)	tener	ten	(no tengas)
poner	pon	(no pongas)	venir	ven	(no vengas)

Negative **tú** and **vosotros(as)** commands are formed with the present subjunctive:

No compres ese carro.   **No salgáis sin abrigo.**

Affirmative **nosotros(as)** commands can also be formed using **vamos a** + infinitive:

¡Vamos a jugar!

Pronouns are always connected to affirmative commands. When attaching pronouns to an affirmative command, regular rules of accentuation may call for written accent over the stressed syllable. Pronouns always come right before the verb in negative commands.

¡Tráemelo!   **No me lo traigas.**

STEM-CHANGING VERBS

Stem-changing verbs have a spelling change in the stem.

THE -AR AND -ER STEM-CHANGING VERBS

Some verbs ending in -**ar** and -**er** change from **e** to **ie** and from **o** to **ue** in the stem. These changes occur in all persons except the **nosotros** and **vosotros** forms:

INFINITIVE	PRESENT INDICATIVE	IMPERATIVE	PRESENT SUBJUNCTIVE
perder *(to lose)*	pierdo pierdes pierde perdemos perdéis pierden	 pierde (no pierdas) pierda (no pierda) perdamos (no perdamos) perded (no perdáis) pierdan (no pierdan)	pierda pierdas pierda perdamos perdáis pierdan
pensar *(to think)*	pienso piensas piensa pensamos pensáis piensan	 piensa (no pienses) piense (no piense) pensemos (no pensemos) pensad (no penséis) piensen (no piensen)	piense pienses piense pensemos penséis piensen
probar *(to try)*	pruebo pruebas prueba probamos probáis prueban	 prueba (no pruebes) pruebe (no pruebe) probemos (no probemos) probad (no probéis) prueben (no prueben)	pruebe pruebes pruebe probemos probéis prueben
volver *(to return)*	vuelvo vuelves vuelve volvemos volvéis vuelven	 vuelve (no vuelvas) vuelva (no vuelva) volvamos (no volvamos) volved (no volváis) vuelvan (no vuelvan)	vuelva vuelvas vuelva volvamos volváis vuelvan

Verbs that follow the same pattern:

acordar(se)	despertarse	poder
acostarse	doler	preferir
almorzar	empezar	querer
atender	encontrar	recomendar
comenzar	llover	sentar(se)
costar	pensar	soñar

THE -IR STEM-CHANGING VERBS

Stem-changing verbs ending in -**ir** change from **e** to **ie**, from **e** to **i**, or from **o** to **ue** or **u**.

e → ie, e → i
o → ue, o → u

Such verbs also undergo a stem change in the preterite for the third persons singular and plural. The same stem change occurs in the -**ndo** form. For example: **pedir → pidió, pidieron, pidiendo; dormir → durmió, durmieron, durmiendo.**

INFINITIVE	Indicative		Imperative	Subjunctive
	PRESENT	PRETERITE		PRESENT
sentir *(to feel)* **-ndo** form: sintiendo	siento sientes siente sentimos sentís sienten	sentí sentiste sintió sentimos sentisteis sintieron	 siente (no sientas) sienta (no sienta) sintamos (no sintamos) sentid (no sintáis) sientan (no sientan)	sienta sientas sienta sintamos sintáis sientan
dormir *(to sleep)* **-ndo** form: durmiendo	duermo duermes duerme dormimos dormís duermen	dormí dormiste durmió dormimos dormisteis durmieron	 duerme (no duermas) duerma (no duerma) durmamos (no durmamos) dormid (no durmáis) duerman (no duerman)	**duerma** duermas duerma durmamos durmáis duerman

Verbs that follow this pattern:
mentir
morir

e → i

The verbs in this category are irregular in the same tenses as those of the first type. The only difference is that they only have one change: **e → i**.

INFINITIVE	Indicative		Imperative	Subjunctive
	PRESENT	PRETERITE		PRESENT
pedir *(to ask for, request)* **-ndo** form: pidiendo	pido pides pide pedimos pedís piden	pedí pediste pidió pedimos pedisteis pidieron	 pide (no pidas) pida (no pida) pidamos (no pidamos) pedid (no pidáis) pidan (no pidan)	pida pidas pida pidamos pidáis pidan

Verbs that follow this pattern:
seguir   repetir
servir   reír
vestir

VERBS WITH SPELLING CHANGES

Some verbs have a change in spelling in some tenses in order to maintain the sound of the final consonant of the stem. The most common ones are those with the consonants **g** and **c**. Remember that **g** and **c** have a soft sound in front of **e** or **i**, but a hard sound in front of **a**, **o**, or **u**. In order to maintain the soft sound in front of **a**, **o**, or **u**, the letters **g** and **c** change to **j** and **z**, respectively. In order to maintain the hard sound of **g** or **c** in front of **e** and **i**, **u** is added to the **g** (**gu**) and the **c** changes to **qu**. The following verbs appear in the textbook.

1. Verbs ending in **-gar** change from **g** to **gu** before **e** in the first person of the preterite, in all persons of the present subjunctive, and in some persons of the imperative. Some verbs that follow the same pattern are **entregar, llegar,** and **jugar.**

   pagar *to pay*
   Preterite: pa**gu**é, pagaste, pagó, etc.
   Pres. Subj.: pa**gu**e, pa**gu**es, pa**gu**e, pa**gu**emos, pa**gu**éis, pa**gu**en
   Imperative: paga (no pa**gu**es), pa**gu**e, pa**gu**emos, pagad (no pa**gu**éis), pa**gu**en

2. Verbs ending in **-ger** or **-gir** change from **g** to **j** before **o** and **a** in the first person of the present indicative, in all the persons of the present subjunctive, and in some persons of the imperative. Some verbs that follow the same pattern: **recoger, escoger, elegir.**

> **proteger** *to protect*
> Pres. Ind.: protejo, proteges, protege, etc.
> Pres. Subj.: proteja, protejas, proteja, protejamos, protejáis, protejan
> Imperative: protege (no protejas), proteja, protejamos, proteged (no protejáis), protejan

3. Verbs ending in **-guir** change from **gu** to **g** before **o** and **a** in the first person of the present indicative, in all persons of the present subjunctive, and in some persons of the imperative.

> **seguir** *to follow*
> Pres. Ind.: sigo, sigues, sigue, etc.
> Pres. Subj.: siga, sigas, siga, sigamos, sigáis, sigan
> Imperative: sigue (no sigas), siga, sigamos, seguid (no sigáis), sigan

4. Verbs ending in **-car** change from **c** to **qu** before **e** in the first person of the preterite, in all persons of the present subjunctive, and in some persons of the imperative. Some verbs that follow the same pattern: **buscar, practicar, sacar, tocar.**

> **explicar** *to explain*
> Preterite: expliqué, explicaste, explicó, etc.
> Pres. Subj.: explique, expliques, explique, expliquemos, expliquéis, expliquen
> Imperative: explica (no expliques), explique, expliquemos, explicad (no expliquéis), expliquen

5. Verbs that end in **-cer** or **-cir** and are preceded by a consonant change from **c** to **zc** before **o** and **a**. This change occurs in the first person of the present indicative and in all persons of the present subjunctive. Some verbs that follow the same pattern: **parecer, pertenecer, producir.**

> **conocer** *to know, be acquainted with*
> Pres. Ind.: conozco, conoces, conoce, etc.
> Pres. Subj.: conozca, conozcas, conozca, conozcamos, conozcáis, conozcan

6. Verbs ending in **-zar** change from **z** to **c** before **e** in the first person of the preterite and in all persons of the present subjunctive. Some verbs that follow this pattern: **almorzar, empezar.**

> **comenzar** *to start*
> Preterite: comencé, comenzaste, comenzó, etc.
> Pres. Subj.: comience, comiences, comience, comencemos, comencéis, comiencen

7. Verbs ending in **-aer** or **-eer** change from the unstressed **i** to **y** between vowels in the preterite third persons singular and plural, in all persons of the past subjunctive, and in the **-ndo** form. Note the accent marks over **i** in the **tú, nosotros** and **vosotros** forms in the preterite. Other verbs that follow the same pattern are **leer** and **caer.**

> **creer** *to believe*
> Preterite: creí, creíste, creyó, creímos, creísteis, creyeron
> Past Subj.: creyera, creyeras, creyera, creyéramos, creyerais, creyeran
> **-endo** form: creyendo
> Past Part.: creído

8. Verbs ending in **-uir** (except **-guir** and **-quir**) change from the unstressed **i** to **y** between vowels.

> **construir** *to build*
> Pres. Part.: construyendo
> Pres. Ind.: construyo, construyes, construye, construimos, construís, construyen
> Preterite: construí, construiste, construyó, construimos, construisteis, construyeron
> Pres. Subj.: construya, construyas, construya, construyamos, construyáis, construyan
> Past Subj.: construyera, construyeras, construyera, construyéramos,
>   construyerais, construyeran
> Imperative: construye (no construyas), construya, construyamos, construid (no construyáis), construyan

9. Some verbs whose stems end in **i**- or **u**- change to **í** and **ú** respectively in the present indicative and present subjunctive in all persons except **nosotros** and **vosotros**. Some verbs that follow this pattern are **confiar**, **graduarse**, and **continuar**.

> **enviar** *to send*
> Pres. Ind.: **envío, envías, envía, enviamos, enviáis, envían**
> Pres. Subj.: **envíe, envíes, envíe, enviemos, enviéis, envíen**

IRREGULAR VERBS

These verbs are irregular in some tenses. Only those tenses included in this book are shown.

abrir *to open*
Past. Part.: abierto

dar *to give*
Pres. Ind.: doy, das, da, damos, dais, dan
Preterite: di, diste, dio, dimos, disteis, dieron
Imperative: da (no des), dé, demos, dad (no deis), den
Pres. Subj.: dé, des, dé, demos, deis, den
Past Subj.: diera, dieras, diera, diéramos, dierais, dieran

decir *to say, tell*
Pres. Ind.: digo, dices, dice, decimos, decís, dicen
Preterite: dije, dijiste, dijo, dijimos, dijisteis, dijeron
Future: diré, dirás, dirá, diremos, diréis, dirán
Conditional: diría, dirías, diría, diríamos, diríais, dirían
Imperative: di (no digas), diga, digamos, decid (no digáis), digan
Pres. Subj.: diga, digas, diga, digamos, digáis, digan
Past Subj.: dijera, dijeras, dijera, dijéramos, dijerais, dijeran
Past Part.: dicho
-**ndo** Form: diciendo

escribir *to write*
Past Part.: escrito

estar *to be*
Pres. Ind.: estoy, estás, está, estamos, estáis, están
Preterite: estuve, estuviste, estuvo, estuvimos, estuvisteis, estuvieron
Imperative: está (no estés), esté, estemos, estad (no estéis), estén
Pres. Subj.: esté, estés, esté, estemos, estéis, estén
Past Subj.: estuviera, estuvieras, estuviera, estuviéramos, estuvierais, estuvieran

haber *to have*
Pres. Ind.: he, has, ha, hemos, habéis, han
Preterite: hube, hubiste, hubo, hubimos, hubisteis, hubieron
Future: habré, habrás, habrá, habremos, habréis, habrán
Conditional: habría, habrías, habría, habríamos, habríais, habrían
Pres. Subj.: haya, hayas, haya, hayamos, hayáis, hayan
Past Subj.: hubiera, hubieras, hubiera, hubiéramos, hubierais, hubieran

hacer *to do, make*
Pres. Ind.: hago, haces, hace, hacemos, hacéis, hacen
Preterite: hice, hiciste, hizo, hicimos, hicisteis, hicieron
Future: haré, harás, hará, haremos, haréis, harán
Conditional: haría, harías, haría, haríamos, haríais, harían
Imperative: haz (no hagas), haga, hagamos, haced (no hagáis), hagan
Pres. Subj.: haga, hagas, haga, hagamos, hagáis, hagan
Past. Part.: hecho

ir *to go*
 Pres. Ind.: voy, vas, va, vamos, vais, van
 Imp. Ind.: iba, ibas, iba, íbamos, ibais, iban
 Preterite: fui, fuiste, fue, fuimos, fuisteis, fueron
 Imperative: ve (no vayas), vaya, vamos, id (no vayáis), vayan
 Pres. Subj.: vaya, vayas, vaya, vayamos, vayáis, vayan
 Past Subj.: fuera, fueras, fuera, fuéramos, fuerais, fueran
 Past Part.: ido
 -**ndo** Form: yendo

mantener *to maintain, keep*
 (See **tener** for pattern to follow.)

poder *to be able to, can*
 Pres. Ind.: puedo, puedes, puede, podemos, podéis, pueden
 Preterite: pude, pudiste, pudo, pudimos, pudisteis, pudieron
 Future: podré, podrás, podrá, podremos, podréis, podrán
 Conditional: podría, podrías, podría, podríamos, podríais, podrían
 Pres. Subj.: pueda, puedas, pueda, podamos, podáis, puedan
 Past Subj.: pudiera, pudieras, pudiera, pudiéramos, pudierais, pudieran

poner *to put, place*
 Pres. Ind.: pongo, pones, pone, ponemos, ponéis, ponen
 Preterite: puse, pusiste, puso, pusimos, pusisteis, pusieron
 Future: pondré, pondrás, pondrá, pondremos, pondréis, pondrán
 Conditional: pondría, pondrías, pondría, pondríamos, pondríais, pondrían
 Imperative: pon (no pongas), ponga, pongamos, poned (no pongáis), pongan
 Pres. Subj.: ponga, pongas, ponga, pongamos, pongáis, pongan
 Past Part: puesto

romper(se) *to break*
 Past Part.: roto

saber *to know*
 Pres. Ind.: sé, sabes, sabe, sabemos, sabéis, saben
 Preterite: supe, supiste, supo, supimos, supisteis, supieron
 Future: sabré, sabrás, sabrá, sabremos, sabréis, sabrán
 Conditional: sabría, sabrías, sabría, sabríamos, sabríais, sabrían
 Imperative: sabe (no sepas), sepa, sepamos, sabed (no sepáis), sepan
 Pres. Subj.: sepa, sepas, sepa, sepamos, sepáis, sepan
 Past Subj.: supiera, supieras, supiera, supiéramos, supierais, supieran

salir *to leave, go out*
 Pres. Ind.: salgo, sales, sale, salimos, salís, salen
 Future: saldré, saldrás, saldrá, saldremos, saldréis, saldrán
 Conditional: saldría, saldrías, saldría, saldríamos, saldríais, saldrían
 Imperative: sal (no salgas), salga, salgamos, salid (no salgáis), salgan

ser *to be*
 Pres. Ind.: soy, eres, es, somos, sois, son
 Imp. Ind.: era, eras, era, éramos, erais, eran
 Preterite: fui, fuiste, fue, fuimos, fuisteis, fueron
 Imperative: sé (no seas), sea, seamos, sed (no seáis), sean
 Pres. Subj.: sea, seas, sea, seamos, seáis, sean
 Past Subj.: fuera, fueras, fuera, fuéramos, fuerais, fueran

tener *to have*
Pres. Ind.: tengo, tienes, tiene, tenemos, tenéis, tienen
Preterite: tuve, tuviste, tuvo, tuvimos, tuvisteis, tuvieron
Future: tendré, tendrás, tendrá, tendremos, tendréis, tendrán
Conditional: tendría, tendrías, tendría, tendríamos, tendríais, tendrían
Imperative: ten (no tengas), tenga, tengamos, tened (no tengáis), tengan
Pres. Subj.: tenga, tengas, tenga, tengamos, tengáis, tengan
Past Subj.: tuviera, tuvieras, tuviera, tuviéramos, tuvierais, tuvieran

traer *to bring*
Pres. Ind.: traigo, traes, trae, traemos, traéis, traen
Preterite: traje, trajiste, trajo, trajimos, trajisteis, trajeron
Imperative: trae (no traigas), traiga, traigamos, traed (no traigáis), traigan
Pres. Subj.: traiga, traigas, traiga, traigamos, traigáis, traigan
Past Subj.: trajera, trajeras, trajera, trajéramos, trajerais, trajeran
Past Part.: traído
-**ndo** Form: trayendo

valer *to be worth*
Pres. Ind.: valgo, vales, vale, valemos, valéis, valen
Future: valdré, valdrás, valdrá, valdremos, valdréis, valdrán
Conditional: valdría, valdrías, valdría, valdríamos, valdríais, valdrían
Pres. Subj.: valga, valgas, valga, valgamos, valgáis, valgan

venir *to come*
Pres. Ind.: vengo, vienes, viene, venimos, venís, vienen
Preterite: vine, viniste, vino, vinimos, vinisteis, vinieron
Future: vendré, vendrás, vendrá, vendremos, vendréis, vendrán
Conditional: vendría, vendrías, vendría, vendríamos, vendríais, vendrían
Imperative: ven (no vengas), venga, vengamos, venid (no vengáis), vengan
Pres. Subj.: venga, vengas, venga, vengamos, vengáis, vengan
Past Subj.: viniera, vinieras, viniera, viniéramos, vinierais, vinieran
-**ndo** Form: viniendo

ver *to see*
Pres. Ind.: veo, ves, ve, vemos, veis, ven
Imp. Ind.: veía, veías, veía, veíamos, veíais, veían
Preterite: vi, viste, vio, vimos, visteis, vieron
Imperative: ve (no veas), vea, veamos, ved (no veáis), vean
Pres. Subj.: vea, veas, vea, veamos, veáis, vean
Past Subj.: viera, vieras, viera, viéramos, vierais, vieran
Past Part.: visto

GUSTAR AND VERBS LIKE IT

Gustar, encantar, fascinar, chocar, interesar, and **faltar** are used to talk about things you like, love, dislike, are interested in, or lack. The verb endings for **gustar** and verbs like it always agree with what is liked or disliked. The indirect object pronouns always precede the verb forms.

If one thing is liked:	If more than one thing is liked:
me te le nos os les } gusta	me te le nos os les } gustan

SABER AND CONOCER

For the English verb *to know,* there are two verbs in Spanish, **saber** and **conocer.**

> **Saber** means *to know* something or *to know how to do* something.
> **¿Sabes que mañana no hay clase?** *Do you know that there is no school tomorrow?*
> **¿Sabes chino?** *Do you know Chinese?*
> **¿Sabes patinar?** *Do you know how to skate?*
>
> **Conocer** means *to be acquainted with* somebody or something:
> **¿Conoces a Alicia?** *Do you know Alicia?*
> **¿Conoces Madrid?** *Do you know Madrid?*
>
> **Conocer** is followed by the personal **a** when it takes a person as an object.

THE VERBS SER AND ESTAR

Both **ser** and **estar** mean *to be,* but their uses are different.

> Use **ser:**
> 1. with nouns to identify and define the subject
>   **La mejor estudiante de la clase es Katia.**
> 2. with **de** to indicate place of origin, ownership, or what something is made of
>   **Carmen es de Venezuela.**
>   **Este libro es de mi abuela.**
>   **La blusa es de algodón.**
> 3. to describe enduring characteristics, such as physical and personality traits, nationality, religion, and profession
>   **Mi profesor es simpático e inteligente.**
> 4. to express the time, date, season, and location of an event
>   **Hoy es sábado y la fiesta es en mi casa a las ocho.**
> 5. with the past participle to form the passive voice
>   **El libro fue escrito por Octavio Paz.**
>
> Use **estar:**
> 1. to indicate the location or position of the subject
>   **Lima está en Perú.**
> 2. to describe a condition, mental or physical
>   **Maricarmen está enojada.**
> 3. with the -**ndo** form to describe an action in progress
>   **Mario está escribiendo un poema.**
> 4. to convey the idea of *to look, to feel, to seem, to taste*
>   **¡Qué guapo estás hoy!**
> 5. with the past participle to refer to a condition which is the result of a previous action
>   **La ventana está rota. La rompió Carlos.**

ADDITIONAL GRAMMAR PRACTICE

CAPÍTULO 1 – ¡QUÉ BIEN LO PASÉ ESTE VERANO!

PRIMER PASO

Expressing interest, indifference, and displeasure

1 ¿Qué pasatiempos les gustan a todos? Combina los verbos de la primera columna con las palabras correspondientes de la segunda para formar las expresiones del **Vocabulario** en la página 10. Usa cada palabra sólo una vez. (pág. 10)

1. hacer	**a.** a caballo
2. escalar	**b.** en línea
3. patinar	**c.** fotos
4. pasear	**d.** adhesivos
5. montar	**e.** montañas
6. sacar	**f.** esquí acuático
7. coleccionar	**g.** en velero

2 Lee lo que escribe Joaquín sobre los pasatiempos de sus amigos y su familia, y completa su descripción con el tiempo presente de los verbos **pensar** y **preferir**. (pág. 11)

Yo ___1___ (pensar) que los videojuegos son aburridísimos. En mi tiempo libre, ___2___ (preferir) escuchar música o tocar la batería. Mis amigos Germán y Sergio están locos por los deportes. Ellos ___3___ (preferir) el fútbol y el baloncesto, pero ___4___ (pensar) que casi todos los deportes son interesantes. Mi hermana y yo vamos mucho al cine. Nosotros ___5___ (preferir) las películas de ciencia ficción y de horror. Y nosotros ___6___ (pensar) que las películas de Alfred Hitchcock son fabulosas. En cambio, a mamá no le interesa el cine. Ella ___7___ (pensar) que es un rollo hacer cola. En su tiempo libre, ___8___ (preferir) leer novelas o ver videos en casa. ¿Y tú? ¿Qué pasatiempos ___9___ (preferir)? ¿Tú ___10___ (pensar) hacer algo interesante este fin de semana?

3 Explica a qué deportes u otras actividades juegan todos por la tarde, y a qué hora vuelven a casa. Usa el tiempo presente de los verbos **jugar** y **volver**. Sigue el modelo. (pág. 11)

MODELO   Marisol/jugar a los videojuegos/volver a casa/4:30
                 Marisol juega a los videojuegos. Vuelve a casa a las cuatro y media.

1. (yo)/jugar al voleibol/volver a casa/6:00
2. abuelo/jugar al dominó/volver a casa/5:30
3. mi hermanito/jugar juego de mesa/volver a casa/3:30
4. Patricia y Lourdes/jugar al tenis/volver a casa/6:30
5. Fernando y yo/jugar al baloncesto/volver a casa/5:00
6. ¿(tú)/jugar al fútbol o al béisbol?/¿volver a casa/4:00 o 4:30?

4 Para Alicia y su familia, ¿qué es el regalo ideal? Escribe lo que todos quieren este año. Consulta la tabla y usa el tiempo presente del verbo **pedir**. (pág. 11)

MODELO   Suso/guitarra eléctrica
                 Suso pide una guitarra eléctrica.

Suso	guitarra eléctrica
1. yo	caballo
2. mis hermanitos	perro
3. mi hermana	velero
4. papá	cámara
5. mamá y tía Inés	viaje al Caribe
6. Suso y yo	clases de buceo

5 Teresa y su club de montañismo pasaron el fin de semana en un campamento. Completa la descripción de la excursión con el pretérito de los verbos entre paréntesis. (pág. 12)

¡Qué bien lo pasé este fin de semana! Yo ____1____ (llegar) al campamento el viernes por la tarde. Nélida y Fran ____2____ (buscar) leña y Ricardo y yo ____3____ (preparar) la cena. Nosotros ____4____ (comer) hamburguesas, perros calientes y galletas de chocolate. Después, Fran ____5____ (tocar) la guitarra y nuestro instructor nos ____6____ (explicar) qué íbamos a hacer al día siguiente. El sábado, todos ____7____ (levantarse) temprano. Pasamos el día practicando la escalada deportiva. ¡Yo ____8____ (escalar) el Cerro Gordo cuatro veces! Nuestro instructor me ____9____ (ayudar) bastante y yo ____10____ (aprender) muchísimo. Yo ____11____ (sacar) muchas fotos de todo el grupo. Esa noche, todos estábamos cansados y ____12____ (dormir) como lirones. El domingo por la mañana, yo ____13____ (nadar) con Nélida por un rato, y Fran y Ricardo ____14____ (montar) a caballo. Después, nosotros ____15____ (quitar) las tiendas de campaña (tents), limpiamos el campamento y ____16____ (volver) a casa.

Asking for information; describing yourself and others

6 Amalia le está haciendo muchas preguntas a Robert, un estudiante de intercambio. Completa sus preguntas con la palabra interrogativa correcta. (pág. 16)

> ¿quién?   ¿qué?   ¿por qué?
>
> ¿de dónde?
>
> ¿cuántos?   ¿cuándo?
>
> ¿cuál?   ¿cómo?

1. Buenos días Robert. ¿========= eres originalmente?
2. ¿========= años tienes?
3. Robert, hablas muy bien el español. ¿========= empezaste a estudiarlo?
4. Éste es tu primer año aquí, ¿verdad? ¿========= te parece nuestro colegio?
5. ¿========= clases tienes este año?
6. ¿========= es tu profesor favorito?
7. Háblame un poco de tu familia. ¿========= son tus padres y tus hermanos?
8. ¿========= es tu deporte favorito?
9. Pues, gracias otra vez, Robert. Oye, ¿te gusta el helado? ¿========= no vamos a tomar un helado después de clases hoy?

7 Completa lo que dicen todos sobre sus planes para el fin de semana con la palabra correcta: **y**, **e**, **o**, **u**. (pág. 18)

1. El sábado quiero descansar (y/e) ir a la playa. Si hace mal tiempo, pienso leer (o/u) ver un video en casa.
2. Leticia, ¿tienes clase de baile mañana? ¿Es a las diez (o/u) a las once?
3. Raimundo nunca quiere salir con nosotros. Siempre dice que está cansado (o/u) ocupado.
4. Manuel no va a salir este fin de semana—el lunes tiene exámenes de química (y/e) inglés. ¡Qué paliza!
5. Me gustaría salir con Isa y Óscar. Voy a llamarlos (y/e) invitarlos a cenar conmigo el domingo.
6. Siempre invitamos a Lalo a salir, ¡pero el tipo está tan distraído! O llega tarde (o/u) olvida la cita o deja el dinero en casa...
7. Teresa quería hacer algo con nosotros esta noche, (y/e) iba a venir a mi casa, pero ahora no puede. Se enfermó su hermanito (y/e) ella tiene que cuidarlo.

8 Jaime le escribió una carta a Thomas, su amigo por correspondencia. Completa la carta con las formas correctas de **saber** o **conoce**r. Usa la **a** personal si es necesario. (pág. 18)

Querido Thomas,

Dices que quieres ___1___ más de mis pasatiempos. En mi tiempo libre, practico la escalada deportiva. Algún día, quiero ___2___ los parques nacionales de tu país y escalar las Montañas Rocosas. ¿Tú ___3___ bien el oeste de los Estados Unidos? ¿___4___ cuáles son los mejores lugares para la escalada deportiva?

También me interesa el esquí acuático, pero todavía no ___5___ hacerlo muy bien. Yo ___6___ un chico en mi clase de arte que me va a dar unas clases de esquí acuático este verano. Él y yo ___7___ un lugar bonito donde podemos nadar, bucear y pasear en velero. Nosotros también ___8___ muy bien muchos otros lagos y ríos que hay por aquí.

Mis hermanas dicen que los deportes son aburridos, pero ellas no ___9___ nada. Se la pasan tocando el piano. Ellas ___10___ tocar muy bien el piano, eso sí.

Bueno, amigo, es todo por ahora. Me gustaría ___11___ más de tu vida allí. ¿Qué deportes practicas? ¿___12___ tocar un instrumento musical? ¿___13___ alguien de mi país allí? ¡Escríbeme pronto!

CAPÍTULO 2 – POR UNA VIDA SANA

PRIMER PASO

Asking for and giving advice

1 Tu clase hizo un cartel con consejos para vivir mejor. Escribe lo que aconsejan los estudiantes de tu clase. Usa mandatos informales y la información de la tabla. (pág. 34)

MODELO   dedicar media hora al día al ejercicio
               Dedica media hora al día al ejercicio.

Por una vida sana...	
Sí	No
1. dedicar media hora al día al ejercicio	7. fumar
2. aprender un deporte nuevo	8. añadir sal a la comida
3. respirar profundamente	9. comer muchos dulces
4. dormir lo suficiente	10. tomar bebidas con cafeína
5. seguir una dieta sana	11. trabajar demasiado
6. tomar mucha agua	12. aumentar de peso

2 Hoy es el primer día de clases para Ana. Completa los consejos de su mamá con los mandatos informales de los verbos entre paréntesis. (pág. 34)

Ana, _____1_____ (ir) a la parada de autobuses temprano todas las mañanas.
Antes de salir de casa, _____2_____ (poner) todos tus libros y cuadernos en la
mochila. Y cuando llegues al colegio, _____3_____ (decirle) "¡Buenos días!" a la
maestra. _____4_____ (Tener) mucho cuidado al subirte y bajarte del autobús. Y
para sacar buenas notas, _____5_____ (ser) aplicada y _____6_____ (hacer) la tarea todos
los días. Cuando terminen las clases, _____7_____ (venir) directamente a casa.

3 Jimena is nervous about her new job and asks her boss a lot of questions. Write the answers her boss gives to Jimena's questions. Use informal commands and the correct object pronouns in your answers, and follow the cues in parentheses. (p. 34)

MODELO   ¿Debo tomar los apuntes en la reunión? (sí)
               Sí, tómalos, por favor.

               ¿Debo leer este artículo ahora? (no/más tarde)
               No, no lo leas ahora. Léelo más tarde.

1. ¿Puedo poner mis cosas allí? (no/aquí)
2. ¿Debo mandar estas cartas hoy? (no/mañana)
3. ¿Debo buscar esos números de teléfono esta tarde? (no/ahora mismo)
4. ¿Debo comprar las estampillas esta mañana? (sí)
5. ¿Debo hacer los otros mandados esta mañana? (no/esta tarde)
6. ¿Debo escribir las fechas en el calendario ahora? (sí)

4 Sandra está preocupada por su amigo Diego. Usa la lista de palabras para completar lo que ella dice sobre Diego y sus problemas. (págs. 34–35)

> tomar   agitada   histérico   sufre
>
> reírse   tensiones   resolver   relajarse
>
> aliviar   se cuida   ansiosa   agobiado

La verdad es que estoy bastante ___1___ por Diego. ¡Pobrecito!

Últimamente en el colegio ___2___ de mucha presión. Siempre está

___3___ porque entre sus clases, su trabajo, los quehaceres y las demás

actividades, lleva una vida ___4___. Ahora parece que sufre de muchas

___5___ en sus clases—tiene tres exámenes esta semana. Me dijo que

estaba casi ___6___ porque no sabía cuándo podía estudiar. No hace

ejercicio, no come bien ni ___7___ en general porque no tiene tiempo.

Le digo que necesita ___8___ las cosas con calma y tratar de ___9___

los problemas uno por uno. También le digo que es necesario ___10___ y

___11___ todos los días. Pero para realmente ___12___ el estrés que siente,

creo que Diego necesita cambiar su estilo de vida.

5 Hoy es sábado, y todo el mundo está tratando de relajarse. Explica qué están haciendo todos en este momento para sentirse mejor. Usa el presente progresivo. (pág. 35)

MODELO   Sonia/correr por el parque
               Sonia está corriendo por el parque.

1. (yo)/leer una novela
2. Marcos y Fermín/dar una caminata por el bosque
3. el profesor/trabajar en el jardín
4. Teresa/comer pizza con sus amigos
5. Alicia y Pati/hacer yoga
6. la profesora/asistir a un concierto de música clásica
7. todos nosotros/tomar las cosas con calma
8. ¿(tú)/descansar también?

Talking about taking care of yourself

6 En la familia de Yoli, todos siguen una rutina diferente por la mañana. Escribe lo que dice Yoli sobre su rutina y las de su hermano y sus padres. Usa las formas correctas de los verbos reflexivos y la información de la tabla. (pág. 41)

MODELO   despertarse

Me despierto a las siete y media. Mi hermano se despierta a las siete y cuarto. Papá y mamá se despiertan a las siete.

	yo	mi hermano	papá y mamá
despertarse	7:30	7:15	7:00
1. levantarse	7:45	7:45	7:10
2. bañarse	8:00	8:45	7:15 y 7:30
3. cepillarse los dientes	8:10	8:55	7:25 y 7:40
4. secarse el pelo	8:15	9:00	7:30 y 7:45
5. vestirse	8:30	9:10	8:00

7 Margarita y Ben están cuidando a sus sobrinos Pablo y Susi hoy. Escribe los mandatos que les dan a los niños. Usa mandatos informales. No te olvides de poner el pronombre reflexivo en el lugar debido. (pág. 41)

MODELO   Pablo/vestirse ahora
          Pablo, vístete ahora.

1. Susi/levantarse inmediatamente
2. Pablo/no irse al parque sin pedir permiso
3. Susi/cepillarse los dientes
4. Pablo/no quitarse la chaqueta
5. Susi/ponerse los zapatos
6. Pablo/irse a dormir
7. Susi/no bañarse con el perro
8. Pablo/lavarse las manos antes de comer
9. Susi/no acostarse tarde

8 Lourdes escribió cómo le va con su nuevo régimen. Completa su descripción con las palabras que faltan. Usa cada palabra sólo una vez. (pág. 42)

bienestar
estoy bajando de peso
ducharme
me pesé
me duermo
alimentarme
me doy cuenta de

> 20 de octubre
>
>   ¡No me pude creer lo que vi cuando ___1___ esta mañana como hago todos los lunes! ¡60 kilos! Ahora ___2___ que mi nueva dieta es mejor que la que seguía antes. Aunque mis hermanos se rían de mí cuando como mis ensaladas y ellos sus papas fritas, me siento bien con mi nueva vida y ___3___. También contribuye a mi nuevo ___4___ el hecho de que corra en la pista del gimnasio cinco veces por semana. Ya sé que el ___5___ bien me da más energía. Pero después de asistir a clases, hacer la tarea, dar un paseo con mi novio, cenar con mi familia, preparar la ropa para mañana y ___6___, me siento cansadísima. Muchas veces ___7___ tempranísimo, y me siento mal cuando los amigos me llaman por la noche y ¡ya estoy dormida!

9 Ahora que es mayor, Javier pasa los veranos trabajando o estudiando. Pero recuerda cómo eran los veranos cuando era niño. Completa lo que dice sobre los veranos pasados con las formas correctas de los verbos en el imperfecto. (pág. 43)

Cuando yo ___1___ (ser) niño, nunca sufría de presiones como ahora. ___2___ (Ir) a la casa de mis primos casi siempre y pasaba las vacaciones con ellos. Ellos ___3___ (vivir) en el campo, donde ___4___ (tener) una finca pequeña con vacas y caballos. Por la mañana, nosotros ___5___ (levantarse) temprano para ayudar a mi tío Rafael con los animales. Después, casi todos los días ___6___ (hacer) excursiones. ___7___ (Dar) caminatas, montábamos a caballo y explorábamos las cuevas. A mí me ___8___ (encantar) ir al lago. Allí ___9___ (pasear) en velero o nadaba mientras mis primos tomaban el sol o ___10___ (jugar) a las cartas. Contábamos chistes y ___11___ (reírse) mucho. Muchas veces mi tía Elenita nos ___12___ (preparar) un almuerzo para llevar al campo. ¡Qué tiempos ___13___ (ser) aquéllos! Yo ___14___ (llevar) una vida mucho menos agitada en aquel entonces.

CAPÍTULO 3 – EL AYER Y EL MAÑANA

PRIMER PASO

Talking about what has happened; expressing and supporting a point of view; using conversational fillers

1 Graciela completó una encuesta *(poll)* sobre la tecnología y la vida diaria. Explica con qué frecuencia ella usa las cosas mencionadas en la encuesta. Basa tus respuestas en la información de la tabla, e incluye el complemento directo correcto. (pág. 63)

MODELO   el microondas
Lo usa todos los días.

	todos los días	a veces	nunca
el microondas	✔		
1. el teléfono celular			✔
2. la computadora	✔		
3. el carro		✔	
4. la videocasetera		✔	
5. la máquina de fax			✔
6. la cámara		✔	
7. las autopistas		✔	
8. el transporte público	✔		
9. el contestador	✔		

2 Alberto está preparando un discurso *(speech)* sobre varios problemas ambientales. Escribe los lemas *(slogans)* que piensa usar. Usa la forma de nosotros del presente perfecto. (pág. 64)

MODELO   contaminar las playas
¡Hemos contaminado las playas!

1. tirar productos químicos en los ríos
2. no proteger las especies en peligro
3. no preocuparse por la capa de ozono
4. destruir las selvas tropicales
5. no conservar energía
6. desperdiciar los recursos naturales
7. no cuidar los bosques

3 Explica qué han hecho todos últimamente *(lately)* para ayudar a resolver los problemas ambientales. Usa el presente perfecto y sigue el modelo. (pág. 64)

MODELO   Sara/tomar el metro con más frecuencia
Sara ha tomado el metro con más frecuencia.

1. (Yo)/comprar menos productos empacados
2. Mi club de ecología/poner muchos carteles en el colegio
3. Miguel/escribir un artículo para la revista *Ecoverde*
4. Los tíos de Miguel/abrir un restaurante vegetariano
5. ¿(Tú)/empezar a reciclar latas y periódicos?
6. Mis padres/usar el carro con menos frecuencia
7. Mis hermanos y yo/bañarnos rápidamente esta semana
8. Mi hermanito/ver un programa sobre la naturaleza en la tele

4 Jimena necesita escribir un trabajo sobre los problemas ambientales. Explica qué ha hecho ya, y qué no ha hecho todavía. Usa el presente perfecto y la información de la tabla. (pág. 64)

MODELO   Ya ha hablado con la directora del centro de reciclaje.

	ya	todavía no
hablar con la directora del centro de reciclaje	✔	
1. escribirles cartas a las organizaciones ambientales		✔
2. ver un video sobre el Amazonas	✔	
3. leer artículos sobre las especies en peligro	✔	
4. hacerle más preguntas al profesor de biología		✔
5. volver a la biblioteca por más libros	✔	
6. organizar sus ideas		✔
7. buscar más información en Internet	✔	

5 Susi tiene tres años y siempre hace preguntas sobre qué son las cosas y cómo se usan. Escribe unas respuestas para Susi. Usa **lo que** para combinar las dos partes de las oraciones y sigue el modelo. (pág. 66)

MODELO   el teléfono celular/usar/para hablar por teléfono fuera de casa
El teléfono celular **es lo que usamos** para hablar por teléfono fuera de casa.

1. el contestador/usar/para dejar un recado
2. el televisor/poner/para ver programas
3. el aire acondicionado/poner/cuando tenemos calor
4. la calefacción/poner/cuando tenemos frío
5. la autopista/usar/cuando vamos en carro y tenemos prisa
6. el horno/usar/para preparar la cena
7. la luz/poner/para leer cuando es de noche
8. la computadora/usar/para...
9. la radio/poner/para...

Talking about future events; talking about responsibilities

6 Tu clase de español hizo una lista de predicciones para el año 2030. Completa la lista de tus predicciones con el futuro de los verbos entre paréntesis. (pág. 71)

1. Todos nosotros _____ (saber) hablar tres o cuatro idiomas.
2. La gente _____ (hacer) su trabajo en casa por Internet.
3. Muchos países _____ (usar) energía solar para todo.
4. Y todos _____ (tener) carros eléctricos.
5. Yo _____ (inventar) un carro hecho de latas recicladas.
6. Por lo tanto, no _____ (haber) problemas de contaminación.
7. Unos de mis amigos _____ (vivir) en otros planetas o en la Luna.
8. Ellos _____ (ir) y _____ (venir) de allí con unas naves espaciales super-rápidas.
9. Mi familia y yo _____ (estar) aquí en la Tierra. Nosotros _____ (tener) una casa subterránea.
10. Pero la distancia geográfica entre las personas ya no _____ (ser) un problema.
11. La gente _____ (poder) hablarse y verse instantáneamente con unos teléfonos-televisores especiales.

7 Busca la palabra o frase que corresponde a cada definición. (págs. 65, 73)

1. la parte de la ciudad donde no se permiten carros
2. un medio de transporte que no usa gasolina
3. los contestadores, microondas y videocaseteras
4. la energía que se produce con la ayuda de la estrella más cercana a nuestro planeta
5. el futuro
6. lo que hacen las plantas y los niños
7. el lugar donde producen cosas como zapatos, carros o computadoras
8. lo que la gente hace con la basura
9. la acción de ver o aprender algo por primera vez
10. el lugar donde tiramos la basura

a. crecer
b. descubrir
c. la zona peatonal
d. botar
e. el basurero
f. el porvenir
g. los carros eléctricos
h. la fábrica
i. la energía solar
j. los aparatos eléctricos

ADDITIONAL GRAMMAR PRACTICE

CAPÍTULO 4 – ALREDEDOR DE LA MESA

PRIMER PASO

Talking about how food tastes; talking about unintentional events

1 Explica cómo está todo hoy en el restaurante La Fuente, usando la forma **-ísimo/a** de los adjetivos y siguiendo el modelo. (pág. 89)

MODELO   el flan/dulce
             El flan está dulcísimo.

1. las enchiladas/saladas
2. los frijoles/ricos
3. los mariscos/buenos
4. la sopa/mala
5. la salsa/sabrosa
6. nuestro mesero/cansado
7. los clientes/furiosos
8. los cocineros/ocupados

2 Lee lo que les gusta comer a todos. Después, explica lo que cada persona puede pedir de comer en un restaurante, según sus gustos. Usa estas palabras. (pág. 90)

ostras   pargo   melocotones   almejas
trucha   caraotas   ensalada de aguacate   patilla
puerco asado   chorizo   quesillo   bacalao
torta   ternera   chuletas

Al señor Molina le encantan los mariscos. Puede pedir ___1___ o/u ___2___.
A Leticia le gusta mucho la fruta. Puede pedir ___3___ o/u ___4___.
A mí me gusta el pescado. Puedo pedir ___5___, ___6___ o/u ___7___.
Ricardo prefiere comer legumbres. ¿Qué puede pedir? ___8___ o/u ___9___.
Y a Memito le encantan los postres. ¿Qué va a pedir? ___10___ o/u ___11___.
Beto y Alicia comen mucha carne. Pueden pedir ___12___, ___13___, ___14___ o/u ___15___.

3 La clase de español fue a un restaurante venezolano, y a muchos se les perdió algo. Explica qué se le perdió a quién, según la información en la tabla. (pág. 91)

MODELO   A la profesora se le perdió el libro de recetas venezolanas.

la profesora	el libro de recetas venezolanas
1. tú	¿qué?
2. el profesor	el mapa para llegar al restaurante
3. yo	la chaqueta
4. Rubén y Sara	el dinero
5. Enrique	nada
6. Marta y yo	las carteras
7. mesero	la cuenta

4 La semana pasada el Club Internacional hizo una gran cena, pero todo salió mal. Explica qué les pasó a todos. Sigue el modelo. (pág. 91)

MODELO   Carolina/caer/los platos
          A Carolina se le cayeron los platos.

1. Héctor/quedar en casa/la música
2. Yo/quemar/los frijoles
3. Tú/olvidar/invitar al director
4. Elena y Samuel/romper/los vasos
5. Raquel/perder/el dinero para comprar refrescos
6. Natalia y yo/olvidar/hacer la ensalada
7. Nosotros/acabar/la comida
8. Esteban y Laura/romper/la cámara

SEGUNDO PASO

Asking for help and requesting favors

5 La señora Márquez llamó a casa y les dejó una lista de quehaceres y mandados a sus hijos. Completa su recado en el contestador con **por** o **para**. (pág. 96)

Hola, hijos. Soy yo, mamá. Preparé la comida ___1___ ustedes y está en la mesa del comedor. Miguel, ___2___ favor, llama a la tía Luisa e invítala a cenar esta noche. Dile que papá pasará ___3___ ella a las siete. Chela, hijita, ve a la tienda ___4___ comprar leche y arroz. Y otra cosa... ¿también podrías ir al correo ___5___ papá ___6___ mandar esas cartas en la mesa? Después, pasen la aspiradora en la sala y saquen la basura ___7___ limpiar la casa un poco. Creo que es todo ___8___ ahora.

6 Hay muchas personas que están de compras hoy. Lee lo que dicen todos, y explica en qué tienda está cada uno. (pág. 97)

> MODELO   Necesito una batería para mi carro. ¿Cuánto vale?
> Está en la tienda de refacciones.

> la lechería   la heladería   la carnicería   el taller
>
> la frutería   la pastelería
>
> la pescadería   la tienda de refacciones   la bodega

1. ¿Me da cuatro chuletas y medio kilo de ternera, por favor?
2. Sí, dos litros de leche y un litro de crema.
3. ¿Qué lleva el pastel de la izquierda? ¿Es de limón o de vainilla?
4. ¿Qué más falta? A ver la lista... cereal, arroz, jugo, huevos... y galletas. Ya está.
5. Sí, deme dos kilos de plátanos. Y una piña bien madura, para comer hoy, por favor.
6. ¿Qué prefieres cenar esta noche? ¿Camarones? ¿Trucha? ¿Pargo?
7. Mmm, qué rico. Y qué frío y cremoso. Aquí siempre pido una copa de chocolate con fresas. Las copas de piña también me gustan mucho.
8. No sé qué le pasa al carro. Por favor, ¿me lo revisa y me llama en casa esta tarde? Gracias.

7 Alberto's friends served all of his favorite foods at his surprise birthday party. Now Alberto's mom wants to know who made what dish for him. Write Alberto's answers to his mom's questions. Use double-object pronouns and follow the cues in parentheses. (p. 98)

> MODELO   ¿Quién te hizo el flan? (Marcela)
> Me lo hizo Marcela.

1. ¿Quién te preparó el arroz con pollo? (Alejandra)
2. ¿Quién te hizo el pastel? (Olivia)
3. ¿Quiénes te hicieron las empanadas? (Pedro y Catalina)
4. ¿Quién te preparó las galletas? (Juanito)
5. ¿Quién te hizo la ensalada de frutas? (Diego)
6. ¿Quién te preparó el gazpacho? (Martina)

8 Alberto got a lot of gifts at his party, and now you and another guest are trying to sort out who gave him each present. Answer the other guest's questions, using double-object pronouns and following the cues in parentheses. (p. 98)

> MODELO   ¿Quién le regaló la novela? (Víctor)
> Se la regaló Víctor.

1. ¿Quién le regaló la corbata? (Fátima)
2. ¿Quiénes le dieron los videos? (Pati y yo)
3. ¿Quién le regaló la planta? (José Luis)
4. ¿Quiénes le regalaron los dulces? (Inés y Javier)
5. ¿Quién le compró la camiseta? (Marcos)
6. ¿Quiénes le regalaron los discos compactos? (Ana y Nelson)

CAPÍTULO 5 – NUESTRAS LEYENDAS

PRIMER PASO

Expressing qualified agreement and disagreement; reporting what others say and think

1 La clase de ciencias sociales tuvo un debate sobre la educación bilingüe. Completa las opiniones de todos. Usa cada palabra sólo una vez. (pág. 117)

> nada   tontería   de acuerdo
>
> tú crees   contrario
>
> cierto punto   tener en cuenta
>
> efecto   luego

MARTA   Sí, sí, así es. Estoy ___1___ con Miguel.

SAMUEL   Hasta ___2___ yo también, pero...

LUCILA   Pero hay que ___3___ lo que dice Ernesto, ¿no es así?

TOMÁS   Desde ___4___. Me parece que Ernesto tiene toda la razón.

REBECA   ¿___5___? No sé. Creo que Victoria tiene razón también.

GUILLE   Sí, en ___6___, creo que todos tienen opiniones válidas.

MIGUEL   No, creo que es al ___7___. Yo soy el único que tiene razón aquí.

TODOS   ¡Qué ___8___! ¡___9___ de eso!

2 Las siguientes oraciones vienen de un cuento de hadas. Usa el **se** impersonal para expresarlas de otra manera. Sustituye la forma correcta de la construcción **se** + verbo por las frases subrayadas *(underlined)*. (pág. 119)

MODELO   Érase una vez una princesa. <u>Todos decían</u> que era muy lista.
   <u>Se decía</u> que era muy lista.

1. <u>La gente pensaba</u> que su padre, el rey, era bondadoso y generoso.
2. <u>Mucha gente creía</u> que había un hada madrina en el castillo.
3. <u>La gente hablaba</u> mucho de la linda princesa y los enanos.
4. <u>Muchos pensaban</u> que los enanos eran traviesos.
5. <u>Todos sabían</u> que la princesa estaba enamorada de un príncipe.
6. También <u>creían</u> que ella y el príncipe iban a casarse.
7. Pero <u>nadie sabía</u> que el rey tenía otro plan. Un día...

Talking about hopes and wishes

3 Indica la palabra o frase que sea lo contrario *(opposite)* de las palabras de la primera columna. (pág. 124)

1. regocijarse
2. traicionar
3. empezar a luchar
4. reírse
5. la victoria
6. el héroe
7. vivir
8. el enemigo

a. ser honesto
b. quedar muerto
c. lamentar
d. el amigo
e. llorar
f. la derrota
g. el malvado
h. acordar la paz

4 Leonor está leyendo un cuento de hadas de una princesa y un soldado guapo. ¿Qué quiere ella que pase en el cuento? Completa cada oración con la forma correcta del subjuntivo del verbo entre paréntesis. (pág. 126)

MODELO   Leonor quiere que los enanos le ======= (decir) a la princesa dónde está el soldado guapo.
Leonor quiere que los enanos le <u>digan</u> a la princesa dónde está el soldado guapo.

1. Leonor quiere que la pobre princesa lo ======= (encontrar) pronto.
2. Ojalá que el soldado guapo no ======= (sufrir) mucho en la mazmorra *(dungeon)*.
3. Espera que sus enemigos no le ======= (hacer) daño al soldado.
4. También espera que el soldado ======= (poder) escribirle una carta secreta a la princesa.
5. Ojalá que Fifí, la perrita de la princesa, le ======= (llevar) la carta secreta por la noche.
6. No quiere que la princesa ======= (llorar) ni que ======= (preocuparse).
7. También espera que los otros soldados no ======= (traicionar) al rey.
8. Ojalá que la guerra entre los dos ejércitos ======= (terminar) pronto.
9. Quiere que la princesa ======= (casarse) con el soldado guapo.
10. Espera que la reina ======= (hablar) con el rey sobre la boda.
11. Quiere que ellos ======= (celebrar) la boda pronto.
12. Ojalá que todos ======= (vivir) felices para siempre.
13. Espera que todo ======= (salir) bien, porque a Leonor no le gustan los cuentos tristes.

R54

5 Completa la conversación entre Blancanieves *(Snow White)* y uno de los enanos con las formas del subjuntivo de **estar** o **ir**. (pág. 127)

ENANO   ¿Qué hacemos hoy? Narigón *(Sneezy)* quiere que todos nosotros
     1   al lago para nadar. ¿Qué dices tú, Blancanieves?

BLANCANIEVES   Bien, pero nos va a visitar mi hada madrina, así que quiero que
todos nosotros   **2**   en casa cuando llegue. Y también quiero
que alguien   **3**   al pueblo para comprar galletas y helado.

ENANO   Bueno, voy yo, pero quiero que tú   **4**   también. No me gusta
ir solo al pueblo.

BLANCANIEVES   Lo siento, pero no puedo. Dormilón *(Sleepy)* quiere que yo
    5   con él al médico. Dice que no durmió bien anoche.
Ojalá que   **6**   bien.

6 What does everyone want to receive as gifts this year? Explain what people want others to give them, using the correct subjunctive form of **dar** and following the model. Remember to include the correct object pronoun. (p. 127)

MODELO   (yo)/mis padres/unos zapatos
              Quiero que mis padres me den unos zapatos.

1. Roberto/su novia/una foto grande
2. Carlota/sus padres/un perrito
3. mi hermano/yo/unos discos compactos
4. (yo)/tú/un videojuego
5. Yazmín y Elena/su abuela/flores y perfume
6. mamá/papá/un viaje a Puerto Rico
7. papá/nosotros/un reloj
8. ¿(tú)/tus padres/un carro?
9. Micaela/sus padres/un teléfono celular
10. ¿(tú)/yo/algo también?

PRIMER PASO

Introducing and changing a topic of conversation; expressing what needs to be done; expressing an opinion

1 Lee lo que hacen estas personas y después explica qué le gustaría hacer a cada uno. Usa estas expresiones. Usa cada expresión sólo una vez. (pág. 143)

MODELO   Hace cuatro años que Liliana estudia el baile. ¡Le encanta bailar! Le gustaría estudiar danza en la universidad.

> estudiar danza en la universidad   patrocinar un festival de arte
>
> ver la exhibición de arte español en el museo
>
> ser miembro de una orquesta   ser músico o cantante
>
> aprender a diseñar ropa   conocer a un escultor famoso
>
> comprar un libro sobre la pintura mexicana

1. Enrique toca la flauta, el clarinete y el piano. Espera aprender a tocar el violín este año.
2. Marcela lee todas las revistas de moda americanas y europeas. Siempre se entera de las últimas modas antes que sus amigos.
3. Hace años que Rafael estudia el arte. Sus pintores favoritos son Picasso y Goya.
4. Rodrigo está loco por la música. Colecciona discos y también escribe canciones.
5. Teresa viajó a México el año pasado y vio unas obras de Orozco que le gustaron mucho. Ahora quiere saber más sobre los muralistas mexicanos.
6. Don Ramón tiene mucho dinero y una gran colección de arte. Siempre trata de ayudar a los artistas jóvenes.
7. ¡Felicia es muy creativa! Sabe hacer figuras muy bonitas de madera y de barro *(clay)*.

2 Mañana Esther tiene un examen de vocabulario en la clase de español, y necesita tu ayuda. Completa la lista de palabras que debe aprender de memoria. Usa los artículos definidos correctos. Si la palabra puede ser masculina o feminina, escribe los dos artículos. (pág. 143)

1. ___ cantante	6. ___ disfraz	11. ___ agua
2. ___ mano	7. ___ revista	12. ___ foto
3. ___ problema	8. ___ guía	13. ___ cine
4. ___ goma de borrar	9. ___ baile	14. ___ exhibición
5. ___ papel	10. ___ cartel	15. ___ modelo

Making an apology; describing an ideal relationship

5 La señorita Herrera trabaja como consejera en tu colegio. Completa los consejos que les da a los estudiantes. Usa cada palabra sólo una vez. (pág. 179)

> darle   guardar   discutir   admitir   tiene   romper   comprarle
> mentir   insultar   darte   respetar   echarle

1. Si no tienes razón, es mejor ═══ tu error.
2. Les recomiendo a todos que traten siempre de ═══ los sentimientos de los demás.
3. Si una persona no sabe ═══ tus secretos, es mejor que no le digas nada.
4. Antes de ═══ con tu novio o novia para siempre, debes ═══ tiempo para pensar.
5. Cuando has cometido un error, no deberías ═══ la culpa a otra persona.
6. Cuando un amigo te hace una pregunta sincera, nunca le deberías ═══. Dile la verdad siempre.
7. Si tu novio o novia ═══ celos, trata de ═══ el problema con él o ella.
8. Para reconciliarte con un amigo, deberías ═══ un regalo y ═══ un fuerte abrazo.
9. Nunca es bueno ═══ a la gente. Los insultos no resuelven nada.

6 You work for a pen-pal organization, and today you are trying to match up potential pen pals. Does your computer database have people with these characteristics? Remember that when describing a person who is unknown or nonexistent with a **que** clause, you need to use the subjunctive. (p. 181)

MODELO   hacer el esquí acuático (sí)
Hay muchas personas que hacen el esquí acuático.
hacer la escalada deportiva (no)
No hay nadie que haga la escalada deportiva.

1. coleccionar estampillas (sí)
2. coleccionar monedas (no)
3. tocar el piano (sí)
4. tocar la guitarra eléctrica (no)
5. saber inglés (sí)
6. saber japonés (no)
7. ser vegetarianas (sí)
8. cocinar en un restaurante vegetariano (no)
9. jugar al voleibol (sí)
10. jugar al jai alai (no)

CAPÍTULO 8 – LOS MEDIOS DE COMUNICACIÓN

PRIMER PASO

Expressing doubt and disbelief; expressing certainty

1 La señora Dávila ve el noticiero todas las noches, pero nunca cree lo que dicen los locutores. Ahora está viendo un reportaje sobre un robo *(robbery)* en el Museo de Arte. Forma oraciones completas para expresar lo que dice la señora. (pág. 197)

MODELO   Dudo/el ladrón/quedarse en la ciudad por mucho tiempo
                 Dudo que el ladrón se quede en la ciudad por mucho tiempo.

1. Dudo/la policía/encontrar al ladrón del Museo de Arte
2. Parece mentira/el museo/no tener mejor sistema de seguridad
3. Es increíble/ellos/no entender cómo entró al museo
4. No puedo creer/el director del museo/no saber más sobre el robo
5. No creo/la pintura/ser ninguna obra maestra
6. Dudo/alguien/querer comprar la pintura robada
7. Parece mentira/una obra tan fea/costar tanto
8. Es increíble/los artistas famosos/pintar cuadros tan horribles

2 Carlota está estudiando para un examen en su clase de periodismo *(journalism)* y tiene una lista de palabras para memorizar. Escribe la palabra que corresponde a cada definición. (pág. 198)

el noticiero	el documental
los comentaristas	los locutores
la emisora	la prensa
los reporteros	

1. tipo de programa en el que típicamente se habla de la política, la historia, las ciencias o la cultura
2. las personas que escriben artículos para un periódico o una revista
3. Estas personas nos explican sus opiniones de las noticias. Pueden trabajar para un periódico o la televisión.
4. los periódicos y las revistas
5. el programa que presenta información todos los días sobre la política, el tiempo, los deportes, etcétera
6. Estas personas son como reporteros, pero nos cuentan las noticias en la televisión o por la radio.
7. el lugar donde se hacen los programas de música o de noticias que la gente escucha en la radio

3 Susana Carrilla trabaja como reportera. Usando **por** o **para**, completa lo que dice su amigo Leo de ella. (pág. 199)

Susana Carrilla es reportera ___1___ el periódico de nuestra ciudad. ___2___ mí, es una reportera excelente. Sus artículos siempre me parecen muy interesantes. ___3___ ejemplo, el artículo sobre los problemas con el sistema de metro fue *(was)* escrito ___4___ ella. Ella estudió periodismo *(journalism)* ___5___ cuatro años en la universidad. ___6___ supuesto, le encanta su trabajo, aunque siempre está muy ocupada. Llega a su oficina muy temprano ___7___ la mañana. Todos los días tiene que hablar con mucha gente y hacer muchas llamadas ___8___ saber qué está pasando. De vez en cuando, ella pasa ___9___ el banco donde trabajo y nosotros salimos a almorzar. A veces, ___10___ terminar un artículo a tiempo, ella se queda trabajando hasta muy tarde. Ella tiene que terminar su próximo artículo ___11___ este jueves. ___12___ eso, no tiene tiempo para almorzar conmigo hoy.

4 Ramón y Elsa necesitan preparar un reportaje para la clase de ciencias sociales. Completa lo que dicen con las expresiones que faltan. (pág. 200)

> al tanto de   ya lo sé   sabemos ni jota
>
> estar bien informados   tengo la menor idea
>   que yo sepa

RAMÓN   Elsa, acuérdate que tenemos que hacer nuestro reportaje el próximo martes.

ELSA   Sí, ___1___. Pero todavía no sabemos de qué vamos a hablar. ¿Qué ideas tienes tú?

RAMÓN   Francamente, no ___2___. ¿Qué tal si hablamos sobre el medio ambiente?

ELSA   Pero, Ramón... Tú y yo no ___3___ del medio ambiente. Para hacer un reportaje, creo que debemos ___4___, ¿no te parece?

RAMÓN   De acuerdo. Entonces, ¿por qué no hablamos con mi prima? Ella trabaja en la emisora KVVG y siempre está ___5___ todo lo que pasa en la ciudad. Tal vez ella pueda darnos algunas ideas.

ELSA   Me parece una idea excelente. ___6___, seremos los únicos de la clase que van a hablar con alguien de la prensa. Hablemos con ella esta noche.

SEGUNDO PASO

Expressing possiblity and impossibility; expressing surprise

5 Are these predictions likely to come true by the time your class has its ten-year high school reunion? Express whether each prediction is certain, possible, or doubtful based on the responses in the chart. Remember that you need to use the subjunctive after expressions of doubt or possibility. (p. 204)

MODELO   Es cierto que habrá una computadora para cada estudiante.

predicción	cierto	posible	dudoso
Habrá una computadora para cada estudiante.	✔		
1. Pondrán una pizzería en la cafetería.			✔
2. El colegio tendrá su propia emisora de música rock.		✔	
3. El equipo de voleibol jugará en los Juegos Olímpicos.		✔	
4. Habrá clases durante todo el año.	✔		
5. Construirán una piscina grande detrás del colegio.			✔
6. Comprarán videojuegos y discos compactos para la biblioteca.		✔	
7. Los estudiantes llegarán al colegio en carros eléctricos.		✔	
8. Unos estudiantes serán artistas o músicos famosos.	✔		

6 Indica qué sección del periódico están leyendo todos los miembros de la familia Fuentes en este momento, según las descripciones. (pág. 205)

1. Roberto piensa comprar un carro usado.
2. La señora Fuentes quiere saber la opinión del comentarista sobre las elecciones.
3. La tía Ofelia quiere saber todo acerca de la boda de la hija de su amiga.
4. El señor Fuentes tiene mucha prisa, y sólo quiere leer los titulares más importantes.
5. Margarita quiere saber quién ganó el partido de baloncesto.
6. Arturo quiere saber a qué hora es el concierto este sábado.
7. A abuelita le parece excelente la receta para sopa de pollo.
8. Alejandra se está riendo de las travesuras de los personajes.

a. la sección de sociedad
b. las tiras cómicas
c. los editoriales
d. la sección de cocina
e. los anuncios clasificados
f. la primera plana
g. la sección de moda
h. la sección deportiva
i. la sección de ocio
j. la sección financiera

CAPÍTULO 9 — LAS APARIENCIAS ENGAÑAN

PRIMER PASO

Talking about emotional reactions; expressing disagreement

1 Ya termina el año escolar. Usa el pretérito de los verbos entre paréntesis para explicar cómo se sintieron todos durante la semana de los exámenes finales. (pág. 225)

1. Micaela _____ (alegrarse) porque las clases ya terminaron.
2. Todos mis amigos _____ (sentirse) presionados por los exámenes.
3. Yo _____ (frustrarse) porque no tuve suficiente tiempo para estudiar.
4. Isa, tú _____ (quejarse) antes del examen de computación, pero luego sacaste una nota excelente.
5. Alejandro y yo _____ (enfadarse) porque los profesores nos hicieron preguntas muy difíciles.
6. Todos nosotros _____ (sentirse) cansadísimos después del examen de inglés.
7. ¡Qué antipáticos son Federico y Araceli! Ellos _____ (burlarse) y _____ (reírse) de los compañeros que no salieron bien en los exámenes.
8. ¡Pobre Marta! Es tan tímida. Cuando la profesora le hizo una pregunta en clase, _____ (ponerse) roja y no pudo contestar.

2 ¡Qué sorpresa! La profesora de matemáticas tuvo trillizos *(triplets)*. Explica cuándo supieron todos las noticias y cómo reaccionaron. Usa el pretérito de los verbos entre paréntesis. (pág. 226)

1. Pues, yo _____ (saber) las noticias el viernes. Claro que yo _____ (ponerse) muy feliz.
2. La directora lo _____ (saber) el jueves. Ella _____ (estar) muy contenta.
3. Los padres de la profesora _____ (saber) las noticias el miércoles. Ellos _____ (estar) emocionadísimos.
4. Tina, ¿cuándo lo _____ (saber) tú? Seguro que _____ (ponerse) feliz también.
5. ¿Y el esposo de la profesora? Pues, él lo _____ (saber) inmediatamente. ¡Y él _____ (estar) más sorprendido que nadie!
6. El viernes también Regina y yo _____ (saber) que la profesora y sus tres hijos estaban todos muy bien. Nosotros _____ (estar) muy aliviados *(relieved)*.

3 Después de la ceremonia de graduación todos reaccionaron de una forma distinta. Usa el pretérito de **sentirse** y las palabras indicadas en la forma correcta para explicar cómo se sintieron todos. (pág. 226)

MODELO   unas personas/tranquilo
Unas personas se sintieron tranquilas.

1. Norberto/feliz
2. muchos de nosotros/triste
3. ¿(tú)/emocionado o deprimido?
4. (yo)/un poco cansado(a)
5. los profesores y los padres/contento
6. Teresa/no nervioso/para nada
7. Patricio y yo/preocupado

4 Tomás y Fátima siempre tienen opiniones opuestas. Completa lo que dicen con el indicativo o subjuntivo de los verbos entre paréntesis. Recuerda que el subjuntivo se usa para indicar duda o para negar algo. (pág. 227)

TOMÁS   Para mí, es cierto que los atletas ____1____ (ser) menos inteligentes y ____2____ (sacar) las peores notas. Y dudo que los profesores les ____3____ (hacer) tantas preguntas como a los demás.

FÁTIMA   ¡Qué va! Víctor es atleta y creo que ____4____ (sacar) las mejores notas de la clase de química. Y estoy segura que él ____5____ (contestar) más preguntas que tú.

TOMÁS   No creo que ____6____ (haber) mucha discriminación en este colegio. ¿Tú qué dices?

FÁTIMA   No estoy de acuerdo. Pienso que la discriminación ____7____ (seguir) siendo un problema aquí y en todas partes. Además, no creo que nadie aquí ____8____ (saber) resolver el problema.

TOMÁS   ¿Qué opinas del nuevo profesor? No me parece que nos ____9____ (dar) mucha tarea ni que ____10____ (ser) muy exigente con nosotros.

FÁTIMA   ¡Al contrario! Sé que él ____11____ (esperar) mucho de sus estudiantes, y estoy segura que nosotros ____12____ (aprender) mucho con él.

TOMÁS   ¿Conoces a la nueva estudiante? Pienso que te ____13____ (ir) a caer muy bien. Me parece que tú y ella ____14____ (tener) mucho en común.

FÁTIMA   Pues, ya la conocí, y dudo que ella y yo ____15____ (ser) muy amigas. ¡No creo que nosotras ____16____ (tener) nada en común!

la **aspiración** (pl. las **aspiraciones**) *aspiration, ambition*, III10

la **aspiradora** *vacuum cleaner*, I; **pasar la aspiradora** *to vacuum*, I

aspirar a *to aspire to*, III10

asqueroso(a) *disgusting*, 2

el asunto *subject, matter*, 4

asustarse *to be frightened*, II

atar *to tie*, 3

atender (ie) *to help, to be of help, to assist*, II

Atentamente *Yours truly*, 10

el aterrizaje *landing*, 5

el atleta, la atleta *athlete*, 8

el atletismo *track and field*, II

la atmósfera *atmosphere*, 11

atmosférico(a) *atmospheric*, 11

atónito(a) *astonished*, 11

la atracción (pl. las atracciones) *attraction*, 10

atraer *to attract*, 8

atrapado(a) *trapped, entrapped*, 3

atrasado(a) *late*, I

atravesar (ie) *to go through, to cross*, 9

atreverse *to dare*, 11

el atún *tuna*, I

la audiencia *audience*, 8

aumentar *to grow*, III11; *to increase*, 12; **aumentar de peso** *to put on weight*, II

aunque *although*, 12

el autobús (pl. **los autobuses**) *bus*, I

el automercado *supermarket*, 4

el automóvil *automobile*, 3

la **autopista** *freeway, highway*, III3

el autor, la autora *author*, 3

las autoridades *authorities*, 6

el autorretrato *self-portrait*, 6

¡Auxilio! *Help!*, 4

el avance *advance*, 3

avanzado(a) *advanced*, 3

avanzar *to move forward, to advance*, 3

la avaricia *greed*, 5

el ave (f.) *bird*, II

la avenida *avenue*

aventurero(a) *adventurous*, II

avergonzarse (üe) *to be embarrassed*, 12

averiguar *to find out*, II

la aversión *dislike*, 1

el avión (pl. los aviones) *airplane*, 11

avisado(a) *wise*, 9

¡Ay! *Oh!*, II

ayer *yesterday*, I

el ayudante, la ayudante *helper*, 11

ayudar *to help*, I; **ayudar a + inf.** *to help (do something)*, I; **¿Me podrías ayudar a...?** *Could you help me (to) . . .?*, III4; **Por favor, ayúdame con...** *Please help me with . . .*, III4

el ayuntamiento *town hall*, III3

el azúcar *sugar*, I

azul *blue*, I

B

baboso(a) *runny*, 3

el bacalao *cod*, III4

el bachaco *big ant*, 4

la bahía *bay*

bailar *to dance*, I

el bailarín, la bailarina *dancer*, III6

el baile *dance*, I

bajar *to decrease*, III11; **bajar de peso** *to lose weight*, II; **bajar el río en canoa** *to go canoeing*, I; **bajar por** *to go down (a street or road)*, II; **bajarse del autobús** *to get off the bus*, II

bajo(a) *short, low*, I

balanceado(a) *balanced*, II

balancear *to balance*, 10

el balcón *balcony*, 1

la ballena *whale*, II

el baloncesto *basketball*, I

la balsa *float, raft*, 5

el banco *bank*, II

la banda *band*, II

la bandera *flag*, 7

el banquero, la banquera *banker*, III12

bañarse *to take a bath*, II; *to go swimming*, 1

barato(a) *cheap*, I; **en barata** *on sale*, II

la barba *beard*, III1

el barco *boat*

la barra *pole*, 9

barrer *to sweep*, II

el barril *barrel*, 3

el barrio *neighborhood*, 2

basarse *to base*, 4

bastante *enough, pretty, quite*, I

bastar *to be enough*, 2; **me basta** *it's enough for me*, 2

la basura *garbage, trash*, II

el basurero *trash can*, III3

la batalla *battle*, 5

la batata *sweet potato*, 4

la batería *drum set*, III1

la batida *milkshake* (Puerto Rico)

el batido *milkshake*, I

beber *to drink*, I

la bebida *beverage*, I

la beca *scholarship*, 7

el béisbol *baseball*, I

la belleza *beauty*

bello(a) *beautiful*, 6

los beneficios *benefits*, III12

beneficioso(a) *beneficial*, 11

el beso *kiss*, 2

la biblioteca *library*, I

el bicho *insect*, 11

la bicicleta *bike*, I; **montar en bicicleta** *to ride a bike*, I

bien *well, good, all right, O.K.*, I; **bien hecho(a)** *well made*, 8

los bienes *possessions*, 8

el bienestar *well-being*, II

el bigote *moustache*, III1

bilingüe *bilingual*, 10

el billonario, la billonaria *billionaire*, 8

la bioquímica *biochemistry*

Birmania *Burma (Myanmar)*, 1

la birria *pork stew with red chile sauce*

el bistec *steak*, I; **el bistec a la parrilla** *grilled steak*, III4

bizquear *to squint*, 12

blanco(a) *white*, I

blindado(a) *iron-clad, armored*, 1

el bloqueador *sunscreen*, I

los bloques *row housing*, 3

los bluejeans *bluejeans*, I

la blusa *blouse*, I

bobo(a) *silly, dumb*, III9

la boca *mouth*, I

la boda *wedding*, III5; **celebrar la boda** *to celebrate the wedding*, III5

la bodega *grocery store*, III4

la bola *ball*, 12

el boleto *ticket*, I

el bolígrafo *ballpoint pen*, I

boliviano(a) *Bolivian*, II

la bolsa *bag*, 4

el bolsillo *pocket*, 3

el bolso *purse, moneybag*, 5

el bombero, la bombera *firefighter*, 4

bondadoso(a) *kind*, II

bonito(a) *pretty, nice*, I

el borde *edge*, 9

el bosque *forest*, I

la bota *throwing* (colloquial), 11

botánico(a) *botanical*, II

botar *to throw out*, III3

las botas *boots*, I

el botecillo *small boat*, 9

la botella *bottle*, 11

el boyero, la boyera *ox driver*, 5

el brazo *arm*, I

breve *brief*, 4

brillar *to shine*, 12
brindar *to offer*, 7
la broma *joke, prank*, 6
el bronce *bronze*, 11
broncearse *to suntan*, III2
brutal *rough*, 11
la brutalidad *brutality*, 5
bucear *to go scuba diving*, III1
el buceo *scuba diving*, III1
buen consejo *good advice*, 2
el buen humor *good mood*, III7; **Estoy de buen humor.** *I'm in a good mood.*, III7
buena gente *nice (person, people)*, III1
bueno(a) *good*, I
Bueno... *Well . . .*, III3; **Bueno, puede ser, pero...** *Well, that may be, but . . .*, III5
el buey *ox*, 5
la bufanda *scarf*, I
el buitre *vulture*, 5
la bujía *spark plug*, 4
burlarse de *to make fun of*, III9; **Niego haberme burlado de...** *I deny having made fun of . . .*, III9; **se burlaron de** *they made fun of*, III9
buscar *to look for*, I; **Buscaré...** *I'll look for . . .*, III12; **Busco a alguien...** *I look for someone . . .*, III7; **Es necesario que busquemos...** *It's necessary for us to look for . . .*, III6
la búsqueda *search*, 2

C

el caballero *gentleman*, 7
el caballo *horse*, I; **montar a caballo** *to ride a horse*, I
la cabecilla *head*, 9
el cabello *hair*, 2
caber: **No cabe la menor duda.** *There's absolutely no doubt.*, III8; no cabía en sí *couldn't contain himself (herself)*, 11
la cabeza *head*, I
el cable *cable*, III8; **por cable** *on cable*, III8
la cachapa *fresh-corn pancake*
el cacique *Indian chief*, 5
cada *each, every*, I; **cada vez hay más... y menos...** *there are more and more . . . and less and less . . .*, II
la cadena *(broadcast) network*, III8; *chain*, 7
caer bien (mal): Me (Te,...) cae bien (mal) *I (You, . . .)*

really like (don't like) someone, II
caerse *to fall down*, II; **Se nos cayó (cayeron)...** *We dropped . . .*, III4
el café *coffee*, I; **de color café** *brown*, I
la cafetería *cafeteria*, I
la caja *cash register*, II
el cajero, la cajera *cashier*, II
la cajeta *caramelized milk*
el cajón *drawer*, 12; el cajón de palma y corona *casket*, 7
la cal *lime*, 12
la calabaza *pumpkin*, 4
los calamares *squid*, 1; los calamares en su tinta *squid cooked in its ink*, 1
el calambre *cramp*, II
los calcetines *socks*, I
la calcomanía *sticker*, 1
la calculadora *calculator*, I
calcular *to calculate*, 3
el caldo gallego *soup made with greens, potatoes, sausage, pork, and beef*
la calefacción *heat*, II
el calendario *calendar*, 5
calentar (ie) *to heat*, 9
la calidad *quality*, 4; **la calidad del aire** *air quality*, III3
caliente *hot*, I
la calificación *grade (on an assignment)*, 2
callado(a) *quiet*, III9
la calle *street*
la calma: **tomar las cosas con calma** *to take things calmly*, III2
la caloría *calorie*, 4
calvo(a) *bald*, II
la calzada *roadway*, 9; las calzadas *footings, foundation*, 9
la cama *bed*, I
la cámara *camera*, I
el camarada, la camarada *comrade*, 6
la camarera *waitress*, I
el camarero *waiter*, I
los camarones *shrimp*, I
cambiar *to change*, II; **Cambiando de tema, ¿qué me dices de...?** *Changing subjects, what can you tell me about . . .?*, III6; **ha cambiado mucho** *has changed a lot*, III3
la camilla *stretcher*, 6
caminar *to walk*, I; caminar con el perro *to walk the dog*, I
la caminata *hike, stroll, walk*, I

el camino *path, road*, 3
el camión *bus* (Mexico), 6
la camisa *shirt*, I
la camiseta *T-shirt*, I
el campamento *camp*, 9
la campana *bell*, 9
campanear *to ring bells*, 9
la campaña *campaign*, 11; la campaña publicitaria *advertising campaign*, 8
el campeonato *championship*, 7
el campesino, la campesina *peasant*, 11
el campo *country*, I; *field*, 10; el campo deportivo *playing field*, 10
el canal *channel*, III8
las canas *gray hair*, I
cancelar *to cancel*, 8
la cancha de (fútbol, tenis) *(soccer) field, (tennis) court*, I
la canción (pl. las canciones) *song*, 8
la canoa *canoe*, I
canoso(a) *white-haired*, II
cansado(a) *tired*, I
cansarse *to get tired*, II
el cantante, la cantante *singer*, III6
cantar *to sing*, I
la cantera *quarry*, 9
la cantidad *quantity*, 4
la caña de azúcar *sugarcane*
la capa *cape*, 5; **la capa de ozono** *ozone layer*, 5
la capacidad *ability*, 6
capaz (pl. capaces) *capable*, 9
el capitán, la capitana *captain*, 10
la cápsula de información *time capsule*, 3
la cara *face*, 10
el carácter *character*, 10
¡Caramba! *My goodness!*, 4
las caraotas *beans* (Venezuela), III4
el caraqueño, la caraqueña *resident of Caracas*
el carbohidrato *carbohydrate*, 4
la carbonada criolla *barbecued meat*
la carcajada *loud laughter*, 2
la cárcel *jail*, 5
cardinal *cardinal* (adj.), 1
la carga *load*, 9
cargado(a) *heavy, loaded*, 3
caribeño(a) *Caribbean* (adj.)
el cariño *affection*, II; **con cariño** *affectionately*, II
cariñoso(a) *affectionate*, I
la carne *meat*, I; **la carne de res** *beef*, I
la carnicería *butcher shop*, III4

las carnitas *fried or roast pork bits*
caro(a) *expensive*, I
la carpeta *folder*, I
el carpintero, la carpintera *carpenter*, III12
la carrera *race*, 10; *career*, 10
la carreta *cart*, 5
la carretera *road*, 11
el carro *car*, I; los carros chocones *bumper cars*, II; el carro eléctrico *electric car*, III3
la carroza *(parade) float*, II
el carruaje *carriage*, 9
la carta *letter*, I; la carta electrónica *e-mail*, III3; enviar una carta electrónica *to send an e-mail*, III3
las cartas *(playing) cards*, II
el cartel *poster*, I
la cartera *wallet*, I
la casa *house, home*, I; en casa *at home*, II
el casamiento *marriage*, 5
casarse *to get married*, II
casero(a) *homemade*, 4
casi *almost*, I; casi siempre *almost always*, I
la casilla *ticket office*, 9
el caso *instance*, 5; en caso de que *in case*, III10; hacer caso *to pay attention*, 2
el castillo *castle*, 5
casualidad: por casualidad *by coincidence*, 5
el cataclismo *major disaster, cataclysm*, 5
el catalán *Catalan* (language of Catalonia), 2
la catarata *waterfall*
catorce *fourteen*, I
el cauce *bed (of a river)*, 9
la causa *cause*, 8
causar el estrés *to cause stress*, III2
cauteloso(a) *cautious*, 2
cautivar *to captivate*, 7
cazar *to hunt*, 5
el cazón *shark*, 4
la cebolla *onion*, I
ceder *to give up, to yield*, 3
cegador(a) *blinding*, 12
celebrar *to celebrate*, III5; celebrar la boda *to celebrate the wedding*, III5
celestial *heavenly*, 9
los celos: que no tenga celos *who won't be jealous*, III7; tener celos de *to be jealous of*, III7
céltico(a) *Celtic*
el cementerio *cemetery*, 12
el cemento *cement*, 4

la cena *dinner*, I
cenar *to eat dinner*, I
la ceniza *ash*, 3
censurado(a) *censored*
el centavo *cent*, 7
centenares *hundreds*, 9
el centollo *crab*, 1
el centro *downtown*, II
el centro comercial *shopping mall*, I
cepillarse *to brush (one's hair, teeth, etc.)*, II
el cepillo de dientes *toothbrush*, II
la cera *wax*, 11
la cerámica *pottery*, 6
cerca de *near*, I; *close to*, II
el cerdo *pork, pig*, III4; las chuletas de cerdo *pork chops*, III4
el cereal *cereal*, I
el cerebro *brain*, 2
cero *zero*, I
cerrar (ie) *to close*, 1
la certeza *certainty*, 7
el césped *the grass*, I
el ceviche *fish or shellfish marinated in lemon and spices*
la chacra *farm* (Andean countries), 4
el champú *shampoo*, II
el chancho *pork* (Andean countries), 4
las chancletas *sandals, slippers*, I
Chao. *'Bye.*, I
la chaqueta *jacket*, I
el charango *Andean stringed instrument*, 6
la charcutería *store that sells prepared meats*, 4
la charla *talk, conversation*, 4
la charrería *rodeo-like horseback riding*
chasquear *to snap, to click*, 11
chévere *terrific* (Venezuela), 3
la chica *girl*, I
el chicano, la chicana *Mexican that has emigrated to the United States*, 10
el chicharrón *fried pork rind*
el chicle *chewing gum*, 12
chico(a) *small*, 5
el chico *boy*, I
chileno(a) *Chilean*, II
el chimichurri *pesto-like sauce served with meat*
China (f.) *China*, I
el chino *Chinese (language)*; Me suena a chino. *It's Greek to me.*, III8
chino(a) *Chinese*, I
el chiquito, la chiquita *small*

child, II
el chisme *gossip*, II
chismear *to gossip*, III7
chismoso(a) *gossipy*, III9
el chismoso, la chismosa *gossip (person)*, II
el chiste *joke*, II
chocar: Me (Te,...) choca(n)... *I (You, . . .) dislike strongly*, II
chocones: los carros chocones *bumper cars*, II
el chocolate *chocolate*, I
el chorizo *sausage*, III4
el chucho *electric switch*, 9
las chuletas de cerdo *pork chops*, III4
el chuño *potato starch*, 4
los churros *sugar-coated fritters*, 4
el chuzo *whip*, 5
el ciclismo *cycling*, III1; practicar ciclismo *to practice cycling*, III1
el cielo *sky*, 1; el cielo raso *ceiling*, 6
cien, ciento *one hundred*, I; por ciento *percent*, II
la ciencia ficción *science fiction*, II
las ciencias *science*, I; las ciencias sociales *social studies*, I
el científico, la científica *scientist*, III12
cierto(a) *sure, certain, true*, I; *specific*, 5; Por cierto. *Certainly.*, III8
cinco *five*, I
cincuenta *fifty*, I
el cine *movie theater*, I
la cinematografía *filmmaking*, 6
cinético(a) *kinetic, pertaining to motion*
el cinturón *belt*, I
el circo *circus*, I
el círculo *circle*, 10
la cirugía *surgery*, 12
el cirujano, la cirujana *surgeon*, 12
la cita *date, appointment*, I
la ciudad *city*, II
el ciudadano, la ciudadana *citizen*, 9
la claridad *clarity*, 2
el clarinete *clarinet*, III1
el claro *clearing*, 5
claro(a) *light* (color), 10
Claro que... *Of course . . .*, III8; ¡Claro que no! *Of course not!*, III5; ¡Claro que sí! *Of course!*, III5
la clase *class, classroom*; la clase de ejercicios aeróbicos *aerobics class*, I; la clase particular *individual*

instruction, 6
clásico(a) *classical*, I
clavado(a) *nailed*, 5
las claves *clues*, 4
el cliente, la cliente *customer*, II
la clientela *customers*, 11
el clima *climate*, II; el clima templado *temperate or moderate climate*
el cobrador, la cobradora *bill collector*, 3
el cobre *copper*, 5
el coche *car*, 2
el cochino *pork, pig*, 4
la cocina *kitchen*, I; *stove* (Venezuela), 3; *cooking*, III8; **la sección de cocina** *food (cooking) section*, III8
cocinar *to cook*, III3; **cocinar en el horno de microondas** *to cook in the microwave oven*, III3
el cocinero, la cocinera *cook*, 4
el cocodrilo *crocodile*, II
codiciado(a) *much desired*, 12
codicioso(a) *greedy*, 2
el codo *elbow*, II
coger *to take*, 10
cohibido(a) *shy, inhibited*, 9
coincidir *to coincide*, 8
la cola *tail, line*, II; **hacer cola** *to stand in line*, II
coleccionar *to collect*, II; **coleccionar adhesivos** *to collect stickers*, III1; **coleccionar sellos** *to collect stamps*, III1
la colectividad *community*, 10
colectivo(a) *collective*, 6
el colegio *high school*, I
colgante *hanging*, 9
colgar (ue) *to hang*, I
el colibrí *hummingbird*, 5
el collar *necklace*, I
la colmena *beehive*, 11
el colmo *high point*, 8; para colmo *to top things off*, 8
colocar *to place*, 4
colombiano(a) *Colombian*, II
el colón *Costa Rican monetary unit*, 11
el color *color*, I; **el color café** *brown*, I
los colores vivos *bright colors*, 6
colorido(a) *colorful*, 10
colosal *fantastic*, 9
la comarca *area, region*, 11
combatir *to combat*, III9
el combustible *fuel*, II
el comedor *dining room*, II
comentario *comment*, 4
el comentarista, la comentarista *commentator*, III8

comenzar (ie) *to start, to begin*, II
comer *to eat*, I; **comer comida sana** *to eat healthy food*, III2
el comerciante, la comerciante *businessman, businesswoman*, III12
el comercio *commerce, shop*, 9
cometer *to commit*, III11; **cometer un error** *to make a mistake*, III7
cómico(a) *funny*, I
la comida *food, meal, lunch* (Mexico), I
el comino *cumin* (spice), 4
el comité *committee*, 10
como *like, as*, I; **¡Cómo no!** *Of course!*, III5; **Como quieras.** *Whatever (you want).*, III1
¿Cómo? *How?*, III1; *What?*, I
cómodo(a) *comfortable*, I
el compañero, la compañera *friend, pal, classmate*, I
la comparación (pl. las comparaciones) *comparison*, 3
compartir *to share*, II; **compartir con alguien** *to share with someone*, III2; **Comparto tu pena.** *I share your grief.*, III7
compatible *compatible*, 5
compendiar *to summarize*, 6
la competencia *competition*, II
complacer (zc) *to please*, 5
el complejo *complex*, 4
completo(a) *complete*, III12; **tiempo completo** *full time*, III12
complicado(a) *complicated*, 9
el cómplice, la cómplice *accomplice*, 8
componer *to put together*
la composición (pl. las composiciones) *composition, essay*, 3
el compositor, la compositora *composer*
comprar *to buy*, I; **comprarle un regalo** *to buy someone a gift*, III7
comprender *to understand, to comprehend*, 9
comprimir *to compress*, 6
comprometido(a) *committed*, 3
el compromiso *commitment, obligation*, III10; *engagement*, 4
compuesto(a) *made up of*
la computación *computer science*, I
la computadora *computer*, III3
comunicativo(a) *communicative*, 12

común: tener(ie) en común *to have in common*, 1
con *with*, I; **con la idea de...** *in order to . . .*, III10; **con la intención de...** *with the intention of . . .*, III10; con sí mismo(a) *with himself (herself)*, 2; **con tal (de) que** *provided that*, III10; **conmigo** *with me*, I; **contigo** *with you*, I
el concentrado *concentrate*, 6
el concesionario, la concesionaria *owner or operator of a concession*, 3
la concha *shell*, 6
la conciencia cultural *cultural awareness*, 10
el concierto *concert*, I
la concordia *harmony*, 5
el concurso *contest, game show*, 1
la condena *sentence*, 9
condenar *to condemn*, 5
condimentado(a) *seasoned*, 4
el cóndor *condor*, II
el conductor, la conductora *driver*, II
confesar (ie) *to confess*, 5
la confianza *trust, confidence*, 3
confiar en *to trust*, III7
la confitería *confectionery, coffee shop* (Argentina), 7
conflictivo(a) *conflicting*, 6
el congelador *freezer*, 3
el congestionamiento *overcrowding*, 11
conmemorar *to commemorate*, 7
conmutar *to commute (a sentence)*, 9
conocer (zc) *to know (a person), to meet (for the first time), to be familiar with (something)*, I
el conocido, la conocida *acquaintance*, 7
el conocimiento *knowledge, familiarity*, 5
la conquista *conquest*, 5
el conquistador, la conquistadora *conqueror*, 5
consagrar *to consecrate, to dedicate one's life*, 1
consecuencia: **en consecuencia** *therefore*, III10
conseguir (i, i) *to get*, 2
el consejero, la consejera *counselor, advisor*, 2
el consejo *advice*, 2
consentido(a) *spoiled (person)*, II
consentir (ie, i) *to consent*, 7
conservador(a) *conservationist*, 11

conservar *to conserve*, II

consiguiente: **por consiguiente** *consequently*, III10

consolar (ue) *to offer comfort*, 7

la constancia *evidence*, 4

constituir *to set up, to make up, to constitute*, 3

el constructor, la constructora *builder*, 5

construir *to build*, II

el consuelo *comfort*, 7

el consumidor, la consumidora *consumer*, 11

la contabilidad *accounting*, 12

el contador, la contadora *accountant*, III12

la contaminación *pollution*, II

contar (ue) *to count, to tell*, II; **contar con** *to count on*, III7; **Cuentan que...** *They say that . . .*, III5; **¿Qué me cuentas de...?** *What can you tell me about . . . ?*, III6

contemplar *to view, to contemplate*, 2

contemporáneo(a) *contemporary*, III6

el contenido *content*, 7

contento(a) *happy*, II

el contestador *answering machine*, III3

la contestadora *answering machine*, 3

contestar *to answer*, 7

contiguo(a) *adjoining*, 9

el continente *continent*, 4

continuar *to go on, to continue*, III11; **Temo que el deterioro continúe.** *I'm afraid the deterioration will continue.*, III11

contra *against*, III9

contradecir (i) *to contradict*, 7

contrario(a) *opposite*, 5; **de lo contrario** *otherwise*, 3

el contraste *contrast*

la contribución (pl. las contribuciones) *contribution*, 4

contribuir *to contribute*, III2

el control remoto *remote control*, 11

controvertido(a) *controversial*, 5

convencer *to convince*, 4

convencido(a): Estoy convencido(a) que... *I'm convinced that . . .*, III8

convencional *conventional*, III6

convendrás *you will arrange*, 3

convenir (ie) *to be convenient*, III6; **No te conviene...** *It's not advisable that you . . .*, III6

la conversación (pl. las conversaciones) *conversation*, 1

conversador(a) *talkative*, II

convertirse (ie, i) en *to turn into*, 2

la convivencia *living together*, 6

convocar *to call together*, 7

la convulsión (pl. las convulsiones) *convulsion*, 7

copiar *to copy*, II

la coqueta *flirt*, 9

coquetear *to flirt*, 6

el corazón (pl. los corazones) *heart*, 4

la corbata *tie*, I

el cordoncillo *small cord*, 7

coreano(a) *Korean*, 9

el coro *choir, chorus*, 6

la corrección (pl. las correcciones) *correction*, 2

corregir (i, i) *to correct*, 1

el correo *post office*, I; **el correo electrónico** *e-mail*, II

correr *to run*, I

el corresponsal *correspondent*, 8

la corriente *current*

corriente: **el agua (f.) corriente** *running water*, II

la corrupción *corruption*, 11

cortar *to cut*, I; cortar con *to break up with someone*, 7

la corte *court*, 7

cortés *polite, courteous*, 4

la cortesía *courtesy, respect*, 4

cortésmente *politely*, 7

la cosa *thing*, I; **tomar las cosas con calma** *to take things calmly*, III2

cosechar *to harvest*, 4

cosmopolita *cosmopolitan*

la costa *coast*, II

costar (ue) *to cost*, I; **¿Cuánto cuesta(n)?** *How much does it (do they) cost?*, I; cuesta un ojo de la cara *costs an arm and a leg*, 4

costarricense (m./f.) *Costa Rican*, II

la costumbre *custom*, III10

la costurera *seamstress*, 7

el costurero *tailor*, 7

cotidiano(a) *daily*, 1

el cráneo *skull*, 7

el cráter *crater*, 5

crear *to create*, 3; crear conciencia *to create awareness*, 11

creativo(a) *creative*, III6

crecer (zc) *to grow*, III3

el crecimiento *growth*, 9

el crédito *credit*, 3

la creencia *belief*, 5

creer *to believe, to think*, I;

Creo que vale la pena... *I think it's worth it . . .*, III3; **Es muy difícil de creer, pero es posible.** *That's very hard to believe, but it's possible.*, III5; **se cree que** *it is believed that*, III5

creído(a) *conceited*, 9

la crema *cream*, 4; **la crema de maní** *peanut butter*, I

criarse *to grow up, to be raised*, III10

el crimen *crime*, III11

la criminalidad *crime rate*, III11

la crisis *crisis*, II

el crisol *melting pot*, 10

los cristales *windows*, 12

la crítica *critique*, 5

criticar *to criticize*, 1

crocante *crunchy*, 4

cronológico(a) *chronological*, 4

el cruce *intersection, crossroad*, II

la crucecilla *cross*, 12

el crucigrama *crossword puzzle*, 2

crujiente *crunchy*, 4

cruzar (en...) *to cross (at . . .)*, II

el cuaderno *notebook*, I

la cuadra *city block*, I

el cuadro *square*; **de cuadros plaid**, I

¿Cuál? *Which? What?*, I

la cualidad *quality*, 12

cualquiera *anybody*, 12

cuando *when*, I; **Cuando cumpla los 18 años...** *When I turn 18 . . .*, III10; **Cuando era joven...** *When I was young . . .*, III12; **Cuando sea mayor** *When I'm older . . .*, III10; **Cuando tenía cinco años...** *When I was five . . .*, III12

¿Cuándo? *When?*, III1

cuanto: **en cuanto** *as soon as*, III10

¿Cuánto(a)? *How much?*, III1

¿Cuántos(as)? *How many?*, III1

cuarenta *forty*, I

el cuarto *room*, I; **el cuarto de baño** *bathroom*, II

cuarto: **... menos cuarto** *quarter to . . .*, I; **... y cuarto** *quarter past . . .*, I

cuatro *four*, I

cuatrocientos(as) *four hundred*, I

cubano(a) *Cuban*, II

la cuchara *spoon*, I

la cucharada *tablespoon*, 4

la cucharadita *teaspoon*, 4

el cuchillo *knife*, I

el cuello *neck*, I

el cuenco *earthenware bowl*, 10

la cuenta *check*, II; *bill*, I; **la cuenta (de banco)** *(bank) account*, 9

el cuento *story, tale*, II; **el cuento de hadas** *fairy tale*, II

la cuerda *rope, string*, II; **saltar a la cuerda** *to jump rope*, II

el cuero *leather*, I

el cuerpo *body*, I; **el cuerpo celestial** *heavenly body*, 5

el cuervo *crow*, 11

la cuesta *hill*, 11

la cueva *cave*, 4

el cuidado *care*, 3; **Ten cuidado.** *Be careful.*, II

cuidar *to take care of*, I

cuidarse el peso *to watch one's weight*, III2

la culebra *snake*, 5

culinario(a) *having to do with cooking*, 4

culminar *to culminate*, 11

la culpa *fault*, III7; **echarle la culpa a otro(a)** *to blame someone else*, III7

cultivar *to cultivate, to grow*, 4

culto(a) *cultured*, 6

la cumbre *peak*, 5

el cumplido *compliment*, III7; **hacerle un cumplido a alguien** *to compliment someone*, III7

cumplir *to accomplish, to carry out*, 3; *to turn (a specific age)*; **Cuando cumpla los 18 años...** *When I turn 18 . . .*, III10

el curandero, la curandera *healer*, 7

el currículum (vitae) *résumé*, III12

el curso *course*, 1

cuyo(a) *whose, of which*, 1

D

la dama *lady*, 9

la danza *dance (as an art form)*, III6

danzar *to dance*, 4

el daño *damage, harm*, 8; **hacerse daño** *to hurt oneself*, II

dañoso(a) *damaging, harmful*, 8

dar *to give*, I; **dar la mano** *to shake hands*, 12; **dar una caminata** *to go hiking*, I; **darle un abrazo** *to give someone a hug*, III7; **Me da**

igual. *It's all the same to me.*, III1; **Me da lo mismo.** *It's all the same to me.*, III1; **Me dan ganas de llorar.** *It makes me feel like crying.*, III7; **¿Serías tan amable de dármela?** *Would you be so kind as to give it to me?*, III4

darse: darse cuenta (de) *to realize*, III9; **darse tiempo para pensar** *to give oneself time to think*, III7

datar *to date*, 6

de *of, from, made of, in, as*, I; **¿de dónde?** *from where?*, III1; **de estatura mediana** *of medium height*, III1; **de (malos) modos** *in a (bad) way*, 12; **de muy mal gusto** *in very bad taste*, III6; **de ningún modo** *no way*, 8; **De niño(a),...** *As a child . . .*, III12; **de repente** *all of a sudden*, II; **de tal forma que...** *in such a way that . . .*, III10

debajo de *under, beneath*, I

debatir *to debate*, 3

deber *should, ought to*, I; **Deben...** *They should . . .*, III3; **Deberías + inf.** *You should . . .*, III2; **Debes... You should . . .*, III12; **¿Qué debo hacer?** *What should I do?*, III2; **se deben a** *are due to*, III10

el deber *duty*, III3; **Es nuestro deber...** *It's our duty . . .*, III3

la debilidad *weakness*, 2

debilitar *to weaken*, 11

la década *decade*, 3

la decepción *disappointment*, 12

decepcionado(a) *disappointed*, III7; **Estoy decepcionado(a).** *I'm disappointed.*, III7

decir *to say, to tell*, I; **Alguien me dijo que...** *Somebody told me that . . .*, III5; **Cambiando de tema, ¿qué me dices de...?** *Changing subjects, what can you tell me about . . .?*, III6; **Dicen que...** *They say that . . .*, III5; **¡No me digas!** *You don't say!*, III8; **Para decir la verdad...** *To tell the truth . . .*, III6; **...que siempre me diga...** *. . . who always tells me . . .*, III7; **Se dice que** *They say that*, III5

declarar *to declare*, III5

las decoraciones (sing. **la**

decoración) *decorations*, I

decorar *to decorate*, I

dedicar *to dedicate*, II

dedicarse *to devote oneself*, III11; **Me dedicaría a...** *I would devote myself to . . .*, III11

el dedo *finger, toe*, I

el defecto humano *human failing*, 8

defender (ie) *to defend*, 11

definir *to define*, 4

dejar *to leave (behind), to let go*, II; **dejar plantado(a) a alguien** *to stand someone up*, III7; **¿En cuánto lo deja?** *How much will you let it go for?*, II; **¿Por qué no lo dejamos para...?** *Why don't we leave it for (another time)?*, III6

dejar de + inf. *to stop (doing something)*, II; **dejar de hablarse** *to stop speaking to each other*, III7

del (de + el) *of the, from the*, I

delante de *in front of*, II

deletrear *to spell*, 3

el delfín (pl. **los delfines**) *dolphin*, II

delgado(a) *thin*, I

delicioso(a) *delicious*, I

la delincuencia *crime*, III11

el delito *minor crime*, III11

demasiado(a) *too much*, I

la democracia *democracy*, 10

demoler (ue) *to demolish*, 11

demostrar (ue) *to show, to demonstrate*, 2

denominar *to name*, 6

denso(a) *dense*, 4

dentro de... *within (a day, month, . . .)*, II

depender *to depend*, III5; **Depende de tu punto de vista.** *It depends on your point of view.*, III5

el dependiente, la dependiente *store clerk*, II

los deportes *sports*, I

deportivo(a) *sports (adj.)*, III8; **la sección deportiva** *sports section*, III8

deprimido(a) *depressed, sad*, II

el derecho *right, law (field of study)*, 9

derecho *straight*, II

derecho(a) *right;* **a la derecha** *to the right*, II

derivar *to derive, to descend*

la derrota *defeat*, III5

derrumbar *to knock down*, 6

el desacuerdo *disagreement*, 5

desafiar *to defy, to challenge,* 1
el desafío *challenge,* 10
desafortunadamente *unfortunately,* 5
desaparecer (zc) *disappear,* 5
desarrollar *to develop,* III3
el desarrollo *development,* 4
desasosegar (ie) *to make uneasy,* 12
el desastre *disaster,* 4
desayunar *to eat breakfast,* I
el desayuno *breakfast,* I
descansar *to rest,* I
el descanso *recess, break,* I
descender (ie) *to descend,* 9
descomponerse *to break down,* III4; **Se nos descompuso (descompusieron)...** *. . . broke down on us.,* III4
desconectar *to disconnect,* 11
desconocido(a) *unknown, unfamiliar,* 11
descontrolado(a) *out of control,* 2
descortés *rude,* III8; **No aguanto a nadie que sea descortés.** *I can't stand anyone who's rude.,* III7
describir *to describe,* 6
descubierto(a) (past participle of **descubrir**) *discovered,* 3
el descubrimiento *discovery,* 7
descubrir *to discover,* III3
el descuento *discount,* II
descuidar *to neglect,* 2
desde *since,* 3; **Desde luego.** *Of course.,* III5
desear *to wish,* 12; *to desire,* 12; *to want* (formal); **¿Desean algo más?** *Would you like anything else?,* I
desechable *disposable,* 3
desechado(a) *thrown out,* 11
desempeñar *to carry out,* 6
el desempleo *unemployment,* III11
el desenvolvimiento *development,* 4
el deseo *wish, desire,* 5
desesperarse *to lose hope,* II
desfilar *to march, to parade,* II
el desfile *parade,* II
la desgracia *misfortune,* 10
el desierto *desert,* 5
la desilusión *disappointment,* 7
desilusionado(a) *disappointed,* III7; **Estoy desilusionado(a).** *I'm disappointed.,* III7
desilusionar *to destroy an illusion*
desinclinadamente *unwillingly,* 10
desleal *disloyal,* III7

el desliz (pl. los deslices) *slip, slide,* 1
deslizar *to slide,* 9
desmoronar *to crumble,* 11
el despecho *despair,* 10
despedirse (i, i) de *to say goodbye to,* II
despejado(a) *clear,* II
la despensa *pantry,* 4
desperdiciar *to waste,* II
el desperdicio *waste,* II
el despertador *alarm clock,* II
despertarse (ie) *to wake up,* II
despreciado(a) *belittled,* 10
el desprecio *contempt,* 12
desprovisto(a) *lacking,* 11
después (de) *after,* I; *afterward,* II; **Después de graduarnos...** *After we graduate . . . ,* III10; **después de que** *after* (conj.), III10
destacar *to point out,* 11
destilar *to distill,* 11
el destino *destiny, destination,* 5
destrozado(a) *destroyed,* 6
destrozar *to destroy,* 10
la destrucción *destruction,* II
destruir *to destroy,* III3
desvelarse *to stay up late,* 2
la desventaja *disadvantage,* III3
el detalle *detail,* 1
detener (ie) *to stop,* 9
el deterioro *deterioration,* III11; **Temo que el deterioro continúe** *I'm afraid the deterioration will continue,* III11
detrás de *behind,* II
el deudor, la deudora *debtor,* 3
devolver (ue) *to give back,* 5
el día *day,* I; **el Día de Acción de Gracias** *Thanksgiving Day,* I; **el Día de la Independencia** *Independence Day,* I; el Día de la Raza *Columbus Day,* 10; **el Día de las Madres** *Mother's Day,* I; **el Día de los Enamorados** *Valentine's Day,* I; **el Día del Padre** *Father's Day,* I; **hoy (en) día** *nowadays,* III3
el diablo *devil,* 7
diario(a) *daily,* III3; **la vida diaria** *daily life,* III3
dibujar *to draw,* I
el dibujo *drawing,* III6
el diccionario *dictionary,* I
Dicen que... *They say that . . . ,* III5
el dicho *saying, proverb,* 5
dicho (past participle of **decir**) *said,* III3
diciembre (m.) *December,* I

diecinueve *nineteen,* I
dieciocho *eighteen,* I
dieciséis *sixteen,* I
diecisiete *seventeen,* I
el diente *tooth,* I; **los dientes** *teeth,* I
diestra: a diestra y a siniestra *right and left,* 9
la dieta *diet,* II
diez *ten,* I
diezmar *to decimate,* 4
difícil *difficult, unlikely,* I; **Es difícil que** *It's unlikely that,* III8; **Es muy difícil de creer, pero es posible.** *That's very hard to believe, but it's possible.,* III5
la dificultad *difficulty,* 10
difundir *to spread, to broadcast,* 9
Diga. *Hello.* (telephone greeting), I
diligente *diligent, speedy,* 9
la dinamita *dynamite,* 7
el dinero *money,* I
el dintel *threshold,* 9
el dios *god,* III5; **Los dioses quieren que los guerreros acuerden la paz.** *The gods want the warriors to make peace.,* III5
la diosa *goddess,* III5
dirigir *to direct,* 8
la disciplina *discipline,* 10
el disco compacto *compact disc,* I
la discriminación *discrimination,* III9
disculpar *to excuse, to forgive,* III7; **Discúlpame.** (informal) *Forgive me.,* III7; **Disculpe.** (formal) *Excuse me.,* II
discutir el problema *to discuss the problem,* III7
el diseñador, la diseñadora *designer,* III12
diseñar *to design,* III6
el diseño *design;* el diseño gráfico *graphic design,* 12; el diseño por computadora *computer-assisted design,* 6
el disfraz (pl. **los disfraces**) *costume,* II
disfrutar *to enjoy,* II
disgregar *to disintegrate,* 4
la disminución *reduction,* 11
disminuir *to lessen,* 2
el disparate *foolish act,* 11
disponer *to arrange,* 4
dispuesto(a) *ready, willing,* 5
disputar *to dispute,* 4
distinto(a) *different,* 6
distraído(a) *absent-minded,* II
el distrito *district*

la **diversidad** *diversity*, 10
diverso(a) *varied*, 6
divertido(a) *fun, amusing*, I
divertirse (ie, i) *to have fun*, II
divorciarse *to get divorced*, 7
divulgación *publication*, 3
doblar *to turn*, II
el **doble** *double*, 3
doce *twelve*, I
el **documental** *documentary*, III8
el **dólar** *dollar*, I
doler (ue) *to hurt, to ache*, I;
Estoy dolido(a). *I'm hurt.*,
III7; **Me duele mucho que...**
It really hurts me that . . ., III7
el **dolor** *pain*, 12
doloroso(a) *painful*, 6
doméstico(a) *household*
(adj.), I; **los quehaceres**
domésticos *household*
chores, I
el **domicilio** *home*, 4
dominar *to dominate*, 4;
Domina el francés. *He*
(She) speaks French very
well., III10
el **domingo** *Sunday*, I
dominical *Sunday* (adj.), 8
dominicano(a) *Dominican*
(from the Dominican
Republic), II
el **dominio** *mastery*, 12;
domination, control
el **don** *gift, talent*, 9
donar *to donate*, 11
donde *where*, I
¿Dónde? *Where?*, III1
dorado(a) *golden*, 5
dormir (ue, u) *to sleep*, II;
dormir lo suficiente *to get*
enough sleep, III2
dormirse (ue, u) *to fall asleep*,
III2
dos *two*, I; **dos por uno** *two*
for one, II
doscientos(as) *two hundred*, I
el **dosel** *canopy, curtain*, 6
la **dote** *dowry*, 7
dramatizar *to act out, to*
dramatize, 4
el **drenaje** *drainage*, 11
la **droga** *drug*, 11
la **drogadicción** *drug addiction*,
III11
ducharse *to take a shower*, III2
la **duda** *doubt*, II; **No cabe la**
menor duda. *There's*
absolutely no doubt., III8; **Sin**
duda (alguna). *Without a*
doubt., II
dudar *to doubt*, II; **Dudo que...**
I doubt that . . ., III8
el **dueño**, la **dueña** *owner*, 5

el **dueto** *duet*, 6
dulce *sweet*, I
la **dulcería** *candy store*, I
los **dulces** *candy*, I
duplicar *to double*, 10
durante *during*, I
durar *to last*, 1
el **durazno** *peach*, 4
el **duro** *five-peseta coin*, 7
duro(a) *hard*, 1; *difficult*, 6
el **DVD** *DVD (Digital Video*
Disc), 3

E

e *and* (before words beginning
with **i** or **hi**), II
el **e-mail** *e-mail*, II
echado(a): Está echado(a)
a perder. *It's spoiled*
(ruined)., III4
echar *to throw, to toss*, II;
echar (a alguien) de menos
to miss (someone), II; **echarle**
flores *to compliment*
someone, 7; **echarle la culpa**
a otro(a) *to blame someone*
else, III7; **echar la siesta** *to*
take a nap, 2; **echarle mucha**
sal a la comida *to put a lot*
of salt on food, III2
el **ecólogo**, la **ecóloga** *ecologist*, 3
ecuatoriano(a) *Ecuadorean*, II
ecuestre *equestrian*, 1
la **edad** *age*, 2
el **edificio** *building*, II
la **editorial** *publisher*
los **editoriales** *editorials*, III8
la **educación** *education*, I
educar *to educate*, 3
el **efecto** *effect*, II; **los efectos**
especiales *special effects*, II;
En efecto, parece ser así.
Actually, it seems to be that
way., III5
eficaz (pl. **eficaces**) *effective*, 8
Egipto (m.) *Egypt*, I
egoísta *selfish*, III9
**Eh... *Uh . . .*, III3
el **ejemplar** *example*, 6
ejercer *to exert*, 9
el **ejercicio** *exercise*, I
el **ejército** *army*, III5
el (article) *the*, I; **el . . .** *on the*
(date), I; **El año pasado...**
Last year . . ., III12
el/la . . . que viene *next*
(year, week, . . .), II
él (pron.) *he, him* (after
preposition), I
elaborar *to produce, to*
manufacture, 4
la **elección** *choice*, 8

la **electricidad** *electricity*, II
electrónicamente *electronically*
elegante *elegant*, II
elegir (i, i) *to elect, to select*, 3
elevar *to raise*, 11
eliminar *to eliminate*, 10
ella *she; her* (after
preposition), I
ellas *they; them* (after
preposition), I
ellos *they, them* (after
preposition), I
embargo: sin embargo
nevertheless, 5
embarrado(a) *muddy*, 12
embellecer (zc) *to beautify*, 6
el **embustero**, la **embustera** *liar*, 12
emigrar *to emigrate*, 10
la **emisora** *radio or TV station*,
III8
emitir *to emit, to send out*, 3
emocionado(a) *excited*, II
emocionante *moving,*
exciting, 9
empacado(a) *packaged*, II
la **empanada** *turnover filled with*
meat, fish, cheese, or fruit, 1
empapar *to soak, to drench*, 4
emparentarse (ie) *to become*
related by marriage, 7
empeorar *to get worse*, III3;
ha empeorado bastante *has*
gotten quite a bit worse, III3;
La situación va a
empeorarse. *The situation*
will get worse., III11
el **emperador**, la **emperadora**
emperor, empress, 5
empezar (ie) *to begin*, I;
Antes que empiecen las
clases... *Before classes begin*
. . ., III10; **Yo empezaría por**
I'd start by, III11
el **empleado**, la **empleada**
employee, III12
el **empleo** *job*, II
emprender *to start*, 5
la **empresa** *business, company*,
III12
el **empresario**, la **empresaria**
entrepreneur, 10
la **empuñada** *hold, grip*, 10
en *in, on, at*, I; **en absoluto**
absolutely not, 5; **en caso**
in case, 4; **en común** *in*
common, 1; **en consecuencia**
therefore, III10; **en contra**
against, 8; **en cuanto** *as*
soon as, III10; **En efecto,**
parece ser así. *Actually, it*
seems to be that way., III5;
en fin *in short*, II; **en línea**
online, III8; **en mi vida** *never*

in my life, 5; **en seguida** *right away, immediately*, III3; en su lugar *in his (her) place*, 9; **en vez** *instead of*, 5; en voz alta *out loud*, 5
enamoradizo(a) *amorous*, 2
enamorarse de *to fall in love with*, II
el enano, la enana *dwarf*, II
encabezar *to lead*, 9
encajar *to fit in*, III10
el encaje *lace*, 7
encaminarse *to set out*, 7
Encantado(a). *Delighted to meet you.*, I
encantador(a) *enchanting*, 7
encantar *to delight*, III7; **Estoy encantado(a) que...** *I'm delighted that . . .*, III7; **Me (Te,...) encanta(n)...** *I (You, . . .) love . . .*, II; **Me encanta que...** *I'm delighted that . . .*, III7; **Me encantaría ser...** *I'd love to be . . .*, III12
encargar *to put in charge of*, 6
encargarse de *to take charge of*, 3
encender (ie) *to turn on, to light*, 3
encendido(a) *lit*, 12
encerrar(ie) *to enclose, to shut in*, 2
encima de *on top of*, I
encontrar (ue) *to find*, I; **Si se encontrara una cura...** *If a cure were found . . .*, III11
encontrarse (ue) *to be located*, II; **encontrarse (con)** *to meet up (with)*, II
la encuesta *survey, poll*, 8
enderezar *to straighten*, 12
el enemigo, la enemiga *enemy*, III5
la energía *energy*, II; la energía geotérmica *geothermal energy*, 3; **la energía nuclear** *nuclear energy*, III3; **la energía solar** *solar energy*, III3
enero (m.) *January*, I
enfadado(a) *angry*, II
enfadarse *to get angry*, III9; **nos enfadamos** *we got angry*, III9
enfático(a) *emphatic*, 11
enfermarse *to become ill*, II
la enfermedad *disease*, III11
el enfermero, la enfermera *nurse*, III12
enfermo(a) *sick*, I
enfocarse en *to focus on*, III10
el enfoque *focus*, 8

enfrentar *to face*, II; *to confront*, 4
engañar *to fool*, 9
enganchar *to hang up*, 10
engreído(a) *conceited, arrogant*, 2
el enjambre *swarm*, 11
los enlaces *connections, links*, 1
enojado(a) *angry*, I
enojarse *to get angry*, III9; **nos enojamos** *we got angry*, III9
enorme *enormous*, 2
enredado(a) *tangled*, 9
enrevesado(a) *complicated*, 12
enriquecer (zc) *to enrich*, 8
la ensalada *salad*, I; **la ensalada de aguacate** *avocado salad*, III4; **la ensalada mixta** *tossed salad*, III4
ensayar *to rehearse*, 6
el ensayista, la ensayista *essayist*, 9
el ensayo *essay*, 9; *rehearsal*, 6
la enseñanza *teaching*, 1
enseñar *to show, to teach*, 6
entender (ie) *to understand*, 2; **Tengo entendido que...** *I understand that . . .*, III9
enterarse (de) *to find out (about)*, II
entero(a) *whole, entire*, II
enterrar (ie) *to bury*, 3
entonces *then*, II; **en aquel entonces** *back then*, II; **Entonces...** *So, then . . .*, II
la entrada *ticket*, 6
las entrañas *bowels*, 9
entrar *to enter, to go in*, 9
entregar *to hand in*, II
el entrenador, la entrenadora *trainer*, 1
el entrenamiento *training*, 1
entrenarse *to train*, II
entretenido(a) *entertaining*, III6
entrevistar *to interview*, 1
entusiasta *enthusiastic*, II
enviar *to send, to mail*, III3; **enviar una carta electrónica** *to send an e-mail*, III3
envidiar *to envy*, 12
envolverse (ue) en *to get wrapped up in*, 2
la época: **en aquella época** *in those days*, II
equilibrado(a) *balanced*, 2
el equipo *team*, 2
la equitación *horseback riding*, III1
el equivalente *equivalent*, 5
equivocado(a) *mistaken, wrong*, 8

equivocarse *to be wrong*, II
Era una de mis grandes ambiciones. *It was one of my great ambitions.*, III5
Érase una vez... *Once upon a time . . .*, II
erróneamente *incorrectly*, 10
erróneo(a) *incorrect*, 9
el error *mistake*, III7; **admitir un error** *to admit a mistake*, III7; **cometer un error** *to make a mistake*, III7
es *he (she/it) is*, I; **Es cierto que...** *It's true that . . .*, III3; **Es difícil que...** *It's unlikely that . . .*, III8; **Es evidente que...** *It's evident that . . .*, III8; **Es fácil que...** *It's likely that . . .*, III8; **Es importante que + subj.** *It's important that . . .*, III6; **Es imposible que...** *It's impossible that . . .*, III8; **Es increíble que...** *It's unbelievable that . . .*, III8; **Es mejor que...** *It's better for . . . to . . .*, III6; **Es muy difícil de creer, pero es posible.** *That's very hard to believe, but it's possible.*, III5; **Es necesario que + subj.** *It's necessary for . . . to . . .*, III6; **Es nuestra responsabilidad...** *It's our responsibility . . .*, III3; **Es nuestro deber...** *It's our duty . . .*, III3; **Es obvio que...** *It's obvious that . . .*, III8; **Es posible que...** *It's possible that . . .*, III8; **Es probable que...** *It's probable that . . .*, III8; **es que** *it's just that*, II
esa, ese *that* (adj.), I
esas, esos *those* (adj.), I
la escalada deportiva *rock climbing*, III1
escalar *to climb*, I; **escalar montañas** *to go mountain climbing*, III1
la escalera *stairs*, 9
escapar *to escape*, 3
el escaparate *show window, display case*, II
la escena *scene*, 8
el escenario *stage*, 4
escoger *to choose*, 3
escojer *see* escoger
la esclavización *enslavement*, 4
el esclavo *slave*, 4
escribir *to write*, I
escrito (past participle of **escribir**) *written*, III3
el escritor, la escritora *writer*, III12

el escritorio *desk*, I

la escritura pictográfica *pictographs*, 5

escuchar *to listen*, I; **escuchar música** *to listen to music*, III1

el escudo nacional de armas *national shield*, 5

la escuela preparatoria *high school*, 6

la escuela secundaria *high school*, 11

el escultor, la escultora *sculptor*, III6

la escultura *sculpture*, III6

ese, esa *that* (adj.), I

esforzarse (ue) por *to make an effort to*, III10

el esfuerzo *effort*, III10; **Puse todo mi esfuerzo en...** *I put a lot of effort into . . .*, III10

la esgrima *fencing*, 10

esmerar *to take great pains*, 2

el esnob *snob*, 9

eso, ésos *that, those* (pron.), I; **Eso es.** *That's right.*, III5; **¡Eso es muy difícil!** *That's very unlikely!*, III5; **Eso me hace pensar en...** *That brings to mind . . .*, III6; **Eso me recuerda...** *That reminds me of . . .*, III6; **Y eso, ¿qué?** *So what?*, II

el espacio *space*, 3

los espaguetis *spaghetti*, 4

la espalda *back*, I

el español *Spanish (language)*, I

español(a) *Spanish (nationality)*, II

esparcir *to spread*, 4

especial *special*, II

la especialidad *specialty*, II

especialmente *especially*, I

las especies *species*, II

espectacular (m./f.) *spectacular*

el espejo *mirror*, II

los espejuelos *glasses*, 1

la esperanza *hope*, III5; **Tenía muchas esperanzas de...** *I had high hopes of . . .*, III5

esperar *to wait, to expect*, 8; **esperar** + inf. *to hope to . . .*, III5; **esperar que** + subj. *to hope (that) . . .*, III5; **Espero que la guerra termine pronto.** *I hope the war ends soon.*, III5; **No me lo esperaba.** *It caught me by surprise.*, III8

espiar *to spy*, 12

la espiga *ear* (of a plant), 4

el espíritu *spirit*, 2

el esplendor *splendor*, 4

espontáneo(a) *spontaneous*, 12

la esposa *wife*, I

el esposo *husband*, I

el esqueleto *skeleton*, 7

el esquema *outline*, 2

el esquí acuático *water skiing*, III1; **hacer el esquí acuático** *to go water skiing*, III1

esquiar *to ski*, I

la esquina *corner*, II

los esquís *skis*, I

esta, este *this* (adj.), I

ésta, éste *this* (pron.), I

establecer (zc) *to set up, to establish*, III3; **establecer una zona peatonal** *to set up a pedestrian zone*, III3

la estación (pl. **las estaciones**) *season (of the year)*, I

la estación (pl. **las estaciones**) **de tren** *train station*, II

el estacionamiento *parking (area)*, II

el estadio *stadium*, I

el estado *state*

estadounidense *from the United States*, II

estafar *to swindle*, 12

estallar *to burst, to explode*, 1

Estamos obligados a... *We're obligated to . . .*, III3

la estampilla *stamp*, II

la estancia *stay*, 6

estar *to be*, I; **Está echado a perder.** *It's spoiled (ruined).*, III4; **Está en su punto.** *It's just right.*, III4; **estar a dieta** *to be on a diet*, III2; **estar agradecido(a) por** *to be grateful for*, III10; **estar al tanto de...** *to be up to date on . . .*, III8; **estar bien informado(a) sobre...** *to be well informed about . . .*, III8; estar hecho(a) polvo *to be worn out*, 2; **estar rendido(a)** *to be worn out*, III2; **Estoy contento(a).** *I'm happy.*, III7; **Estoy convencido(a) que...** *I'm convinced that . . .*, III8; **Estoy de acuerdo.** *I agree.*, III5; **Estoy de buen humor.** *I'm in a good mood.*, III7; **Estoy decepcionado(a).** *I'm disappointed.*, III7; **Estoy desilusionado(a).** *I'm disappointed.*, III7; **Estoy dolido(a).** *I'm hurt.*, III7; **¡Estoy en la gloria!** *I'm in heaven!*, III7; **Estoy encantado(a) que...** *I'm delighted that . . .*, III7; **Estoy harto(a) de...** *I'm fed up*

with . . ., III1; **Estoy loco(a) por...** *I'm crazy about . . .*, III1; **Estoy orgulloso(a) de...** *I'm proud of . . .*, III7; **Estoy seguro(a) que...** *I'm certain that . . .*, III8; **Estuve muy contento(a).** *I was very happy.*, III9

estas, estos *these* (adj.), I

éstas, éstos *these* (pron.), I

estatal *state* (adj.), 5

la estatua *statue*, III6

la estatura *height*, III1; **de estatura mediana** *of medium height*, III1

el este *east*, II

Este... *Umm . . .*, III3

este, esta *this* (adj.), I

éste, ésta *this* (pron.), I

la estera *mat*, 5

estereotipar *to stereotype*, III9

el estereotipo *stereotype*, III9

el estero *mat*, 4

el estilista, la estilista *stylist*, 2

el estilo *style*, II; **el estilo de vida** *lifestyle*, II

estirarse *to stretch*, I

esto *this* (pron.), I; **Esto pasará pronto.** *This will soon pass.*, III7

el estómago *stomach*, I

estos *these* (adj.), I

éstos *these* (pron.), I

estrecho(a) *tight-fitting*, II; *narrow*, 5

la estrella *star*, II; **la estrella de cine** *movie star*, II

el estreno *premiere*, II

estrepitoso(a) *noisy, deafening*, 5

el estrés *stress*, III2; **aliviar el estrés** *to relieve stress*, III2; **causar el estrés** *to cause stress*, III2

estricto(a) *strict*, I

la estructura *structure*, 4

estudiar *to study*, I; **Me interesaría estudiar para...** *I'd be interested in studying to be a . . .*, III12

la estufa *stove*, II

<u>**Estupendo(a).** *Great., Marvelous.*, I</u>

estúpido(a) *stupid*, 9

estuve (pret. of **estar**) *I was*, III9

la etapa *phase, stage*, 4

eternamente *eternally*, 5

la ética *ethic*, 10

la etiqueta *price tag*, II

étnico(a) *ethnic*, 10

europeo(a) *European*, 8

el euskera *Basque (language)*, 2

el **evento** *event*, I
evitar *to avoid*, II
exacto(a) *exact*, 5
la exageración *exaggeration*, 3
exagerado(a) *exaggerated*, 5
exagerar *to exaggerate*, 7
el **examen** (pl. **los exámenes**) *exam*, I
la excavación (pl. las excavaciones) *(archeological) dig*, 7
Excelente. *Great., Excellent.*, I
el exceso *excess, too much*, 2
exclusivo(a) *exclusive*, 3
la excursión (pl. las excursiones) *outing*, 1
la **exhibición** (pl. **las exhibiciones**) *exhibition*, III6
exigente *demanding*, II
el exilio *exile*, 9
el **éxito** *success*, III10; **tener éxito** *to succeed*, III10
exorcizar *to exorcise*, 6
experimentado(a) *experienced*, 8
experimentar *to experience*, 10
explícito(a) *explicit*, 12
explorar *to explore*, I
la explotación *exploitation*, 3
explotar *to explode*, 6
exportar *to export*
la exposición (pl. las exposiciones) *exhibit*, 6
expresar *to express*, 1
exprimir *to squeeze*, 4
exquisito(a) *exquisite*, 4
extenuante *exhausting*, 2
el extracto *excerpt*, 10
extraer *to extract*, 4
el extranjero *foreigner*, 4; *abroad*, 11
extranjero(a) *foreign*, 3
extrañar: **Bueno, no me extraña.** *Well, I'm not surprised.*, II
extraño(a) *strange*, 10
extrovertido(a) *extroverted, outgoing*, 2

la **fábrica** *factory*, III3
fabricar *to manufacture, to make*, 3
la fábula *fable*, 5
la faceta *side*, 9
la fachada *façade*, 2
fácil *easy*, I; **es fácil que...** *it's likely that . . .*, III8; fácil de tratar *easy to get along with*, 9
facilitar *to make easy*, 3
la facultad de (arquitectura,...)

college of (architecture, . . .), 6
la **falda** *skirt*, I; la falda de res *skirt steak*, 4
la **falta** *lack*, III9; *mistake*, 7
hace falta que busquemos *we need to look for*, III6
faltar *to need, to lack*, III4; **Le falta no sé qué.** *It needs something (I don't know what).*, III4; **Le falta sabor.** *It doesn't have enough flavor.*, III4; **Le falta sal.** *It needs (lacks/doesn't have enough) salt.*, III4
la fama *fame*, 7
la **familia** *family*, I
los familiares *family members*, 6
famoso(a) *famous*, 6
el **fanático**, la **fanática** *fan*, III1; **Soy un(a) fanático(a) de...** *I'm a big fan of . . .*, III1
la fantasía *fantasy*, 12
el **farmacéutico**, la **farmacéutica** *pharmacist*, III12
la **farmacia** *pharmacy*, II
la farmacología *pharmacology*, 12
el faro *lighthouse*
fascinante *fascinating*, 10
fascinar: A mí me (A ti te) fascina(n)... *I (You) love . . .*, II
fastidiar *to annoy*, II
fatigar *to tire*, 11
las fauces *mouth*, 9
el **favor** *favor*, 5; a favor de *on behalf of*, 1; **Hágame (Hazme) el favor de...** *Do me the favor of . . .*, III4; **por favor** *please*, I
favorito(a) *favorite*, I
el **fax** *fax, fax machine*, III3
febrero (m.) *February*, I
la **fecha** *date* (on a calendar), I; **¿Cuál es la fecha?** *What is today's date?*, I
la felicidad *happiness*, 7
feliz (pl. **felices**) *happy*, II
fenomenal *great*, III1
feo(a) *ugly*, I
feroz (pl. feroces) *fierce*, 5
la **ferretería** *hardware store*, III4
el **festival** *festival*, II
festivo(a) *festive*, I; **el día festivo** *holiday*, I
la fibra óptica *fiber optic*, 3
la ficha *note card*, 11
ficticio(a) *fictitious*, 11
la **fiebre** *fever*, I
la fiereza *fierceness*, 4
la **fiesta** *party*, I; **la fiesta de aniversario** *anniversary party*, I; **la fiesta de**

cumpleaños *birthday party*, I; **la fiesta de graduación** *graduation party*, I; **la fiesta de sorpresa** *surprise party*, I
la **figura** *shape, form*, 5
fijarse *to notice, take notice*, II; **¡Fíjate!** *Imagine!*, II; **Me he fijado en...** *I've noticed . . .*, III11
fijo(a) *fixed*, II
el **fin** *end*, II; **el fin de semana** *weekend*, I; **en fin** *in short*, II; **para fines de** *by the end of*, II; **por fin** *at last*, I
financiero(a) *financial*, III8; **la sección financiera** *financial section*, III8
las finanzas *finance*, 10
la **finca** *farm, ranch*, 2
el fiordo *fjord*
la firma *signature*, 11
físico(a) *physical*, I
el fisicoculturismo *body building*, 2
el **flan** *custard*, I
la **flauta** *flute*, III1
la flecha *arrow*, 5
flechar *to shoot with an arrow*, 7
flojo(a) *lazy*, II
florecer (zc) *to flower*, 11
la **florería** *flower shop*, I
las **flores** *flowers*, I
fluir *to flow*, 3
el folleto *brochure*, 6
fomentar *to encourage, to promote*, 7
los fondos *funds*, 11
la **forma** *shape, form, way*, II
formal *formal*, I
formidable *tremendous*, III6
el formulario *form*, 8
fortalecer (zc) *to strengthen*, 2
forzado(a) *forced*, 3
la **fotocopiadora (a colores)** *(color) photocopier*, III3
la **fotografía** *photography*, III1
el fraile *monk*, 5
francamente *frankly*, 2
el **francés** *French (language)*, I
Francia (f.) *France*, I
la frecuencia: **con frecuencia** *often*, I; **¿Con qué frecuencia?** *How often?*, I
frenar *to brake*, 11
frenético(a) *frantic*, 3
frente a *in the face of*, 11
la **fresa** *strawberry*, I
los **frijoles** *beans*, I
frío(a) *cold*, I; **Me deja frío(a).** *It doesn't do anything for me.*, III6
frito (past participle of **freír**) *fried*, III4; **el pollo frito** *fried*

chicken, III4

la **frontera** *frontier*, 11

fronterizo(a) *border* (adj.), 1

frotar *to rub*, 11

frustrado(a) *frustrated*, 1

frustrante *frustrating*, 7

frustrarse *to be frustrated*, III7; **Me frustra que...** *It frustrates me that . . .*, III7

la **fruta** *fruit*, I

la **frutería** *fruit shop*, III4

Fue cuando... *It was when . . .*, II

el **fuego** *fire*, 5

la **fuente** *source, fountain*, 8

fuera *outside*, III3; **Mucha gente ha venido de fuera.** *Many people have come from outside.*, III3

fuera (past subjunctive of **ser**): **Si fueras rico(a)...** *If you were rich . . .*, III9; **Si yo fuera presidente(a)...** *If I were president . . .*, III11

fuerte *strong, heavy*, I

la **fuerza vital** *vital force*, 6

fumar *to smoke*, II

la **fumarola** *hole in volcano from which gases emerge*, 5

la **función** (pl. las funciones) *performance*, 3

el **funcionario público** *public official*, 11

las **funciones** *duties*, 8

la **fundación** (pl. las fundaciones) *foundation*, 6

fundar *to found*, 10

fundir *to merge*, 10

la **furia** *rage*, 2

furioso(a) *furious*, 8

la **fusión nuclear** *nuclear fusion*, 3

el **fútbol** *soccer*, I; **el fútbol norteamericano** *football*, I

las **gafas** *glasses*, III1

el **galán** (pl. los galanes) *suitor*, 7

la **galaxia** *galaxy*, II

el **gallego** *Galician (language)*, 2

la **galleta** *cookie*, I

la **gallina de palo** *iguana meat*

el **gallo pinto** *rice and black beans*

la **gana: Me dan ganas de llorar.** *It makes me feel like crying.*, III7; **tener ganas de** + inf. *to feel like (doing something)*, I

el **ganado** *cattle*, 5

el **ganador, la ganadora** *winner*, 11

las **ganancias** *earnings*, 11

ganar *to win, to earn*, I; *to gain*, 3

la **ganga** *bargain*, I

ganoso(a) *wanting*, 9

la **gansa** *goose*, 11

la **garantía** *guarantee*, 3

garantizado(a) *guaranteed*, 3

la **garganta** *throat*, I

el **gas natural** *natural gas*, 3

la **gasolina** *gasoline*, II; la gasolina sin plomo *unleaded gasoline*, 3

la **gasolinera** *gas station*, II

gastar *to spend, to waste*, II

el **gato, la gata** *cat*, I

la **generación** (pl. las generaciones) *generation*, 10

general: **por lo general** *usually*, I

la **generosidad** *generosity*, 7

generoso(a) *generous*, II

genial *great*, III6

el **genio** *genius*, 8

la **gente** *people*, III3; **Mucha gente ha venido de fuera.** *Many people have come from outside.*, III3

gentil *charming*, 9

la **geografía** *geography*, I

el **gerente, la gerente** *manager*, III12

el **gigante** *giant*, 9

gigante *giant* (adj.), 10

gigantesco(a) *gigantic*, II

el **gimnasio** *gym*, I

girar *to turn around*, 9

el **globo** *balloon*, I

la **gloria: ¡Estoy en la gloria!** *I'm in heaven!*, III7

el **gobernador, la gobernadora** *governor*, 11

la **golosina** *piece of candy*, 4

la **goma de borrar** *eraser*, I

gordo(a) *fat, overweight*, I; **Me cae gordo.** *It disagrees with me., I hate it.*, III4

la **gota** *drop (of liquid)*, 7

el **goterón** (pl. los goterones) *big drop (of liquid)*, 11

gozar *to enjoy*, 6

la **grabación** (pl. las grabaciones) *recording*, 9

el **grabado** *engraving*, 6

el **grabador** *tape recorder*, 8

Gracias. *Thanks.*, I; **gracias por** *thank you for*, II; **Gracias por invitarme, pero no puedo.** *Thanks for inviting me, but I can't.*, III6

gracioso(a) *funny*, 8

el **grado** *degree*, 5

el **graduado, la graduada** *graduate (student)*, 10

graduarse *to graduate*, III10;

Después de graduarnos... *After we graduate . . .*, III10

gran: **una gran persona** *a great person*, III1; **un gran tipo** *a great guy*, III1

grande *big*, I

el **granito** *granite*, 9

el **grano** *grain, seed*, 4; los granos germinados *sprouted grains*, 2

la **grasa** *fat* (in food), III4; **Lleva mucha grasa.** *It has too much fat.*, III4

gratis *free*, II

grave *serious*, II

graznar *to squawk*, 12

el **griego** *Greek (language)*, 10

el **grifo** *faucet*, 9

el **gringo, la gringa** *United States citizen* (impolite), 10

la **gripe** *flu*, I

gris *gray*, I

gritar *to shout*, 5

la **grúa** *derrick*, 3

grueso(a) *thick*, 12

¡Guácala! *Yuck!*, III4

el **guacamole** *dip made from mashed avocados*

el **guante** *glove*, 10

guapo(a) *good-looking*, III1

guardar *to keep*, III7; **no guardar los secretos** *not to keep secrets*, III7

guardarse *to protect oneself*, 5

el **guardia** *guard*, 5

guatemalteco(a) *Guatemalan*, II

Guatire *small city in Venezuela*, 8

el **güero, la güera** *blond or fair-skinned person*, 10

la **guerra** *war*, III5; **Espero que la guerra termine pronto.** *I hope the war ends soon.*, III5

el **guerrero, la guerrera** *warrior*, III5

el **guía, la guía** *guide*, II

guijarro *pebble*, 4

el **guiñapo** *rag, tatter*, 11

el **güiro** *Caribbean percussive instrument*, 6

el **guisado** *stew*, 4

guisado(a) *stewed*, 4

la **guitarra** *guitar*, I

el **gusano** *worm*, 4

gustar: A mí me (A ti te,...) gusta(n) + inf. *I (You, . . .) like (to) . . .*, I; **a quien le guste(n)** *who likes*, **Me (Te,...) gusta...** *I (You, . . .) like . . .*, I

el **gusto** *pleasure*, I; *taste*, III6; **¡Con mucho gusto!** *Gladly!*, I; **de muy mal gusto** *in very bad taste*, III6

H

ha (inf. **haber**) *has* (auxiliary verb)
haber *to have* (auxiliary verb); **...ha cambiado mucho** *. . . has changed a lot*, III3; **...ha empeorado bastante** *. . . has gotten quite a bit worse*, III3; **¿Has leído algo de?** *Have you read anything about . . .?*, III6; **¿Has oído hablar de...?** *Have you heard about . . .*, II; **¿Has pensado en?** *Have you thought of . . .?*, III6; **Han triunfado...** *They have succeeded . . .*, III10; **Mucha gente ha venido de fuera.** *Many people have come from outside.*, III3
haber que + inf. *to be necessary to* + verb, II; **Habrá que...** *It will be necessary to . . .*, III11; **Hay que...** *It's necessary to . . .*, III3
las habichuelas *beans*
la habitación (pl. **las habitaciones**) *room*, 3
el habitante, la habitante *inhabitant*
habitar *to live (in)*, 10
el hábito *habit*, III2; **tener buenos hábitos de alimentación** *to have good eating habits*, III2
hablar *to speak, to talk*, I; **dejar de hablarse** *to stop speaking to each other*, III7; **Hablando de...** *Speaking of . . .*, III6; **hablará** *will speak*, III3
Habrá que... *It will be necessary to . . .*, III11
hacer *to make, to do*; **¿Cuánto tiempo hace que...?** *How long have (has) . . . (been doing something)?*, II; **Hace diez años...** *Ten years ago . . .*, III12; **hace falta que busquemos** *we need to look for*, III6; **hace mucho frío (sol/calor/viento/fresco/buen tiempo/mal tiempo)** *it's very cold (sunny/hot/windy/cool/nice weather/bad weather)*, I; **Hace mucho tiempo...** *A long time ago . . .*, II; **hacer ejercicio** *to exercise*, III2; **hacer esquí acuático** *to*

water-ski, III1; **hacer las paces** *to make up with*, II; **hacer trabajos con la computadora** *to write papers on the computer*, III3; **hacerle un cumplido a alguien** *to compliment someone*, III7; **Hágame (Hazme) el favor de...** *Do me the favor of . . .*, III4; **Hagámoslo mañana.** *Let's do it tomorrow.*, III6; **Lo hice sin querer.** *I didn't mean to do it.*, III7; **No lo haré más.** *I won't do it anymore.*, III7; **No lo volveré a hacer.** *I won't do it again.*, III7; **Si no hacemos nada por...** *If we don't do anything about . . .*, III11
hacerse amigo(a) de alguien *to make friends with someone*, II
hacerse daño *to hurt oneself*, II
hacia *toward*, III9
el hada (f.) **madrina** *fairy godmother*, II
   Hágame el favor de... *Do me the favor of . . .*, III4
   Hagámoslo mañana. *Let's do it tomorrow.*, III6
la hallaca *tamale-like dish made of cornmeal stuffed with seasoned meat and vegetables, cooked in banana leaves*
el hallazgo *finding*, 2
el hambre (f.) *hunger*, III11; **tener (mucha) hambre** *to be (really) hungry*, I
la hamburguesa *hamburger*, I
   Han triunfado... *They have succeeded . . .*, III10
harto(a) *fed up, sick and tired*, II
has (inf. **haber**) *you have* (auxiliary verb), III3; **¿Has leído algo de...?** *Have you read anything about . . .?*, III6; **¿Has pensado en...?** *Have you thought of . . .?*, III6
hasta *until, up to*, II; **Hasta cierto punto, sí, pero...** *Up to a point, yes, but . . .*, III5; **hasta que** *until* (conj.), III10
hay (special present tense of **haber**) *there is (there are)*, I; **Hay que...** *It's necessary . . .*, III3; **No hay quien lo (la) aguante.** *Nobody can stand him (her).*, III1
la hazaña *deed*, 5
   Hazme el favor de... *Do me the favor of . . .*, III4

el hecho *fact*, 10
   hecho (past participle of **hacer**) *made, done*, III3
la heladería *ice cream store*, III4
el helado *ice cream*, I
   helado(a) *freezing cold*, 6
hender (ie) *to split*, 9
heredar *to inherit*, 3
el heredero, la heredera *heir*, 8
la herencia *inheritance, heredity, heritage*, 6
herir (ie, i) *to wound*, 5
la hermana *sister*, I; **la media hermana** *half-sister*, I
la hermanastra *stepsister*, I
el hermanastro *stepbrother*, I
el hermano *brother*, I; **el medio hermano** *half-brother*, I
los hermanos *brothers, brothers and sisters*, I
   hermoso(a) *beautiful*, III6
el héroe *hero*, III5
la heroína *heroine*, III5
hervir (ie, i) *to boil*, 4
el hielo *ice*, **patinar sobre hielo** *to ice-skate*, III1
la hierba *grass*, 5
el hierro *iron, steel*, 5
   higiénico(a) *hygienic*, 11
la hija *daughter*, I
el hijo *son*, I
   ¡Híjole! *Oh my goodness!*, 4
los hijos *children*, I
el hilo *thread*, 9
la hipertensión *high blood pressure*, 2
la hipótesis *hypothesis*, 11
el hispanohablante, la hispanohablante *Spanish speaker*, 4
   histérico(a) *stressed out*, III2
el hogar *home*, 10
la hoja *leaf*, 4; **la hoja de papel** *sheet of paper*, 2
   ¡Hola! *Hello!*, I
el hombre *man*, III5; **¡N'hombre!** *No way!*
el hombro *shoulder*, II
el homicidio *homicide*, III11
el hondo *depth*, 9
   hondureño(a) *Honduran*, II
   honesto(a) *honest*, II
   honrado(a) *honest*, 5
honrar *to honor*, 1
la hora *hour, time (of day)*; **¿A qué hora...?** *At what time . . .?*, I; **¿Qué hora es?** *What time is it?*, I
el horario *work hours, schedule*, III12
la hormiga *ant*, 4
el horno *oven*, III3; **cocinar en el horno de microondas** *to*

cook in the microwave oven, III3; **el horno de microondas** microwave oven, III3

horrible horrible, I

hoy today, I; **hoy (en) día** nowadays, III3

el huachinango red snapper (Mexico), 4

hubiera (past subj. of **haber**): **Si hubiera paz...** If there were peace . . ., III11

la hucha piggybank, 12

hueco(a) hollow, 6

la huella footprint, 5

el huésped, la huésped guest, 9

los huevos eggs, I

la huida escape, 6

huir to escape, 5

humeante smoky, 5

la humedad moisture, 4

húmedo(a) humid, II

humilde humble, 5

el humo smoke, 2

el humor mood, humor, III1; **de buen (mal) humor** in a good (bad) mood; **tener un buen sentido del humor** to have a good sense of humor, III1

humorístico(a) humorous, 3

I

ida y vuelta round trip, II

la idea idea, I; no tener la menor idea not to have the slightest idea, III8; No tengo ni idea I've no idea., II

ideal ideal, best, III12; Lo ideal es... The best thing is . . ., III12

idealizar to idealize, 5

idéntico(a) identical, 8

la identidad identity, 10

el idioma language, 1

la iglesia church, II

la ignorancia ignorance, III9

igual the same, III1; Me da igual. It's all the same to me., III1

Igualmente. Same here., I

ilegal illegal, 10

ilógico(a) illogical, 1

la imagen image, 9

imaginativo(a) imaginative, III6

impaciente impatient, II

el impacto impact, 8

impecablemente impeccably, 6

imperdonable unforgivable, 7

el imperio empire, 4

implacable relentless, 11

implementar to implement, III11

implicar to imply, 4

la importación importing, 4

importante important, II; **Lo que es importante es...** What's important is . . ., III3

importar to matter, III1; **No me importa.** It doesn't matter to me., III1

imposibilitar to make impossible, 6

la impresión (pl. **las impresiones**) impression, III9; **Tengo la impresión de que...** I'm under the impression that . . ., III9

impresionado(a) impressed, II

impresionante impressive

el impuesto tax, 12

impuesto (past participle of imponer) imposed, 6

inaceptable unacceptable, 3

inagotable inexhaustible, 5

la inauguración unveiling, 6

inaugurar to inaugurate, 11

incapaz (pl. incapaces) incapable, 10

incautarse to confiscate, 8

el incendio fire, 11

incinerar to incinerate, 3

incisivo(a) biting (adj.), 6

incluir to include; **¿Está incluida?** Is it included?, I

inclusive inclusively, 4

incluso included, 3

incomprensible incomprehensible, III6

incontaminado(a) uncontaminated, 11

el inconveniente obstacle, 11

incorporar to incorporate, 10

incurable incurable, 11

indemnizar to indemnify, 11

indetenible unstoppable, 3

indicar to show, to point out, to indicate, 1

el indígena, la indígena native, Indian, 5

la indiferencia indifference, 1

el indio, la india Indian, 5

indispensable indispensable, 3

indomable untamable, 6

inducir (zc) to bring about, 3

indudable undoubtable, 5

inesperado(a) unexpected, 4

inestimable priceless, 11

inexperto(a) inexperienced, 5

infalible infallible, 11

inferido(a) inferred, 7

infiel unfaithful, III7

infinitamente infinitely, 11

la inflación inflation, 8

inflar to blow up, to inflate, I

influenciar to influence, 8

informar to inform, III3

la informática computer science, 12

el informe report, 3

la ingeniería (agrónoma) (agricultural) engineering, 12

el ingeniero, la ingeniera engineer, III12

Inglaterra (f.) England, I

el inglés English (language), I

inhóspito(a) inhospitable, 3

iniciar to start, to initiate, III11

la iniciativa initiative, III10; **tomar la iniciativa** to take the initiative, III10

inmediatamente immediately, II

inmenso(a) huge, 3

la inmigración immigration, 4

el inmigrante, la inmigrante immigrant, 10

inolvidable unforgettable

inquieto(a) restless, 8

inscribirse to sign up, to enroll, II

los insectos insects, II

insignificante trivial, III6

insistentemente insistently, 9

la insolencia insolence, 7

insoportable unbearable, III6

inspirar to inspire, 10

instalado(a) installed, 3

el instinto instinct, 11

las instrucciones directions, II

el instrumento instrument, I

insultar to insult, III7

el insulto insult, 3

intacto(a) whole, 7

inteligente intelligent, I

la intención (pl. **las intenciones**) plan, intention, III10; **con la intención de** with the intention of, III10; **Tengo la intención de...** I intend to . . ., III10

intenso(a) intense, 6

intentar to try, III6; **Intentaría...** I would try to . . ., III11

intercambiar to exchange, 2

interesante interesting, I

interesar to interest; **Me interesaría estudiar para...** I'd be interested in studying to be a . . ., III12; **No me interesa para nada.** It doesn't interest me at all., III1

interferir (ie, i) to interfere, 12

internacionalmente internationally

Internet the Internet, II

la intolerancia intolerance, 10

inútil useless, 3

la inversión (pl. **las inversiones**) investment, 3

invertir (ie, i) *to invest,* 10

la investigación (pl. las investigaciones) *research,* 12

el investigador, la investigadora *researcher,* 2

el invierno *winter,* I

las invitaciones (sing. **la invitación**) *invitations,* I

los invitados *guests,* I

invitar *to invite; to offer to pay,* I; **Gracias por invitarme, pero no puedo.** *Thanks for inviting me, but I can't.,* III6

involuntariamente *involuntarily,* 9

ir *to go,* I; *to get to,* II; **¿Cómo se va a...?** *How do you get to . . .?,* II; **ir a la playa** *to go to the beach,* III1; **ir bien (mal)** *to be going the right way (the wrong way),* II; **¡Qué va!** *No way!,* III5; **Voy a ser...** *I'm going to be . . .,* III12

ir a + inf. *to be going to (do something),* I

la ironía *irony,* 3

irremediable *incurable,* 3

irrigar *to irrigate,* 4

irse *to go away,* II

la isla *island,* I; la isla desierta *desert island,* 11

Italia (f.) *Italy,* I

italiano(a) *Italian,* I

izquierda: a la izquierda *to the left,* II

el jabón *soap,* II

jadear *to pant,* 11

jamás *never,* 6

el jamón *ham,* I

el jardín *garden,* I

el jazz *jazz,* I

el jefe, la jefa *boss, chief,* III12

joven (pl. **jóvenes**) *young,* I; **Cuando era joven...** *When I was young . . .,* III12

los jóvenes *young people,* 6

la joya *jewel,* 11

la joyería *jewelry store,* I

el juego *game, match;* **hacer juego con** *to match with,* II; **el juego de mesa** *(board) game,* I

el jueves *Thursday,* I

el juez, la juez (pl. los jueces) *judge,* 8

jugar (ue) *to play,* II; **jugar a las cartas** *to play cards,* III1;

jugar a los videojuegos *to play videogames,* III1

el jugo *juice,* I; **el jugo de naranja** *orange juice,* I

la juguetería *toy store,* I

los juguetes *toys,* I

el juicio crítico *critical judgment,* 7

julio (m.) *July,* I

junio (m.) *June,* I

junto a *next to,* II

juntos(as) *together,* I

el juramento *oath,* 7

jurar *to swear,* 7

la justicia *justice,* 5

justo(a) *fair,* II

la juventud *youth,* 10

juzgar *to judge,* III9

el kilómetro *kilometer,* 2

el kiosco *newsstand,* 8

L

la (f. sing. article) *the,* I

la (f. sing. direct object pron.) *her (it),* I; **Lo (la) encuentro...** *I find him (her/it) . . .,* III6

La situación va a empeorarse. *The situation will get worse.,* III11

La solución que planteo es... *The solution I propose is . . .,* III11

La verdad es que... *The truth is that . . .,* III3

la labor *work,* 2

la ladera *hillside,* 4

el ladrón, la ladrona *thief,* III11

la lagartija *lizard,* 1

el lago *lake,* I

la lágrima *tear,* 10

la laguna *lagoon,* 6

lamentar *to mourn, to lament,* III5; **Lo lamentaremos.** *We'll regret it.,* III11

la lámpara *lamp,* I; **la lámpara de la calle** *streetlight,* II; la lámpara maravillosa *magic lamp,* 9

la lana *wool,* I

la lancha *boat,* II

el lápiz (pl. **los lápices**) *pencil,* I

largo(a) *long,* II

las (f. pl. article) *the,* I

las (f. pl. direct object pron.) *them,* I

la lástima *shame;* **¡Qué lástima!** *What a shame!,* I

lastimarse *to injure (oneself),* II

la lata *can,* II; **¡Qué lata!** *What a pain!,* 1

el latín *Latin (language)*

el latino, la latina *Latin American person,* 10

latinoamericano(a) *Latin American,* 8

los laureles *crown of laurel leaves given as reward,* 2

lavar *to wash,* I

lavarse los dientes *to brush your teeth,* II

le *to, for her/him/it/you* (sing. formal), I; **Le falta no sé qué.** *It needs something (I don't know what).,* III4; **Le falta sabor.** *It doesn't have enough flavor.,* III4; **Le falta sal.** *It needs (lacks, doesn't have enough) salt.,* III4

la leche *milk,* I

la lechería *dairy store,* III4

el lecho *bed,* 5

la lechuga *lettuce,* I

el lector, la lectora *reader,* 2

leer *to read,* I; **leer tiras cómicas** *to read comics,* III1

la legua *league, 5572 meters,* 9; a la legua *far away,* 11

las legumbres *vegetables,* I

lejano(a) *faraway, distant,* 8; el Lejano Oriente *Far East,* 1

lejos de *far from,* I

el lema *slogan,* 3

la lengua *tongue,* 10

lentamente *slowly,* 5

los lentes *glasses,* I; **los lentes de sol** *sunglasses,* I

la leña *firewood,* II

les *to, for them/you* (pl.), I

el letrero *sign,* II

levantar *to lift,* I

levantarse *to get up,* II

la ley *law,* 10

la leyenda *legend,* 5

liberar *to free,* 5

el libertador *liberator*

la libra *pound,* 4

libre *free,* I; **un día libre** *a day off,* I

la librería *bookstore,* I

el libro *book,* I; **el libro de texto** *textbook,* 6

licenciarse *to get a degree,* 9

la licenciatura *bachelor's degree,* 12

la liga *league*

el líder, la líder *leader,* 10

ligeramente *quickly,* 12

ligero(a) *light,* I

los liliputienses *Lilliputians,* 9

la limonada *lemonade,* I

limpiar *to clean,* I

la limpieza *cleanliness*, 11
  limpio(a) *clean*, I; **mantener
  limpio(a)** *to keep clean*, II
  lindísimo(a) *really beautiful*, II
la línea *line*, I; **en línea** *online*,
  III8; **patinar en línea** *to inline skate*, III1
  lingüístico(a) *linguistic*, 10
el líquido *liquid*, 3
el lirón *dormouse;* **dormir tan
  bien como un lirón** *to sleep
  like a baby*, II
  listo(a) (with **ser**) *clever,
  smart*, I; (with **estar**) *ready*, I
la litera *stretcher*, 5
la llamada *telephone call*, 2
  llamar *to call, to phone*, I
  llamarse *to be named*, I; **Me
  llamo...** *My name is . . .*, I
los llaneros *people who live in the
  plains region*, 5
los llanos *plains*, 5
la llave *key*, 4
  llegar *to arrive*, II
  llenar *to fill*, 6
  lleno(a) *full*, 10
  llevar *to take, to carry, to
  wear, to lead*, I; *to have*, III4;
  Lleva mucha grasa. *It has
  too much fat.*, III4; **llevar a
  cabo** *to carry out*, III10;
  llevar gafas *to wear glasses*,
  III1; **llevar una vida agitada**
  to lead a hectic life, III2; **¿Se
  las llevas?** *Will you take
  them to him (her)?*, III4
  llevarse *to get along*, II
  llorar *to cry*, III5; **Me dan
  ganas de llorar.** *It makes me
  feel like crying.*, III7
el llorón, la llorona *crybaby*, 5
  llover (ue) *to rain*, I
la lluvia *rain*, 5
  lo: lo de siempre *the usual*, I;
  lo ideal *the best thing*, III12;
  lo que *what, that which*, III3;
  por lo general *generally*, I
  lo (m. sing. direct object pron.)
  it/him/you (formal), I;
  Lo (la) encuentro... *I find
  him (her/it) . . .*, III6; **Lo hice
  sin querer.** *I didn't mean to
  do it.*, III7; **Lo lamentaremos.**
  We'll regret it., III11; **Lo
  siento mucho, es que no
  sabía.** *I'm very sorry, I just
  didn't know.*, III7; **Lo siento,
  pero ya tengo otros planes.**
  *I'm sorry, but I already have
  other plans.*, III6
  lo + adj. *the* (adj.) *thing*, II; **lo
  cual** *which*, 12; **Lo ideal es...**
  The best thing is . . ., III12; **lo**

menos *at least*, 12; **lo
suficiente** *enough*, II
lo que *what*, III3; **Lo que es
importante es...** *What's
important is . . .*, III3; **Lo que
noto es que...** *What I notice
is that . . .*, III3
localizar *to locate*, 7
loco(a) *crazy;* **estar loco(a)
por** *to be crazy about*, II;
Estoy loco(a) por... *I'm
crazy about*, III1
la locomotora *locomotive*, 9
la locura *craziness*, 7
el locutor, la locutora
anchorperson, III8
el lodo *mud*, 3
  lógico(a) *logical*, 1
  lograr *to achieve, to manage
  to*, III10; **Logró superar
  muchos obstáculos.** *He (She)
  succeeded in overcoming
  many obstacles.*, III10
el logro *accomplishment*, 1
la loma *hill*, 5
la lombriz (pl. **las lombrices**)
  worm; **tan feliz como una
  lombriz** *as happy as a lark*, II
la longitud *length*, 9
el loro *parrot*, II
  los (m. pl. article) *the*, I
  los (m. pl. direct object pron.)
  them, II
la lucha *struggle, fight*, 1
  luchar *to struggle, to fight*, III5
  luego *then, later*, I
el lugar *place;* **ningún lugar**
  nowhere, not anywhere, I
  luminoso(a) *luminous*, 8
la luna *moon*, 1
el lunar *mole*, 1
el lunes *Monday*, I
la luz (pl. **las luces**) *light*, II

M

la madera *wood*, 5
la madrastra *stepmother*, I
la madre *mother*, I
la madrugada *early morning
  hours*, 9
el madrugador, la madrugadora
  early riser, 2
  madrugar *to get up early*, 2
  maduro(a) *ripe*, 4
el maestro, la maestra *teacher*, 2
  magnífico(a) *great*, I;
  magnificent, III6
el maíz *corn*, I
  majo(a) *nice* (Spain), III1
el mal *evil*, 11; **No hay mal que
  cien años dure.** *It won't last*

forever., III7; **No hay mal
que por bien no venga.**
*Every cloud has a silver
lining.*, III7
mal *bad, badly*, I; **estar mal**
  to feel poorly, I
la maldad *evil*, 10
  maldito(a) *darned*, 3
el malentendido
  misunderstanding, III7; **tener
  un malentendido** *to have a
  misunderstanding*, III7
la maleta *suitcase*, I
el maletero, la maletera
  baggage carrier, II
la maleza *weeds*, 9
el malgenio *bad temper*, 2
  malhablado(a) *foul-mouthed*, 6
  malo(a) *bad*, I
  maltratar *mistreat*, 3
el malvado, la malvada *villain*,
  III5
la mamá *mom*, I
el mancebo *bachelor*, 7
la mancha *stain*, 7
el mandado *errand;* **hacer un
  mandado** *to run an errand*,
  II
  mandar *to send*, I
la mandioca *Brazilian name for
  yucca, a root vegetable*, 3
  manejar *to drive*, III3; *to
  manage*, 11; **manejar por la
  autopista** *to drive on the
  freeway*, III3
la manera *way, manner*, 10
el mango *mango*, I
la manía *oddity*, 6
la manipulación *manipulation*, 10
la mano *hand*, I
  mantener (ie) *to preserve, to
  keep*, III10
  mantenerse (ie) en forma *to
  stay in shape*, III2
la manzana *apple*, I
la maña *skill*, 11
  mañana (adv.) *tomorrow*, I;
  Hagámoslo mañana. *Let's
  do it tomorrow.*, III6
la mañana *morning*, I; **por la
  mañana** *in the morning*, I
  maquillarse *to put on
  makeup*, I
la máquina *machine*, 3; **la
  máquina de contestar**
  answering machine, 3
el mar *sea*, II
el maratón *marathon*, 2
la maravilla *wonder, marvel;* **de
  maravilla** *great*, II
  maravilloso(a) *marvelous*, III6
  marchar *to march*, 9
  marcial *martial*, II; **practicar**

las **artes marciales** *to practice the martial arts*, II
el **mariachi** *popular music originating in the Mexican state of Jalisco*
el **marido** *husband*, 7
la **mariposa** *butterfly*, 9
los **mariscos** *shellfish*, III4
Marruecos *Morocco*, 9
el **martes** *Tuesday*, I
marzo (m.) *March*, I
más *more*, I; más allá de *beyond*, 9; **más o menos** *so-so*, I; **más... que** *more . . . than*, I
la **masa** *dough*, 4
la **masa humana** *mass of humanity*, 9
la **máscara** *mask*, II
masticar *to chew*, 12
el **mástil** *pole, mast*, 9
matar *to kill*, 7
el **mate** *Argentine and Paraguayan tea*
las **matemáticas** *mathematics*, I
la **materia** *school subject*, I
la **maternidad** *maternity*, 4
mayo (m.) *May*, I
mayor *greater, older*, I; **Cuando sea mayor** *When I'm older . . .*, III10; **mayor que** *older than*, II
el **mayordomo** *butler*, 5
la **mayoría de edad** *adulthood*, 5
me *(to, for) me*, I; **Me alegro que...** *I'm glad that . . .*, III7; **Me cae gordo.** *It disagrees with me.*, III4, *I hate it.*, III6; **Me da igual.** *It's all the same to me.*, III1; **Me da lo mismo.** *It's all the same to me.*, III1; **Me dan ganas de llorar.** *It makes me feel like crying.*, III7; **Me dedicaría a...** *I would devote myself to . . .*, III11; **Me deja frío(a).** *It doesn't do anything for me.*, III6; **Me duele mucho que...** *It really hurts me that . . .*, III7; **Me encanta que...** *I'm delighted that . . .*, III7; **Me encantaría ser...** *I'd love to be . . .*, III12; Me es indiferente. *I don't care one way or the other.*, 6; **Me gustaría ser...** *I'd like to be . . .*, III12; **Me he fijado en...** *I've noticed . . .*, III11; Me imagino que... *I imagine that . . .*, III3; **Me interesaría estudiar para...** *I'd be interested in studying to be a . . .*, III12; **Me la paso...**

I spend my time . . ., III1; **Me parece que...** *It seems to me that . . .*, III3; **Me parece un rollo.** *It seems really boring to me.*, III1; **Me siento frustrado(a).** *I'm frustrated.*, III7; **Me suena a chino.** *It's Greek to me.*, III8
la **mecánica** *mechanics*; **trabajar en mecánica** *to fix cars*, II
el **mecánico, la mecánica** *mechanic*, III12
mecanizado(a) *mechanical*, 3
la **media hermana** *half-sister*, I
mediados: a mediados de *half way through*, 1
mediano(a) *medium*, II; **de estatura mediana** *of medium height*, III1
la **medianoche** *midnight*, 2
la **medicina** *medicine*, 5
medicinal *medicinal*, 11
el **médico, la médica** *doctor*, III12
la **medida** *moderation*, 2; **en cierta medida** *in a certain way*, 3
medio(a) *medium, half* (adj.), I; **el medio hermano** *half-brother*, I; **medio tiempo** *part time, half time*, III12
el **medio** *middle*
el **medio ambiente** *environment*, II
los **medios de comunicación** *means of communication*, 8
medir (i, i) *to be . . . tall, to measure*, II
el **mejillón** (pl. los mejillones) *mussel*, 1
el **mejor, la mejor** *best*, II
Mejor... *Better . . .*, II; **mejor que** *better than*, II
mejorar *to improve*, II; **mejorará** *will improve*, III3
melancólico(a) *gloomy*, III9
el **melocotón** (pl. los melocotones) *peach*, III4
mencionar *to mention*, 4
el **mendigo, la mendiga** *beggar*, 8
menor *younger*, I; **menor que** *younger than*, II; **no tener la menor idea** *not to have the slightest idea*, III8
menos *less*, I; **... menos cuarto** *quarter to (the hour)*, I; **menos... que** *less . . . than*, I
el **mensaje** *message*, 5
la **mente** *mind*, 2
mentir (ie, i) *to lie*, III7; **...que nunca me mienta** *. . . who never lies to me*, III7
el **menú** *menu*, I
menudo(a) *small*, 9

el **mercado** *market*, II
merecer (zc) *to deserve*, 1
merendar (ie) *to snack*, II
la **merluza** *hake*
el **mes** *month*, I
la **mesa** *table*, I
el **mesero, la mesera** *food server*, II
la **meseta** *plateau*, 4
la **meta** *goal*, III10
meter *to place, to put in*, 2
el **metiche, la metiche** *busybody*, 7
el **metro** *subway*, II
mexicano(a) *Mexican*, I
méxicoamericano(a) *Mexican American*, 10
la **mezcla** *mixture*, 4
mi(s) *my*, I; **Mi más sentido pésame.** *My most heartfelt condolences.*, III7
mí (object of preposition) *me*, II
el **miedo** *fear*, 5
la **miel** *honey*, 11
mientras *while*, II
el **miércoles** *Wednesday*, I
migratorio(a) *migrant*, 10
mil *one thousand*, I
el **milagro** *miracle*, 6
la **milla** *mile*, I
millares *thousands*, 9
mimado(a) *pampered*, 7
mineral *mineral* (adj.), **el agua mineral** *mineral water*, I
el **ministro, la ministra** *minister*, 2
la **minoría** *minority*, III9
minoritario(a) *minority* (adj.), 9
mirar *to watch, to look at*, I
mirarse *to look at oneself*, II
el **mirasol** *hot pepper*, 4
la **misa** *mass* (church service), 7
la **miscelánea** *miscellany*, 8
mismo(a) *same*, I; **Me da lo mismo.** *It's all the same to me.*, III1; **él mismo (ella misma)** *he himself (she herself)*, 6
misterioso(a) *mysterious*, 3
mítico(a) *mythical*, 9
el **mito** *myth*, 5
el **mobiliario** *furniture*, 3
la **mochila** *book bag, backpack*, I
la **moda** *fashion, style*; **de moda** *in style*, II; **la sección de moda** *fashion section*, III8
los **modales** *manners*, 9
el **modelo, la modelo** *model*, 6
moderno(a) *modern*, 5
el **modo** *manner, way*, II; **de todos modos** *anyway*, II; **el modo de ser** *nature, disposition*, III10

mohoso(a) *rusty*, 12
molestar *to bother*, II
el molino (generador) de viento *windmill, wind generator*, 3
momentito: Un momentito. *Just a second.*, I
el momento *moment*, I
la moneda *coin*, II
el mono *monkey*, II
el monopatín *skateboard*, II
el monopolio *monopoly*, 3
monosílabo(a) *one-syllable* (adj.), 12
monstruoso(a) *monstrous*, 10
la montaña *mountain*, I; **escalar montañas** *to go mountain climbing*, III1; **la montaña rusa** *roller coaster*, II
la montañera *mountain bike*, 1
el montañismo *mountain climbing*, III1
montar *to ride*, I; **montar a caballo** *to go horseback riding*, III1; **montar en bicicleta** *to ride a bike*, I
el monte *mountain*, 1
morado(a) *purple*, I
la moraleja *moral (of a story or fable)*, 5
morder (ue) *to bite*, 9
moreno(a) *dark-haired, dark-skinned*, III1
morir (ue, u) *to die*, III3
el mosaico *mosaic*
la mosca *fly*, 9
mostrar (ue) *to show*, 2
el motivo *reason*, 1
moverse (ue) *to move*, II
movible *moveable*, 9
el movimiento *movement*, 5; el movimiento nacionalista *nationalist movement*, 6
mucho(a) *a lot (of)*, I
muchos(as) *many, a lot of*, I
mudar *to move (something)*, 2
mudarse *to move (to change addresses)*, 7
los muebles *furniture*, 7
la mueca *grimace*, 11
la muerte *death*, 6
el muelle *pier*, 9
muerto (past participle of **morir**) *died*, III3; **quedar muerto(a)** *to be left dead*, III5
la mujer *woman, wife*, III5; **la mujer soldado** *soldier (f.)*, III5
la multa *fine*, 11
multitudinarios(as) *multitudinous*, 6
mundial *worldwide*, 4
el mundo *world*; el mundo comercial *business world*, 8;

Todo el mundo sabe que... *Everyone knows that . . .*, III8;
el municipio *municipality*, 11
la muñeca *wrist*, II
la muñeira *popular dance of Galicia*
el mural *mural*, 6
el muralismo mexicano *school of Mexican mural art*, 6
el muralista, la muralista *mural painter*
el murciélago *bat (animal)*, II
el museo *museum*, I
la música *music*, I; **la música clásica/pop/rock** *classical/pop/rock music*, I
el músico, la música *musician*, III6
el muslo *thigh*, II

N

el nacatamal *cornmeal dough stuffed with meat, rice, potatoes, and tomatoes and cooked in plantain leaves*, 4
nacer (zc) *to be born*, 3
la nación (pl. las naciones) *country*, 9
la nacionalidad *nationality*, 8
nada *nothing*, I; **¡Nada de eso!** *Of course not!*, III5; **nada más** *that's all*, I; **para nada** *at all*, I
nadar *to swim*, I
nadie *nobody, no one*, I; **No aguanto a nadie que sea descortés.** *I can't stand anyone who's rude.*, III7
la naranja *orange*, I; **el jugo de naranja** *orange juice*, I
la nariz (pl. **las narices**) *nose*, I
el narrador, la narradora *narrator*, 3
la natación *swimming*, I
natural *natural*, II
la naturaleza *nature*, II
nauseabundo(a) *nauseating*, 11
la nave *nave (of a church)*
la nave espacial *spaceship*, II
el navegador *Web browser*, III8
el navegante, la navegante *sailor*, 5
navegar *to sail*, II; **navegar por Internet** *to surf the Internet*, III3; **navegar por la Red** *to surf the Net*, II
la Navidad *Christmas*, I
necesario(a) *necessary*, II
necesitar *to need*, I
el néctar *nectar*, 11
negar (ie) *to reject, to deny, to*

refuse, III5
el negocio *business*, 2
negro(a) *black*, I
neoyorquino(a) *New York* (adj.), 9
el neoyorquino, la neoyorquina *New Yorker*, 9
los nervios *nerves*, 7
nervioso(a) *nervous*, I
neutro *neutral*, 4
nevado(a) *snow-capped*
nevar (ie) *to snow*, I
la nevera *refrigerator*, 3
la nevería *ice cream store (Mexico)*, 4
¡N'hombre! *No way!*, II
ni *nor*, II; **no saber ni jota de** *to know absolutely nothing about*, III8; **no tener ni idea** *not to have the slightest idea*, II
nicaragüense (m./f.) *Nicaraguan*, II
la niebla *fog*, II
Niego haberme burlado... (inf. **negar**) *I deny having made fun of . . .*, III9
los nietos *grandchildren*, 2
la nieve *snow*, 5
ninguno(a) *none, no*, I; **ningún lugar** *nowhere, not anywhere*, I
la niñera *babysitter*, 5
la niñez *childhood*, 2
el niño, la niña *child*, II; **De niño, ... (De niña, ...)** *As a child . . .*, III12
el nivel *level, grade*, 2
no *no, not*, I; **¿no?** *isn't it?, right?*, I; **no aguanto...** *I can't stand . . .*, III7; **No cabe la menor duda.** *There's absolutely no doubt.*, III8; no cabía en sí *couldn't contain himself (herself)*, 11; **No creo que...** *I don't believe that . . .*, III8; **No debes + inf.** *You shouldn't . . .*, III2; **No es cierto que...** *It's not true that . . .*, III9; No es ni fu ni fa. *It's neither fish nor fowl.*, 6; **No es posible.** *It's not possible.*, III8; **No es verdad que...** *It's not true that . . .*, III9; **No estoy de acuerdo en que...** *I don't agree that . . .*, III9; **No estoy seguro(a) que...** *I'm not sure that . . .*, III8; **no guardar secretos** *not to keep secrets*, III7; **No hay mal que cien años dure.** *It won't last forever.*, III7; **No hay mal que por bien no**

venga. *Every cloud has a silver lining.*, III7; **No hay quien lo (la) aguante.** *Nobody can stand him (her).*, III1; **No lo haré más.** *I won't do it anymore.*, III7; **No lo (la) soporto.** *I can't stand it (him/her)*, III6; **No lo volveré a hacer.** *I won't do it again.*, III7; **¡No me digas!** *You don't say!*, III8; **No me importa.** *It doesn't matter to me.*, III1; **No me interesa para nada.** *It doesn't interest me at all.*, III1; **No me lo esperaba.** *It caught me by surprise.*, III8; **No me lo puedo creer.** *I can't believe it.*, III8; **No olvides que...** *Don't forget that . . .*, III12; **¡No puede ser!** *It can't be!*, III8; **No puedo creer que...** *I can't believe that . . .*, III8; **no saber ni jota de** *to know absolutely nothing about*, III8; **No te conviene...** *It's not advisable that you . . .*, III6; **No te olvides de...** *Don't forget to . . .*, III6; **No te preocupes.** *Don't worry.*, III7; **no tener la menor idea** *not to have the slightest idea*, III8; **No tengo ganas de** + inf. *I don't feel like . . .*, III6

la noche *night, evening*, I; **la Nochebuena** *Christmas Eve*, I; **la Nochevieja** *New Year's Eve*, I; **por la noche** *at night*, I

nombrar *to nominate*, 1
el nombre *name*, 6
normalmente *normally*, II
el norte *north*, II
nos *(to/for) us*, I; **nos enfadamos** *we got angry*, III9; **nos enojamos** *we got angry*, III9; **nos frustramos** *we got frustrated*, III9; **Nos toca a nosotros...** *It's up to us . . .*, III3
nosotros mismos *we ourselves* 7
nosotros(as) *we; us* (after preposition), I
nostálgico(a) *nostalgic*, 10
la nota *grade*, II
notable *remarkable*, 10
notar *to observe, to note*, III3; **Lo que noto es que...** *What I notice is that . . .*, III3
las noticias *news*, II
el noticiero *news program*, III8
notorio(a) *notorious*, 6

novecientos(as) *nine hundred*, I
la novela *novel*, I; *soap opera*, 8
noventa *ninety*, I
la novia *girlfriend*, III7; *fiancée*, 5; *bride*, 5
noviembre (m.) *November*, I
el novio *boyfriend*, III7; *fiancé*, 5; *groom*, 5
la nube *cloud*, 2
nublado(a) *cloudy*, I
el núcleo *nucleus*, 4
nuestro(a) *our, ours*, I
nueve *nine*, I
nuevo(a) *new*, I
el número *number*, I; *(shoe) size*, II; *issue (of a magazine)*, 8
nunca *never, not ever*, I
nupcial *wedding* (adj.), 7
nutrir *nourish*, 2

o *or*, I
obedecer (zc) *to obey*, 5
los obituarios *obituaries*, III8
el objetivo *goal, objective*, III10
la obligación *commitment*, 10
obligatorio(a) *obligatory*, 11
la obra: *work;* **la obra de teatro** *play* (theater), 6; **la obra maestra** *masterpiece*, III6; **las obras públicas** *public works*, 12
el obrero, la obrera *worker*, 10
obsceno(a) *obscene*, 11
la obsolencia *being or becoming out of date*, 3
el obstáculo *obstacle*, III10; **Logró superar muchos obstáculos.** *He (She) succeeded in overcoming many obstacles.*, III10
obstinado(a) *obstinate*, 7
obtener (ie) *to get*, 9
occidental *western*
el océano *ocean*, II
ochenta *eighty*, I
ocho *eight*, I
ochocientos(as) *eight hundred*, I
el ocio *leisure*, 8; **la sección de ocio** *entertainment section*, III8
octubre (m.) *October*, I
ocupado(a) *busy*, I
ocupar *to occupy*, 11
ocuparse de *to look after*, 11
ocurrir *to happen*, 2; *to occur*, 12
odiar *to hate*, II

el odio *hatred*, 10
el oeste *west*, II
ofender (ie) *to offend*, 3
el ofendido, la ofendida *offended person*, 7
la oferta *offer, sale*, II
ofrecer (zc) *to offer*, II
el oído *(inner) ear*, I
oír *to hear, to listen*, II; **Oí que...**, *I heard that . . .*, III5; **¿Qué has oído de...?** *What have you heard about . . .?*, III6
ojalá que + subj. *hopefully . . .*, III5
la ojeada *brief survey*, 6
el ojo *eye*, I; **¡Ojo!** *Heads up!*, 2
la ola *wave*, 1
la olla *pot*, 1
olvidar *to forget*, II
olvidarse (de) *to forget (about), to forget (to)*, II; **No te olvides de...** *Don't forget to . . .*, III6; **¿Se te olvidó (olvidaron)...?** *Did you forget . . .?*, III4
omitir *to leave out, to omit*, 5
once *eleven*, I
el onoto *annatto* (red food coloring), 4
opinar *to have an opinion*, III6; **¿Qué opinas de...?** *What's your opinion of . . .?*, III6
la opinión (pl. **las opiniones**) *opinion*, II
el optimista, la optimista *optimist*, 3
opuesto(a) *opposite*, 3
el orden *order, sequence*, 9
el ordenador *computer* (Spain), 3
ordenar *to tidy up*, II
la oreja *(outer) ear*, I
el orfanato *orphanage*
organizar *to organize*, I
el orgullo *pride*, III10
orgulloso(a) *proud*, III7; **Estoy orgulloso(a) de...** *I'm proud of . . .*, III7
el oriente *east*
original *original*, III6
originar *to originate*, 4
el oro *gold*, 5
la orquesta *orchestra*, III6
oscuro(a) *dark*, 6
el oso *bear*, 11
las ostras *oysters*, III4
el otoño *fall* (season), I
otro(a) *another*, I
otros(as) *other, others*, I
el OVNI (**Objeto Volante No Identificado**) *UFO (Unidentified Flying Object)*, II
el oxígeno *oxygen*, 11

P

el **pabellón criollo** *Venezuelan dish with shredded beef, black beans, rice, and fried plantains*
la **paciencia** *patience*, 7
pacífico(a) *peaceful*, 7
pactar *to agree upon*, 7
el **padrastro** *stepfather*, I
el **padre** *father*, I
los **padres** *parents*, I
pagar *to pay*, 6
la **página Web** *Web page*, II
el **país** *country*, 10
el **paisaje** *landscape*
el **pájaro** *bird*, 11
la **palabra** *word*, 9
el **palacio** *palace*, 5
paladear *to relish*, 11
palidecer (zc) *to pale*, 11
la **paliza** *beating*; **¡Qué paliza!** *What a drag!*, III1
el **palo** *stick*, 6
las **palomitas** *popcorn*, 8
palpitante *throbbing*, 9
la **palta** *avocado* (southern cone of South America), 4
el **pan** *bread*; **pan de jamón** *loaf of bread baked with ham, olives, and spices*, 4; **el pan dulce** *sweet rolls*, I; **el pan tostado** *toast*, I
la **panadería** *bakery*, III4
panameño(a) *Panamanian*, II
el **pánico** *panic*, 3
la **pantalla** *screen*, 3
los **pantalones** *pants*; **los pantalones cortos** *shorts*, I
la **pantorrilla** *calf (of the leg)*, II
la **papa** *potato*, I; **las papas fritas** *french fries*, I
el **papá** *dad*, I
la **papaya** *papaya*, I
el **papel** *paper*, I; *dramatic role*, 3
las **papitas** *potato chips*, I
el **paquete** *package*, 3
el **par de** *pair of*, II
para *for, to, in order to, by*; **para + inf.** *in order to*, III10; **para colmo** *to top things off*, 8; **Para decir la verdad...** *To tell the truth . . .*, III6; **para que** *so that, in order that*, III10; **Para ser sincero(a)...** *To be honest . . .*, III6
el **paracaídas** *parachute*; **saltar en paracaídas** *to go skydiving*, I
la **parada** *stop*, II; **la parada del autobús** *bus stop*, II
la **paradoja** *paradox*, 10

la **paráfrasis** *paraphrasing*, 10
paraguayo(a) *Paraguayan*, II
el **paraíso** *paradise*, I
parar *to stop*, 2
parcial *partial*, 5
pardo(a) *brown*, I
parecer (zc) *to seem, to think*, I; **En efecto, parece ser así.** *Actually, it seems to be that way.*, III5; **Me parece que...** *It seems to me that . . .*, III3; **Me parece un rollo.** *It seems really boring to me.*, III1; **¿Qué te parece?** *What do you think?*, III6
parecido(a) *like, alike*, 6
la **pared** *wall*, 2
la **pareja** *pair*, 4
el **paréntesis** *parenthesis*, 6
el **pargo** *red snapper*, III4
los **parientes** *relatives*, II
el **paro forzoso** *unemployment*, 11
el **parque** *park*, I; **el parque de atracciones** *amusement park*, I
el **párrafo** *paragraph*, 1
la **parrillada** *assortment of grilled meats*
la **parte** *part, behalf*; **de mi parte** *from me, on my behalf*, II; **¿De parte de quién?** *Who's calling?*, I
el **partido de...** *game of (sport)*, I
partir *to set out, to leave*, 5
pasado(a) de moda *out of style*, 3
pasado(a) *past, last* (with time), I
pasajero(a) *passing, temporary*, 8
el **pasajero**, la **pasajera** *passenger*, II
pasar *to happen, to pass*, I; **Esto pasará pronto** *This will soon pass*, III7; **Me la paso...** *I spend my time . . .*, III1; **pasar el rato** *to spend time*, I; **pasar por** *to drop by*, II; **pasarlo bien** *to have a good time*, I
el **pasatiempo** *pastime, hobby*, II
las **Pascuas** *Easter*, I
pasear en velero *to go sailing*, III1
el **paseo** *(social) walk, stroll*, I; **dar un paseo** *to take a walk*, I
el **pasillo** *hall*, 6
la **pasión** *passion*, 8
el **paso** *step*, 5
la **pasta de dientes** *toothpaste*, II
el **pastel** *cake*, I
la **pastelería** *pastry shop*, III4

la **patata** *potato* (Spain)
la **patilla** *watermelon* (Venezuela), III4
el **patinaje** *skating*, III1
patinar *to skate*, I; **patinar en línea** *to go inline skating*, III1; **patinar sobre hielo** *to ice-skate*, III1; **patinar sobre ruedas** *to roller-skate*, III1
el **pato** *duck*; **tan aburrido como un pato** *a terrible bore*, II
el **patrocinador**, la **patrocinadora** *sponsor*, 1
patrocinar *to sponsor*, III6
el **patrón**, la **patrona** *boss*, 11
el **pavimento** *flooring, pavement*, 9
el **pavor** *terror*, 3
la **paz** (pl. **las paces**) *peace*; **acordar (ue) la paz** *to make peace*, III5; **hacer las paces** *to make up* (after a quarrel), III5
peatonal *pedestrian* (adj.), III3; **establecer una zona peatonal** *to set up a pedestrian zone*, III3
el **pecho** *chest*, 5
pedalear *to pedal*, 11
los **pedales** *pedals*, 11
el **pediatra**, la **pediatra** *pediatrician*, 12
el **pedido** *request*, 4
pedir (i, i) *to order, to ask for*, I
pedregoso(a) *stony*, 12
el **pegamento** *glue*, 4
peinarse *to comb your hair*, I
el **peine** *comb*, II
pelar *to peel*, 4
pelear *to fight*, II
pelearse *to have a fight*, III7
la **película** *movie, film*, I; **de película** *great* (colloquial), II
el **peligro** *danger*, III2; **en peligro de extinción** *endangered*, 3
peligroso(a) *dangerous*, II
pelirrojo(a) *red-headed*, III1
el **pelo** *hair*, I
la **pelusa** *fluff*, 5
la **pena** *sorrow, grief*, III7; **Comparto tu pena.** *I share your grief.*, III7; **Creo que vale la pena...** *I think it's worth it . . .*, III3; están que da pena *are such that it's painful*, 11
los **pensamientos** *thoughts*, 8
pensar (ie) *to think, to plan, to intend*, I; **Eso me hace pensar en...** *That brings to mind . . .*, III6; **¿Has pensado en...?** *Have you thought*

R100

of . . .?, III6; **¿Qué piensas
de...?** *What do you think
about . . .?*, III6
el peor, la peor *worst*, II
peor que *worse than*, II
pequeño(a) *small*, I
el pequeño, la pequeña *child;*
de pequeño(a) *as a child*, II
los percebes *barnacles*, 1
la percepción *perception*, 8
percusivo(a) *percussive*, 6
perder (ie) *to lose, to miss
(a class, an exam, and so
on)*, II; **echado(a) a perder**
spoiled, III4
perderse (ie) *to get lost*, II;
Se me perdió (perdieron)...
I lost . . ., III4
la pérdida *loss, waste*, 11
perdidamente *desperately*, 5
Perdón. *Excuse me.*, I
perdonar *to forgive, to excuse*,
I; **Perdóname.** *Forgive me.*,
III7
el peregrino, la peregrina
religious pilgrim
perezoso(a) *lazy*, III9
perfectamente *perfectly*, 10
perfecto(a) *perfect*, I
el periódico *newspaper*, I
el periodista, la periodista
journalist, III8
el perjuicio *injury*, 11
la permanente *permanent wave*, 2
el permiso *permission;* **con
permiso** *excuse me*, II
permitir *to allow*, 2
pero *but*, I; **Pero hay que
tener en cuenta que...** *But
you have to take into account
that . . .*, III5; **pero por otro
lado...** *but on the other
hand . . .*, III3
perpetuo(a) *forever,
perpetual*, 3
perplejo(a) *perplexed*, 5
el perro *dog*, I; **el perro caliente**
hot dog, I; **tan noble como
un perro** *as noble as a lion*, II
perseguir (i, i) *to chase*, 5
persistente *permanent,
persistent*, 1
la persona *person*, I
el personaje *character*, 5
persuadir *to persuade*, 10
pertenecer (zc) *to belong*, 5
peruano(a) *Peruvian*, II
la pesa *(free)weight*, II
pesado(a) *annoying*, III1;
boring, II
el pésame *condolences*, III7; **Mi
más sentido pésame.** *My
most heartfelt condolences.*,

III7
pesar: a pesar de *in spite of*, 5
pesarse *to weigh oneself*, III2
la pescadería *fish market*, III4
el pescado *fish* (after being
caught), I
pescar *to fish*, I
pese a *in spite of*, 10
el pesimista, la pesimista
pessimist, 3
pésimo(a) *awful*, III6
el peso *weight*, III2; **cuidarse el
peso** *to watch one's weight*,
III2
la petición (pl. las peticiones)
request, 7
el petirrojo *robin*, 11
el petróleo *petroleum*, II
el pez (pl. **los peces**) *fish* (before
being caught), II
el piano *piano*, I
el picadillo de arracache *casserole
with meat and vegetables*
picante *spicy*, I
el pie *foot*, I; **al pie de la letra** *to
the letter, exactly*, 7
la piedra *stone*, 1
la piel *skin*, III2
Pienso + inf. *I intend to* +
verb, III10
la pierna *leg*, I
la pieza *part*, 8
la pimienta *(black) pepper*, 4
el pimiento *pepper (vegetable)*, 4
el pincel *paintbrush*, 6
pintar *to paint*, I; **Hace falta
que pintemos...** *We need to
paint . . .*, III6
pintoresco(a) *picturesque*, 3
la pintura *painting*, III6
la piña *pineapple*, III4
la pirámide *pyramid*, 10
la piraña *piranha*, 4
pisar *to step on*, 4
la piscina *swimming pool*, I
el piso *floor*, II
la pista *track*, I; **la pista de
correr** *running track*, I;
runway, 5
la pistola *gun*, 8
la pizarra *chalkboard*, 8
la pizca *pinch*, 4
pizpireta *cheerful*, 9
la pizza *pizza*, I
la pizzería *pizzeria*, I
el placer *pleasure*, 6
la plana: **la primera plana** *front
page*, III8
la plancha *iron (for ironing
clothes)*, 1
planchar *to iron*, I
los planes *plans*, II
el planeta *planet*, II

plano(a) *smooth*, 6
la planta *plant*, I
plantado(a): **dejar plantado(a)
a alguien** *to stand someone
up*, III7
plantear *to state*, III11; **La
solución que planteo es...**
The solution I propose is . . .,
III11
plasmar su pena *to capture her
grief*, 6
el plástico *plastic*, II
la plata *silver, money*, 2
el plátano *banana*, I
plateado(a) *silver-plated*, 1
platicar *to chat*, II
el platillo volador *flying saucer*, 12
el plato *plate*, I; **el plato hondo**
bowl, I; el plato principal
main dish, 4
la playa *beach*, I
pleno(a) *full;* **en plena forma**
in good shape, II
la pluma *feather*, 5
la población *population*
poblar *to populate*, 1
pobre *poor*, 5
el pobretón, la pobretona *poor
thing*, 7
la pobreza *poverty*, 7
poco(a) *a little*, I
pocos(as) *few*, II
poder (ue) *to be able to, can*, I;
¿Podrías...? *Could you . . .?*,
III4; **¿Puedes darme algún
consejo?** *Can you give me
any advice?*, III2; **¿Qué
puedo hacer por ti?** *What
can I do for you?*, III7; **Si
pudiera... viviría...** *If I could
. . . I would live . . .*, III9; **Si
pudieras... ¿adónde irías?**
*If you could . . . where would
you go?*, III9
poderoso(a) *mighty*, 5
¿Podrías...? *Could you . . .?*,
III4
la poesía *poetry*, 1
el poeta, la poeta *poet*, 1
polémico(a) *controversial*, 9
la policía *police*, 4; la policía de
tránsito *traffic police*, 4
el policía, la policía *police
officer*, III12
el pollo *chicken*, I; **el pollo frito**
fried chicken, III4
el polvo *dust*, 10; **sacudir el
polvo** *to dust*, II
ponderar *to mull over*, 7
poner *to put, to place, to set*, I;
Puse todo mi esfuerzo en... *I
put a lot of effort into . . .*, III10
ponerse *to put on*, I; *to*

become, to get, II; ponerse ansioso(a) to get anxious, 2; **ponerse crema protectora** to put on sunscreen, III2; **ponerse en forma** to get in shape, II; **ponerse nervioso(a)** to get nervous, III2; **Se pusieron rojos.** They blushed., III9

la popularidad popularity

por at, along, by, for, in, through, I; **por cable** on cable, III8; por casualidad by coincidence, 5; **por ciento** percent, II; **Por cierto.** Certainly., III8; by the way, 6; **por consiguiente...** consequently . . ., III10; por dentro on the inside, 2; por el hecho que due to the fact that, 10; **por eso** that's why, I; **por favor** please, I; **Por favor, ayúdame con...** Please help me with . . ., III4; **por la mañana, tarde, noche** in the morning, afternoon, night, I; **por lo general** in general, I; **por lo tanto...** therefore . . ., III10; por medio de by means of, 10; **por otro lado** on the other hand, III3; **¿Por qué?** Why?, III1; **¿Por qué no...?** Why don't . . .?, I; **¿Por qué no lo dejamos para...?** Why don't we leave it for (another time)?, III6; **Por supuesto.** Of course., III5; **por tener...** because I (you, . . .) have . . ., III10; **por último** finally, II

el pormenor detail, 12

porque because, I

la portada book or magazine cover, 7

portarse to behave, 9

el porteño, la porteña person from Buenos Aires

el porvenir future, III3

posar to pose, 5

poseer to possess, 4

Posiblemente... Possibly . . ., III8

postal: **la tarjeta postal** postcard, I

postrado(a) prostrate, 6

el postre dessert, I

el pozo (water) well, II

el pozole soup with hominy, meat, and chile

prácticamente practically, 3

practicar to practice, to participate in; **practicar ciclismo** to practice cycling, III1

práctico(a) practical, 9

la precaución precaution, 1

el precio price, I

precioso(a) lovely

precisamente precisely, 6

preciso(a) necessary, II

precolombino(a) pre-Columbian, 10

predecir (i) to foretell, to predict, 3

la predestinación predestination, 5

la predicción (pl. las predicciones) prediction, 3

predilecto(a) favorite, 2

predominar to predominate, 4

las preferencias preferences, 6

preferir (ie, i) to prefer, I

la pregunta question; **hacer preguntas** to ask questions, II

preguntar to ask, 1

el prejuicio prejudice, III9

prejuzgar to prejudge, 9

preliminar preliminary, 3

el premio prize, award, 1

prender to capture, 12

la prensa press, III8

preocupado(a) worried, I

preocuparse to worry, I

preparar to prepare, I

la presencia presence, 7

presenciar to watch, to witness, 6

presentar to present, to introduce, 1

la presión pressure, III2; **sufrir de presiones** to be under pressure, III2

presionados(as) por... pressured to . . ., III9

prestar to lend, 7; **prestar atención** to pay attention, II

el prestigio prestige, 8

presumido(a) conceited, III9

el pretendiente suitor, 5

prevenir (ie) to warn, 5

preventivo(a) preventive, 11

prever to foresee, 3

previo(a) previous, 8

la primaria elementary school, 11

la primavera spring, I

primaveral spring-like, 11

el primero the first (of the month), I

primero(a) first, I; primera categoría first class; **la primera plana** front page, III8

el primo, la prima cousin, I

la princesa princess, II

el príncipe prince, II

principiar to begin, 6

la prisa hurry, I; **darse prisa** to hurry up, I; **tener prisa** to be

in a hurry, I

la privacidad privacy, 5

el probador dressing room, II

probar (ue) to try, to taste, 4

probarse (ue) to try on, II

el problema problem, I

procesar to process, 3

proclamar to proclaim, 9

procurar to try, 12

la producción propia production for one's own use, 4

el producto product, II; **los productos** goods, II; los productos petroquímicos petrochemical products

la profecía prophecy, 5

el profesor, la profesora teacher, professor, I

profundamente deeply, II

profundo(a) deep, 1

profusamente profusely, 7

el programa program, III8

el programador, la programadora de computadoras computer programmer, III12

programar to program, 4

el progresismo progressivism, 11

el promedio average, 9

promover (ue) to promote, III11

el pronóstico forecast, prediction, 3

pronto soon, II; **tan pronto como** as soon as, III10

la propiedad property, 11

la propina tip, gratuity, I

propio(a) own, 7

Propongo... (inf. proponer) I propose . . ., III11

el propósito purpose, 3; **A propósito, ¿qué has oído de...?** By the way, what have you heard about . . .?, III6

la prosa prose, 1

prosperar to thrive, to prosper, 3

la prosperidad prosperity, 11

proteger to protect, II

provenir (ie) de to come from, 10

proyectar to project, 9

el proyecto project, 2

la prueba quiz, test, 5

la publicación (pl. las publicaciones) publication, 10

publicar to publish, 1

el público audience, 8

público(a) public, 11

el puchero stew of meat, cabbage, carrots, and onions

el pueblo town, 1; people, 10

Puede ser que... *It's possible that . . .*, III8

¿Puedes darme algún consejo? *Can you give me any advice?*, III2

el puente *bridge*, II

el puerco asado *roast pork*, III4

la puerta *door*, I

el puerto *port*

puertorriqueño(a) *Puerto Rican*, II

Pues... *Well . . .*, III3

el puesto (de trabajo) *position, job*, III12; **el puesto** *market stall*, 8

puesto (past participle of **poner**) *put*, III3

pulido(a) *polished*, 4

el pulpo *octopus*, 1

la punta *tip, end*, 5

el puntal *pillar*, 9

el punto *point, dot*; **Depende de tu punto de vista.** *It depends on your point of view.*, III5; **en punto** *on the dot*, I; **Está en su punto.** *It's just right.*, III4; **Hasta cierto punto, sí, pero...** *Up to a point, yes, but . . .*, III5

puntuar *to punctuate*, 8

el puré (de papas) *mashed potatoes*, 4

Puse todo mi esfuerzo en... *I put a lot of effort into . . .*, III10

que *that, which, who, than*; **...que me apoye** *. . . that supports me*, III7; **...que nunca me mienta** *. . . who never lies to me*, III7; **...que respete mis sentimientos** *. . . that respects my feelings*, III7; **...que sea descortés** *. . . who is rude*, III7; **...que sepa** *. . . who knows*, III7; **que sí** *of course*, 7; **...que siempre me diga...** *. . . who always tells me . . .*, III7; **Que yo sepa...** *As far as I know . . .*, III8

¡Qué...! *How . . .!, What . . .!*, I; **¡Qué asco!** *How disgusting!*, III4; **¡Qué bueno (sabroso)!** *How good (tasty)!*, III4; **¡Qué paliza!** *What a drag!*, III1; **¡Qué sorpresa!** *What a surprise!*, III8; **¡Qué tontería!** *How silly!*, III5; **¡Qué va!** *No way!*, III5

¿Qué? *What? Which?*; **¿Qué debo hacer?** *What should I do?*, III2; **¿Qué has oído de...?** *What have you heard about . . .?*, III6; **¿Qué me aconsejas hacer?** *What do you advise me to do?*, III2; **¿Qué me cuentas de...?** *What can you tell me about . . .?*, III6; **¿Qué me recomiendas hacer?** *What do you recommend that I do?*, III2; **¿Qué opinas de...?** *What's your opinion of . . .?*, III6; **¿Qué piensas de...?** *What do you think about . . .?*, III6; **¿Qué puedo hacer por ti?** *What can I do for you?*, III7; **¿Qué sé yo?** *How should I know?*, III8; **¿Qué te parece...?** *What do you think of . . .?*, III6

el quebranto *breaking*, 6

los quechua *Quechuans, Indian people of Central Peru*, 4

quedar *to be left, to fit, to be located*, II; **quedar en** + *inf. to arrange to (do something)*, II; **quedar impresionado(a) con** *to think (something) is great*, II; **quedar muerto(a)** *to be left dead*, III5; **Te queda muy bien.** *It fits you very well.*, II

quedarse *to stay, to remain*, I; **quedarse frente a la tele** *to stay in front of the TV*, III2; **Se les quedó (quedaron)...** *They left . . . behind.*, III4

los quehaceres *chores*, II

la queja *complaint*, 4

quejarse (de) *to complain*, II

quemar *to burn*, 5

quemarse *to get a sunburn, to get burned*, III2

la quena *Andean flute*, 6

querer (ie) *to want*, I; **Lo hice sin querer.** *I didn't mean to do it.*, III7; **Los dioses quieren que los guerreros acuerden la paz.** *The gods want the warriors to make peace.*, III5; **Quiero llegar a ser...** *I want to become . . .*, III12; **Quiero ser...** *I want to be . . .*, III12

querido(a) *dear*, II

el quesillo *custard (Venezuela)*, III4

el queso *cheese*, I

quien(es) *who, whom*, I; **a quien le guste(n)...** *who likes . . .*, III7

¿Quién(es)? *Who?, Whom?*, III1

los químicos *chemicals*, II

quince *fifteen*, I

quinientos(as) *five hundred*, I

quinto(a) *fifth*

quitar *to take away, to clear off*, II

quitarse *to take off (clothes)*, 2

Quizás... *Maybe . . .*, III8

rabelaisiano(a) *Rabelaisian*, 9

rabioso(a) *infuriated*, 7

la radio *radio*, I

las raíces (sing. **la raíz**) *roots*, III10

la rama *branch*, 12

el ramo (de rosas) *bouquet (of roses)*, 11

el rancho *dwelling that can range from a shanty to a small house (Venezuela)*, 3

rápidamente *quickly*, II

rápido(a) *fast*, 3

rapiña: ave de rapiña *bird of prey*, 1

raro(a) *rare*, 2

el rascacielos *skyscraper*, III3

raspar *to scrape*, 6

el rastro *trace*, 12

el rato *while, time*, I; **el rato libre** *free time*, II

rayas: de rayas *striped*, I

el rayo *bolt of lightning*, II; *ray of light*, 1

la raza *race (of people)*, 9

la razón (pl. **las razones**) *reason*, 6; **(no) tener razón** *to be right (wrong)*, II

reaccionar *to react*, III9; **reaccionaron** *they reacted*, III9

reacio(a) *stubborn*, 4

la realidad *reality*, 11

el realismo *realism*, 12

realista (m./f.) *realistic*, III6

la realización *fulfillment*, 11

realizar *to carry out*, III11; **realizar (un sueño)** *to fulfill (a dream)*, III10; **Si no realizamos...** *If we don't carry out . . .*, III11

rebajar el precio *lower the price*, II

la rebanada *slice*, 2

rebotar *to bounce*, 12

el recado *message*, I

recalcar *to emphasize*, 11

la recámara *bedroom (Mexico)*, 6

la receta *recipe*, 4; *prescription,*

12

recibir *to receive*, I
el reciclaje *recycling*, II
reciclar *to recycle*, II
recién *recent, recently*, 7
reclamar *to reclaim, to complain*, 4
el reclamo *claim, complaint*, 4
reclutar *to recruit*, 5
la recolección (pl. las recolecciones) *harvest*, 3
recodar *to twist, to turn*, 9
recoger *to pick up*, III3; recogemos *we pick up*, III3
recomendar (ie) *to recommend*, II; ¿Qué me recomiendas hacer? *What do you recommend that I do?*, III2; Te recomiendo que... *I recommend that you . . .*, III6
recomenzar (ie) *to begin again*, 11
la recompensa *reward*, 6
reconciliarse *to make up, to reconcile*, III7
reconocer (zc) *to recognize*, III6; Es importante que reconozcas... *It's important for you to recognize . . .*, III6
recordar (ue) *to remind, to remember*, III6; Eso me recuerda... *That reminds me of . . .*, III6
recorrer *to go through, to travel through*
el recorrido *journey*, II
recrear *recreate*, 8
el recreo *recreation*
recubierto (past participle of recubrir) *covered*, 6
recuerda (inf. recordar) *reminds*, III6; Eso me recuerda... *That reminds me of . . .*, III6
el recuerdo *memory, souvenir*, 6
la recuperación *recovery*, 6
recuperarse *to recover*, 10
recurioso(a) *very curious*, 8
los recursos *resources*, II
la red *web, net*, II; *trap*, 12; navegar por la Red *to surf the Net*, II
redondo(a) *round*, 4
reemplazar *to replace*, 3
la refacción: la tienda de refacciones *parts store*, III4
la referencia *reference*, 12
refinado(a) *refined*, 4
reflejar *to reflect*, 10
el reflejo *reflection*, 6
reflexionar *to consider, to reflect*, 2
el refrán *saying, proverb*, 5

el refresco *soft drink*, I
regalar *to give (as a gift)*, I; Se lo regalo por *I'll let you have it for*, II
el regalo *gift, present*, I
regar (ie) *to water*, II
regatear *to bargain*, II
el régimen (pl. los regímenes) *diet*, II
registrar *to register, to check*, 3
registrarse *to register, to check in*, 10
la regla *ruler*, I; *rule*, 2
regocijarse *to rejoice*, III5
regresar *to return, to go back, to come back*, I
Regular. *Okay.*, I
rehusar *to refuse*, 3
reírse (i, i) *to laugh*, III2; se rieron *they laughed*, III9
reivindicar *to claim*, 4
relajarse *to relax*, III2
relampaguear *to strike (said of lightning)*, 12
rellenar *to fill, to stuff*, 4
el reloj *clock, watch*, I
remar *to row*, III1
el remedio *solution, remedy, help*, 3
el remo *rowing*, III1
la remolacha *beet*, 4
el remolino *whirlwind*, 10
remoto(a) *remote*, 4
el rencor *resentment*, 7
rendido(a) *exhausted*, III2
la rendija *crack*, 12
rendir (i, i) *to yield*, 11
el renglón *line of writing*, 5
renunciar *to give up (something)*, 7
reparar *to fix*, 4
repasar *to review*, II
repletar *to cram full*, 9
repleto(a) *full*, 10
el reportaje *report*, III8
el reportero, la reportera *reporter*, III8
reposar *to rest*, 3
el representante, la representante *representative*, 8
la represión *repression*, 9
reprimir *to repress*, 8
repugnante *disgusting*, 11
los requisitos *requirements*, III12
res: la carne de res *beef*, I; la falda de res *skirt steak*, 4
resaltar *to emphasize*, 11
rescatar *to rescue*, 6
reseñar *to review*, 8
el reseñista, la reseñista *reviewer*, 4
reservado(a) *reserved*, 2
resfriado(a) *sick with a cold*;

estar resfriado(a) *to have a cold*, I
la residencia *dormitory*, 5
residir *to live*, 9
resignar *to resign*, 11
resolver (ue) *to solve*, II; resolver un problema *to solve a problem*, III2
respecto a *with regard to*, 2
respetar *to respect*, III9; ...que respete mis sentimientos . . . *that respects my feelings*, III7; respetar sus sentimientos *to respect someone's feelings*, III7
el respeto *respect*, III9; respeto hacia *respect for*, III9
respirar *to breathe*, II
resplandecer (zc) *to shine*, 12
responder *to answer*, 3
responsable *responsible*, II
la respuesta *answer*, 2
restante *remaining*, 11
el restaurante *restaurant*, I
restaurar *to restore*, 4
restringir *to restrict*, 8
resuelto (past participle of resolver) *solved*, III7; El problema está resuelto. *The problem is solved.*, III7
el resultado *result*, 5
resultar *to result*, III10; resultaron en *resulted in*, III10
el resumen (pl. los resúmenes) *summary*, 1
resumir *to sum up, to summarize*, 1
retirar *to remove, to withdraw*, 4
retirarse *to withdraw*, 3
el reto *challenge*, III10
retrasar *to delay*, 12
el retrato *portrait, photograph*, 5
la reunión (pl. las reuniones) *meeting*, 11
reunir *to bring together*, 10
reunirse *to get together*, II
revelar *to reveal*, 10
reventar *to blow up, to burst*, 6
la revista *magazine*, I
revolotear *to flutter*, 9
el rey *king*, 1
la ría *mouth of a river*
rico(a) *rich, delicious*, I
el riego *irrigation*, 4
los rieles *tracks*, 9
rígido(a) *rigid*, 1
el río *river*, II
riquísimo(a) *delicious*, III4; Sabe riquísimo. *It tastes delicious.*, III4
el ritmo *rhythm*, 10

rizado(a) *curly*, III1
robar *to steal*, 5
el robo *robbery*, III11; *rip-off*, I
la roca *rock*, 4
rodante *rolling*, 9
rodeado(a) de *surrounded by*, II
rodear *to surround*, 4
la rodilla *knee*, II
rogar (ue) *to plead*, 7
rojo(a) *red*, I
el rollo: **Me parece un rollo.** *It seems really boring to me.*, III1
romántico(a) *romantic*, 3
romper con *to break up with*, III7
romperse *to break*, II; **Se le rompió (rompieron)...** *He (She) broke . . .*, III4
la ropa *clothes, clothing*, I; **la ropa vieja** *shredded beef with seasoning*
roto (past participle of **romper**) *broken*, III3
el rótulo *label*, 9
rubio(a) *blond, fair*, I
el rubro *item*, 4
la rueda *wheel;* **patinar sobre ruedas** *to roller-skate*, III1; **la rueda de Chicago** *Ferris wheel*, II
el ruido *noise*, II
ruidoso(a) *noisy*, II
el ruiseñor *nightingale*, 11
el rumbo *direction, way*, 1
el rumor *rumor*, III7
ruso(a) *Russian;* **la montaña rusa** *roller coaster*, II
la rutina *routine*, 2

S

el sábado *Saturday*, I
saber *to know*, I; **Lo siento mucho, es que no sabía.** *I'm very sorry, I just didn't know.*, III7; **no saber ni jota de...** *to know absolutely nothing about . . .*, III8; **No sé.** *I don't know.*, III5; **¿Qué sé yo?** *How should I know?*, III8; **...que sepa** . . . *who knows*, III7; **Que yo sepa...** *As far as I know . . .*, III8; **Todo el mundo sabe que...** *Everyone knows that . . .*, III8; **Ya lo sé** *I know.*, III8
saber *to taste*, III4; **Sabe riquísimo.** *It tastes delicious.*, III4
sabio(a) *sage, wise*, 5

el sabor *flavor*, III4; **Le falta sabor.** *It doesn't have enough flavor.*, III4; **Tiene sabor a ajo.** *It tastes like garlic.*, III4
sabroso(a) *tasty;* **¡Qué bueno (sabroso)!** *How good (tasty)!*, III4
sacar *to take out*, I; **sacar buenas notas** *to get good grades*, II; **sacar fotos** *to take pictures*, III1
sacudir *to shake;* **sacudir el polvo** *to dust*, II
sagrado(a) *sacred*, 5
la sal *salt*, I; **echarle mucha sal a la comida** *to put a lot of salt on food*, III2; **Le falta sal.** *It needs (lacks, doesn't have enough) salt.*, III4
la sala *living room*, I
salado(a) *salty*, I
el salario *salary*, III12
la salida *exit*, 9
salir *to go out, to leave*, I; **salir bien (mal)** *to do well, to turn out well (badly)*, I
la salsa *musical style typical of the Caribbean*, 6
saltar *to jump*, II; **saltar a la cuerda** *to jump rope*, II; **saltar en paracaídas** *to go skydiving*, I
el salto *jump*, 9
la salud *health*, II
saludar *to greet*, 7
el saludo *greeting, regards;* **dar un saludo a** *to give one's regards to*, II
salvadoreño(a) *Salvadoran*, II
salvaje *wild*, 11
salvar *to save*, 3
el salvavidas, la salvavidas *lifeguard*, 12
las sandalias *sandals*, I
la sandía *watermelon*, 4
el sándwich *sandwich*, I
la sangre *blood*, 5
sano(a) *healthy*, I
la sardina *sardine*
el sastre *tailor*, 8
la sátira *satire*, 3
satisfacer *satisfy*, 3
satisfecho(a) *satisfied*, 7
el saxofón *the saxophone*, III1
se *one, you, they, we*, III5; *self, selves*, I; *to him/her/it/you/them*, III4; **Se alegró mucho.** *He (She) was very happy.*, III9; **se burlaron** *they made fun of*, III9; **se convirtieron en** *they turned into*, 5; **Se cree el rey de**

Roma. *He thinks he's a big shot.*, 9; **Se cree la mamá de Tarzán.** *She thinks she's a big shot.*, 9; **Se cree que...** *It's believed that . . .*, III5; **Se dice que...** *They say that . . .*, III5; **¿Se las llevas?** *Will you take them to him (her)?*, III4; **Se le hizo tarde.** *He (She) lost track of the time.*, 4; **Se le nota que está enojado(a).** *You can tell that he's (she's) angry.*, 4; **Se le rompió (rompieron)...** *He (She) broke . . .*, III4; **Se les quedó (quedaron)...** *They forgot . . ., They left . . . behind*, III4; **Se me acabó (acabaron)...** *I ran out of . . .*, III4; **Se me hace que...** *It seems to me . . .*, III3; **Se me hace un poco absurdo.** *It seems a little absurd to me.*, 4; **Se me pasó por alto.** *It slipped my mind.*, 4; **Se me perdió (perdieron)...** *I lost . . .*, III4; **Se nos cayó (cayeron)...** *We dropped . . .*, III4; **Se nos descompuso (descompusieron)...** . . . *broke down on us.*, III4; **Se nos fue el tren.** *The train went off and left us.*, 4; **Se pusieron rojos.** *They blushed.*, III9; **se rieron** *they laughed*, III9; **Se siente orgulloso de haber...** *He (She) feels proud of having . . .*, III10; **¿Se te olvidó (olvidaron)...?** *Did you forget . . .?*, III4; **Si se encontrara una cura...** *If a cure were found . . .*, III11
la secadora de pelo *hair dryer*, II
secarse *to dry oneself*, II
la sección *section*, III8; **la sección de cocina** *food (cooking) section*, III8; **la sección de moda** *fashion section*, III8; **la sección de ocio** *entertainment section*, III8; **la sección de sociedad** *society section*, III8; **la sección deportiva** *sports section*, III8; **la sección financiera** *financial section*, III8
seco(a) *dry*, II; *cold, curt*, III9
secretamente *secretly*, 5
el sector industrial *industrial sector*, 11
secundario(a): estudios secundarios *high school*, 1
la sed *thirst;* **tener (mucha) sed**

to be (really) thirsty, I
la seda *silk,* I
seguir (i, i) *to continue, to follow, to still be (doing something),* II; **seguir adelante** *to carry on,* 10
según *according to,* III5; **Según el gobierno...** *According to the government . . .,* III11
la **seguridad** *security,* 6
el **seguro** *insurance,* III12
seguro(a) *sure,* II; **Estoy seguro(a) que...** *I'm certain that . . .,* III8
seis *six,* I
seiscientos(as) *six hundred,* I
seleccionar *to choose*
el **sello** *stamp,* III1; **coleccionar sellos** *to collect stamps,* III1
la **selva** *jungle,* I; **la selva tropical** *rain forest,* II
el **semáforo** *traffic light,* II
la **semana** *week,* I
la **Semana Santa** *Holy Week,* 4
sembrar (ie) *to plant,* III3
semejante *similar,* 2
la **semejanza** *similarity,* 6
el **semestre** *semester,* I
la **semilla** *seed,* 4
el **senador,** la **senadora** *senator,* 11
sencillo(a) *simple,* II
el **senderismo** *hiking,* II
el **sendero** *path,* 12
la **sensibilidad** *sensitivity,* III11
sentar (ie) *to seat,* 9
sentarse (ie) *to sit down,* 3
el **sentido** *sense, feeling,* 10; **un buen sentido del humor** *a good sense of humor,* III1
sentido(a) *heartfelt,* III7; **Mi más sentido pésame.** *My most heartfelt condolences.,* III7
el **sentimiento** *feeling,* 2
sentir (ie, i) *to regret, to be sorry,* III7; **Lo siento mucho, es que no sabía.** *I'm very sorry, I just didn't know.,* III7; **Lo siento, pero ya tengo otros planes.** *I'm sorry, but I already have other plans.,* III7
sentirse (ie, i) *to feel,* I; **Me siento frustrado(a).** *I'm frustrated.,* III7; **sentirse muy solo(a)** *to feel very lonely,* III2; **sentirse orgulloso(a) de** *to feel proud of,* III10
la **seña** *sign,* 5
la **señal** *sign,* 2
señalar *to set,* 7

el **señor** *sir, Mr.,* I
la **señora** *ma'am, Mrs.,* I
la **señorita** *miss,* I
septiembre (m.) *September,* I
la **sequía** *drought,* 10
ser *to be,* I; **Es cierto que...** *It's true that . . .,* III3; **Es difícil que...** *It's unlikely that . . .,* III8; **Es evidente que...** *It's evident that . . .,* III8; **Es fácil que...** *It's likely that . . .,* III8; **Es importante que + subj.** *It's important that . . .,* III6; **Es imposible que...** *It's impossible that . . .,* III8; **Es increíble que...** *It's unbelievable that . . .,* III8; **Es mejor que...** *It's better for . . . to . . .,* III6; **Es muy difícil de creer, pero es posible.** *That's very hard to believe, but it's possible.,* III5; **Es necesario que + subj.** *It's necessary for . . . to . . .,* III6; **Es nuestra responsabilidad...** *It's our responsibility . . .,* III3; **Es nuestro deber...** *It's our duty . . .,* III3; **Es obvio que...** *It's obvious that . . .,* III8; **Es posible que...** *It's possible that . . .,* III8; **Es probable que...** *It's probable that . . .,* III8; **Me encantaría ser...** *I'd love to be . . .,* III12; **Me gustaría ser...** *I'd like to be . . .,* III12; **...que sea descortés** *. . . who's rude,* III7; **ser desleal** *to be disloyal,* III7; **ser infiel** *to be unfaithful,* III7; **Sería buena (mala) idea...** *It would be a good (bad) idea to . . .,* III6; **Sería bueno + inf.** *It would be a good idea to . . .,* III2; **¿Serías tan amable de dármela?** *Would you be so kind as to give it to me?,* III4; **Si yo fuera...** *If I were . . .,* III11; **Soy un(a) fanático(a) de...** *I'm a big fan of . . .,* III1; **Soy un(a) gran aficionado(a) a...** *I'm a big fan of . . .,* III1
el **ser del espacio** *being from outer space,* 5
el **ser humano** *human being,* 5
serenar *to calm down,* 2
la **serie** *series,* 6
la **serigrafía** *silk-screening,* 6
serio(a) *serious,* III1
serpear *to move like a snake,* 9
la **serpiente** *snake,* II

el **servicio** *service,* 11
el **servicio financiero** *financial services*
el **servicio publicitario** *advertising services*
el **servidor,** la **servidora** *faithful servant,* 11
la **servilleta** *napkin,* I
servir (i, i) *to serve, to help, to be of use,* II
sesenta *sixty,* I
los **sesos** *brains,* 11
setecientos(as) *seven hundred,* I
setenta *seventy,* I
severo(a) *severe,* 1
si *if,* I; **Si fueras rico(a)** *If you were rich . . .,* III9; **Si hubiera paz...** *If there were peace . . .,* III11; **Si no actuamos ahora...** *If we don't act now . . .,* III11; **Si no hacemos nada por...** *If we don't do anything about . . .,* III11; **Si no realizamos...** *If we don't carry out . . .,* III11; **Si pudiera... viviría...** *If I could . . . I would live . . .,* III9; **Si pudieras... ¿adónde irías?** *If you could . . . where would you go?,* III9; **Si se encontrara una cura...** *If a cure were found . . .,* III11; **Si tú pudieras...** *If you could . . .,* III11; **Si tuviera... compraría** *If I had . . . I would buy . . .,* III9; **Si tuvieras... ¿qué harías?** *If you had . . . what would you do?,* III9; **Si yo fuera...** *If I were . . .,* III11; **Si yo viviera...** *If I lived . . .,* III11
sí *yes,* I
siempre *always,* I; **lo de siempre** *the usual,* I
siete *seven,* I
el **siglo** *century,* III3
significar *to mean,* 8
el **signo de puntuación** *punctuation mark,* 8
siguiente *following,* 1
el **silbido** *whistle,* 5
el **silencio** *silence,* 5
silencioso(a) *quiet, silent,* 5
la **silla** *chair,* I
la **silueta** *silhouette*
el **símil** *simile,* 9
la **simpatía** *sympathy,* 6
simpático(a) *nice,* I
sin *without,* II; **Sin duda alguna.** *Without a doubt.,* III8; **sin embargo** *nevertheless,* 5

R106

This vocabulary includes all of the words presented in the **Vocabulario** sections of the chapters. These words are considered active—you are expected to know them and be able to use them. Expressions are listed under the first word and in some cases under a key word in the phrase.

Spanish nouns are listed with the definite article and plural forms, when applicable. If a Spanish verb is stem-changing, the change is indicated in the parentheses after the verb: **dormir (ue)**. The number after each Spanish word or phrase refers to the chapter in which it becomes active vocabulary. Entries followed by the Roman numeral I indicate that the word became active in Level 1; entries followed by the Roman numeral II indicate that the word became active in Level 2; entries followed by the Roman numeral III indicate the word was introduced in Level 3.

To be sure you are using Spanish words and phrases in their correct context, refer to the chapter and book in which they appear. You may also want to look up the Spanish phrases in the Summary of Functions, pp. R1–R11.

a (an) *un, una,* I; **a few** *unos, unas,* I; **a little overweight** *un poco gordo(a),* I; **A long time ago . . .** *Hace mucho tiempo...,* II; **a lot (of)** *mucho(a), muchos(as),* I; **a terrible bore** *tan aburrido(a) como un pato,* II
absent-minded *distraído(a),* II
according to *según,* III5
accountant *el contador, la contadora,* III12
to **ache** *doler (ue),* I
to **achieve** *alcanzar,* III10; *lograr,* III10
to **act** *actuar,* III11
actually *en efecto,* III5
to **adapt** *adaptarse,* III3
to **admire** *admirar,* III6
to **admit a mistake** *admitir un error,* III7
advances *los adelantos,* III3
advantage *la ventaja,* III3
adventurous *aventurero(a),* II
advice *el consejo,* III2
advisable: It's not advisable that you . . . *No te conviene...,* III6
to **advise** *aconsejar,* III2
aerobics *los ejercicios aeróbicos,* I
affection *el cariño,* II
affectionate *cariñoso(a),* I
affectionately *con cariño,* II
afraid: I'm afraid that . . . *Temo que...,* III7
after *después,* I; *después de,* I; *después de que,* III10; **After we graduate, we . . .** *Después de graduarnos...,* III10

afternoon *la tarde,* I; **in the afternoon** *de la tarde,* I; *por la tarde,* I
afterwards *después,* II
again: I won't do it again. *No lo volveré a hacer.,* III7
against *contra,* III9
ago: a day (a week, a month, . . .) ago *hace un día (una semana, un mes, ...),* II; **A long time ago . . .** *Hace mucho tiempo...,* II
to **agree** *estar de acuerdo,* III5; **to agree to** *quedar en,* II
Agreed. *De acuerdo.,* I
air: air conditioning *el aire acondicionado,* II; **air quality** *la calidad del aire,* III3
alarm clock *el despertador,* II
all *todo(a); todos(as),* I; **All of a sudden . . .** *De repente...,* II; **All right.** *Está bien.,* I; *De acuerdo.,* II
almost *casi,* I; **almost always** *casi siempre,* I
alone *solo(a),* III2
along *por,* I; **along the beach** *por la playa,* I
alongside *al lado de,* II
already *ya,* I
also *también,* I
aluminum *el aluminio,* II
always *siempre,* I
ambition *la ambición,* III5; *la aspiración,* III10
American football *el fútbol norteamericano,* I
amusement park *el parque de atracciones,* I
amusing *divertido(a),* I
anchorperson *el locutor, la locutora,* III8
ancient *antiguo(a),* III6

and *y, e,* I; **And you?** *¿Y tú?,* I
angry *enojado(a),* III9; *enfadado(a),* III9
ankle *el tobillo,* II
anniversary party *la fiesta de aniversario,* I
to **announce** *anunciar,* III8
announcer *el locutor, la locutora,* III8
to **annoy** *fastidiar,* II
annoying *pesado(a),* III1
another *otro(a),* I
answering machine *el contestador,* III3
anthropology *la antropología,* I
anxious *ansioso(a),* III2
any *alguno(a),* I
anyway *de todos modos,* II
apple *la manzana,* I
application *la solicitud,* III12
to **apply for** *solicitar,* III12
appointment *la cita,* II
to **appreciate** *apreciar,* III9
April *abril (m.),* I
aquarium *el acuario,* I
architect *el arquitecto, la arquitecta,* III12
are: are due to *se deben a,* III10; **(people) are going to use** *(la gente) va a usar,* III3; **Are we going the right way to . . .?** *¿Vamos bien para...?,* II; **Are you still working?** *¿Sigues trabajando?,* II
Argentine *argentino(a),* II
arm (of the body) *el brazo,* I
army *el ejército,* III5
to **arrange to (do something)** *quedar en,* II
to **arrive** *llegar,* II
arrogant *arrogante,* III9
art *el arte, (pl. las artes),* I

article *el artículo,* III8
artist *el artista, la artista,* III6
artistic *artístico(a),* II
as *tan,* II; as a child *de pequeño(a),* II; *de niño(a),* III12; as a small child *de chiquito(a),* II; as . . . as . . . *tan... como ...,* I; As far as I know . . . *Que yo sepa...,* III8; (as good as) a saint *tan bueno(a) como un ángel,* II; as happy as a lark *tan feliz como una lombriz,* II; as noble as a lion *tan noble como un perro,* II; as strong as an ox *tan fuerte como un toro,* II
to ask for *pedir (i, i),* I
to ask questions *hacer preguntas,* II
aspiration *la aspiración,* III10
to aspire to *aspirar a,* III10
to assimilate *asimilarse,* III10
at *a, por, en,* I; at all *para nada,* III7; at home *en casa,* II; at last *por fin,* I; at night *por la noche, en la noche,* I; at the same time *a la vez,* III3; At what time? *¿A qué hora?,* I
to attain *alcanzar,* III10
to attend *asistir a,* I
attitude toward *la actitud hacia,* III9
August *agosto* (m.), I
aunt *la tía,* I
autumn *el otoño,* II
avocado salad *la ensalada de aguacate,* III4
to avoid *evitar,* II
awful *pésimo(a),* III6

B

back (of the body) *la espalda,* I
back then *en aquel entonces,* II
backpack *la mochila,* I
bacon *el tocino,* I
bad *malo(a),* I; *mal,* I, it would be a good (bad) idea *sería buena (mala) idea,* III6
baggage carrier *el maletero, la maletera,* II
bakery *la panadería,* III4
balanced *balanceado(a),* II
bald *calvo(a),* II
balloons *los globos,* I
ballpoint pen *el bolígrafo,* I
banana *el plátano,* I
band *la banda,* II
bank *el banco,* II
banker *el banquero, la banquera,* III12
bargain *la ganga,* II
to bargain *regatear,* II

baseball *el béisbol,* I
basketball *el baloncesto,* I
bat (animal) *el murciélago,* II
bathing suit *el traje de baño,* I
bathroom *el cuarto de baño,* II
to be *ser; estar,* I; Be careful. *Ten cuidado.,* II; to be a cyclist *practicar el ciclismo,* III1; to be able *poder (ue),* I; to be close to *estar cerca de,* II; to be crazy about *estar loco(a) por,* II; to be delighted *encantarle,* III7; to be disloyal *ser desleal,* III7; to be due to *deberse a,* III10; to be familiar with (something) *conocer,* II; to be far from *estar lejos de,* II; to be fed up (with) *estar harto(a) (de),* II; to be frustrated *frustrarse,* III7; to be furious *estar furioso(a),* II; to be glad *alegrarse,* III7; to be going to do something *ir a + inf.,* I; to be grateful for *estar agradecido(a) por,* III10; to be happy *alegrarse,* III9; To be honest . . . *Para ser sincero(a)...,* III6; to be hurt *estar dolido(a),* III7; to be in a good (bad) mood *estar de buen (mal) humor,* III7; to be in a hurry *tener (ie) prisa,* I; to be in good shape *estar en plena forma,* II; to be interested in *interesar(le),* II; to be jealous of *tener (ie) celos de,* III7; to be left dead *quedar muerto(a),* III5; to be located *encontrarse (ue),* II; to be named *llamarse,* II; to be near *estar cerca de,* II; to be on a diet *hacer régimen,* II; *estar a dieta,* III2; to be raised *criarse,* III10; to be ready *estar listo(a),* I; to be situated *quedar,* I; to be sleepy *tener (ie) sueño,* I; to be under pressure *sufrir de presiones,* II; to be unfaithful *ser infiel,* III7; to be up to date on . . . *estar al tanto de...,* III8; to be well informed about . . . *estar bien informado(a) sobre...,* III8; to be worth *valer,* I
beach *la playa,* I
beans *los frijoles,* I; *las caraotas* (Venezuela), III4
beard *la barba,* III1
beautiful *hermoso(a),* III6
because *porque,* I; Because I have . . ., I . . ., *Por tener..., yo...,* III10

to become: I want to become *quiero llegar a ser,* III12; to become ill *enfermarse,* II
bed *la cama,* I; to go to bed *acostarse (ue),* II
beef *la carne de res,* I
before *antes de,* I; Before classes begin . . . *Antes de que empiecen las clases...,* III10; Before finishing . . . *Antes de terminar...,* III10
to begin *comenzar (ie),* II; *empezar (ie),* I; to begin with *para empezar,* II
behind *detrás de,* II
to believe *creer,* I; I can't believe that . . . *No puedo creer que...,* III8; I don't believe that . . . *No creo que...,* III8; It's very hard to believe, but it's possible. *Es muy difícil de creer, pero es posible.,* III5; It's hard to believe that . . . *Parece mentira que...,* III8
belt *el cinturón,* I
beneath *debajo de,* I
benefits *los beneficios,* III12
besides *además,* I
best *el (la) mejor,* II; the best thing is *lo ideal es,* III12
to betray *traicionar,* III5
Better . . . *Mejor...,* II
to better oneself *superarse,* III10
better than *mejor que,* II
beverage *la bebida,* I
bicycle *la bicicleta,* I
big *grande,* I
bill *la cuenta,* I
bird *el ave,* (pl. *las aves*), II
birthday party *la fiesta de cumpleaños,* I
black *negro(a),* I
to blame someone *echarle la culpa,* III7
block: city block *la cuadra,* I
blond *rubio(a),* I
blouse *la blusa,* I
to blow up balloons *inflar los globos,* I
blue *azul,* I
bluejeans *los bluejeans,* I
to blush *ponerse rojo(a),* III9; They blushed. *Se pusieron rojos.,* III9
board game *el juego de mesa,* I
boat *la lancha,* II
body *el cuerpo,* I
Bolivian *boliviano(a),* II
book *el libro,* I
book bag *la mochila,* I
to bookmark *apuntar,* II
bookstore *la librería,* I
boots *las botas,* I

bore: a terrible bore *tan aburrido(a) como un pato*, II
bored *aburrido(a)*, II; **to be bored** *estar aburrido*, II
boring *aburrido(a)*, I; **It seems really boring to me.** *Me parece un rollo.*, III1; **to be boring** *ser (estar) aburrido(a)*, I
boss *el jefe, la jefa*, III12
botanical garden *el jardín botánico*, II
to **bother** *molestar*, II
bowl *el plato hondo*, I; *el tazón*, I
boy *el chico*, I
boyfriend *el novio*, III7
brave *valiente*, III5
bread *el pan*, I
break (rest period) *el descanso*, I
to **break** *romperse*, II; **He (She) broke . . .** *Se le rompió...*, III4
to **break down** *descomponer*, III4; **. . . broke down on us.** *Se nos descompuso (descompusieron).*, III4
to **break up with someone** *romper con*, III7
breakfast *el desayuno*, I; **to eat breakfast** *desayunar*, I
to **breathe** *respirar*, II
bridge *el puente*, II
to **bring** *traer*, I; **to bring the meal** *traer la comida*, II
broadcast network *la cadena*, III8
broken *roto(a)*, III3
brother *el hermano*, I; **brothers and sisters** *los hermanos*, I
brown *de color café*, I; *pardo*, I
to **brush** (one's hair, teeth, etc.) *cepillarse (el pelo, los dientes, etc.)*, II; **to brush your teeth** *lavarse los dientes*, I
to **build** *construir*, II
building *el edificio*, II
bumper cars *los carros chocones*, II
bus *el autobús*, I
bus stop *la parada del autobús*, II
business (firm) *la empresa*, III12
businessman, businesswoman *el (la) comerciante*, III12
busy *ocupado(a)*, I; **The line is busy.** *La línea está ocupada.*, I
busybody *el (la) metiche*, II
but *pero*, I; **but on the other hand . . .** *pero por otro*

lado..., III3; **But you have to take into account that . . .** *Pero hay que tener en cuenta que...*, III5
butcher shop *la carnicería*, III4
to **buy** *comprar*, III7; **to buy someone a gift** *comprarle un regalo*, III7
by *por*, I; **by the end of** *para fines de*, II; **By the way . . .** *A propósito...*, III6
'Bye *Chao*, I

C

cable *el cable*, III8; **on cable** *por cable*, III8
cafeteria *la cafetería*, I
cake *la torta*, III4; *el pastel*, I
calculator *la calculadora*, I
calf (of the leg) *la pantorrilla*, II
to **call** *llamar*, I; **to call the guests** *llamar a los invitados*, I
calm *tranquilo(a)*, II
Calm down. *Tranquilo(a).*, III7
calmly *con calma*, III2
camera *la cámara*, I
to **camp** *acampar*, I
camping tent *la tienda de camping*, I
can *poder (ue)*, I; **Can I help?** *¿Puedo ayudar?*, II; **Can I help you . . .?** *¿Te ayudo a...?*, II; **Can you bring me . . .?** *¿Me puedes traer...?*, I; *¿Me traes...?*, I; **Can you bring us . . .?** *¿Nos puede traer...?*, I; **Can you do me the favor of . . .?** *¿Me haces el favor de...?*, I; **Can you give me . . .?** *¿Puedes darme...?*, III2; **Can you help me?** *¿Me puede atender?*, II; **Can you help me to . . .?** *¿Me ayudas a...?*, I; *¿Puedes ayudarme a...?*, II; **Can you lower the price for me?** *¿Me puede rebajar el precio?*, II; **Can you pass me . . .?** *¿Me pasas...?*, I; **Can you tell me . . .?** *¿Me puede decir...?*, I; *¿Me podría decir...?*, II; **I can't.** *No puedo.*, I; **What can I bring you?** *¿Qué le puedo traer?*, I
candy *los dulces*, I; **candy store** *la dulcería*, I
canoe *la canoa*, I
cans *las latas*, II
car *el carro*, I

card *la tarjeta*, I; **playing cards** *las cartas*, III1
careful: to be careful *tener (ie) cuidado*, II
carpenter *el carpintero, la carpintera*, III12
carrot *la zanahoria*, I
to **carry** *llevar*, I
to **carry out** *llevar a cabo*, III10; *realizar*, III11
cash register *la caja*, II
cashier *el (la) cajero(a)*, II
cat *el gato*, I
to **cause** *causar*, III2
to **celebrate** *celebrar*, III5
cellular phone *el teléfono celular*, III3
century *el siglo*, III3
cereal *el cereal*, I
certain *seguro(a)*, III8
Certainly. *Por cierto.*, III8
chair *la silla*, I
challenge *el reto*, III10
to **change** *cambiar*, II; **Changing subjects, what can you tell me about . . .?** *Cambiando de tema, ¿qué me dices de...?*, III6
channel *el canal*, III8
to **chat** *platicar*, II
cheap (in price) *barato(a)*, I
Cheer up! *¡Ánimo!*, III7
cheese *el queso*, I
chemicals *los químicos*, II
chicken *el pollo*, I
child *el (la) niño(a)*, II; **as a child** *de pequeño(a), de niño(a)*, II; **as a small child** *de chiquito(a)*, II
children *los hijos*, I
Chilean *chileno(a)*, II
China *China* (f.), I
Chinese food *la comida china*, I
chocolate *el chocolate*, I
chores *los quehaceres*, II; **household chores** *los quehaceres domésticos*, I
Christmas *la Navidad*, I; **Christmas Eve** *la Nochebuena*, I
church *la iglesia*, II
circus *el circo*, I
city *la ciudad*, I
city block *la cuadra*, II
clams *las almejas*, III4
clarinet *el clarinete*, III1
class *la clase*, I
classical music *la música clásica*, I
classified ads *los anuncios clasificados*, III8
classmate *el compañero, la compañera*, I

to clean *limpiar*, II; to clean the kitchen *limpiar la cocina*, I
clean *limpio(a)*, I
clear *despejado(a)*, II
to clear the table *quitar la mesa*, II
clever *listo(a)*, I
climate *el clima*, II
to climb *escalar*, I; to climb trees *trepar a los árboles*, II
clock *el reloj*, I
close to *cerca de*, II
close-knit *unido(a)*, I
closet *el armario*, I
clothing *la ropa*, I
cloud: Every cloud has a silver lining. *No hay mal que por bien no venga.*, III7
cloudy *nublado(a)*, I; It's cloudy. *Está nublado.*, I
clumsy *torpe*, III9
coast *la costa*, II
cod *el bacalao*, III4
coffee with milk *el café con leche*, I
coin *la moneda*, II
cold (personality) *seco(a)*, III9
cold (temperature) *frío(a)*, I; It's cold (weather). *Hace frío.*, I
cold (illness): to have a cold *estar resfriado(a)*, I
to collect *coleccionar*, II; to collect stickers (stamps) *coleccionar adhesivos (sellos)*, III1
Colombian *colombiano(a)*, II
color *el color*, I; What color? *¿De qué color?*, I
(color) photocopier *la fotocopiadora (a colores)*, III3
comb *el peine*, II
to comb your hair *peinarse*, I
to combat *combatir*, III9
to come *venir (ie)*, I; come (command) *ven*, I; Come along! *¡Ven conmigo!*, I
to come back *regresar*, I
comfortable *cómodo(a)*, I
comical *cómico(a)*, I
comics *las tiras cómicas*, III8
commentator *el (la) comentarista*, III8
commercial *el anuncio*, III8
to commit *cometer*, III11
commitment *el compromiso*, III10
compact disc *el disco compacto*, I
company (firm) *la empresa*, III12
competition *la competencia*, II
to complain (about) *quejarse (de)*, II

to compliment someone *hacerle un cumplido a alguien*, III7
computer *la computadora*, III3
computer programmer *el (la) programador(a) de computadoras*, III12
computer science *la computación*, I
conceited *presumido(a)*, III9
concert *el concierto*, I
condolences *el pésame*, III7; My most heartfelt condolences. *Mi más sentido pésame.*, III7
condor *el cóndor*, II
congested *resfriado(a)*, I; to be congested *estar resfriado(a)*, I
consequently *por consiguiente*, III10
to conserve *conservar*, II
contemporary *contemporáneo(a)*, III6
to continue *seguir (i, i)*, II
to contribute *contribuir*, III2; *aportar*, III10
contribution *la aportación*, III10
conventional *convencional*, III6
convinced: to be convinced *estar convencido(a)*, III8
to cook *cocinar*, III3
cookie *la galleta*, I
cooking section *la sección de cocina*, III8
to copy *copiar*, II
corn *el maíz*, I
corner *la esquina*, II
Costa Rican *costarricense*, II
costume *el disfraz*, II
cotton (made of) *(de) algodón*, I
cough *la tos*, I
Could you . . .? *¿Podrías...?*, III4
to count on *contar (ue) con*, III7
country *el campo*, I
cousin *el primo, la prima*, I
crazy *loco(a)*, III1; to be crazy about *estar loco(a) por*, III1
creative *creativo(a)*, III6
crime *la delincuencia*, III11; *el crimen*, III11; minor crime *el delito*, III11
crime rate *la criminalidad*, III11
to cross (at . . .) *cruzar (en...)*, II
to cry *llorar*, III5
Cuban *cubano(a)*, II
cure *la cura*, III11
curly *rizado(a)*, III1
curt *seco(a)*, III9

custard *el flan*, I; *el quesillo* (Venezuela), III4
custom *la costumbre*, III10
customer *el (la) cliente*, II
to cut the grass *cortar el césped*, I
cycling *el ciclismo*, II
cyclist: to be a cyclist *practicar el ciclismo*, III1

D

dad *el papá*, I
daily life *la vida diaria*, III3
dairy store *la lechería*, III4
dance (event) *el baile*, I
to dance *bailar*, I
dance (as an artform) *la danza*, III6
dancer *el bailarín, la bailarina*, III6
danger *el peligro*, III2
dangerous *peligroso(a)*, II
dark-haired, dark-skinned *moreno(a)*, III1
date (appointment) *la cita*, I
date (on calendar) *la fecha*, I
daughter *la hija*, I
day *el día*, I; a free day *un día libre*, I; day before yesterday *anteayer*, I; every day *todos los días*, I; the day before *el día anterior*, II; (two, three, . . .) days later *(dos, tres,...) días después*, II
dead *muerto(a)*, III5
dear *querido(a)*, II
December *diciembre* (m.), I
to declare *declarar*, III5
to decorate *decorar*, II
decorations *las decoraciones*, I
to decrease *bajar*, III11
to dedicate *dedicar*, II
deeply *profundamente*, II
defeat (n.) *la derrota*, III5
to defeat *vencer*, III5
delicious *delicioso(a)*, I; *rico(a)*, I; *riquísimo(a)*, III4
delighted *encantado(a)*, III7
demanding *exigente*, II
to deny *negar (ie)*, III9; I deny having made fun of . . . *Niego haberme burlado de...*, III9
department store *el almacén*, I
to depend on *contar (ue) con*, III7; It depends on your point of view. *Depende de tu punto de vista.*, III5
depressed *deprimido(a)*, II
to design *diseñar*, III6
designer *el diseñador, la diseñadora*, III12

desk *el escritorio*, I
to **despair** *desesperarse*, II
dessert *el postre*, I
to **destroy** *destruir*, III3
destruction *la destrucción*, II
deterioration *el deterioro*, III11
to **develop** *desarrollar*, III3
dictionary *el diccionario*, I
did: Did you find out about . . .? *¿Te enteraste de... ?*, II; **Did you forget . . .?** *¿Se te olvidó (olvidaron)...?*, III4; **Did you have a good time?** *¿Qué tal lo pasaste?*, II; **What did he (she/you) do?** *¿Qué hizo?*, I; **What did he (she) say?** *¿Qué dijo?*, II; **What did they tell you?** *¿Qué te dijeron?*, II; **What did you do?** *¿Qué hiciste?*, I
diet *la dieta*, II; **to be on a diet** *hacer régimen*, II; *estar a dieta*, III2
difficult *difícil*, I
dining room *el comedor*, II
dinner *la cena*, I
directions *las instrucciones*, II
dirty *sucio(a)*, I
disadvantage *la desventaja*, III3
to **disagree: It disagrees with me.** *Me cae gordo.*, III4
disagreeable *antipático(a)*, I
disappointed *decepcionado(a)*, III7; *desilusionado(a)*, III7
discount *el descuento*, II
to **discover** *descubrir*, III3
discovered (past part.) *descubierto*, III3
discrimination *la discriminación*, III9
to **discuss** *discutir*, III7
disgusting: How disgusting! *¡Qué asco!*, III4
disease *la enfermedad*, III11
to **dislike strongly** *chocar(le)*, II
disloyal *desleal*, III7
to **do** *hacer*, I; **do** *haz* (command), I; **do for you** *hacer por ti*, III7; **Do me the favor of . . .** *Hágame (Hazme) el favor de...*, III4; **Do you know** (formal) **. . .?** *¿Sabe Ud... ?*, II; **Do you know** (informal) **. . .?** *¿Sabes... ?*, II; **Do you know what you're going to order?** *¿Ya sabe(n) qué va(n) a pedir?*, II; **Do you** (informal) **like . . .?** *¿Te gusta(n)...?*, II;

Do you think so? *¿Tú crees?*, III5; **Do you think that . . .?** *¿Crees que...?*, II; *¿Te parece que...?*, II; **Do you want to . . .?** *¿Quieres...?*, I; **Do you want to help me?** *¿Quieres ayudarme?*, II; **to do sit-ups** *hacer abdominales*, II; **to do something** *hacer algo*, II; **to do well** *salir bien*, II; **to do yoga** *hacer yoga*, I
doctor *el médico, la médica*, III12
documentary *el documental*, III8
dog *el perro*, I
dollar *el dólar*, I
dolphin *el delfín* (pl. *los delfines*), II
Dominican (from the Dominican Republic) *dominicano(a)*, II
don't: Don't add salt. *No añadas sal.*, II; **Don't be . . .** *No seas...*, II; **Don't forget that . . .** *No olvides que...*, III12; **Don't forget to . . .** *No te olvides de...*, III6; **Don't smoke anymore.** *No fumes más.*, II; **Don't worry.** *No te preocupes.*, I; **don't you?** *¿verdad?*, I
door *la puerta*, I
doubt: There's absolutely no doubt. *No cabe la menor duda.*, III8; **Without a doubt.** *Sin duda alguna.*, III8
to **doubt** *dudar*, III8; **I doubt that . . .** *Dudo que...*, III8
down: to go down (a street or road) *bajar por*, II
downpour *el aguacero*, II
downtown *el centro*, I; **Downtown, there is (are)...** *En el centro, hay...*, II
to **draw** *dibujar*, I
drawing *el dibujo*, III6
dream *el sueño*, III5; **my lifelong dream** *el sueño de mi vida*, III5
to **dream of** (doing something) *soñar (ue) con* + inf., III10
dress *el vestido*, I
dressed: to get dressed *vestirse (i, i)*, II
dressing room *el probador*, II
to **drink** *tomar, beber*, I; **to drink a soft drink** *tomar un refresco*, I
to **drive** *manejar*, III3
driver *el conductor, la conductora*, II

to **drop: We dropped . . .** *Se nos cayó (cayeron)...*, III4
to **drop by and pick someone up** *pasar por alguien*, II
drug addiction *la drogadicción*, III11
drums *la batería*, III1
dry *seco(a)*, II
to **dry one's hair** *secarse el pelo*, II
to **dry oneself** *secarse*, II
due: are due to *se deben a*, III10
dull *torpe*, III9
dumb *bobo(a)*, III9
during *durante*, I; **(during) free time** *(en) el tiempo libre*, I
to **dust** *sacudir el polvo*, II
duty *el deber*, III3
dwarf *el enano, la enana*, II

e-mail *la carta electrónica*, III3
eagle *el águila*, (pl. *las águilas*), II
ear: inner ear *el oído*, I; **outer ear** *la oreja*, I
to **earn** *ganar*, I
earring *el arete*, I
Earth *la Tierra*, II
east *el este*, II
Easter *las Pascuas*, I
easy *fácil*, I; **easy to** *fácil de*, III8
to **eat** *comer*, I; **to eat breakfast** *desayunar*, I; **to eat dinner** *cenar*, I; **to eat healthy food** *comer comida sana*, III2; **to eat ice cream** *tomar helado*, I; **to eat lunch** *almorzar (ue)*, I; **to eat poorly** *alimentarse mal*, III2; **to eat well** *alimentarse bien*, III2
Ecuadorean *ecuatoriano(a)*, II
editorials *los editoriales*, III8
education *la educación*, I
effects *los efectos*, II
effort *el esfuerzo*, III10; **I put a lot of effort into . . .** *Puse todo mi esfuerzo en...*, III10
eggs *los huevos*, I
Egypt *Egipto* (m.), I
eight *ocho*, I
eight hundred *ochocientos(as)*, I
eighteen *dieciocho*, I
eighty *ochenta*, I
elbow *el codo*, II
electric appliance *el aparato eléctrico*, III3; **electric car** *el carro eléctrico*, III3

electricity *la electricidad*, II
electronic mail (e-mail) *el correo electrónico, el e-mail*, II
eleven *once*, I
employee *el empleado, la empleada*, III12
end *el fin*, I
enemy *enemigo(a)*, III5
energy *la energía*, II
engineer *el ingeniero, la ingeniera*, III12
England *Inglaterra* (f.), I
English (language) *el inglés*, I
to **enjoy** *disfrutar*, II
enough *lo suficiente*, II
to **enroll** *inscribirse*, II
entertaining *entretenido(a)*, III6
entertainment section *la sección de ocio*, III8
enthusiastic *entusiasta*, II
entire *entero(a)*, II
environment *el medio ambiente*, II
eraser *la goma de borrar*, I
errand *el mandado*, II
especially *especialmente*, I
evening *la noche*, I
event *el evento*, I
ever *alguna vez*, III3
every *todo(a), todos(as)*, I; **Every cloud has a silver lining.** *No hay mal que por bien no venga.*, III7; **every day** *todos los días*, I
Everyone knows that . . . *Todo el mundo sabe que...*, III8
Everything turned out well. *Todo salió bien.*, II
exam *el examen*, (pl. *los exámenes*), I
excellent *excelente*, I
excited *emocionado(a)*, II
Excuse me. *Perdón.*, I; *Perdóname.*, I; *Disculpe.*, II; *Con permiso.*, II
exercise *el ejercicio*, I
to **exercise** *hacer ejercicio*, III2
exhausted *agotado(a)*, III2
exhibition *la exhibición*, III6
expensive *caro(a)*, I
to **explore** *explorar*, I
extraordinary *de película*, II
extremely boring *aburridísimo(a)* (with *ser*), II
eyes *los ojos*, I

F

to **face** *enfrentar*, II
factory *la fábrica*, III3

to **fail** (a test, a class) *suspender*, II
fair (adj.) *justo(a)*, II
fairy godmother *el hada* (f.) *madrina*, II
fairy tale *el cuento de hadas*, II
fall (season) *el otoño*, I
to **fall asleep** *dormirse (ue, u)*, III2
to **fall down** *caerse*, II
to **fall in love (with)** *enamorarse (de)*, II
family *la familia*, I
fan (enthusiast) *el fanático, la fanática*, III1; *el aficionado, la aficionada*, III1; **to be a fan of** *ser aficionado(a) a*, III1; *ser fanático(a) de*, III1
far *lejos*, II; **far away** *lejos*, II; **far from** *lejos de*, I
fashion section *la sección de moda*, III8
fat (in food) *la grasa*, III2
father *el padre*, I; **Father's Day** *el Día del Padre*, I
favorite *favorito(a)*, I
to **fear** *temer*, III7
February *febrero* (m.), I
fed up *harto(a)*, II
to **feel** *sentirse (ie, i)*, I; **to feel hurt** *estar dolido(a)*, III7; **to feel like (doing something)** *tener (ie) ganas de + inf.*, I; **to feel like crying** *darle ganas de llorar*, III7; **to feel lonely** *sentirse solo(a)*, III2; **to feel poorly** *estar mal*, I; **to feel proud of** *sentirse orgulloso(a) de*, III10
feelings *los sentimientos*, III7
Ferris wheel *la rueda de Chicago*, II
festival *el festival*, II
fever *la fiebre*, I; **to have a fever** *tener (ie) fiebre*, I
few *pocos(as)*, II
fifteen *quince*, I
fifty *cincuenta*, I
to **fight** *luchar*, III5; *pelear*, II; **to have a fight** *pelearse*, III7
film *la película*, I
finally *por último*, II; **Finally . . .** *Al final...*, II
financial section *la sección financiera*, III8
to **find** *encontrar (ue)*, I; **If a cure were found . . .** *Si se encontrara una cura...*, III11; **to find a job** *encontrar (ue) un empleo*, II
to **find out** *averiguar*, II; **Did you find out about . . .?** *¿Te enteraste de...?*, II; **I found**

out *supe*, III9; **you found out** *supiste*, III9
finger *el dedo*, I
to **finish** *terminar*, III10
firewood *la leña*, II
first *primero(a)*, I; **the first** (of the month) *el primero*, I
fish *el pescado*, I; *el pez*, (pl. *los peces*), II
to **fish** *pescar*, I
fish market *la pescadería*, III4
to **fit** *quedar*, I; **It fits you very well.** *Te queda muy bien.*, I
to **fit in** *encajar*, III10
five *cinco*, I
five hundred *quinientos(as)*, I
to **fix cars** *trabajar en mecánica*, II
fixed prices *los precios fijos*, II
flavor *el sabor*, III4
float *la carroza*, II
floor *el piso*, II
flower shop *la florería*, I
flowers *las flores*, I
flu *la gripe*, I
flute *la flauta*, III1
to **focus on** *enfocarse en*, III10
fog *la niebla*, II
folder *la carpeta*, I
to **follow directions** *seguir (i, i) las instrucciones*, II
food *la comida*, I; **Chinese food** *la comida china*, I; **Italian food** *la comida italiana*, I; **Mexican food** *la comida mexicana*, I
food server *el mesero, la mesera*, II
food (cooking) section *la sección de cocina*, III8
foot *el pie*, I
football *el fútbol norteamericano*, I
for *para, por*, I; **for** (a period of time) *por*, II; **for me** *para mí*, II; **for that reason** *por eso*, I; **For whom?** *¿Para quién?*, I; **(for) her, him, you** (sing.) *le*, I; **(for) me** *me*, I
forest *el bosque*, I
forever: It won't last forever. *No hay mal que cien años dure.*, III7
to **forget** *olvidar*, II; **Did you forget . . .?** *¿Se te olvidó (olvidaron)?*, III4; **Don't forget that . . .** *No te olvides que...*, III12; **They forgot . . .** *Se les quedó (quedaron)...*, III4; **to forget (about), to forget (to)** *olvidarse (de)*, II
Forgive me. *Discúlpame.*, III7; *Perdóname.*, III7
fork *el tenedor*, I

formal *formal,* I
forty *cuarenta,* I
four *cuatro,* I
four hundred
  cuatrocientos(as), I
fourteen *catorce,* I
France *Francia (f.),* I
free *gratis,* II; **free day** *un día
  libre,* I; **free time** *el rato
  libre,* II; **(during) free time
  (en)** *el tiempo libre,* I
freeway *la autopista,* III3
French (language) *el francés,* I
french fries *las papas fritas,* I
fresh air *el aire puro,* II
Friday *el viernes,* I
fried chicken *el pollo frito,* III4
friend *el amigo* (male), *la
  amiga* (female), I; *el
  compañero* (male), *la
  compañera* (female), I
friendly *amigable,* III9
friendship *la amistad,* III7
from *de,* I; **from me** *de mi
  parte,* II; **from the** *del, de la,*
  I; **from the United States**
  estadounidense (m./f.), II
front page *la primera plana,*
  III8
fruit *la fruta,* I
fruit shop *la frutería,* III4
frustrated *frustrado(a),* III7;
  I'm frustrated. *Me siento
  frustrado(a).,* III7; **We got
  frustrated.** *Nos frustramos.,*
  III9
fuel *el combustible,* II
to **fulfill (a dream)** *realizar (un
  sueño),* III10
full time *tiempo completo,*
  III12
fun *divertido(a),* I
fun: to have fun *divertirse
  (ie, i),* II
funny *cómico(a),* I
future *el porvenir,* III3

G

to **gain weight** *aumentar de
  peso,* II; *subir de peso,* III2
galaxy *la galaxia,* II
game *el juego,* I; **board game**
  el juego de mesa, I
game of . . . (sport) *el partido
  de...,* I
garbage *la basura,* II
garden *el jardín,* I
garlic *el ajo,* III4
gas *la gasolina,* II
gas station *la gasolinera,* II
generally *por lo general,* II

generous *generoso(a),* II
geography *la geografía,* I
Germany *Alemania (f.),* I
to **get: Get into shape.**
  (command) *Ponte en forma.,*
  II; **to get a sunburn**
  quemarse, III2; **to get along**
  llevarse bien, II; **to get
  dressed** *vestirse (i, i),* II; **to
  get enough sleep** *dormir (ue,
  u) lo suficiente,* III2; **to get
  good grades** *sacar buenas
  notas,* II; **to get lost** *perderse (ie),* II; **to get married**
  casarse, II; **to get nervous**
  ponerse nervioso(a), III2; **to
  get off the bus** *bajarse del
  autobús,* II; **to get on the bus**
  subirse al autobús, II; **to get
  (somewhere) on time** *llegar
  a tiempo,* II; **to get scared**
  asustarse, II; **to get tired**
  cansarse, II; **to get to know
  someone** *conocer (zc),* I; **to
  get together with friends**
  reunirse con amigos, II; **to get
  up** *levantarse,* II; **to get
  worse** *empeorar,* III3;
  empeorarse, III11
gift *el regalo,* III7; **to buy
  someone a gift** *comprarle un
  regalo,* III7; **to open gifts**
  abrir los regalos, I; **to receive
  gifts** *recibir regalos,* I
gigantic *gigantesco(a),* II
girl *la chica,* I
girlfriend *la novia,* III7
to **give** *dar,* I; **to give (as a gift)**
  regalar, I; **to give one's
  regards to** *dar un saludo a,*
  II; **to give oneself** *darse,*
  III7; **to give permission** *dar
  permiso,* II; **to give someone
  a hug** *darle un abrazo,* III7
glad, to be *alegrarse,* III7
glass *el vidrio,* II; **glass of
  milk** *el vaso de leche,* I
glasses *las gafas,* III1
gloomy *melancólico(a),* III9
to **go** *ir,* I; **go** *ve* (command), I;
  go away *vete* (command), I;
  to go away *irse,* II; **to go
  back** *regresar,* I; **to go by the
  bank** *pasar por el banco,* II;
  to go by the pharmacy
  pasar por la farmacia, II; **to
  go by the post office** *pasar
  por el correo,* II; **to go
  canoeing** *bajar el río en
  canoa,* I; **to go down (a
  street or road)** *bajar por,* II;
  to go hiking *dar una
  caminata,* I; **to go horseback**

riding *montar a caballo,* III1;
  to go inline skating *patinar
  en línea,* III1; **to go mountain
  climbing** *escalar montañas,*
  III1; **to go out** *salir,* I; **to go
  sailing** *pasear en velero,* III1;
  to go sightseeing *hacer
  turismo,* I; **to go skydiving**
  saltar en paracaídas, I; **to go
  to bed** *acostarse (ue),* II; **to
  go to the beach** *ir a la playa,*
  III1; **to go to the mall** *ir al
  centro comercial,* I; **to go up
  (a street or road)** *subir por,*
  II; **to go windsurfing** *montar
  en tabla de vela,* II; **to go with**
  acompañar (a), II
goal *la meta,* III10
god *el dios,* III5
goddess *la diosa,* III5
**going: Are we going the right
  way to . . . ?** *¿Vamos bien
  para...?,* II; **I'm going to
  be . . .** *Voy a ser...,* III12;
  people are going to use
  la gente va a usar, III3
good *bueno(a),* I; **Good
  afternoon.** *Buenas tardes.,* I;
  Good evening. *Buenas
  noches.,* I; **Good idea.** *Buena
  idea.,* I; **good mood** *buen
  humor,* III7; **Good morning.**
  Buenos días., I; **Good night.**
  Buenas noches., I; **good-
  looking** *guapo(a),* III1;
  Goodbye. *Adiós.,* I; **in good
  shape** *en plena forma,* II
goods *los productos,* II
to **gossip** *chismear,* III7
gossip *el chisme,* II
gossip (person) *el chismoso,
  la chismosa,* II
gossipy *chismoso(a),* III9
government *el gobierno,* III11
grades *las notas,* II
to **graduate** *graduarse,* III10
graduation party *la fiesta de
  graduación,* I
grandfather *el abuelo,* I
grandmother *la abuela,* I
grandparents *los abuelos,* I
grapefruit *la toronja,* I
grapes *las uvas,* I
grass *el césped,* I
grateful *agradecido(a),* III10
gray *gris,* I; **gray hair** *las
  canas,* I
great *de maravilla,* II;
  estupendo(a), I; *excelente,* I;
  fenomenal, III1; *genial,* III6;
  magnífico(a), I; *¡Qué bueno!,*
  III4; **great guy** *un gran tipo,*
  III1; **great guy (girl)** *un(a)*

tío(a) estupendo(a), III1;
great person *una gran
persona*, III1
Greek: It's Greek to me. *Me
suena a chino.*, III8
green *verde*, I
greeting *el saludo*, II
greeting card *la tarjeta*, I
grief *la pena*, III7
grilled *a la parrilla*, III4
grocery store *la bodega*, III4;
la tienda de comestibles, I
to **grow** *crecer (zc)*, III3;
aumentar, III11
to **grow up** *criarse*, III10
Guatemalan *guatemalteco(a)*,
II
guests *los invitados*, I
guide *el (la) guía*, II
guitar *la guitarra*, I
gym *el gimnasio*, I

H

habit *el hábito*, II
hair *el pelo*, I; **He (She) has
gray hair.** *Tiene canas.*, I
hair dryer *la secadora de
pelo*, II
half past the hour *la(s)... y
media*, I
half-brother *el medio
hermano*, I
half-sister *la media hermana*, I
half time *medio tiempo*, III12
ham *el jamón*, I
hamburger *la hamburguesa*, I
hand *la mano*, I; **on the other
hand** *por otro lado*, III3
to **hand in homework** *entregar
la tarea*, II
handsome *guapo*, I
to **hang decorations** *colgar (ue)
las decoraciones*, I
happy *contento(a)*, III7;
feliz, II; **as happy as a lark**
tan feliz como una lombriz,
II; **He (She) was happy.** *Se
alegró.*, III9; **I was happy**
estuve contento(a), III9
hardware shop *la ferretería*,
III4
has (auxiliary verb): **has
changed a lot** *ha cambiado*,
III3; **has gotten worse** *ha
empeorado*, III3
to **hate** *odiar*, II; **I hate it.** *Me
cae gordo.*, III6
to **have** *tener (ie)*, I; **to have a
cough** *tener tos*, I; **to have a
cramp** *tener calambre*, II; **to
have a fever** *tener fiebre*, I;

to **have a fight** *pelearse*, III7;
to have a good time *pasarlo
bien*, I; **to have a
misunderstanding** *tener un
malentendido*, III7; **to have
been (doing something) for**
(amount of time) *hace...
que...*, II; **to have breakfast**
desayunar, I; **to have dinner
(supper)** *cenar*, II; **to have
fun** *divertirse (ie, i)*, II; **to
have good eating habits**
*tener (ie) buenos hábitos de
alimentación*, III2; **to have
the flu** *tener gripe*, I; **to have
to (do something)** *tener que
+ inf.*, I; **to have to go** *tener
que irse*, I
have (auxiliary verb): **Many
people have come from
outside.** *Mucha gente ha
venido de fuera.*, III3; **Have
you read anything
about...?** *¿Has leído algo
de...?*, III6; **Have you
thought of...?** *¿Has
pensado en...?*, III6
he *él*, I; **He (She) broke...**
Se le rompió..., III4; **He (She)
feels proud of having...**
*Se siente orgulloso(a) de
haber...*, III10; **He (She) has
gray hair.** *Tiene canas.*, I;
**He (She) has green (blue)
eyes.** *Tiene (los) ojos verdes
(azules).*, I; **he is** *él es*, I;
He (She/It) is from... *Es
de...*, I; **He (She) is late.**
Está atrasado(a)., I; **he
(she) is... tall** *mide...*, II;
He (She) is... years old.
Tiene... años., II; **He (She)
needs...** *Él (Ella) necesita*,
III4; **He (She/They) need(s)
to...** *Hace falta que +
subj.*, III6; **he (she) said
that** *dijo que*, II; **He (She)
speaks... very well.**
Domina..., III10; **he (she)
wants** *quiere*, I; **He (She)
was very happy.** *Se alegró
mucho.*, III9; **He (She) was
very successful...** *Tuvo
mucho éxito...*, III10
head *la cabeza*, I
headlines *los titulares*, III8
health *la salud*, II
healthy *sano(a)*, I
to **hear** *oír*, II; **A propósito, ¿qué
has oído de...?** *By the way,
what have you heard
about...?*, III6; **I heard
that...** *Oí que...*, III5

heat *el calor*, I; *la calefacción*, II
heaven: I'm in heaven!
¡Estoy en la gloria!, III7
heavy *fuerte*, I
hectic life *la vida agitada*, III2
height *la estatura*, II
Hello. *Aló.* (when answering
the phone), I; *Diga...* (when
answering the phone), I;
¡Hola!, I
to **help** *ayudar*, I; **Please help me
with...** *Por favor, ayúdame
con...*, III4; **to help at home**
ayudar en casa, I
her (direct object) *la*, (object of
preposition) *ella*, I; **Her name
is...** *Se llama...*, I; **to (for)
her** *le*, (possessive adj.)
su(s), I
here *aquí*, I
hero *el héroe*, III5
heroine *la heroína*, III5
high school *el colegio*, I
highway *la autopista*, III3
hiking *el senderismo*, II
him (direct object) *lo*, (object
of preposition) *él*, **to (for)
him** *le*, I
his *su(s)*, I; **His name is...**
Se llama..., I
hobby *el pasatiempo*, II
holidays *los días festivos*, I
home *la casa*, I
homework *la tarea*, I
homicide *el homicidio*, III11
Honduran *hondureño(a)*, II
honest *honesto(a)*, II; **to be
honest (with you)** *para ser
sincero(a)*, III6
hope *la esperanza*, III5
to **hope (that)...** *esperar
que + subj.*, III5; **to hope
to...** *esperar + inf.*, III5
hopefully... *ojalá que +
subj.*, III5
horrible *horrible*, I
horseback riding *la
equitación*, III1; **to go
horseback riding** *montar a
caballo*, III1
hot *caliente*, I; **to be hot
(weather)** *hacer calor*, I
hot dog *el perro caliente*, I
hour *la hora*, I
house *la casa*, I
household chores *los
quehaceres domésticos*, I
How? *¿Cómo?*, III1; **How
about if...?** *¿Qué tal si...?*,
II; **How are you?** *¿Cómo
estás?*, I; **How are you
feeling?** *¿Cómo te sientes?*,
II; **How can I help you?** *¿En*

qué le puedo servir?, II; **How did it go?** ¿Cómo te fue?, II; **How do I look?** ¿Cómo me veo?, II; **How do you feel about . . . ?** ¿Qué te parece si...?, III6; **How do you get to . . . ?** ¿Cómo se va a...?, II; **How does it fit you?** ¿Cómo te queda?, II; **How long have (has) . . . ?** ¿Cuánto tiempo hace que... ?, II; **How many?** ¿Cuántos(as)?, III1; **How many people are in your family?** ¿Cuántas personas hay en tu familia?, I; **How much?** ¿Cuánto(a)?, III1; **How much does (do) . . . cost?** ¿Cuánto cuesta(n)...?, I; **How much is it?** ¿Cuánto es?, I; ¿Cuánto vale?, II; **How much will you let it go for?** ¿En cuánto lo deja?, II; **How often?** ¿Con qué frecuencia?, I; **How old are you?** ¿Cuántos años tienes?, I; **How old is he (she)?** ¿Cuántos años tiene?, I; **How should I know?** ¿Qué sé yo?, III8; **How was it (were they)?** ¿Cómo estuvo (estuvieron)?, ¿Qué tal estuvo (estuvieron)?, II; **How's it going?** ¿Qué?, I **How. . . !** ¡Qué...!, I; **How cheap!** ¡Qué barato(a)!, I; **How disgusting!** ¡Qué asco!, III4; **How expensive!** ¡Qué caro(a)!, I; **How good!** ¡Qué bueno (sabroso)!, III4; **How silly!** ¡Qué tontería!, III5; **How tasty!** ¡Qué sabroso!, III4

hug el abrazo, III7; **to give someone a hug** darle un abrazo, III7

humid húmedo(a), II

humor: sense of humor el sentido del humor, III1

hundred cien, ciento, I

hunger el hambre (f.), III11

hungry, to be (very) tener (ie) (mucha) hambre, I

hurry: Hurry up! ¡Date prisa!, I; **I'm in a hurry.** Tengo prisa., I

to **hurt** doler (ue), I; **It really hurts me that . . .** Me duele mucho que..., III7; **to be hurt** estar dolido(a), III7; **to hurt (oneself)** hacerse daño, II

husband el esposo, I

I

I yo, I

I (emphatic) like to . . . A mí me gusta + inf., I

I achieved success in . . . Alcancé éxito en..., III10

I admire very much . . . Admiro mucho..., III6

I advise you to . . . Te aconsejo + inf., III2

I agree. Estoy de acuerdo., III5

I already have (other) plans. Ya tengo (otros) planes., III6

I already know. Ya lo sé., II

I always have to do it. Siempre me toca a mí., II

I am . . . Soy..., I

I am fed up with . . . Estoy harto(a) de..., III1

I can't. No puedo., III6

I can't believe it. No me lo puedo creer., III8

I can't believe that . . . No puedo creer que..., III8

I can't stand anyone . . . No aguanto a nadie..., III7

I can't stand it (him/her). No lo (la) soporto., III6

I deny having made fun of . . . Niego haberme burlado de..., III9

I didn't know. No sabía., III7

I didn't mean to do it. Lo hice sin querer., III7

I disagree. No estoy de acuerdo., II

I don't agree that . . . No estoy de acuerdo en que..., III9

I don't believe it. No lo creo., II

I don't believe that . . . No creo que..., III8

I don't feel like . . . No tengo ganas de + inf., III6

I don't know. No sé., III5

I don't like . . . No me gusta(n)..., I

I don't think so. Creo que no., I

I doubt it. Lo dudo., II

I doubt that . . . Dudo que..., III8

I feel . . . Me siento..., II

I find it . . . Lo (La) encuentro..., III6

I found out supe, III9

I generally eat (drink) . . . Por lo general tomo..., I

I get along very well with . . . Me llevo muy bien con..., II

I had high hopes of . . . Tenía muchas esperanzas de..., III5

I had to . . . Tenía que..., II

I hate it. Me cae gordo., III6

I have a lot to do. Tengo mucho que hacer., III6

I have the impression that . . . Tengo la impresión que..., III9

I have to go. Tengo que irme., II

I heard that . . . Oí que..., III5

I hoped to . . . Esperaba..., II

I imagine that . . . Me imagino que..., III9

I intend to . . . Pienso..., III10; Tengo la intención de..., III10

I intend to work in . . . Pienso trabajar en..., III12

I know! ¡Ya lo sé!, III8

I like . . . Me gusta(n)..., I

I like . . . more Me gusta más..., I

I look for someone . . . Busco a alguien..., III7

I lost . . . Se me perdió (perdieron)..., III4

I plan to . . . Pienso..., II

I planned to . . . Pensaba..., II

I propose . . . Propongo..., III11

I put a lot of effort into . . . Puse todo mi esfuerzo en..., III10

I ran out of . . . Se me acabó (acabaron)..., III4

I read that . . . Leí que..., II

I really (don't) like . . . Me cae bien (mal)..., II

I recommend . . . Recomiendo..., II

I recommend that you . . . Te recomiendo + inf., III2

I spend my time . . . Me la paso..., III1

I suggest that . . . Sugiero que..., III6

I suppose that . . . Supongo que..., III9

I think so. Creo que sí., I

I think that . . . Me parece que..., II; Yo creo que..., II

I think you're wrong. Me parece que no tienes razón., II

I thought . . . was great. Quedé muy impresionado(a) con..., II

I understand that . . . Tengo entendido que..., III9

I want quiero, I

I want to be . . . Quiero ser..., III12

I want to become . . . Quiero llegar a ser..., III12

I wanted to but couldn't. Quería pero no pude., II

I was . . . estuve..., III9

I was going to . . . but I wasn't able. *Iba a... pero no pude.*, II

I wear size . . . *Uso talla...*, II

I won't do it again. *No lo volveré a hacer.*, III7

I won't do it anymore. *No lo haré más.*, III7

I would devote myself to . . . *Me dedicaría a...*, III11

I would like (to) *quisiera*, I

I would like . . . *Me gustaría...*, I

I would start by . . . *Yo empezaría por...*, III11

I would try to . . . *Intentaría...*, III11

I'd be interested in studying to be a . . . *Me interesaría estudiar para...*, III12

I'd like to be . . . *Me gustaría ser...*, III12

I'd like to but I have to . . . *Me gustaría, pero tengo que...*, II

I'd love to *Me encantaría*, II

I'd love to be . . . *Me encantaría ser...*, III12

I'll call later. *Llamo más tarde.*, I

I'll give it to you for . . . *Se lo doy por...*, II

I'll have . . . (ordering food) *Para mí...*, II

I'll let you have it for . . . *Se lo regalo por...*, II

I'll look for . . . *Buscaré...*, III12

I'm afraid *temo que*, III11

I'm certain that . . . *Estoy seguro(a) que...*, III8

I'm convinced that . . . *Estoy convencido(a) que...*, III8

I'm delighted that . . . *Me encanta que...*, III7

I'm from . . . *Soy de...*, I

I'm going to be . . . *Voy a ser...*, III12

I'm in a hurry. *Tengo prisa.*, I

I'm late. *Estoy atrasado(a).*, I

I'm not sure that . . . *No estoy seguro(a) que...*, III8

I'm not sure. *No estoy seguro(a).*, II

I'm sick and tired of . . . *Estoy harto(a) de...*, II

I'm sorry *lo siento*, III6

I'm sorry, but right now . . . *Lo siento, pero en este momento...*, I

I'm sorry. I can't. *Lo siento. No puedo.*, I

I'm . . . tall. *Mido...*, II

I'm . . . years old. *Tengo... años.*, I

I'm (pretty) well, thanks. *Estoy (bastante) bien, gracias.*, I

I've already done it a thousand times. *Yo ya lo hice mil veces.*, II

I've no idea. *No tengo ni idea.*, II

I've noticed . . . *Me he fijado en...*, III11

ice cream *el helado*, I

ice cream store *la heladería*, III4

to ice-skate *patinar sobre hielo*, III1

iced tea *el té frío*, I

idea *la idea*, I; not to have the slightest idea *no tener (ie) la menor idea*, III8

if *si*, I; If I could . . . I would live . . . *Si pudiera... viviría...*, III9; If I had . . . I would buy . . . *Si tuviera... compraría...*, III9; If I lived . . . *Si yo viviera...*, III11; If I were . . . *Si yo fuera...*, III11; If there were . . . *Si hubiera...*, III11; if we don't *si no*, III11; If . . . were found . . . *Si se encontrara...*, III11; If you could . . . *Si tú pudieras...*, III11; If you could . . . where would you go? *Si pudieras... ¿adónde irías?*, III9; if you want *si quieres*, II; If you were rich, what would you do? *Si fueras rico(a), ¿qué harías?*, III9

ignorance *la ignorancia*, III9

ill *enfermo(a)*, II

imaginative *imaginativo(a)*, III6

to imagine *imaginarse*, III3

Imagine! *¡Fíjate!*, II

immediately *en seguida*, III3; *inmediatamente*, II

impatient *impaciente*, II

to implement *implementar*, III11

impression *la impresión*, III9; I'm under the impression that . . . *Tengo la impresión de que...*, III9

to improve *mejorar*, III3

in *en, por*, I; in a bad mood *de mal humor*, II; in a good mood *de buen humor*, II; in front of *delante de*, II; in my time *en mis tiempos*, II; in order to . . . *para...*, III10; *con la idea de...*, III10; In short . . . *En fin...*, II; in such a way that . . . *de tal forma que...*, III10; in the afternoon (p.m.) *de la tarde, por la tarde*, I; in the evening (p.m.) *de la noche, por la noche*, I; in the morning (a.m.) *de la mañana, por la mañana*, I; in those days *en aquella época*, II; in those times *en aquellos tiempos*, II; in very bad taste *de muy mal gusto*, III6; In your opinion . . . *En tu opinión...*, II

included *incluido(a)*, I

incomprehensible *incomprensible*, III6

Independence Day *el Día de la Independencia*, I

to inflate *inflar*, I

to inform *informar*, III3

informed: to be well informed about *estar bien informado(a) sobre*, III8

to initiate *iniciar*, III11

initiative: to take the initiative *tomar la iniciativa*, III10

to injure (oneself) *lastimarse*, II

insects *los insectos*, II

to insult *insultar*, III7

insurance *el seguro*, III12

intelligent *inteligente*, I

to intend *pensar + inf.*, I

to interest *interesar*, III1; It doesn't interest me at all. *No me interesa para nada.*, III1

interesting *interesante*, I

Internet *Internet*, II

intersection *el cruce*, II

intolerable *insoportable*, III6

invitation *la invitación*, I

to invite *invitar*, I

to iron *planchar*, I

is going to be . . . *va a estar...*, III3; *va a ser...*, III3

Is it (the tip) included? *¿Está incluida?*, I

Isn't it? *¿No?*, I

it (direct object) *lo, la*, II

It can't be! *¡No puede ser!*, III8

It caught me by surprise. *No me lo esperaba.*, III8

It depends on your point of view. *Depende de tu punto de vista.*, III5

It disagrees with me. *Me cae gordo.*, III4

It doesn't do anything for me. *Me deja frío(a).*, III6

It doesn't have enough . . . *Le falta(n)...*, III4

it doesn't interest me *no me interesa*, III1

salt on food *echarle mucha sal a la comida*, III2; **to put gas in the car** *poner gasolina al carro*, II; **to put on clothes** *ponerse la ropa*, II; **to put on make-up** *maquillarse*, I; **to put on sunscreen** *ponerse crema protectora*, III2; **to put on weight** *aumentar de peso*, II; *subir de peso*, III2

quality *calidad*, III9
quarter past (the hour) *la(s)... y cuarto*, I
quarter to (the hour) *la(s)... menos cuarto*, I
quickly *rápidamente*, II
quiet *callado(a)*, III9
quite *bastante*, I

R

radio *la radio*, I
rail *la vía*, II
to **rain** *llover (ue)*, II
rain forest *la selva tropical*, II
raised, to be *criarse*, III10
to **react** *reaccionar*, III9
to **read** *leer*, I
ready *listo(a)*, I
realistic *realista*, III6
to **realize** *darse cuenta de*, III2
Really? *¿De veras?*, II
really beautiful *lindísimo(a)*, II
to **really like: I (You, . . .) really like . . .** *Me (Te,...) encanta(n)*, I
really nice (person) *buena gente*, II
to **receive** *recibir*, I; **to receive gifts** *recibir regalos*, I
recess *el descanso*, I
to **recognize** *reconocer (zc)*, III6; **It's important for you to recognize . . .** *Es importante que reconozcas...*, III6
to **recommend** *recomendar (ie)*, III2
to **reconcile** *reconciliarse*, III7
to **recycle** *reciclar*, II
recycling *el reciclaje*, II
red *rojo(a)*, I
red snapper *el pargo*, III4
red-headed *pelirrojo(a)*, III1
to **regret** *lamentar*, III11
to **rejoice** *regocijarse*, III5
relatives *los parientes*, II
to **relax** *relajarse*, III2

to **relieve** *aliviar*, III2
to **remain** *quedarse*, I
to **remember** *acordarse (ue) de*, II
report: news report *el reportaje*, III8
reporter *el reportero, la reportera*, III8
to **request** *solicitar*, III12
requirements *los requisitos*, III12
resources *los recursos*, II
to **respect** *respetar*, III7; **someone who'll respect . . .** *alguien que respete...*, III7
respect for *el respeto hacia*, III9
responsibility *la responsabilidad*, III3
responsible *responsable*, II
to **rest in the park** *descansar en el parque*, II
restaurant *el restaurante*, I
resulted in . . . *resultaron en...*, III10
résumé *el currículum (vitae)*, III12
to **return** *regresar*, I; *volver (ue)*, II
returned (past part.) *vuelto*, III3
to **review** *repasar*, II
rice *el arroz*, I
rich *rico(a)*, I
to **ride a bike** *montar en bicicleta*, I; **to ride a horse** *montar a caballo*, I
right *la derecha*, II; **to the right** *a la derecha*, II
right? *¿verdad?*, I; *¿no?*, I
right away *en seguida*, III3
rip-off *el robo*, I
river *el río*, II
roast pork *puerco asado*, III4
robbery *el robo*, III11
rock climbing *la escalada deportiva*, III1
rock music *la música rock*, I
roller coaster *la montaña rusa*, II
to **roller-skate** *patinar sobre ruedas*, III1
room *el cuarto*, I
roots *las raíces*, III10
round trip *ida y vuelta*, II
to **row** *remar*, III1
rowing *el remo*, III1
rude *descortés*, III9
ruined *echado(a) a perder*, III4
ruler *la regla*, I
rumor *el rumor*, III7
to **run** *correr*, I; **to run an errand** *hacer un mandado*, II
to **run out: I ran out of . . .** *Se me acabó (acabaron)...*, III4
running track *la pista de correr*, I

running water *el agua* (f.) *corriente*, II

sad *deprimido(a)*, II; *triste*, I
said (past part.) *dicho*, III3
sailing *la vela*, III1; **to go sailing** *pasear en velero*, III1
saint: (as good as) a saint *tan bueno(a) como un ángel*, II
salad *la ensalada*, I; **avocado salad** *la ensalada de aguacate*, III4; **tossed salad** *la ensalada mixta*, III4
salary *el salario*, III12
sale *la oferta*, II
salesman, saleswoman *el vendedor, la vendedora*, III12
salt *la sal*, III4
salty *salado(a)*, I
Salvadoran *salvadoreño(a)*, II
same *mismo(a)*, I; **at the same time** *a la vez*, III3
Same here. *Igualmente.*, I
sandals *las sandalias*, I; *las chancletas*, I
sandwich *el sándwich*, I
satellite dish *la antena parabólica*, III3
Saturday *el sábado*, I
sausage *el chorizo*, III4
saxophone *el saxofón*, III1
to **say** *decir*, I; **He (She) says . . .** *Dice que...*, I; **to say goodbye (to)** *despedirse (i, i) (de)*, II
scared: to get scared *asustarse*, II
scarf *la bufanda*, I
schedule *el horario*, III12
science *las ciencias*, I
science fiction *la ciencia ficción*, II
scientist *el científico, la científica*, III12
scuba diving *el buceo*, III1; **to go scuba diving** *bucear*, I
sculptor *el escultor, la escultora*, III6
sculpture *la escultura*, III6
sea *el mar*, II
seasons (of the year) *las estaciones*, I
secrets *los secretos*, III7
to **see** *ver*, II
See you later. *Hasta luego.*, I
See you tomorrow. *Hasta mañana.*, I
to **seem** *parecer (zc)*, I; **It seems to me that . . .** *Me parece que...*, III3; *Se me hace que...*,

III3; **to seem boring** *parecer pesado(a)*, II; *parecer un rollo*, III1

seen *visto*, III3

selfish *egoísta*, III9

semester *el semestre*, I

to **send** *enviar*, III3; **to send invitations** *mandar las invitaciones*, I

sense of humor *el sentido del humor*, III1

sensitivity *la sensibilidad*, III11

separate *aparte*, I

September *septiembre* (m.), I

serious *grave*, II

to **serve** *servir (i, i)*, II; **to serve dessert** *servir (i, i) el postre*, II

to **set the table** *poner la mesa*, I

to **set up** *establecer (zc)*, III3

seven *siete*, I

seven hundred *setecientos(as)*, I

seventeen *diecisiete*, I

seventy *setenta*, I

shampoo *el champú*, II

shape *la forma*, II; **to be in good shape** *estar en plena forma*, II; **to stay in shape** *mantenerse (ie) en forma*, II

to **share with someone** *compartir con alguien*, III2

to **shave** *afeitarse*, I

she *ella*, I; **She is . . .** *Ella es...*, I; **She (He) looks young.** *Se ve joven.*, I **She (He) succeeded in overcoming many obstacles . . .** *Logró superar muchos obstáculos...*, III10

shellfish *los mariscos*, III4

shirt *la camisa*, I

shoe *el zapato*, I

shoe size *el número*, II

shoe store *la zapatería*, I

shop *el taller*, III4

to **shop: to window-shop** *mirar las vitrinas*, II

shopping mall *el centro comercial*, I

short (in height) *bajo(a)*, I; (in length) *corto(a)*, I

shorts *los pantalones cortos*, I

should *deber*, II

shoulder *el hombro*, II

show window *el escaparate*, II; *la vitrina*, II

shower: to take a shower *ducharse*, III2

shrimp *los camarones*, I

shy *tímido(a)*, III9

sick *enfermo(a)*, I

sightseeing: to go sightseeing *hacer turismo*, I

sign *el letrero*, II

silk (made of) *(de) seda*, I

silly *bobo(a)*, III9; **How silly!** *¡Qué tontería!*, III5

simple *sencillo(a)*, II

to **sing** *cantar*, I

singer *el cantante, la cantante*, III6

sir *señor*, I

sister *la hermana*, I

sit-ups *las abdominales*; **to do sit-ups** *hacer abdominales*, II

situation *la situación*, II

six *seis*, I

six hundred *seiscientos(as)*, I

sixteen *dieciséis*, I

sixty *sesenta*, I

size *la talla*, II; **shoe size** *el número*, II

to **skate** *patinar*, I; **to ice-skate** *patinar sobre hielo*, III1; **to roller-skate** *patinar sobre ruedas*, III1

to **skateboard** *hacer monopatín*, II

skating *el patinaje*, III1; **to go inline skating** *patinar en línea*, III1

to **ski** *esquiar*, I

skin *la piel*, III2

skirt *la falda*, I

skis *los esquís*, I

skydiving: to go skydiving *saltar en paracaídas*, I

skyscraper *el rascacielos* (pl. *los rascacielos*), III3

to **sleep** *dormir (ue, u)*, III2; **to get enough sleep** *dormir lo suficiente*, III2; **to sleep like a baby** *dormir tan bien como un lirón*, II

sleepy, to be *tener sueño*, I

slightest: not to have the slightest idea *no tener (ie) la menor idea*, III8

slippers *las chancletas*, I

slow *torpe*, III9

small *pequeño(a)*, I

smart *listo(a)*, I

smog *el smog*, II

to **smoke** *fumar*, II

to **snack** *merendar (ie)*, II

snake *la serpiente*, II

to **snow** *nevar (ie)*, II; **It's snowing.** *Nieva.*, I; *Está nevando.*, I

so . . . *así que...*, III10; **so that . . .** *para que...*, III10; **So that's how . . .** *Así (fue) que...*, II; **So, then . . .** *Entonces...*, II; **So what?** *Y eso, ¿qué?*, II

so-so *más o menos*, I; *más o menos bien*, II

soap *el jabón*, II

soccer *el fútbol*, I

soccer field *la cancha de fútbol*, I

social studies *las ciencias sociales*, I

social worker *el trabajador social, la trabajadora social*, III12

society section *la sección de sociedad*, III8

socks *los calcetines*, I

soft drink *el refresco*, I

solar energy *la energía solar*, III3

soldier *el soldado, la mujer soldado*, III5

solution *la solución*, III11

to **solve** *resolver (ue)*, II; **to solve a problem** *resolver (ue) un problema*, III2

solved (past part.) *resuelto*, III7

some *unos, unas*, I

Somebody told me that . . . *Alguien me dijo que...*, III5

someday *algún día*, II

someone (unknown) **who('ll)** *alguien que + subj.*, III7

something *algo*, I; **something (I don't know what)** *no sé qué*, III4

sometimes *a veces*, I

son *el hijo*, I

soon *pronto*, II

sorry, to be *sentir (ie, i)*, I; **I'm very sorry, I didn't know.** *Lo siento mucho, es que no sabía.*, III7

soup *la sopa*, I

south *el sur*, II; **to the south** *al sur*, II

spaceship *la nave espacial*, II

Spanish *el español*, I

Spanish *español(a)* (adj.), II

to **speak** *hablar*, I; **Speaking of . . .** *Hablando de...*, III6; **to speak . . . very well** *dominar...*, III10

special effects *los efectos especiales*, II

specialty of the house *la especialidad de la casa*, II

to **spend** *gastar*, II; **I spend my time . . .** *Me la paso...*, III1; **to spend time with friends** *pasar el rato con amigos*, I

spicy *picante*, I

spoiled (person) *consentido(a)*, II; (food) *echado(a) a perder*, III4

to **sponsor** *patrocinar*, III6
spoon *la cuchara*, I
sports *los deportes*, I
sports section *la sección deportiva*, III8
to **sprain** *torcerse (ue)*, II
spring (season) *la primavera*, I
stadium *el estadio*, I
stamp *la estampilla*, II; *el sello*, III1
to **stand** *aguantar*, III7; **I can't stand anyone who . . .** *No aguanto a nadie que...*, III7; **Nobody can stand him (her/it).** *No hay quien lo (la) aguante.*, III1
to **stand in line** *hacer cola*, II
to **stand someone up** *dejar plantado(a) a alguien*, III7
star *la estrella*, II
to **start** *comenzar (ie)*, II; *empezar (ie)*, II
station (radio, TV) *la emisora*, III8
station (train) *la estación*, II
statue *la estatua*, III6
to **stay** *quedarse*, I; **to stay in front of the TV** *quedarse frente a la tele*, III2; **to stay in shape** *mantenerse (ie) en forma*, III2
steak *el bistec*, III4
stepbrother *el hermanastro*, I
stepfather *el padrastro*, I
stepmother *la madrastra*, I
stepsister *la hermanastra*, I
stereotype *el estereotipo*, III9
to **stereotype** *estereotipar*, III9
sticker *el adhesivo*, III1
still *todavía*, I; **to still be (doing something)** *seguir (i, i)*, II
stomach *el estómago*, I
to **stop** *dejar de*, II; **Stop smoking.** *Deja de fumar.*, II; **to stop speaking to each other** *dejar de hablarse*, III7
store *la tienda*, I
store clerk *el dependiente, la dependiente*, II
storm *la tormenta*, II
stove *la estufa*, I
straight *derecho* (adv.), II
strawberry *la fresa*, I
streetlight *la lámpara de la calle*, II
stress *el estrés*, III2
stressed out *histérico(a)*, III2
to **stretch** *estirarse*, I
strict *estricto(a)*, I
striped *de rayas*, I
stroll *la caminata*, I; *el paseo*, I

strong *fuerte*, I; **as strong as an ox** *tan fuerte como un toro*, II
to **struggle for** *luchar por*, III5
studious *aplicado(a)*, II
to **study** *estudiar*, I
style *la moda*, II
subject *la materia*, I
subway *el metro*, II
to **succeed** *tener (ie) éxito*, III10; *triunfar*, III10; **He (She) succeeded in overcoming many obstacles.** *Logró superar muchos obstáculos.*, III10
success *el éxito*, III10; **I achieved success in . . .** *Alcancé éxito en...*, III10
sudden: All of a sudden . . . *De repente...*, II
to **suffer from tension** *sufrir de tensiones*, III2
sugar *el azúcar*, I
to **suggest** *sugerir (ie, i)*, III6
suit *el traje*, I; **bathing suit** *el traje de baño*, I
suitcase *la maleta*, I; **to pack the suitcase** *hacer la maleta*, I
summer *el verano*, I
sun *el sol*, II
to **sunbathe** *tomar el sol*, I
sunburn: to get a sunburn *quemarse*, III2
Sunday *el domingo*, I
sunglasses *los lentes de sol*, I
sunny *soleado(a)*, II; **to be sunny** *hacer sol*, I
sunscreen *el bloqueador*, I
to **suntan** *broncearse*, III2
superficial *superficial*, III6
supermarket *el supermercado*, I
to **support** *apoyar*, III7; **someone who'll support me** *alguien que me apoye*, III7
to **suppose** *suponer*, III9; **I suppose** *supongo*, III9
supposedly *supuestamente*, III5
sure *seguro(a)*, II
Sure! *¡Con mucho gusto!*, I
to **surf the Internet** *navegar por Internet*, III3; **to surf the Web** *navegar por la Red*, II
surprise *la sorpresa*, III8; **It caught me by surprise.** *No me lo esperaba.*, III8; **surprise party** *la fiesta de sorpresa*, I
surprised: Well, I'm not surprised. *Bueno, no me extraña.*, II
surrounded by *rodeado(a) de*, II
to **sweat** *sudar*, II
sweater *el suéter*, I
to **sweep** *barrer*, II

sweet *dulce*, I
sweet rolls *el pan dulce*, I
sweet shop *la pastelería*, I
to **swim** *nadar*, I
swimming *la natación*, I
swimming pool *la piscina*, I
system *el sistema*, II

T-shirt *la camiseta*, I
table *la mesa*, I
tag (price) *la etiqueta*, II
to **take** *tomar*, I; *llevar*, II; **to take a bath** *bañarse*, II; **to take a shower** *ducharse*, III2; **to take a trip** *hacer un viaje*, I; **to take care of** *cuidar*, I; **to take care of oneself** *cuidarse*, III2; **to take care of the cat** *cuidar al gato*, I; **to take care of your brother (sister)** *cuidar a tu hermano(a)*, I; **to take into account** *tener en cuenta*, III5; **to take notes** *tomar apuntes*, II; **to take out the garbage** *sacar la basura*, I; **to take pictures** *sacar fotos*, III1; **to take the bus** *tomar el autobús*, I; **to take the car to the gas station** *llevar el carro a la gasolinera*, II; **to take the car to the shop** *llevar el carro al taller*, II; **to take the initiative** *tomar la iniciativa*, III10; **to take the subway** *tomar el metro*, II; **to take things calmly** *tomar las cosas con calma*, III2; **Will you take them to him (her)?** *¿Se las llevas?*, III4
to **talk on the phone** *hablar por teléfono*, I
talkative *conversador(a)*, II
tall *alto(a)*, III1; **I'm . . . tall.** *Mido...*, II
taste *el sabor*, III4
to **taste: It tastes delicious.** *Sabe riquísimo(a).*, III4; **It tastes like garlic.** *Tiene sabor a ajo.*, III4
tasty *sabroso(a)*, III4; **How tasty!** *¡Qué sabroso(a)!*, III4
tea *el té*, I; **iced tea** *el té frío*, I
teacher *el profesor, la profesora*, I
technology *la tecnología*, III3
teeth *los dientes*, I; **to brush your teeth** *lavarse los dientes*, I; *cepillarse los dientes*, II

telephone *el teléfono*, I
television (medium) *la televisión*, I; **television set** *el televisor*, I
to **tell** *decir (i)*, II; **someone who'll always tell me . . .** *alguien que siempre me diga...*, III7; **Tell me.** *Dime.*, II; **Tell me about it!** *¡Cuéntamelo!*, II; **to tell jokes** *contar (ue) chistes*, II; **To tell the truth . . .** *Para decir la verdad...*, III6; **to tell you the truth** *de verdad*, II
ten *diez*, I
Ten years ago, . . . *Hace diez años,...*, III12
tennis *el tenis*, I
tennis court *la cancha de tenis*, I
tennis shoes *las zapatillas de tenis* (Spain), I
thank you for *gracias por*, II
Thanks. *Gracias.*, I; **Thanks for inviting me.** *Gracias por invitarme.*, III6
Thanksgiving *el Día de Acción de Gracias*, I
that *que*, I
that *esa, ese, eso*, I; **That brings to mind . . .** *Eso me hace pensar en...*, III6; **That reminds me of . . .** *Eso me recuerda...*, III6; **That's all.** *Nada más.*, I; **That's it!** *¡Eso es!*, II; *Así es la cosa.*, II; **That's not so.** *No es así.*, II; **That's right.** *Así es.*, III5; *Eso es.*, III5; **That's very hard to believe, but it's possible.** *Es muy difícil de creer, pero es posible.*, III5; **That's very unlikely!** *¡Eso es muy difícil!*, III5; **That's why . . .** *Por eso...*, II
the *el, la, los, las*, I; **The bad thing is that . . .** *Lo malo es que...*, II; **The best thing is . . .** *Lo ideal es...*, III12; **The situation will get worse.** *La situación va a empeorarse.*, III11; **The solution I propose is . . .** *La solución que planteo es...*, III11; **The story goes that . . .** *Se cuenta que...*, II; **The system isn't working (doesn't work).** *El sistema no funciona.*, II; **The truth is that . . .** *La verdad es que...*, III3; **The usual!** *¡Lo de siempre!*, I
theater *el teatro*, I

their *su(s)*, I
them (direct object) *los (las)*, (after preposition) *ellos, ellas*, **to (for) them** *les*, II
then *luego*, I
there *allá*, I; **there are (there is)** *hay*, I; **There are five of us.** *Somos cinco.*, I; **There are more and more . . . and less and less . . .** *Cada vez hay más... y menos...*, II; **There is absolutely no doubt.** *No cabe la menor duda.*, III8; **There's going to be . . .** *Va a haber...*, III3
therefore *en consecuencia*, III10; *por lo tanto...*, III10
these *estas* (adj.), *estos* (adj.), *éstas* (pron.), *éstos* (pron.), I
they *ellas, ellos*, I; **They are . . .** *Ellos (Ellas) son...*, I; **They blushed.** *Se pusieron rojos.*, III9; **They forgot . . .** *Se les quedó...*, III4; **They have succeeded . . .** *Han triunfado...*, III10; **they laughed** *se rieron*, III9; **They (You) like . . .** *Les gusta...*, I; **they made fun of** *se burlaron*, III9; **they reacted** *reaccionaron*, III9; **They say that . . .** *Cuentan que...*, III5; *Dicen que...*, III5; *Se dice que...*, III5; **they told me that** *me dijeron que*, II; **They're the same price.** *Son del mismo precio.*, I
thief *el ladrón, la ladrona*, III11
thigh *el muslo*, II
thin *delgado(a)*, I
thing *la cosa*, I; **the + adj. + thing** *lo + adj.*, II
to **think** *pensar (ie)*, I; *creer*, II; **Have you thought of . . . ?** *Has pensado en...?*, III6; **to give oneself time to think** *darse tiempo para pensar*, III7; **to think (something) was great** *encontrar (ue) genial*, II; *quedar muy impresionado(a) con*, II
thirsty, to be (really) *tener (ie) (mucha) sed*, I
thirteen *trece*, I
thirty *treinta*, I
this *esta, este, esto*, I; *ésta*, II; *éste*, I; **This is (my friend) . . .** (to introduce a female) *Ésta es (mi amiga)...*, II; **This is (my friend) . . .** (to introduce a male) *Éste es (mi amigo)...*,

II; **this morning** *esta mañana*, II; **This will soon pass.** *Esto pasará pronto.*, III7
those (adj.) *esas, esos*, I
thousand *mil*, I
three *tres*, I
three hundred *trescientos(as)*, I
throat *la garganta*, I
to **throw out** *botar*, III3; *tirar*, II
thunder *el trueno*, II
Thursday *el jueves*, I
ticket *el boleto*, I
ticket booth *la taquilla*, II
to **tidy up** *ordenar*, II
tie *la corbata*, I
tiger *el tigre*, II
tight (clothes) *estrecho(a)*, II
time (of day) *la hora*, I; (concept of) *el tiempo*, I; (repetition) *la vez*, III3; **at the same time** *a la vez*, III3; **At what time . . . ?** *¿A qué hora...*, I; **I spend my time . . .** *Me la paso...*, III1; **to have a good time** *pasarlo bien*, II; **time to think** *tiempo para pensar*, III7
tip *la propina*, I
tired *cansado(a)*, II
to *a, al (a + el), a la, para*, I; **to (for) her, (him/you)** *le*, I; **to (for) me** *me*, I; **to the coast** *a la costa*, II; **to the east** *al este*, II; **to the left** *a la izquierda*, II; **to the north** *al norte*, II; **to the right** *a la derecha*, II; **to the south** *al sur*, II; **to the west** *al oeste*, II; **to them** *a ellos, a ellas*, I; **to (for) them, you** (pl.) *les*, I; **to (for) us** *nos*, I; **to you** (formal) *a ustedes*, I; **to (for) you** *te*, I
toast *el pan tostado*, I
today *hoy*, I
Today is the (date) **of** (month). *Hoy es el... de...*, I
toe *el dedo*, I
together *juntos(as)*, I
tomato *el tomate*, I
tomorrow *mañana*, I
too *también*, I
too much *demasiado(a)*, I
toothbrush *el cepillo de dientes*, II
toothpaste *la pasta de dientes*, II
tossed salad *la ensalada mixta*, III4
tourist *el turista, la turista*, II
toward *hacia*, III10
towel *la toalla*, II

tower *la torre*, II
town hall *el ayuntamiento*, III3
toy store *la juguetería*, I
toys *los juguetes*, I
track: running track *la pista de correr*, I; **train track** *la vía*, II
track and field *el atletismo*, II
traffic *el tráfico*, III3; *el tránsito*, II
traffic light *el semáforo*, II
train *el tren*, II; **train station** *la estación de tren*, II
to **train** *entrenarse*, II
trash *la basura*, II
trash can *el basurero*, III3
treat: It's my treat. *Te invito.*, I
to **treat** *tratar*, III9
tree *el árbol*, II
tremendous *formidable*, III6
trick *la travesura*, II
trivial *insignificante*, III6
trout *la trucha*, III4
true *cierto(a)*, III3; **It's true that . . .** *Es cierto que...*, III3
to **trust** *confiar en*, III7
truth *la verdad*, II
truthfully *de verdad*, II
to **try** *intentar*, III6
to **try on** *probarse (ue)*, II
Tuesday *el martes*, I
tuna *el atún*, I
turn: to be someone's turn *tocarle a alguien*, II
to **turn** *doblar*, II
to **turn off** *apagar*, II
to **turn out well** *salir bien*, II
turtle *la tortuga*, II
TV (set) *el televisor*, I; (medium) *la televisión*, I
twelve *doce*, I
twenty *veinte*, I
two *dos*, I; **two for one** *dos por uno*, II
two hundred *doscientos(as)*, I
typical *típico(a)*, II
typically *típicamente*, I

UFO (Unidentified Flying Object) *el OVNI (Objeto Volador No Identificado)*, II
ugly *feo(a)*, I
Uh . . . *Eh...*, III3
unbearable *insoportable*, III6
unbelievable *increíble*, III8
uncle *el tío*, I
under *debajo de*, I
to **understand** *entender (ie)*, III9; **I understand that . . .** *Tengo entendido que...*, III9

unemployment *el desempleo*, III11
unfaithful *infiel*, III7
unlikely: It's unlikely that . . . *Es difícil que...*, III8
until *hasta*, II
up: to be up to someone *tocarle a alguien*, II; **to go up (a street)** *subir por*, II; **up to a certain point** *hasta cierto punto*, III5; **up to date** *al tanto de*, III8
to **update** *actualizar*, III12
urgent *urgente*, II
Uruguayan *uruguayo(a)*, II
us (direct object) *nos*, I; (object of preposition) *nosotros(as)*, I; **to (for) us** *nos*, I
to **use the computer** *usar la computadora*, II
usual: The usual! *¡Lo de siempre!*, I

vacation *las vacaciones*, I
to **vacuum** *pasar la aspiradora*, I
Valentine's Day *el Día de los Enamorados*, I
valley *el valle*, II
veal *la ternera*, III4
vegetables *las legumbres*, I
Venezuelan *venezolano(a)*, II
very *muy*, I; *mucho*, II; **very bad** *muy mal*, I
victory *la victoria*, III5
videocassette player *la videocasetera*, III3
videogame *el videojuego*, I
villain *el malvado, la malvada*, III5
to **visit** *visitar*, I
volleyball *el voleibol*, I

W

waiter *el camarero*, I; *el mesero*, II
waitress *la camarera*, I; *la mesera*, II
to **wake up** *despertarse (ie)*, II
walk *la caminata*, I; *el paseo*, I
to **walk** *caminar*, I; **to walk the dog** *caminar con el perro*, I
wallet *la cartera*, I
to **want** *querer (ie)*, I
war *la guerra*, III5
warrior *el guerrero, la guerrera*, III5
to **wash oneself** *lavarse*, I; **to wash clothes** *lavar la ropa*,

I; **to wash the car** *lavar el carro*, I
to **waste** *gastar*, II; *desperdiciar*, II
waste *el desperdicio*, II
watch *el reloj*, I
to **watch** *mirar*, I; **to watch one's weight** *cuidarse el peso*, III2; **to watch TV** *mirar la televisión*, I
water *el agua* (f.), I; **mineral water** *el agua mineral*, I
to **water** *regar (ie)*, II
watermelon *la patilla* (Venezuela), III4
to **water-ski** *hacer esquí acuático*, III1
water skiing *el esquí acuático*, III1
way: No way! *¡N'hombre!*, II; *¡Qué va!*, II; **Actually, it seems to be that way.** *En efecto, parece ser así.*, III5; **to be going the right (wrong) way** *ir bien (mal)*, II
we *nosotros(as)*, I; **We don't have any more.** *No nos quedan.*, II; **We dropped . . .** *Se nos cayó (cayeron)...*, III4; **we got angry** *nos enfadamos*, III9; *nos enojamos*, III9; **we got frustrated** *nos frustramos*, III9; **We have it in** (color, size, etc.) **. . .** *La tenemos en...*, II; **We like . . .** *Nos gusta(n)...*, I; **we pick up . . .** *recogemos...*, III3; **We should all . . .** *Todos deberíamos...*, II; **We'll regret it.** *Lo lamentaremos.*, III11; **We're obligated to . . .** *Estamos obligados a...*, III3
to **wear** *llevar*, I; **to wear** (a size) *usar*, II; **to wear glasses** *llevar gafas*, III1
weather *el tiempo*, I; **The weather is bad.** *Hace mal tiempo.*, I; **The weather is nice.** *Hace buen tiempo.*, I
Web page *la página Web*, II
Web site *el sitio Web*, III8
wedding *la boda*, III5
Wednesday *el miércoles*, I
week *la semana*, I
weekend *el fin de semana*, I
to **weigh oneself** *pesarse*, III2
weight *el peso*, II; **to gain weight** *aumentar de peso*, II; *subir de peso*, III2; **to lose weight** *bajar de peso*, III2
weights *las pesas*, I
well *el pozo*, II

Well . . . *Pues...*, III3; *Bueno...*, I; **Well, I have class now.** *Bueno, tengo clase.*, I; **Well, I'm not surprised.** *Bueno, no me extraña.*, II; **Well, that may be, but . . .** *Bueno, puede ser, pero...*, III5

well-being *el bienestar*, II

west *el oeste*, II; **to the west** *al oeste*, II

whale *la ballena*, II

what *¡Qué!*, I; **What a bargain!** *¡Qué ganga!*, I; **What a drag!** *¡Qué paliza!*, III1; **What a shame!** *¡Qué lástima!*, I; **What a surprise!** *¡Qué sorpresa!*, III8

What? *¿Qué?*, III1; *¿Cómo?*, III1; *¿Cuál?*, I; **What are . . . like?** *¿Cómo son...?*, I; **What are you doing?** *¿Qué estás haciendo?*, I; **What can I bring you?** *¿Qué le puedo traer?*, I; **What can I do for you?** *¿Qué puedo hacer por ti?*, III7; **What can you tell me about . . .?** *¿Qué me cuentas de...?*, III6; **What classes do you have?** *¿Qué clases tienes?*, I; **What color is it (are they)?** *¿De qué color es (son)?*, I; **What did he (she/you) do?** *¿Qué hizo?*, I; **What did he (she) say?** *¿Qué dijo?*, II; **What did they tell you?** *¿Qué te dijeron?*, II; **What did you do?** *¿Qué hiciste?*, I; **What do you advise me to do?** *¿Qué me aconsejas hacer?*, III2; **What do you do after school?** *¿Qué haces después de clases?*, I; **What do you do on weekends?** *¿Qué hacen ustedes los fines de semana?*, I; **What do you eat for . . .?** *¿Qué tomas para...?*, I; **What do you like?** *¿Qué te gusta?*, I; **What do you like to do?** *¿Qué te gusta hacer?*, I; **What do you (emphatic) like to do?** *A ti, ¿qué te gusta hacer?*, I; **What do you prefer?** *¿Qué prefieres?*, I; **What do you recommend?** *¿Qué me recomienda?*, II; **What do you recommend that I do?** *¿Qué me recomiendas hacer?*, III2; **What do you think about . . .?** *¿Qué te parece...?*, II; **What do you**

think of . . .? *¿Qué opinas de...?*, III6; *¿Qué piensas de...?*, III6; **What do you want me to do?** *¿Qué quieres que haga?*, II; **What have you heard about . . .?** *¿Qué has oído de...?*, III6; **What I notice is . . .** *Lo que noto es...*, III3; **What if . . .?** *¿Qué tal si...?*, I; **What is the price?** *¿Qué precio tiene?*, II; **What is today's date?** *¿Cuál es la fecha?*, I; *¿Qué fecha es hoy?*, I; **What is your city like?** *¿Cómo es tu ciudad?*, II; **What shall I bring you . . .?** *¿Qué le(s) traigo de...?*, II; **What should I do?** *¿Qué debo hacer?*, III2; **What time is it?** *¿Qué hora es?*, I; **What was . . . like?** *¿Cómo era...?*, II; **What would you like for . . .?** *¿Qué desea(n) de... ?*, II; **what's important** *lo que es importante*, III3; **What's . . . like?** *¿Cómo es...?*, I; **What's in . . .?** *¿Qué hay en...?*, I; **What's the matter?** *¿Qué tienes?*, I; **What's the weather like?** *¿Qué tiempo hace?*, I; **What's there to drink?** *¿Qué hay para tomar?*, I; **What's wrong with . . .?** *¿Qué le pasa a...?*, I; **What's your name?** *¿Cómo te llamas?*, I

Whatever (you want). *Como quieras.*, III1

when *cuando*, I; **when . . . arrives** *cuando llegue...*, II; **when (I) finish classes** *cuando termine las clases*, II; **when (I) get a job** *cuando encuentre un empleo*, II; **when (I) get back to . . .** *cuando vuelva a...*, II; **when (I) have more money** *cuando tenga más dinero*, II; **When I turn 18 . . .** *Cuando cumpla los 18 años...*, III10; **when I was a child** *cuando era niño(a)*, II; **when I was five years old** *cuando tenía cinco años*, III12; **when I was young** *cuando era joven*, III12; **When I'm older . . .** *Cuando sea mayor...*, III10

When? *¿Cuándo?*, III1

where *donde*, I

Where? *¿Dónde?*, III1; *¿Adónde?*, I; **Where (to)?** *¿Adónde?*, I; **Where are you**

from? *¿De dónde eres?*, I; **Where are you going?** *¿Adónde vas?*, I; **Where did you go?** *¿Adónde fuiste?*, I; **Where is it?** *¿Dónde queda?*, II; **Where is she (he) from?** *¿De dónde es?*, I

which *que*, I; **Which?** *¿Cuál?*, I; **Which is your favorite class?** *¿Cuál es tu clase favorita?*, I

white *blanco(a)*, I

white-haired *canoso(a)*, II

who *que*, I

who? *¿quién(es)?*, III1; **Who likes . . .?** *¿A quién le gusta...?*, I; **Who's calling?** *¿De parte de quién?*, I; **. . . who's rude.** *...que sea descortés.*, III7

whole *entero(a)*, II

Whose turn is it? *¿A quién le toca?*, II

why: **That's why . . .** *Por eso...*, II

Why? *¿Por qué?*, III1; **Why don't . . .?** *¿Por qué no...*, I; **Why don't we leave it for . . .?** *¿Por qué no lo dejamos para...?*, III6; **Why don't you...?** *¿Por qué no...?*, II

wife *la esposa*, I

will: **will continue** *continuará*, III11; **will improve . . .** *mejorará...*, III3; **will speak . . .** *hablará...*, III3; **Will you take them to him (her)?** *¿Se las llevas?*, III4

to win *ganar*, I

window *la ventana*, I

to window-shop *mirar las vitrinas*, II

windsurfing *la tabla de vela*, II; **to go windsurfing** *pasear en velero*, III1

winter *el invierno*, I

to wish *querer (ie)*, I

with *con*, I; **to go with** *acompañar (a)*, II; **with me** *conmigo*, I; **with the intention of** *con la intención de*, III10; **with you** *contigo*, I

within (a day, month, . . .) *dentro de (un día, un mes,...)*, II

Without a doubt. *Sin duda alguna.*, III8

woman *la mujer*, III5

wool (made of) *de lana*, I

work *el trabajo*, I

to work *trabajar*, I; **to work in the garden** *trabajar en el jardín*, I

work hours *el horario*, III12
workplace environment *el ambiente de trabajo*, III12
workshop *el taller*, III4
World Wide Web *el Web, la Telaraña Mundial*, II
worn out *agobiado(a)*, III2; *rendido(a)*, III2
worried *preocupado(a)*, II; **to be worried (about something)** *estar preocupado(a) (por algo)*, I
to **worry** *preocuparse*, III7; **Don't worry.** *No te preocupes.*, I
worse *peor*, II; **to get worse** *empeorarse*, III3; **worse than** *peor que*, II
worst *el peor, la peor*, II
worth it *vale la pena*, III3
would: Would you be so kind as to give it to me? *¿Sería(s) tan amable de dármela?*, III4; **Would you care for anything else?** *¿Se le(s) ofrece algo más?*, II; **Would you like . . . ?** *¿Te gustaría...?*, I; **Would you like anything else?** *¿Desean algo más?*, I
wrist *la muñeca*, II

to **write** *escribir*, I; **to write down** *apuntar*, II
to **write papers on the computer** *hacer trabajos con la computadora*, III3
writer *el escritor, la escritora*, III12
written *escrito*, III3
wrong: You're wrong! *¡Te equivocas!*, II

year *el año*, I; **last year** *el año pasado*, I; **New Year's Day** *El Día del Año Nuevo*, I; **New Year's Eve** *La Nochevieja*, I
yellow *amarillo(a)*, I
yes *sí*, I; **Yes, I like it.** *Sí, me gusta.*, I; **Yes, you're right.** *Sí, tienes razón.*, II
yesterday *ayer*, I
yet *todavía*, I
yoga *el yoga*, I
you *tú, vosotros(as)* (informal), *usted, ustedes*, I; **you (informal) are** *eres*, I; **You are going the wrong way.** *Van mal.*, II; **You can't miss it.** *No se puede perder.*,

II; **You don't say!** *¡No me digas!*, III8; **you found out** *supiste*, III9; **you have to** *hay que*, II; **you like** *te gusta(n)*, I; **You look very handsome (pretty).** *Te ves guapísimo(a).*, II; **You ought to . . .** *Debes...*, II; **You should . . .** *Debes...*, III12; *Deberías + inf.*, III2; **You shouldn't . . .** *No debes + inf.*, III2; **You think so?** *¿Tú crees?*, II; **you (informal) want** *quieres*, I; **You're wrong!** *¡Te equivocas!*, II
young *joven*, I
younger *menor*, I; **younger than** *menor que*, II
your *tu, tus, su, sus, vuestro(a)*, I
youth hostel *el albergue juvenil*, II
Yuck! *¡Guácala!*, III4

zero *cero*, I
zone *la zona*, III3; **pedestrian zone** *la zona peatonal*, III3
zoo *el zoológico*, II

GRAMMAR INDEX

This grammar index includes topics introduced in *¡Ven conmigo!* Levels 1, 2, and 3. The Roman numeral I preceding the page numbers indicates Level 1; the Roman numeral II indicates Level 2; and the Roman numeral III indicates Level 3. Page numbers in boldface type refer to **Gramática** and **Nota gramatical** presentations. Other page numbers refer to grammar structures presented in the **Así se dice**, **Nota cultural**, **Vocabulario**, **¿Te acuerdas?** and **A lo nuestro** sections. Page numbers beginning with R refer to the Grammar Summary in this reference section (pages R17–R37).

A

a: I: **133**, 237, 243, 294; after **conocer** II: **94**; verbs followed by II: **203**, R22; with **alguien** and **nadie** II: 292; III: **181**; see also prepositions

accent marks: I: 5, **23**

adjectives: agreement—masculine and feminine I: **85**; II: 10, **11**; III: 17, R19; singular and plural I: **54**, **85**; II: 10, **11**; III: R19; demonstrative adjectives all forms I: **247**; III: R19; possessive adjectives all forms I: **154**; III: R20; stressed possessive adjectives III: R20; with -**ísimo(a)** II: **197**; III: **89**, R21

adónde: I: **111**; see also question words

adverbs: adverbs ending in -**mente** II: **66**; III: R22; adverbs of frequency—**muchas veces, nunca, siempre, sólo cuando, todos los días** I: 129; **a menudo, cada día, de vez en cuando, todo el tiempo, una vez** I: 135; **a veces, normalmente, por lo general** II: 65; adverbs of place—**allí, aquí** II: **66**; adverbs of sequence—**después, luego, primero** I: 76, 317; **a continuación, para empezar, por último** II: 148; adverbs of time—**de la mañana, de la tarde, de la noche,** I: 80; **todavía** I: 129; **ya** I: 48, 77, 193; II: 38; **por la mañana, por la tarde, por la noche** I: 135; **anoche, ayer, la semana pasada** I: 271; **hoy, mañana** II: 66

affirmative expressions: III: R20; **algo** I: 160, 218, 242, 294; **alguien** II: 292; **algún** II: 316; **alguna(s), o...o; sí** I: 32, 77; II: 21; **siempre** I: 129, 160; II: 65, 292; **también** I: 24; II: 118

al: contraction of **a** + **el** I: 102, 107, 111; III: R17; see also prepositions

algo: I: 160, 218, 242, 294

almorzar: I: **210**, **318**; II: **42** see also stem-changing verbs

-**ando:** I: **263**; III: R26

articles: see definite articles, indefinite articles

C

caerse: II: **255**

calendar expressions: dates I: 138; days of the week I: 112

commands (imperatives): I: 82, 84; III: R30; formal command forms of verbs ending in -**gar**, -**car**, -**zar** II: 124, **228**; formal command forms of irregular verbs: **dar, estar, ir, saber, ser** II: **228**; formal command forms of reflexive verbs II: **228**; formal command forms of regular and irregular verbs II: **228**; informal commands, positive and negative: II: 122, **123**; III: **34**; introduction to informal commands I: **268**; irregular informal commands, positive: III: **34**; irregular informal commands, positive and negative: **decir, hacer, ir, poner, salir, ser, tener, venir** II: 122, **124**; III: **34**, R30; **nosotros** commands II: **294**; III: **152**, R30

cómo: I: **30**, 84, 158; III: 16

comparisons: comparing quality using **mejor/peor...que** II: **95**; comparing age using **menor/mayor...que** II: **95**; of inequality using adjectives with **más...que, menos...que** I: **245**; II: **95**; III: **72**, R21; of equality using adjectives with **tan...como** I: **245**; II: **182, 183**; III: **72**, R21; of equality using nouns with **tanto(s)...como** or **tanta(s)...como** II: **183**; III: **72**, R21; see also superlatives

con: I: 104; see also prepositions

conditional: III: **233**, **313**, R28; hypothetical statements III: 232, 286; irregular stems III: **233**; regular -**ar**, -**er**, -**ir** verbs III: **233**, **313**, R28; uses III: **233**, **313**; with the past subjunctive III: **287**, **313**

conjunctions: **o** I: 132, 245, 247; II: **177**; use of **u** instead II: **177**; III: **18**; **pero** I: 32, 193; **porque** I: 87; **y** I: 193; II: **177**; use of **e** instead II: **177**; III: **18**; subordinating conjunction: see **que**

conmigo: I: **104**

conocer: present tense all forms II: **94**; preterite III: **225**; vs. **saber** II: **145**; III: **18**, R37

contigo: I: **104**

contractions: see **al** and **del**

creer: preterite tense all forms II: **255**

cuál(es): I: 87, 138, 245, 247; see also question words

cuando: I: 129

cuándo: II: 29; III: 16; see also question words

cuánto(a): agreement with nouns I: **54**, 154, 218, 248; see also question words

cuántos(as): I: 30, 248; see also question words

dar: preterite tense all forms II: **120**; III: R27; formal command forms II: 228

dates (calendar): I: **138**

days of the week: I: **112**

de: used in showing possession I: **81**; used with color I: 158; used with material or pattern I: 243; verbs followed by II: **203**; when expressing superlatives II: **199**

de dónde: I: 30; III: 16; see also question words

deber: present tense all forms I: **164**; II: **89**

deberías vs. debes: II: **89**

decir: followed by the imperfect II: 208; positive and negative **tú** commands II: **124**; preterite tense II: **208**; followed by the imperfect II: 208; subjunctive III: 181

definite articles: all forms III: R17; **el, la** I: **33**; **los, las** I: **75** irregular use of III: **143**

del: contraction of **de + el** I: **81**; III: R17

demonstrative adjectives: all forms I: **247**; III: R19

demonstrative pronouns: see pronouns

diminutives: I: 167

direct object pronouns: see pronouns

doler: with parts of the body I: **296**; see also stem-changing verbs

dónde: I: 28, **30**, 106, 239; III: 16; see also question words

dormir: preterite tense all forms II: **118**; see also stem-changing verbs

durante: I: 129; see also prepositions

e: conjunction instead of **y:** II: 177; III: **18**

e → i stem-changing verbs: III: **11**, R32

e → ie stem-changing verbs: I: **185, 318**; II: **42**; III: **11**, R32; stem-changing verbs in the preterite: II: **154**; see also stem-changing verbs

el: I: 33; see also definite articles

empezar: I: **185, 318**; II: **42**; III: **11**; see also stem-changing verbs

en: as "on" I: 80; as "at" I: 129; see also prepositions

encantar: I: **208**

estar: contrasted with **ser** I: 212, 325; II: **93**; III: R37; **estar** + present participle I: **263**; present tense all forms I: **106**; II: 35, to ask how someone is and say how you are I: **24**, to talk about how things taste, look or feel I: **212**, to tell where people and things are located I: **106**; II: 45, **93**; preterite II: **197**; III: **225**, all forms III: **226**; see commands, formal command forms of irregular verbs

frequency: adverbs of—**muchas veces, nunca, siempre, sólo cuando, todavía, todos los días** I: 129; **a menudo, cada día, de vez en cuando, todo el tiempo, una vez** I: 135; **a veces, normalmente, por lo general** II: 65; see also adverbs

future plans: expressions in the present tense I: 318; III: 305

future tense: III: 70, 71, 305, R28; irregular stems III: 71, R28

gender of nouns: I: **33, 47, 49**; III: R17

giving the date: I: **138**

gustar: all forms III: R36; likes and dislikes I: 32, 87, 101, 132; II: 21; telling what one would like I: 323

haber: future tense III: 71; present subjunctive III: **174**; used with the present perfect tense III: **64**; see **hay**; see also imperfect tense

hacer: hace + amount of time + preterite III: 303; **hace** + amount of time + **que** + present tense to say how long someone has been doing something II: 74; III: R24; **hacer** with weather I: 140, 141; III: R24; future tense III: 71; past subjunctive III: 287; present tense all forms (including irregular **yo** form) I: 160; preterite I: 271, 300, 327

hay: I: 53, 154, 207; subjunctive III: **197**

-iendo: I: **263**; III: R26

imperative mood: III: R30; see also commands

imperatives: see commands

imperfect tense: contrasted with the preterite II: 254; III: 304; introduction II: 172; irregular verbs: **ir, ver** II: 173; III: 43 **ser** II: 178, 179; III: 43 **haber** II: 180; regular verbs II: 172, 174; III: 43, R27; to say how people were feeling III: 226; uses III: 304; used to set the scene for a story II: 253; with the preterite to express an action in progress or describe the conditions of a particular event II: 254; with the preterite to tell a story II: 260

indefinite articles: all forms III: R18; **un, una** I: 47, 49; **unos, unas** I: 49

indicative mood: III: R26; after expressions of truth or certainty III: 204, 227; in open-ended if clauses III: 287

indirect object pronouns: see pronouns

infinitives: I: 57, 319; III: R25; after expressions of need III: 144; after prepositions III: 257; definition of I: 57; with expressions of feeling III: 172; with recommendations III: 150

informal commands: see commands

interrogatives: see question words

ir: commands, irregular informal II: 122, 124; formal II: 228; imperfect tense all forms II: 173; III: 43; **ir** (in the imperfect) + **a** II: 204; III: 73; present tense all forms I: 111; **ir a** + infinitive I: 184, 188, 319; II: 17; III: 305; past subjunctive III: 287, 313; preterite tense all forms I: 302, 327; II: 41; R27

irregular verbs: III: R34–R36

-**ísimo(a)**: II: 197; III: 89; see also superlatives

jugar: present tense all forms, I: 102; changes in **tú** command forms: commands, formal II: 124, 128; imperfect tense all forms II: 172; preterite tense all forms I: 300

la: as definite article I: 33; see also definite articles; as direct object I: 274; II: 69; see also pronouns, direct object

lo: I: 274; II: 69; see also pronouns, direct object

las, los: as definite articles I: 75; see also definite articles; as direct objects II: 69; see also pronouns, direct object

le, les: le, me, te: as indirect object pronouns I: 87, 238; **les** I: 133, 238; see also pronouns, indirect object

leer: II: 255; see also preterite tense

lo: I: 274; II: 69; see also pronouns, direct object

lo que: III: 66, R19

más + adjective: II: 199; see also superlatives

más...que: I: 245; II: 95; III: 72, R21; see also comparisons

mayor que: II: 95; see also comparisons

me: I: 87, 238; see also pronouns, indirect object

mejor: see comparisons; see also superlatives

mejor...que: II: 95; see also comparisons

menor que: II: 95; see also comparisons

menos + adjective: II: 199; see also superlatives

menos...que: I: 245; II: 95; III: 72, R21; see also comparisons

mientras: used with the imperfect II: 204

mood: indicative, imperative, and subjunctive moods III: R25

mucho: agreement with nouns I: 54

nada: I: 129

nadie: I: 129

necesitar: to express needs I: 48, 56

negation: with **nada, nunca** and **nadie** I: 129; use of more than one negative word or expression I: 129; II: 282; see also negative expressions

negative commands: see commands

negative expressions: III: R20; **nada** I: 129; **nadie** I: 129; II: 282; **no** I: 32, 129: II: 21, 282; **nunca** I: 129; II: 65, 282; **ninguno(a) (ningún)** II: 282; **ni...ni** II: 282; **tampoco** II: 282; **todavía no** II: 38

nouns: definition of, masculine and feminine forms, singular forms I: 33; gender of III: R17; gender of specific nouns III: 143; plural forms I: 48; III: R17

numbers: 0–10 I: 9, 0–30 I: 10, 27, 31–199 I: 58, 200–100,000 I: 219; ordinal numbers III: R23

nunca: I: 129

o: I: 132, 245, 247; II: 177; see also conjunctions; conjunction **o** changed to **u** before words beginning with **o** or **ho** II: 177; III: 18, R23

o→ ue stem-changing verbs: **almorzar, poder** I: 210, 318; II: 42; **doler** I: 296; **poder** III: 11, R32

object pronouns: see pronouns

objects of prepositions: III: R18; see also **conmigo** and **contigo** I: 104

oír: preterite tense II: 255

ordinal numbers: III: R23

otro: all forms I: 216

querer: present tense all forms II: 42; to express wants and needs I: 48, 56; see also stem-changing verbs

question words (interrogatives): III: 16, R21; **adónde** I: 111; **cómo** I: 30, 84, 158; **cuál** I: 87, 138, 245, 247; **cuándo** II: 29; **por qué** I: 87; **cuánto(a)** I: 54, 142, 218, 248; **cuántos(as)** I: 30, 248; **de dónde** I: 30; **de qué** I: 158; **dónde** I: 28, 30, 106, 239; **qué** I: 32; **quién(es)** I: 130

quién(es): I: 130; III: 16; see also question words

reflexive pronouns: II: **64**; III: 258, R18; see also reflexive verbs

reflexive verbs: I: 190; all forms II: **64**; III: **41**; to express feelings II: **130**; to describe reciprocal actions III: **173**; see also pronouns, reflexive pronouns

S

saber: present tense all forms II: **144**; preterite III: 225, all forms III: **226**; subjunctive III: 181; vs. **conocer** II: 145; III: **18**, R37

salir: present tense all forms including irregular **yo** form I: **160**; commands, irregular informal: II: 122, **124**

se: with indirect object pronoun III: **91**; impersonal construction with verbs III: **119**, 279; as the passive voice III: 279

sentirse: I: **291**; preterite III: 225; **226**; see also stem-changing verbs

sequence: adverbs of—**después**, **luego**, **primero** I: 76, 317; **a continuación**, **para empezar**, **por último** II: **148**; see also adverbs

ser: **soy**, **eres**, **es** I: 28; contrasted with **estar** I: 212, 325; II: 93; III: R37; present tense all forms I: **84**; to talk about what something is like or the nature of things I: **212**; II: 93; used with **de** + material or pattern I: 243; imperfect tense all forms II: **179**; III: **43**; past subjunctive III: 287, **313**; preterite all forms III: R27; commands, irregular informal II: 122, **124**

servir: preterite tense II: **154**; see also stem-changing verbs

si: as conditional "if" II: **293**; clauses in the past subjunctive III: 287; clauses in the present tense II: 293

siempre: I: **129**; see also adverbs of frequency and affirmative expressions

spelling-change verbs: III: R32–R34; negative commands with verbs ending in -**car**, -**gar** II:

124; subjunctive of verbs that end in -**car**, -**gar**, -**zar** III: **144**

stem-changing verbs: clarification of I: 318; **e→ ie** stem-changing verbs III: R31; **empezar** III: **11**, **querer**, **empezar**, **preferir**, **tener**, **venir** I: 185, 318; II: **42**; **pensar** I: **188**; **o→ ue** stem-changing verbs III: R31; **almorzar**, **poder** I: 210, 318; II: **42**; **doler** I: **296**; **poder** III: **11**; **e → i** stem-changing verbs III: R31; **vestirse** II: **65**; **o → u** stem-changing verbs: **dormir** II: **118**; all forms III: R31–R32; -**ir** verbs with vowel changes in the preterite III: R32; **pedir**, **servir** II: 154, **pedir** III: **11**

subject pronouns: **tú** and **yo** I: 25; **él**, **ella** I: 50, 274; all forms I: **109**; III: R18

subjunctive mood: III: R28–R30; after certain conjunctions III: 253; after expressions of doubt and disbelief III: 197, 204; after expressions of need III: **144**; after impersonal expressions III: 204; for talking about hopes and wishes III: 125, 126; introduction of II: **316**; irregular verbs III: R29, **ir**, **estar**, **ser**, **dar** III: **127**; of **hay** III: **197**; of **tener**, **saber**, **decir**, **ser** III: **181**; past subjunctive III: R30, in contrary-to-fact **si** clauses III: 287, 313; of **invitar**, **vender**, **ser**, **ir** III: 313; of **trabajar**, **hacer**, **ser**, **ir** III: **287**; present perfect subjunctive III: **174**; regular -**ar**, -**er**, and -**ir** verbs III: **126**; uses of III: R28–R29; verbs that end in -**car**, -**gar**, -**zar** III: **144**; with expressions of feelings III: **172**, with disagreement or denial III: **227**; with **para que** III: **260**; with unknown or nonexistent people and things III: 181, **311**; with recommendations III: 150, **310**

superlatives: II: **199**; III: R21; using **más/menos** + adjective II: **199**; using **mejor** or **peor** II: **199**; -**ísimo(a)** II: **197**; III: **89**

T

tag questions: **¿no?**, **¿verdad?** I: 88; III: 16

tan...como: II: 182; III: 72, R21; with adjective or adverb II: **183**; see also comparisons

tanto...como: with noun II: **183**; III: 72, R21; see also comparisons

te: I: 87, 238; II: 100; see also pronouns, indirect object, direct object reflexive

telling time: I: 77, **78**

tener: commands, irregular informal II: 122, **124**; present tense all forms II: **9**; with age I: 27, **193**; expressions with III: R24; **tener ganas de**, **tener prisa**, **tener sueño** I: **193**; **tener hambre** I: **213**; **tener sed** I: 207, 213; **tener que** + infinitive I: **193**, 319; future tense III: **71**; imperfect tense II: 172; preterite tense all forms II: **264**; subjunctive III: **181**; see stem-changing verbs

ACKNOWLEDGMENTS

For permission to reprint copyrighted material, grateful acknowledgment is given to the following sources:

American Cancer Society, Inc.: Adaptation of "Quémate ahora, paga después" from the title page of American Cancer Society brochure, 1986. Copyright © by American Cancer Society, Inc.

Américas: From "Una causa picante" by Jack Robertiello from *Américas,* vol. 46, no. 1, January/February 1994. Copyright © 1994 by Américas, a bimonthly magazine published by the General Secretariat of the Organization of American States in English and Spanish.

Agencia Literaria Carmen Balcells, S.A.: "La tortuga" from *Las Piedras de Chile* by Pablo Neruda. Copyright © 1961 by the Fundación Pablo Neruda.

Bienestar: Adaptation from "17 Claves para manejar el estrés" (retitled "Cómo aliviar el estrés: 10 cosas esenciales") from *Bienestar,* no. 9. Copyright © by Bienestar: Organización Sanitas Internacional.

Maia A. Chávez: "Gringa/Chicana" by Maia Chávez from *Imagine,* no. 1, edited by Tino Villanueva.

Marco Denevi: Adapted from "Las abejas de bronce" by Marco Denevi.

Ediciones Destino, S.A.: From "El árbol de oro" from *Historias de Artámila* by Ana María Matute.

Editora Cinco, S.A.: Adapted from "Reír es bueno" from "Medicina noticias" from *En Forma,* año 6, no. 60, January 1993. Copyright © 1993 by Editora Cinco. S.A.

Editorial Armonía, S.A.: From "Cómo mantener vivas las buenas amistades" from *Kena Tips,* año 15, no. 10, 1991. Copyright © 1991 by Editorial Armonía, S.A.

Editorial Atlántida, S.A.: From "Superniña alpinista" from *Billiken,* no. 3740, September 16, 1991. Copyright © 1991 by Editorial Atlántida, S.A. Text and photograph from "Maratón a los 80" from *Billiken,* no. 3753, December 16, 1991. Copyright © 1991 by Editorial Atlántida, S.A. From "Historia del siglo XX" from *Billiken,* no. 3755, December 30, 1991. Copyright © 1991 by Editorial Atlántida, S.A. From "La escuela en la tele" de *Billiken,* no. 3765, March 9, 1992. Copyright © 1992 by Editorial Atlántida, S.A. From "Los chicos periodistas" from *Billiken,* no. 3789, August 24, 1992. Copyright © 1992 by Editorial Atlántida, S.A. "Cada pueblo, un desarrollo" from *Billiken,* no. 3795, October 5, 1992. Copyright © 1992 by Editorial Atlántida, S.A.

Editorial Atlántida, S.A.: From "La electricidad que viene del cielo" from *Conozca más,* año 4, no. 12, December 1, 1993. Copyright © 1993 by Editorial Atlántida, S.A. From "La 'tele' que le cambiará la vida" from *Conozca más,* año 4, no. 12, December 1, 1993. Copyright © 1993 by Editorial Atlántida, S.A.

Editorial Eres, S.A. de C.V.: Adapted from "Luis Miguel: 5 Años con Eres!" from *Eres,* Special Edition, año 6, no. 126, September 16, 1993. Copyright © 1993 by Editorial Eres, S.A. de C.V. Adaptation of "Maná" from *Somos,* año 4, no. 87, December 16, 1993. Copyright © 1993 by Editorial Eres, S.A. de C.V.

Editorial Televisa, S.A.: Adapted from "Para hacer las paces" from *Tú Internacional,* año 11, no. 11, November 1990. Copyright © 1990 by Editorial Televisa, S.A. From "El ejercicio, los alimentos..." from *Tú Internacional,* año 13, no. 10, October 1992. Copyright © 1992 by Editorial Televisa, S.A. "Mi 'escape' favorito..." from *Tú Internacional,* año 13, no. 12, December 1992. Copyright © 1992 by Editorial Televisa, S.A. "Estrategias para triunfar" from *Tú internacional,* año 14, no. 1, January 1993. Copyright © 1993 by Editorial Televisa, S.A. Adapted from "Test: ¿Equilibrada o descontrolada? from *Tú Internacional,* año 14, no. 7, July 1993. Copyright © 1993 by Editorial Televisa, S.A. Adapted from "Él te tiene loca...pero dudas si es fiel..." (retitled "Un novio infiel") from *Tú Internacional,* año 14, no. 11, November 1993. Copyright © 1993 by Editorial Televisa, S.A.

Espasa-Calpe, S.A., Madrid and Andrés Palma Michelson: From "La camisa de Margarita" from *Tradiciones Peruanas,* Tomo III, by Ricardo Palma. Copyright 1946 by Ricardo Palma.

G y J España Ediciones S.L., S. en C.: From "Claves para ver mejor la televisión" and from "La tele recrea situaciones idénticas a las de la vida real" from *Muy Interesante,* no. 197, October 1997. Copyright © 1997 by G y J España Ediciones S.L., S. en C.

Rodolfo Gonzales: From *I am Joaquín/Yo soy Joaquín: An Epic Poem* by Rodolfo Gonzales. Copyright © 1967 by Rodolfo Gonzales.

D.C. Heath and Company: "Signos de puntuación" by M. Toledo y Benito from *Repaso y composición.* Copyright 1947 by D.C. Heath and Company.

Seymour Menton: "El monopolio de la moda" by Luis Britto García from *El Cuento Hispanoamericano: Antología Crítico-Histórica* by Seymour Menton. Copyright © 1964, 1986 by Fondo de Cultura Económica, S.A. de C.V.

La Nación, San José, Costa Rica: From "Pedaleando por la vida" by Andrés Formoso from *La Nación,* April 4, 1994. Copyright © 1994 by La Nación.

National Textbook Co.: "Quetzal no muere nunca" from *Leyendas Latinoamericanas* by Genevieve Barlow. Copyright © 1970 by National Textbook Co.

Núcleo Radio Mil: From Radio schedule for "Radio 1000 AM" from *Excelsior,* November 3, 1994.

Sociedad Mixta de Turismo y Festejos de Gijón, S.A.: From "Festival Internacional de Cine de Gijón," from brochure, *Gijón, Verano 88.*

University of Oklahoma Press: From "The Viceroy and the Indian" from *Of the Night Wind's Telling: Legends from the Valley of Mexico* by E. Adams Davis. Copyright © 1946 by the University of Oklahoma Press.

Martha Zamora: Adapted from "Por qué se pintaba Frida Kahlo" by Martha Zamora from *Imagine,* vol. II, no. 1, 1985. Copyright © 1985 by Martha Zamora.

PHOTOGRAPHY CREDITS

Abbreviations used: (t), top, (b), bottom, (c), center, (l), left, (r), right, (bkgd), background. All other locations are noted with descriptor.

CHAPTER OPENERS, PANORAMA CULTURAL, AND ENCUENTRO CULTURAL PAGES: Scott Van Osdol/HRW.

ENCUENTRO CULTURAL PAGE TITLE PEOPLE: Michelle Bridwell/Frontera Fotos.

All photographs belong to Holt, Rinehart and Winston by Marty Granger/Edge Video Productions except:

TABLE OF CONTENTS: vii (b), Sam Dudgeon/HRW; viii (tl), (tr), (br), Sam Dudgeon/HRW; (cl), Daniel J. Schaefer; ix (tl), (tr), Michelle Bridwell/Frontera Fotos; (br), Daniel J. Schaefer; (bl), Sam Dudgeon/HRW; x (all), Sam Dudgeon/HRW; xi (cl), (tc), (br), Sam Dudgeon/HRW; (bc), Daniel J. Schaefer; xii (all), Sam Dudgeon/HRW; xiii (tl), (br), Michelle Bridwell/Frontera Fotos; (tc), Sam Dudgeon/HRW; (tr), Daniel J. Schaefer; (bc), Alejandro Xul Solar, Uno, 1920, watercolor and pencil on paper on card, 6-1/2 X 8-1/4 inches. Courtesy, Rachel Adler Gallery, New York.; xiv (tr), (bl), (bc), Sam Dudgeon/HRW; (br), Michelle Bridwell/Frontera Fotos; xv (tl), Michelle Bridwell/Frontera Fotos; (tr), Daniel J. Schaefer; (bl), (bc), Sam Dudgeon/HRW; xvi (all), Sam Dudgeon/HRW; xvii (tl), (bc), Michelle Bridwell/Frontera Fotos; (tr), Daniel J. Schaefer; xviii (all), Sam Dudgeon/HRW; xix (tl), (tr), (bl), Sam Dudgeon/HRW; xviii (br), Paul Provence/HRW; xiv (tl), Paul Provence/HRW.

UNIT ONE: 0–1 (bkgd), Robert Frerck/The Stock Market; 2 (tr), Robert Frerck/Odyssey Productions; (br), Tibor Bognar/The Stock Market; (bl), P & G Bowater/The Image Bank; 3 (tl), Tibor Bognar/The Stock Market; (br), K. Gibson/SuperStock; (bl), Charles Mahaux/Image Bank. **Chapter One:** 4 (bc), The Stock Market; 5 (tr), Michelle Bridwell/Frontera Fotos; (bc), Robert Frerck/Odyssey Productions; 6 (br), Compact disc cover from *Puntos cardinales* by Ana Torroja © 1997 BMG Music, Spain, S.A., photos by Eddie Monsoon; (tl), Michelle Bridwell/Frontera Fotos; (cr), Tony Stone Images; 7 (br), Dennie Cody/FPG International; (cr), Daniel J. Schaefer; 8 (c), Scott Markewitz/FPG International; 12 (tc), Kevin Syms/David R. Frazier Photolibrary; 14 (tr), R. Heinzen/SuperStock; (bl), Robert Frerck/The Stock Market; (br), Kevin Syms/David R. Frazier Photolibrary; 17 (tl), The Stock Market; (t), Michelle Bridwell/Frontera Fotos; (cl), (r), Daniel J. Schaefer; (cr), Michael Newman/Photo Edit; 19 (cr), M. L. Miller/Edge Video Productions/HRW; 22 (tr), N/S/Sovfoto/Eastfoto/PNI; 25 (tl), Tom Stewart/The Stock Market; (tc), (tr), Michelle Bridwell/Frontera Fotos; 26 (br), Michelle Bridwell/Frontera Fotos. **Chapter Two:** 31 (tl), Sam Dudgeon/HRW; (tl), Tom and DeeAnn McCarthy/The Stock Market; (tr), Ronnie Kaufman/The Stock Market; (cr), Paul Barton/The Stock Market; (br), (bl), Michael Heron/The Stock Market; (cl), P.R. Production/SuperStock; 33 (all), Michelle Bridwell/Frontera Fotos; 38 (all), John Langford/HRW; 42 (r), Bob Daemmrich Photo, Inc.; (cl), Daniel J. Schaefer; (cr), Michelle Bridwell/Frontera Fotos; 44 (tr), Michelle Bridwell/Frontera Fotos; 46 (tr), Michelle Bridwell/Frontera Fotos; (br), David R. Frazier Photolibrary; (tl), Michelle Bridwell/Frontera Fotos; 47 (tl), Uniphoto Picture Agency; 50 (all), Michelle Bridwell/Frontera Fotos.

UNIT TWO: 52 (bl), (br), Michelle Bridwell/Frontera Fotos; (bc), David Madison; 54–55 (bkgd), G. Martin/SuperStock; 56 (tr), Manley/SuperStock; 57 (tl), Luis Villota/The Stock Market; (c), G. De Steinheil/SuperStock; (br), David J. Sams/Texas Inprint; (bl), Robert Frerck/Odyssey Productions. **Chapter Three:** 58 (bkgd), Sam Dudgeon/HRW; 60 (cl), Index Stock Photography, Inc.; (tr), Sam Dudgeon/HRW; 61 (cr), Sam Dudgeon/HRW; 68 (tr), John Madere/The Stock Market; (cl), Robert Fried; 69 (tl), T. Rosenthal/SuperStock; (cl), Sam Dudgeon/HRW; 70 (tr), SuperStock; (bl), Marty Granger/HRW; 71 (all), Daniel J. Schaefer; 76 (br), (tr), Sam Dudgeon/HRW; 77 (bl), Bill Ross/Westlight; (blender), (phone), Image Copyright © 1996 Photodisc, Inc.; (br), (women's shoes), Sam Dudgeon/HRW; (athletic shoes), (tv), Greg Geisler/HRW; 78 (r), Index Stock Photography, Inc.; (nail polish), Spencer Jones/FPG International;

(lipsticks), (cr), (ties), Sam Dudgeon/HRW; (chairs), Ryo Konno/Photonica; (toy 1), (toy 2), (toy 4), Ken Karp/HRW; (toy 3), J. Good/HRW; (tl), Greg Geisler/HRW; (cellular phone), Image Copyright © 1996 Photodisc, Inc.; 82 (cl), Underwood & Underwood/Corbis-Bettmann; (cr), Photoworld/FPG International. **Chapter Four:** 85 (all), Michelle Bridwell/Frontera Fotos; 86 (tr), Sam Dudgeon/HRW; 87 (tr), Sam Dudgeon/HRW; 92 (br), Bob Daemmrich/The Image Works; 93 (tr), Dirk Weisheit/DDB Stock Photo; 93 (cr), Branda J. Latvala/DDB Stock Photo; 94 (t), (cr), Sam Dudgeon/HRW; 95 (all), Sam Dudgeon/HRW; 99 (c), M.L. Miller/Edge Video Productions/HRW; 100–102 (bkgd), Stephen Trimble; 100 (c), G. Nieto/SuperStock; 102 (cr), Robert Frerck/Odyssey Productions.

UNIT THREE: 108–109 (bkgd), John Mitchell/DDB Stock Photo; 110 (tr), Tim Street-Porter; (bl), (br), Robert Frerck/Odyssey Productions; 111 (tl), Rick Strange/The Picture Cube; (cr), Suzanne Murphy-Larronde/DDB Stock Photo; (br), Compact disc design from *Sueños líquidos* by the group Maná, © Warner Music México S.A. de C.V. **Chapter Five:** 112 (b), Michael Yamashita/Westlight; 113 (tr), Michelle Bridwell/Frontera Fotos; (b), Tony Freeman/PhotoEdit; 116 (bl), Robert Frerck/Odyssey Productions; 119 (all), Robert Frerck/Odyssey Productions; 126 (b), John Neubauer/PhotoEdit; 132 (cl), Michelle Bridwell/Frontera Fotos. **Chapter Six:** 136 (b), Mavournea Hay/HRW; 137 (b), Suzanne Murphy-Larronde/DDB Stock Photo; (tr), Robert Frerck/Odyssey Productions; 138 (tr), Porterfield/Chickering; (br), Robert Frerck/Odyssey Productions; (bl), Michelle Bridwell/Frontera Fotos; 139 (t), (br), Robert Frerck/Odyssey Productions; (tr), (bl), Sam Dudgeon/HRW; 140 (bl), Robert Frerck/Odyssey Productions; 146 (tr), Alejandro Xul Solar, Uno, 1920, Watercolor and pencil on paper on card, 6-1/2 X 8-1/4 inches. Courtesy, Rachel Adler Gallery, New York.; (cl), Fernando Botero, National Holiday, oil on canvas, 67-1/2 X 38-1/2 inches. Private Collection, Courtesy, Marlborough Gallery; (cr), Remedios Varo, La Huida, 1961, oleo on masonite, 123x98 centimeters; 147 (cl), (c), Suzanne Murphy-Larronde; (tc), Sam Dudgeon/HRW; (cr), James M. Mejuto; 148 (cl), Sam Dudgeon/HRW; 149 (tl), Larry Mulvehill; 151 (t), Nik Wheeler; (cr), (cl), Robert Frerck/Odyssey Productions; (r), Porterfield/Chickering; 154 (br), Archive Photos; 154–155 (bkgd), Sam Dudgeon/HRW; 158 (br), Rick Reinhard/Impact Visuals; 160 (cr), Tim Street-Porter.

UNIT FOUR: 162–163 (bkgd), SuperStock; 164 (cl), P.L. Raotoa/SuperStock; (tr), W. Woodworth/SuperStock; (bc), SuperStock; 165 (tl), S. Poulin/SuperStock; (cl), Alejandro Xul Solar, horo-scopo, 1927, watercolor on paper laid down on card, 6-5/8 x 9 inches. Courtesy Rachel Adler Gallery, New York.; (b), Joe Viesti/Viesti Collection. **Chapter Seven:** 166 (b), Daniel J. Schaefer; 167 (tr), Daniel J. Schaefer; 168–169 (bkgd), Sam Dudgeon/HRW; 169 (tl), Jim Sparks/Tony Stone Images; 170 (c), Michael Newman/Photo Edit; (cr), Joe Polillio/Liason International; 171 (t), (cl), (cr), Michelle Bridwell/Frontera Fotos; (r), Chuck Savage/The Stock Market; 176 (all), Michelle Bridwell/Frontera Fotos; 177 (tr), Michelle Bridwell/Frontera Fotos; 178 (cl), Lynn Sheldon Jr./DDB Stock Photo; (cr), D. Donne Bryant/DDB Stock Photo; 184 (bkgd), Sam Dudgeon/HRW. **Chapter Eight:** 192 (b), Daniel J. Schaefer; 193 (b), Daniel J. Schaefer; (tr), Jose L. Pelaez/The Stock Market; 194 (tl), Daniel J. Schaefer; (br), Michelle Bridwell/Frontera Fotos; 195 (tc), Bill Gallery/Stock Boston/PNI; 201 (cr), M.L. Miller/Edge Video Productions/HRW; 202 (tl), Nancy Humbach/HRW; 206 (l), Reuters/Enrique Marcarian/Archive Photos; (cl), Steve Allen/Gamma Liaison; (cr), Sichov/Sipa Press; (r), V. Fernandez/Shooting Star International; 207 (bl), Michelle Bridwell/Frontera Fotos; (bc), (br), Daniel J. Schaefer.

UNIT FIVE: 216–217 (bkgd), Raga/The Stock Market; 218 (tr), SuperStock; (cl), E. Carle/SuperStock; (br), Charles Erickson/Courtesy of El Museo de Barrio; 219 (tc), Sapinsky/The Stock Market; (cl), Alan Schein/The Stock Market; (bl), Andrea Brizzi/The Stock Market; (br), David Hundley/The Stock Market. **Chapter Nine:** 220 (b), Michelle Bridwell/Frontera Fotos; 221 (tr), Robert Fried; (b), Sullivan & Rogers/Bruce Coleman, Inc.; 222 (all), Nancy Humbach/HRW; 223 (all), Nancy Humbach/HRW; 236 (tl), The Granger Collection, New York; 237 (cr), Archive Photos; 238 (tr), The Granger Collection, New York; 241 (t), Michael Newman/Photo Edit; (c), Michelle Bridwell/Frontera Fotos; (r), Sam Dudgeon/HRW; 242 (br), Boroff/TexaStock. **Chapter Ten:** 244 (b), Al Tielemans/Duomo Photography; 245 (tr), Bob Dammrich/The Image Works; (b), Don Smetzer/Tony Stone Images; 246 (all), Dora Villani/HRW; 247 (all), Dora Villani/HRW; 248 (all), Dora Villani/HRW; 249 (br), Scarborough/Shooting Star International; 250 (br), Albert Ortega Photography; (tr), Wide World Photos; (bl), Mitchell Layton/Duomo Photography; (bc), Steve Granitz/Retna, Ltd.; (tc), Shooting Star International; (tl), Chris Trotman/Duomo Photography; 251 (cl), Mary Kate Denny/Photo Edit; (cr), Bob Daemmrich/The Image Works; (br), Bill Aron/Tony Stone Images; 252 (tr), Charles